Coopetition: kooperativ konkurrieren
Mit der Spieltheorie zum Geschäftserfolg

Wichtige Hinweise

Die Ratschläge und Angaben in diesem Buch sind sorgfältig erwogen und geprüft, dennoch kann eine Garantie nicht übernommen werden. Eventuell entstehende – mittelbare oder unmittelbare, verschuldete oder unverschuldete – Schäden oder andersartige Nachteile, die aufgrund von Äußerungen aus diesem Buch entstanden sind, berechtigen daher nicht zu irgendwelchen Ansprüchen (auch nicht seitens Dritter) gegen die Autoren oder den Verlag und deren Beauftragte, soweit mit den gesetzlichen Regelungen vereinbar. Insbesondere die Haftung der Autoren, des Verlags und seiner Beauftragten für Personen-, Sach- und Vermögensschäden ist ausgeschlossen. Es wird keine Gewähr dafür übernommen, dass die Angaben richtig, vollständig oder anwendbar sind. Für Verbesserungsvorschläge und Hinweise auf Fehler sind Autoren und Verlag dankbar.

Die Benutzung von Markennamen, Zeichen usw. in diesem Werk berechtigt auch ohne besondere Kennzeichnung nicht zu der Annahme, dass diese frei verwendbar wären.

Adam M. Brandenburger
Barry J. Nalebuff

Coopetition:
kooperativ konkurrieren

Mit der Spieltheorie zum Geschäftserfolg

Aus dem Amerikanischen
von Hartmut J.H. Rastalsky und Christian Rieck

Christian Rieck Verlag
Eschborn

First published by Currency Doubleday, a division of Bantam Doubleday Dell Publishing Group – All Rights Reserved.

Published by arrangement with the Helen Rees Literary Agency.

© Christian Rieck Verlag
Postfach 3109, D-65746 Eschborn, Germany
www.rieck-verlag.de

Dieses Werk einschließlich aller seiner Teile ist urheberrechtlich geschützt. Jede Verwertung außerhalb der engen Grenzen des Urheberrechtsgesetzes ist ohne Zustimmung des Verlages unzulässig und strafbar. Das gilt insbesondere für Vervielfältigungen, Übersetzungen, Mikroverfilmungen und die Einspeicherung und Verarbeitung in elektronischen Systemen einschließlich Internet.

3. vollständig überarbeitete Auflage 2008

Umschlaggestaltung von *Golden Penny Arts*

ISBN-10: 3-924043-94-9
ISBN-13: 978-3-924043-94-0

Für Barbara
AMB

Für Rachel, Zoë und in liebevoller Erinnerung an Benjamin
BJN

Inhaltsverzeichnis

Vorwort zu dieser Ausgabe 11

Über die Entstehung dieses Buches 14

Teil 1: Das Geschäftsleben als Spiel 19

1. **Krieg und Frieden** 21
   1.1. Eine neue Geisteshaltung 23
   1.2. Spieltheorie 24
   1.3. Was die Spieltheorie zu bieten hat 26
   1.4. Was Sie in diesem Buch finden 28
   1.5. Wie dieses Buch aufgebaut ist 29
   1.6. Ändern Sie das Spiel 30

2. **Coopetition** 33
   2.1. In Komplementen denken 33
   2.2. Das Wertenetz 41
   2.3. Im Wertenetz surfen 49
   2.4. Doppelrollen 55
   2.5. Freund oder Feind? 66

3. **Spieltheorie** 73
   3.1. Mehrwert (Added Value) 79
   3.2. Regeln 86
   3.3. Spielwahrnehmungen 89
   3.4. Spielbegrenzungen 95
   3.5. Rationalität und Irrationalität 98
   3.6. Die Elemente eines Spiels 106

Inhaltsverzeichnis

Teil 2: Die SMaRTS der Strategie   109

Wie man das Spiel verändert   111

4. Spieler   113
- 4.1. Wie man ein Spieler wird   114
- 4.2. Andere Spieler ins Spiel bringen   142
- 4.3. Spieler austauschen   165

5. Mehrwerte   168
- 5.1. Mehrwert eines Monopols   169
- 5.2. Mehrwert in einer Welt der Konkurrenz   186
- 5.3. Mehrwert einer Beziehung   198
- 5.4. Nachahmung   215
- 5.5. Die Mehrwerte verändern   234

6. Regeln   236
- 6.1. Verträge mit Kunden   238
- 6.2. Verträge mit Lieferanten   259
- 6.3. Regeln für Massenmärkte   264
- 6.4. Regeln der Regierung   281
- 6.5. Die Regeln ändern   285

7. Taktiken   289
- 7.1. Den Nebel beseitigen   291
- 7.2. Den Nebel aufrechterhalten   307
- 7.3. Den Nebel aufrühren   322
- 7.4. Ist SMaRT schon alles?   335

8.	**Spiel-Raum**	**337**
8.1.	Verbindungen zwischen Spielen	338
8.2.	Spielverbindungen durch Mehrwerte	340
8.3.	Spielverbindungen durch Regeln	356
8.4.	Spielverbindungen durch Taktiken	363
8.5.	Das noch größere Spiel	374
9.	**Bereit zum Wandel**	**375**
9.1.	Eine Checkliste für den Wandel	376
9.2.	Das noch vollständigere Gesamtbild	378

Stichwort- und Personenverzeichnis   **380**

Vorwort zu dieser Ausgabe

Nichts ist so praktisch wie eine gute Theorie; und selten trifft »weniger ist mehr« besser zu. Eine gute Theorie macht »weniger«, weil sie keine Antworten gibt. Zugleich macht sie viel »mehr«, weil sie das vorhandene Wissen organisiert und offenlegt, welches Wissen noch fehlt. Eine gute Theorie liefert die Werkzeuge um herauszufinden, was das Beste für uns ist. Eine solche Theorie zu schaffen war unser Ziel, als wir *Coopetition* geschrieben haben.

Coopetition ist eine Theorie der Werte. Dies ist ein Buch darüber, wie man Werte schafft und wie man sich Werte aneignet. Darin liegt eine elementare Dualität: Während das Schaffen von Werten ein zutiefst kooperativer Prozess ist, ist die Aneignung von Werten zutiefst konkurrenzgetrieben. Um Werte zu schaffen, kann man nicht allein arbeiten, sondern muss die Wechselbeziehungen zu Anderen erkennen. Um Werte zu schaffen, muss man sich mit Kunden, Lieferanten, Angestellten und vielen Anderen arrangieren. Nur so entwickelt man neue Märkte und vergrößert die bestehenden.

Aber Hand in Hand mit dem Backen eines Kuchens geht dessen Aufteilung. Das ist reine Konkurrenz. Genauso wie Unternehmen um Marktanteile konkurrieren, so versuchen auch die Kunden und Lieferanten, ihr Stück vom Kuchen abzubekommen.

Werte zu schaffen, die man anschließend auch behalten kann, ist der zentrale Punkt von Coopetition.

Wie man das am besten macht, hängt offensichtlich von der Art des Geschäfts ab. Aber eine immer wiederkehrende Strategie ist die Zusammenarbeit mit *Komplementären*. Das Wort Komplementär, also

Vorwort zu dieser Ausgabe

»Ergänzer«, ist ein Begriff, den wir für das Gegenstück zum Konkurrenten geprägt haben. Es bezeichnet diejenigen Marktteilnehmer, die Ihre Produkte wertvoller machen und nicht – wie ihre Konkurrenten es tun – weniger wertvoll. Es dürfte kaum überraschen, dass das Konzept des Komplementärs in der Wissensgesellschaft besonders wichtig ist. Hardware braucht Software, und das Internet braucht schnelle Datenleitungen. Niemand könnte allein die Infrastruktur der Wissensgesellschaft schaffen. Es ist ein komplett neues System aus vielen sich ergänzenden, also komplementären, Teilen.

Bei unserer Forschung über die »New Economy« ist uns klar geworden, dass hier eine elementare Verbindung existiert, eine Verbindung über einen der größten Denker des letzten Jahrhunderts: John von Neumann.

John von Neumann – Mathematiker, Genie und Universalgelehrter – starb 1957, noch bevor er die Entstehung des Informationszeitalters sehen konnte, das er mit geschaffen hatte. Er war einer der Erfinder der modernen Computerarchitektur, der programmierbaren Rechenautomaten. Er schaffte bahnbrechende Arbeiten über sich selbst reproduzierende Systeme und nahm damit die Entdeckung der DNS vorweg. Und – gemeinsam mit Oskar Morgenstern – ist er der Erfinder der Spieltheorie. Seine Theorie der Spiele liefert ein Modell des Kuchens und seiner Aufteilung. Unsere *Coopetition* baut auf diesen Erkenntnissen auf.

Spieltheorie ist eine komplett andere Art, die Welt zu sehen. Die klassischen Wirtschaftswissenschaften betrachten die Struktur der Märkte als gegeben. Menschen werden als einfache Stimulus-Response-Wesen behandelt; Anbieter und Nachfrager betrachten Produkte und Preise als gegeben und optimieren ihre Produktion und ihren Konsum entsprechend. Klassische Ökonomik ist dafür geschaffen, die Funktionsweise etablierter, reifer Märkte zu beschreiben, aber sie erfasst nicht die menschliche Kreativität, mit der die Marktteilnehmer neue Wege der Interaktion finden.

In der Spieltheorie dagegen ist nichts vorgegeben. Die Wirtschaft ist im Fluss und entwickelt sich andauernd weiter. Die Spieler schaffen

Vorwort zu dieser Ausgabe

neue Märkte und spielen Doppelrollen. Sie schaffen Innovationen. Niemand betrachtet Güter oder Preise als gegeben. Das klingt sehr nach den sich schnell entwickelnden modernen Märkten, und daher ist es wahrscheinlich, dass die Spieltheorie der Kern einer neuen Ökonomik für die neue Ökonomie sein wird. Und deshalb betrachten wir Coopetition als das Buch für das Informationszeitalter.

Traditionellerweise ist ein Buch ein statisches und einseitig gerichtetes Medium. Zum Glück ändert sich das gerade. Wie viele andere Autoren auch haben wir nach einem Weg gesucht, den Austausch mit unseren Lesern flexibler und zweiseitig zu gestalten. Auf der Coopetition-Homepage finden Sie daher Updates, Artikel, einige interaktive Übungen, Präsentationsfolien, Audiodateien und einen einfachen Weg, uns ein Email zu schicken. Seit das Buch erstmalig erschienen ist, haben wir eine Menge darüber gelernt, wie und wo Menschen Coopetition in der Praxis umsetzen. Wir danken allen herzlich dafür. Und wir würden uns freuen, wenn auch Sie uns an Ihren Erfahrungen teilhaben ließen.

Adam Brandenburger (adam.brandenburger@stern.nyu.edu)
Barry Nalebuff (barry.nalebuff@yale.edu)

http://mayet.som.yale.edu/coopetition
(Wir versuchen, alle Mails zu beantworten, obwohl wir in der Vergangenheit öfters in Rückstand geraten sind.)

Informationen in deutscher Sprache finden Sie auf
www.spieltheorie.de/coopetition

Über die Entstehung dieses Buches

Für die Verbindung von Theorie und Praxis, über die Sie in diesem Buch lesen werden, brauchten wir viele Jahre der Entwicklung. In diesen Jahren haben wir enorme Hilfe von Kollegen aus Wissenschaft und Wirtschaft sowie von unseren Freunden und unserer Familie bekommen. Wir stehen tief in ihrer Schuld, sowohl persönlich als auch intellektuell.

Wir hatten beide das Glück, von ungewöhnlich brillanten und anregenden Lehrern in das Gebiet der Spieltheorie eingeführt worden zu sein. Louis Makowski zeigte Adam, wie wichtig es ist, alles aus ungewöhnlichen Blickwinkeln zu betrachten. Bob Aumann, dem 2005 den Nobelpreis für seine spieltheoretischen Forschungen verliehen wurde, zeigte Adam, wie man durch gründliches Nachdenken die Dinge einfacher machen kann. Bob Solow, ebenfalls Nobelpreisträger, zeigte Barry die Macht der richtigen Fragen. Die fruchtbare intellektuelle Neugierde von Joe Stiglitz und Richard Zeckhauser brachte Barry dazu, auch die nicht so offensichtlichen Anwendungsmöglichkeiten der Spieltheorie zu erforschen.

Über die Jahre hinweg wurde unsere Forschung von der Harkness Foundation, der Harvard Business School Division of Research, der Harvard Society of Fellows, der National Science Foundation, dem Pew Charitable Trust, dem Rhodes Trust, der Alfred P. Sloan Foundation und der Yale School of Management unterstützt. Wir sind außerordentlich dankbar für die Großzügigkeit all dieser Institutionen. Ihre Finanzierungen ermöglichten uns die grundlegende Forschung, die zu diesem Buch geführt hat.

An der Harvard Business School unterstützte der frühere Dekan John McArthur Adams Arbeit ständig. Anita McGahan, Dick Rosenbloom, Gus Stuart und David Yoffie gehören zu den Kollegen Adams, die ihn einerseits begeistert unterstützten und andererseits konstruktive Kritik beitrugen. In der Tat hätte es dieses Buch ohne Gus nicht gegeben. Er ist Miterfinder einiger der Schlüsselkonzepte, die unserem Ansatz eine Struktur geben.

An der Universität Princeton brachte Avinash Dixit Barry dazu, Bücher zu schreiben. Er schrieb zusammen mit ihm »Spieltheorie für Einsteiger« (Thinking Strategically: The Competitive Edge in Business, Politics and Everyday Life). Der frühere Dekan Mike Levine brachte Barry an die Yale School of Management und ermutigte ihn zur Schaffung eines Spieltheoriekurses. Sharon Oster unterstützte Barry beim Übergang von Wirtschaftstheorie zur strategischen Unternehmensführung.

Wir hatten auch das Glück, regelmäßig begabte Studenten an den Universitäten Harvard und Yale zu unterrichten – und haben beim Lehren viel gelernt. Unsere ersten Vorlesungen über Spieltheorie könnte man am ehesten als »erfolgreiche Fehlschläge« bezeichnen. Die Schwächen dieser frühen Vorlesungen zeigten uns viel darüber, was wir noch nicht verstanden hatten. Dieses Buch ist das direkte Ergebnis unserer damaligen Fortschritte. Wir danken allen unseren Studenten der Anfangszeit dafür, dass sie uns in dieser Phase des Experimentierens und Lernens ertragen haben.

Bei der Entwicklung und Erweiterung unserer neuen Verbindung konnten wir in erheblichem Umfang auf die Forschungsarbeiten unserer Studenten und Assistenten zurückgreifen. Zu den Studenten, die an in diesem Buch aufgeführten Fällen arbeiteten, gehören: Greg Camp, Greg Chin, David Cowan, Michael Maples, Anna Minto, Richard Molloy, David Myers, Paul Sullivan, Bartley Troyer, Michael Tuchen und Peter Wetenhall. Zu den Forschungsassistenten, die wesentliches Material beigetragen haben, gehören Christine Del Ballo, Paul Barese, Monique Burnett, Maryellen Costello, Brad Ipsan, Julia Kou, Fiona Murray, Troy Paredes, Adam Raviv, Deepak Sinha und Geoff Verter. Fehlen werden uns Troys Anrufe um drei Uhr morgens, um Nachrichten auf dem Anrufbeantworter zu hinterlassen – und sein Erstaunen, wenn wir dann ans Telefon gingen.

Über die Entstehung dieses Buches

Wir bedanken uns für die Gelegenheiten, die wir von den folgenden Personen zur praktischen Erprobung unserer Ideen bekamen: Ken Chenault und Andy Wing bei American Express, Charles Freeman bei der Chemical Bank, Robert Clement und Lynn Stair bei der Citibank, Jason Walsh und Jim Cooke bei Corning, Ron Ferguson und T. Hoffman bei General Re, Andy Shearer bei KPMG Peat Marwick, Geoff Porges bei Merck, Mike Keller (früher) bei Northwestern Life Insurance, Lydia Marshall bei Sallie Mae und Mark Myers bei Xerox. Bill Roughton bei Bell Atlantic gab uns eine einzigartige Gelegenheit zur Mitarbeit an der von der Federal Communications Commission durchgeführten Versteigerung von Sendefrequenzen für Kommunikationstechnik. Bill Barnett bei McKinsey and Co. forderte uns dazu heraus, die Spieltheorie zur praktischen Relevanz zu führen, er gab uns die Gelegenheit, mit seinen Klienten zu arbeiten und war für uns eine unschätzbare Hilfe bei der Überbrückung der Kluft zwischen Theorie und Praxis. Es ist fast unmöglich, unseren Firmenkunden genug Dank für das auszusprechen, was wir von ihnen gelernt haben. Auch half uns das ständige Feedback der Teilnehmer unserer Manager-Seminare, dieses Buch zu gestalten.

Wir sind der *Harvard Business Review* dankbar für ihre ständige Förderung und Verbesserung unserer Arbeit. Der Prozess des Schreibens eines Artikels für diese Zeitschrift erwies sich als äußerst fruchtbar, vor allem durch die Ermutigung und das kritische Feedback, das uns Joan Magretta, Nancy Nichols, Sharon Slodki und Nan Stone gaben.

Als wir uns anschickten, dieses Buch zu schreiben, half uns Loretta Barrett beim Start. Helen Rees, unsere Nordamerika-Agentin, und Linda Michaels, unsere Agentin für Auslandsrechte, verblüfften uns immer wieder mit ihrem Verständnis der Thematik und mit ihrem Fachwissen. Die enorme Begeisterung und – ja –Geduld von Bill Thomas, unserem Lektor bei Doubleday, gaben dem Projekt ständig enormen Auftrieb. Harriet Rubin bei Currency/Doubleday trug wertvolle Kritik bei und stellte immer wieder sicher, dass unsere Sprache ein hinreichendes Maß an »Trope« enthält.

Über die Entstehung dieses Buches

Scott Borg, ein Romanautor und Kulturhistoriker, war ein brillianter Berater dafür, einzelne Passagen klarer und besser lesbar zu gestalten. Er gab uns Anstöße, wo immer es nötig war, und er zog uns immer weiter mit seinem tiefen Verständnis und seiner Logik.

Schon früh entdeckten wir die Fälligkeiten von Rena Henderson, die in ihrer Firma *As the Word Turns* im kalifornischen Monterey mit Hochgeschwindigkeit hervorragend Manuskripte redigiert. Noch nie haben wir das Gefühl gehabt, dass uns jemand so gut kennt, den wir noch getroffen haben.

In jedem Stadium der Entstehens profitierten wir enorm von den vielen Lesern und Kritikern unserer verschiedenen Entwürfe. Kollegen im akademischen Bereich, die informierte Kritik beisteuerten, sind Bharat Anand, Sushil Bikhchandani, Joe Bower, Jeremy Bulow, David Collis, Ken Corts, John Geanakoplos, Oscar Hauptman, Bob Kennedy, Tarun Khanna, Elon Kohlberg, Ben Polak, Julio Rotemberg, Roni Shachar, Carl Shapiro, Debra Spar und Elizabeth Teisberg.

Jetzige und frühere Studenten, von denen wir wertvolles Feedback auf die Entwürfe dieses Buches bekamen, sind Putnam Coes, Amy Guggenheim, Roger Hallowell, Walter Kümmerle, John Levin, Matt Littlejohn, Amir Makov, Andrew McAfee, Robin Mendelson, Roslyn Romberg, Ed Simnett, Hunt Stookey, Don Sull und Mike Troiano. Eric Mullers Kommentare waren so umfassend, dass sie beinahe als separate Arbeit hätten veröffentlicht werden können. Zu alten und neuen Freunden, die Einsichten aus ihren Geschäftsbetrieben beisteuerten, gehören Christine Bucklin, Jim Cooke, Bob Cozzi, Bob Davoli, T. Hoffman, Mark Kaminsky, Jeff Keisler, John MacBain, Frank Murphy, Elizabeth Shackleford, Lenny Stern, Patrick Viguerie, Jason Walsh, Mary Westheimer und Evan Wittenberg.

Enge Freunde und Familienangehörige waren bei diesem Projekt besonders geduldig und hilfreich. Diane Rubin, Jim Cook, Lionel Frey, Larry Hilibrand, Warren Spector und Bob Taylor kritisierten frühe Entwürfe. Über jede Verpflichtung und Freundschaft hinaus gingen Ken French, Steven Scher und John Lapides jede Seite mit uns durch. Wir sind zutiefst dankbar für ihre großzügige Unterstützung und Mü-

Über die Entstehung dieses Buches

he. Ennis Brandenburger ging über alles Material mit den peniblen Augen einer Mutter. Zu Hause gebührt unser größter Dank Barbara Rifkind und Helen Kauder, die nicht nur unser Buch kritisch durchgelesen haben, sondern auch sonst alles stark unterstützen, was wir machen.

Wir hatten großes Glück, bei diesem Projekt Unterstützung von vielen Menschen aus allen Lebensbereichen zu erhalten, von Spitzenmanagern, Personalmanagern, Marketing-Spezialisten, Inhabern von Kleinbetrieben, Rechtsanwälten, Unternehmern, Geschäftsführern von gemeinnützigen Organisationen, Wissenschaftlern, Studenten von Wirtschaftshochschulen, College-Studenten, Künstlern und Müttern. Wir hoffen, dass es uns gelungen ist, ein Buch zu schreiben, das für alle nützlich ist, die uns so großzügig geholfen haben – und für viele andere auch.

Adam Brandenburger
Barry Nalebuff
Januar 1996

Teil 1: Das Geschäftsleben als Spiel

1. Krieg und Frieden

»Geschäft ist Krieg.« Die übliche Ausdrucksweise im Geschäftsleben hat einen eindeutigen Unterton: die Konkurrenz überlisten, Marktanteile erobern, zur Strecke bringen, Marken angreifen, Lieferanten ausziehen, Kunden einfangen.[1] Beim Geschäft als Krieg gibt es die Sieger und die Besiegten. Der Schriftsteller Gore Vidal hat dieses Gewinner-Verlierer-Weltbild auf die Spitze getrieben: "Erfolg haben genügt nicht. Andere müssen scheitern."

Doch die Art, wie heute über Geschäft geredet wird, klingt irgendwie anders. Man muss Kunden zuhören, mit Lieferanten arbeiten, Teams bilden und strategische Partnerschaften eingehen – sogar mit Konkurrenten. Das klingt nicht nach Krieg. Außerdem gibt es nur wenige Sieger, wenn Geschäft als Krieg betrieben wird. Das typische Ergeb-

---

[1] Eric Nash weist darauf hin, dass vieles unserer heutigen Geschäftskleidung kriegerischen Ursprungs ist (er verwendet dafür eine Arbeit von Anne Hollander): Der Ausdruck Krawatte leitet sich von den kroatischen Söldnern ab, die sie im 17. Jahrhundert auf Schlachtfeldern in Frankreich trugen; die Messingringe an Trenchcoats sind Überbleibsel von Aufhängern für Handgranaten; der geschneiderte Herrenanzug lässt sich auf die Leinenpolsterung zurückführen, die den Herren angefertigt wurde, damit Rüstung oder sonstige Metallschutzkleidung weniger drückten; Herrenjacketts wurden von links aufgeknöpft, damit ein rechtshändiger Mann schneller an Säbel oder Pistole kam. Nachzulesen auf der Modeseite des *New York Times Magazine*, 30.7.1995, S. 30, sowie in Anne Hollanders Buch: *Sex and Suits*, Verlag Knopf: New York, 1994 (deutsch: Anzug und Kros. Eine Geschichte der modernen Kleidung, Berlin Verlag, 1995).

nis eines Preiskriegs ist ein Schlachtfeld entgangener Gewinne. Ein gutes Beispiel ist die US-Luftfahrtbranche: Die Fluggesellschaften haben in den Preiskriegen von 1990 bis 1993 mehr Geld verloren, als sie in der gesamten Zeit seit den Gebrüdern Wright verdient hatten.[2]

Das Gegenstück zu Gore Vidals Weltanschauung kommt von Bernard Baruch, einem während eines großen Teils dieses Jahrhunderts führenden Banker und Financier: "Sie müssen das Licht des Anderen nicht ausblasen, um das Ihre scheinen zu lassen."

Baruch ist zwar heute nicht so berühmt wie Gore Vidal, hat aber sehr viel mehr Geld verdient. In diesem Buch folgen wir überwiegend dem Rat von Baruch.

In der Tat haben die meisten Unternehmen nur dann Erfolg, wenn es andere auch haben. Die Nachfrage nach Intel-Chips steigt, wenn Microsoft leistungsfähigere Software entwickelt, und Microsofts Software wird wertvoller, wenn Intel schnellere Chips herstellt. Es geht um gemeinsamen Erfolg, nicht um gegenseitige Zerstörung. Win-Win-Spiel heißt das in der Spieltheorie. Der kalte Krieg ist vorbei und damit auch die alte Auffassung vom Wettbewerb.

»Geschäft ist Frieden?«

Das klingt auch nicht ganz richtig. Wir erleben immer noch Schlachten zwischen Konkurrenten um Marktanteile, Gefechte mit Lieferanten um Kosten und Auseinandersetzungen mit Kunden über Preise.

---

[2] Dies sind allgemein zitierte Daten, so in der *Seattle Times* v. 24.4.1994, S.Al, und in *Inc.*, April 1994, S. 52. Sie halfen den Fluggesellschaften in Anhörungen vor dem Unterausschuss des Kongresses für Luftfahrt dabei, eine zweijährige Befreiung von der Treibstoffsteuer zu erreichen (s. I'DCH Congressional Hearings Summaries, 22.3.1995). Die Verluste der US-Luftfahrtbranche in jenen Jahren gemäß Air Transport Association und Paine Webber, zitiert in *U.S. News and & World Report*, 5.9.1995: 1990 3,9 Milliarden Dollar, 1991 1,9 Milliarden Dollar, 1992 4,8 Milliarden Dollar, 1993 2,1 Milliarden Dollar, in den vier Jahren insgesamt also 12,7 Milliarden Dollar.

Und der Erfolg von Intel und Microsoft war nicht gerade hilfreich für Apple. Wenn also Geschäft weder Krieg ist noch Frieden, was ist es dann?

1.1. Eine neue Geisteshaltung

Geschäft ist Zusammenarbeit, wenn es um das Backen des Kuchens geht; es ist Wettbewerb, wenn es um seine Aufteilung geht. Mit anderen Worten: Geschäft ist Krieg *und* Frieden. Aber nicht wie in Tolstois Roman – endlose Zyklen von Krieg gefolgt von Frieden gefolgt von Krieg. Es ist *gleichzeitig* Krieg und Frieden. Wie Ray Noorda, Gründer des Netzwerksoftwareherstellers Novell, es ausdrückt: »Sie müssen gleichzeitig konkurrieren und kooperieren«.[3] Die englischen Worte *co-operation* für Kooperation und *competition* für Konkurrenz sind der Ursprung des von Noorda geprägten Wortes *Coopetition*. Das zusammengesetzte Wort drückt eine dynamischere Beziehung aus als die beiden nur durch *und* verbundenen Wörter, deshalb haben wir es zum Titel unseres Buches gemacht.

Was ist das Lehrbuch für Coopetition? Es ist weder »Geheimnisse der Führungskunst von Attila dem Hunnen«[4] noch »Geheimnisse der Führungskunst des Franz von Assisi«. Konkurrieren kann man, ohne die Gegner umzubringen. Wenn Kämpfen bis zum Tod den Kuchen zerstört, bleibt nichts mehr zu erobern – es ist ein Verlierer-Verlierer-Spiel. Aus dem gleichen Grund kann man kooperieren, ohne sein Eigeninteresse zu ignorieren. Schließlich wäre es unklug, einen Kuchen zu backen, von dem man nachher nichts abbekommt – das wäre ein Gewinner-Verlierer-Spiel.

---

[3] *Electronic Business Buyer*, Dezember 1993. Ray Noorda prägte hier den allgemeinen Begriff Coopetition (im Englischen co-opetition).
[4] Dieses Buch gibt es wirklich: Wess Roberts: Leadership Secrets of Attila the Hun. Warner Books: New York, 1987.

Das Ziel ist, selbst gut abzuschneiden. Manchmal geschieht dies auf Kosten Anderer, manchmal nicht. In diesem Buch behandeln wir das Geschäftsleben als ein "Spiel". Es ist aber kein Spiel wie Poker, Schach oder eine Sportart, bei denen es immer Gewinner und Verlierer geben muss. Im Geschäftsleben erfordert Ihr Erfolg nicht, dass Andere scheitern – es kann mehrere Gewinner geben. In diesem Buch finden Sie viele Beispiele dafür. In dem Geiste von Coopetition werden wir einige Fälle schildern, in denen Gewinner-Verlierer der richtige Ansatz ist, und andere, bei denen ein Gewinner-Gewinner-Spiel, ein Win-Win-Spiel, der zutreffendste Ansatz ist. Wir werden Situationen schildern, in denen es der beste Weg ist, Ihre Konkurrenten zu schlagen, und andere Situationen, in denen die beste Vorgehensweise mehreren Spielern nützt, einschließlich Ihrer Konkurrenten.

Coopetition in die Praxis umzusetzen erfordert eigenständiges und systematisches Denken. Es reicht nicht, für die Möglichkeiten von Kooperation und Win-Win-Strategien sensibilisiert zu sein. Sie brauchen ein exaktes Schema, um alle Konsequenzen von Kooperation *und* Konkurrenz in Euro und Cent zu durchdenken.

1.2. Spieltheorie

Um einen Weg zu finden, Konkurrenz und Kooperation zusammenzubringen, verwenden wir die Spieltheorie. Die Spieltheorie hat das Potential, die Art und Weise vollkommen zu revolutionieren, wie wir über das Geschäftsleben denken. Und zwar, weil die grundlegenden Konzepte der Spieltheorie so weitreichend sind, und weil das Geschäftsleben so viele Gelegenheiten bietet, sie anzuwenden.

Es verbreitet sich immer mehr die Erkenntnis, dass die Spieltheorie ein entscheidendes Mittel zum Verständnis der modernen Geschäftswelt ist. Drei Pioniere der Spieltheorie, John Nash, John Harsanyi und Reinhard Selten, bekamen dafür 1994 den Nobelpreis, 2005 kamen die beiden Spieltheoretiker Robert Aumann und Thomas Schelling hinzu. Gleichzeitig wendete die Federal Communications Commission der USA die Spieltheorie an, um ihr beim Entwurf einer Sieben-Milliarden-Dollar-Versteigerung von Sendefrequenzen für Kommunikationsdienste zu helfen.[5] (Natürlich verwendeten die Bieter ebenfalls die Spieltheorie.) Während der Abfassung unseres Buches führten führende Unternehmensberatungen die Spieltheorie in ihre Strategiepraktiken ein.

Die Spieltheorie geht auf die Anfangszeit des Zweiten Weltkriegs zurück, als die britische Marine, die mit deutschen U-Booten Katze und Maus spielte, das Spiel besser verstehen musste, um es öfter zu gewinnen.[6] Die britischen Militärs entdeckten, dass die richtigen Züge nicht immer diejenigen waren, die Piloten und Schiffskapitäne intuitiv machten. Durch Anwendung von Konzepten, die später als Spieltheorie bekannt wurden, verbesserten die Briten ihre Trefferquote enorm, Ihr Erfolg gegen U-Boote führte zur Anwendung der Spieltheorie auch auf viele andere Gebiete der Kriegsaktivitäten. So wurde die Theorie in Situationen auf Leben und Tod bewiesen, bevor sie als systematische Theorie zu Papier gebracht wurde.

Die klassische Ausformulierung folgte wenig später 1944, als das mathematische Genie John von Neumann und der Volkswirtschaftler Oskar Morgenstern ihr Buch *Theory of Games and Economic Behavior* veröffentlichten. Dieses brillante, aber sehr abstrakt gehaltene Werk wurde sofort als eine der größten wissenschaftlichen Errungenschaften des Jahrhunderts gepriesen. Es führte zu einer großen Anzahl von wissenschaftlichen Abhandlungen auf den Gebieten Volkswirt-

---

[5] Das gilt ebenfalls für die Auktion der deutschen UMTS-Lizenzen, die Mitte 2000 für einen Preis von 98,8 Milliarden DM an mehrere Mobilfunkanbieter versteigert wurden.

[6] C. H. Wellington: *OR in World War II: Operational Research Against the U-Boat*, Verlag Elek Science: London 1973. Natürlich gab es eine Reihe Vorläufer der Spieltheorie: Bücher und andere Abhandlungen, die einzelne Spiele wie Dame und Poker analysieren, Monographien zur Einführung von Konzepten, die später in die Spieltheorie eingingen, und Bücher über Echte-Welt-Probleme, die einen der Spieltheorie ähnelnden Denkstil erkennen lassen.

schaft, Politik, militärische Strategie, Jura, Computerwissenschaft und sogar evolutionäre Biologie. Auf jedem dieser Gebiete führte die Spieltheorie zu bedeutenden Entdeckungen, jetzt krempelt sie das Gebiet des Geschäftslebens um.

Die Spieltheorie macht es möglich, über die allzu einfachen Auffassungen von Konkurrenz und Kooperation hinauszugehen und zu einer Vision von Coopetition zu kommen, die besser geeignet ist, die Chancen unserer Zeit zu nutzen. Viele wird dies überraschen. Das Bild, das die Spieltheorie oft heraufbeschwört, ist das vom Geschäft als Krieg. Das liegt daran, dass sie im Zweiten Weltkrieg geboren wurde und während des Kalten Krieges aufwuchs. Die Mentalität war eine von Gewinnern und Verlierern, vom Nullsummenspiel, sogar von einer Nullsummengesellschaft.[7] Das ist aber nur die halbe Geschichte. Die moderne Spieltheorie gilt ebenso für Nichtnullsummen- und besonders auch für Win-Win-Spiele. Der wirkliche Wert der Spieltheorie für das Geschäftsleben erweist sich erst bei der Umsetzung der gesamten Theorie in die Praxis: wenn die Spieltheorie auf das Wechselspiel zwischen Konkurrenz und Kooperation angewendet wird.

Aber was sind die wesentlichen Merkmale der Spieltheorie in ihrer Anwendung auf das Geschäftsleben? Was sind ihre besonderen Vorzüge? Wie unterscheidet sie sich von der Vielzahl anderer Managementwerkzeuge?

1.3. Was die Spieltheorie zu bieten hat

Die Spieltheorie konzentriert sich direkt auf die Kernfrage: wie man die richtige Strategie findet und die richtigen Entscheidungen trifft. Es gibt viele wertvolle Bücher darüber, wie man ein Managementumfeld schaffen kann, das es erleichtert, die richtigen Entscheidungen zu treffen. Es gibt auch wertvolle Bücher darüber, wie man Organisationen aufbaut, die wirksam bei der Umsetzung einmal getroffener stra-

---

[7] Lester Thurow: Zero-Sum-Society, Basic Books: New York 1980.

tegischer Entscheidungen sind. Doch es gibt noch großen Bedarf an einer Anleitung, wie man erst einmal die richtige Strategie findet. Das bietet die Spieltheorie. Sie stößt direkt zum Kern der Sache vor, indem sie Ihnen in strategischen Begriffen zeigt, was Sie am besten tun sollten.

Die Spieltheorie ist besonders effektiv, wenn es viele voneinander abhängige Faktoren gibt und keine Entscheidung isoliert von einer Vielzahl anderer Entscheidungen getroffen werden kann. Geschäfte werden heute in einer Welt von verwirrender Komplexität abgewikkelt. Faktoren, die Ihnen vielleicht noch nicht einmal in den Sinn kommen, können über Ihren Erfolg oder Misserfolg entscheiden. Selbst wenn Sie alle relevanten Faktoren finden, beeinflusst wahrscheinlich irgend etwas, was einen Faktor ändert, viele andere auch. Inmitten all dieser Komplexität ordnet die Spieltheorie das Spiel in seine Kernbestandteile. Sie hilft Ihnen zu sehen, was vor sich geht und wie Sie damit umzugehen haben.

Die Spieltheorie ist ein besonders wertvolles Werkzeug für die gemeinsame Nutzung mit Anderen in Ihrer Organisation. Die klaren und explizit gemachten Prinzipien der Spieltheorie erleichtern es, die Gründe für eine vorgeschlagene Strategie zu erläutern. Die Theorie gibt Ihnen und Ihren Kollegen eine gemeinsame Sprache zur Erörterung von Alternativen. Durch die Beteiligung Anderer an dem Prozess, der Sie zu einer strategischen Entscheidung führt, hilft Ihnen die Spieltheorie, einen Konsens zu erzielen.

Solche Techniken zu gemeinsamem strategischem Denken werden zunehmend auf allen Ebenen des Geschäftslebens benötigt. Die Entscheidungsfindung wird komplexer und dezentraler. Rascher Wandel in Märkten und Technologien erfordern rasche, strategisch begründete Reaktionen. Daher wächst die Anzahl der Mitarbeiter eines Unternehmens rapide an, die aus der Anwendung der Spieltheorie Nutzen ziehen werden.

Spieltheorie ist eine Vorgehensweise, auf der Sie aufbauen und die Sie ausweiten können. Sie ist keine spezielle Strategie, die nur zu einem bestimmten Abschnitt in der Geschichte des Geschäftslebens passt. Sie ist keine Faustregel, die nicht mehr anwendbar ist, wenn sich die Bedingungen ändern. Sie ist eine Denkweise, die Wandlungen des wirtschaftlichen und betrieblichen Umfelds überlebt.

In vielen Fällen kann die Spieltheorie Handlungsalternativen vorzeichnen, an die ohne sie niemand gedacht hätte. Das liegt an der systematischen Vorgehensweise der Spieltheorie. Indem sie ein vollständigeres Bild jeder Geschäftssituation vorstellt, ermöglicht sie, Aspekte der Situation zu sehen, die sonst ignoriert worden wären. Aber in diesen sonst vernachlässigten Aspekten liegen einige der besten Gelegenheiten für Ihre Geschäftsstrategie.

1.4. Was Sie in diesem Buch finden

Wir gehen an die Spieltheorie hauptsächlich anhand von Geschichten aus dem wirklichen Wirtschaftsleben heran. Darin vorkommende Personen und Unternehmen werden Ihnen bekannt sein. Diese Geschichten erzählen von Firmen, die konkurrieren und kooperieren, Erfolge und Misserfolge haben, manchmal auf überraschende Weise. Einige sind Kriegs-, andere sind Friedensgeschichten. In beiden Fällen sind es mehr als Anekdoten. Denn wir verwenden die Spieltheorie, um die Erfolge und Misserfolge zu erklären. Jede Geschichte ist eine Fallstudie mit einer vollständigen Analyse der einbegriffenen Grundsätze. Wir flechten die Theorie in die Geschichten ein und fassen die daraus abzuleitenden Lehren in Merksätzen zusammen. Auf diese Weise wird unsere Analyse mehr als beschreibend, sie wird auch zu einer Sammlung von Handlungsanweisungen. Wenn Sie verstehen, warum eine Strategie funktionierte (oder nicht funktionierte), können Sie die Lehren daraus auf andere Situationen übertragen.

Die zahlreichen Fallstudien haben auch noch andere Funktionen. Sie sind nicht nur Mittel dazu, das Thema unterhaltsamer zu machen oder zu zeigen, wie unsere Konzepte in der Praxis funktionieren. Sie dienen auch als fortdauernder Test unserer Theorien. Wir sind Skeptiker und wollen, dass auch Sie skeptisch sind und nicht einfach glauben, was wir schreiben. Unser Ziel ist, Ihnen genug Beweismaterial an die Hand zu geben, um unsere Schlussfolgerungen anzunehmen oder in Frage zu stellen. Nachdem Sie gesehen haben, wie die Spieltheorie auf eine große Zahl von Fällen angewendet worden ist, werden Sie ihre Möglichkeiten erkennen und ein Gefühl dafür bekommen, wie sie funktioniert, und lernen, sie selbst anzuwenden.

Trotz des steigenden Interesses an der Anwendung der Spieltheorie im Geschäftsleben ist dies noch eine sehr neue Vorgehensweise. Ein großer Teil der Terminologie ist neu. Einige Schlüsselbegriffe wurden tatsächlich erst beim Schreiben dieses Buches geprägt. Selbst Begriffe, die bekannt erscheinen, nehmen im Zusammenhang mit der Spieltheorie eine neue Bedeutung an. Wie jede Theorie, die eine neue Perspektive bietet, erfordert sie am Anfang etwas Geduld. Doch wenn wir mit unseren Erklärungen erfolgreich sind, werden die neuen Begriffe bald so sehr ein Teil Ihres Denkens, dass Sie sich wundern werden, wie Sie jemals ohne sie ausgekommen sind.

1.5. Wie dieses Buch aufgebaut ist

Teil 1, bestehend aus drei Kapiteln, gibt einen Überblick über das Geschäftsleben als Spiel. Er stellt alle Grundbegriffe vor und zeigt, wie sie zusammenpassen. Dieses erste Kapitel dient der einführenden Orientierung, es ist eine Art Vorab-Briefing darüber, wohin Sie dieses Buch führen wird.

Kapitel 2 beschreibt alle Spieler und analysiert die Elemente von Konkurrenz und Kooperation zwischen ihnen. Um das klar darzustellen, zeichnen wir eine Landkarte des Geschäftsspiels, die wir tatsächlich visuell darstellen. Wir nennen sie das Wertenetz. Es platziert die verschiedenen Spieler relativ zueinander und identifiziert ihre Abhängigkeiten voneinander. Es ist besonders nützlich, um darzustellen, wie die Beziehung zwischen den Spielern die Kombination von Konkurrenz und Kooperation ermöglicht.

Kapitel 3 führt die Spieltheorie ein. Wir erklären, wie diese wissenschaftliche Disziplin auf das reale Geschäftsleben anzuwenden ist. Mit detaillierten Beispielen erörtern wir, was geschieht, wenn Spiele tatsächlich gespielt werden. Dabei machen wir die Spieltheorie zugänglich, indem wir uns die wesentlichen Konzepte vornehmen und sie auf eine einfache und klare Art darlegen, die keine Mathematik oder abstrakte Theorie erfordert.

Unsere Darstellung der Spieltheorie identifiziert fünf Grundelemente in jedem Spiel: **S**pieler, **M**ehrwerte, **R**egeln, **T**aktiken und **S**piel-Raum – kurz **SMaRTS**.[8] Sie sind die Ecksteine für den Rest des Buchs. Zusammen mit dem Wertenetz bilden sie das zentrale Schema, um die Spieltheorie auf das Geschäftsleben anzuwenden.

Im Teil II wird in getrennten Kapiteln jedes der fünf Elemente eines Spiels behandelt. Wir beschreiben detailliert jedes Element und welche Bedeutung es für Ihr Geschäft hat. Archimedes sagte, er könnte die Erde bewegen, wenn er nur einen geeigneten Hebel hat. Die fünf SMaRTS sind die Hebel, um die Geschäftswelt zu bewegen.

1.6. Ändern Sie das Spiel

Hier liegen die größten Möglichkeiten. Wir haben gesagt, das Geschäftsleben unterscheide sich von anderen Spielen, weil es mehr als einen Gewinner zulässt. Es ist aber noch auf eine andere grundsätzliche Weise anders: es steht nie still. Alle Elemente des Geschäftsspiels wandeln sich ständig, nichts ist fix. Das ist kein Zufall. Während es für Fußball, Poker und Schach letztentscheidende Instanzen gibt – die NFL oder FIFA, Hoyle und die International Chess Federation – gibt

---

[8] CR: Im Englischen sind das *Players, Added values, Rules, Tactics* und *Scope*, die dort das Akronym PARTS ergeben (zu Deutsch: TEILE).

es eine solche für den Geschäftsverkehr nicht.[9] Die Spieler haben die Freiheit, das Geschäftsspiel zu ihrem Vorteil zu ändern. Und das tun sie auch.

Warum das Spiel ändern? Ein altes chinesisches Sprichwort erklärt das recht gut: Wenn man einen einmal eingeschlagenen Weg immer weitergeht, dann kommt man auch dort an. Das kann manchmal gut sein, manchmal aber auch nicht. Selbst wenn Sie ein Spiel ausgezeichnet spielen, können Sie dabei katastrophal abschneiden. Nämlich dann, wenn Sie das falsche Spiel spielen. Sie müssen es verändern. Selbst ein gutes Spiel kann zu einem besseren gemacht werden. Wahrer Erfolg kommt von der aktiven Gestaltung des Spiels, das Sie spielen – davon, dass Sie das Spiel machen, das Sie wollen, und nicht das Spiel hinnehmen, das Sie vorfinden.

Wie ändern Sie das Spiel? Sie können das durchaus schon instinktiv getan haben. Doch die Spieltheorie bietet eine systematische Methode dafür. Um das Spiel zu ändern, müssen Sie eines oder mehrere der fünf Elemente ändern: Sie ändern die SMaRTS. Jedes dieser Elemente ist ein mächtiges Instrument zum Verwandeln eines Spiels in ein anderes. Hier liegen die größten Möglichkeiten der Spieltheorie: das Spiel zu ändern. Nicht nur die *Spielweise* zu ändern, sondern das *Spiel*, das Sie spielen.

---

[9] Die Regierung legt zwar Kartellgesetze und andere Regulierungen fest, aber sie sind nur ein kleiner Teil der Regeln für die Spiele des Geschäftlebens, und selbst diese können geändert werden.

2. Coopetition

Wenn Geschäft ein Spiel ist, wer sind dann die Spieler und was sind deren Rollen? Da sind zunächst Kunden und Lieferanten; ohne sie wären Sie nicht im Geschäft. Und natürlich gibt es Konkurrenten. Ist das alles? Noch nicht ganz. Es gibt noch eine oft übersehene, aber nicht minder wichtige Gruppe von Spielern – diejenigen, die ergänzende statt konkurrierende Produkte und Dienstleistungen anbieten. Mit ihnen beginnen wir dieses Kapitel. Wir werden sehen, wie Komplemente (Ergänzungen) den Unterschied zwischen geschäftlichem Erfolg und Scheitern bedeuten können.

2.1 In Komplementen denken

Das klassische Beispiel für einander ergänzende, für komplementäre Erzeugnisse sind Computer-Hardware und -Software. Schnellere Hardware veranlasst Benutzer, zu leistungsfähigerer Software überzugehen, und leistungsfähigere Software bringt Anwender zum Kauf schnellerer Hardware. Beispielsweise war Windows 95 weitaus wertvoller mit einem Pentium-betriebenen Gerät als mit einem 486. Desgleichen war ein Pentium-Chip weit wertvoller für jemanden, der Windows 95 hatte, als für jemanden, der es nicht hatte – ein Zusammenhang, der bis heute für die jeweils neueste Chip- und Softwaregeneration gilt.

Der Gedanke der Komplementarität ist zwar im Zusammenhang mit Hard- und Software am offensichtlichsten, es handelt sich aber um ein allgemeines Prinzip. Ein Komplement zu einem Produkt oder einer Dienstleistung ist jedes andere Produkt oder Dienstleistung, die das erste attraktiver macht. Würstchen und Senf, Autos und Kfz-Kredite, Fernsehgeräte und Videorecorder, Fernsehshows und Programmzeitschriften, Faxgeräte und Telefonleitungen, Digitalkameras und Farbdrucker, Kataloge und Expresszustelldienste, Rotwein und Reinigungen, Dick und Doof sind nur einige der vielen, vielen Beispiele für komplementäre Produkte und Dienstleistungen.

Sehen wir uns die komplementären Angebote zu Kraftfahrzeugen an. Ein offensichtliches Beispiel sind geteerte Straßen. Nachdem sie warme Semmeln gebacken hatte, konnte es die junge Autoindustrie nicht nur anderen überlassen, die Straßen zu ihren Bäckereien zu bauen. Zwar konnten die Autohersteller nicht alle Straßen selbst bauen, sie brachten aber viele auf den Weg. So gründeten General Motors, Hudson, Packard und Willys-Overland gemeinsam mit Goodyear (Reifen) und Prest-O-Lite (Scheinwerfer) 1913 die Lincoln Highway Association, um den Bau der ersten Autobahn von der Ost- zur Westküste der USA voranzutreiben.[1] Die Vereinigung baute »Saatmeilen« entlang der vorgeschlagenen transkontinentalen Strecke. Die Bürger erkannten den Wert und die Realisierbarkeit guter Straßen und drängten die Regierung, die Lücken zu schließen. Die Bundesregierung sah 1916 die ersten Dollars für Straßenbau vor, und schon bis 1922 wurden die ersten fünf transkontinentalen Straßen einschließlich des Lincoln Highway zu Ende gebaut.

Heute gibt es viele Straßen, aber das Geld zum Kauf von Autos kann immer noch knapp sein. Vor allem Neuwagen sind teuer; wenn Kunden schwer an Kredite herankommen, fällt ihnen auch der Autokauf

---

[1] Henry Ford richtete ein eigenes Filmstudio ein, um Kurzfilme unter dem Titel »Good Miles« zu drehen, die in Kinos gezeigt wurden und die den Menschen Lust auf mehr Straßen machen sollten. Darüber berichtet detailliert Drake Hokanson in *The Lincoln Highway: Main Street Across America*. University of Iowa Press: Iowa City 1988.

schwer. Daher ergänzen Banken und Kreditgenossenschaften das Angebot von Ford und General Motors. Doch Kfz-Finanzierungen gab es nicht zu allen Zeiten. Deshalb gründete General Motors schon 1919 die General Motors Acceptance Corporation, und Ford rief 1959 die Ford Motor Credit ins Leben. Es spielt letztlich keine Rolle, wer die Finanzierung gewährt – Banken, Kreditgenossenschaften oder eigene Finanzierungsgesellschaften der Kfz-Hersteller. Mehr Geld in diesem Markt führt zu niedrigeren Zinsen, besserer und billigerer Zugang zu Krediten ermöglicht den Menschen, mehr Autos zu kaufen – und das ist gut für Ford und General Motors. Die andere Richtung gilt aber ebenso: Autoverkauf hilft Ford und General Motors, Kredite zu verkaufen. Mitte der 1980er bis Mitte der 1990er Jahre hat Ford sogar mehr an seiner Kreditvergabe verdient als an der Herstellung von Autos.

Auch Autoversicherungen sind komplementär zu Autos, denn ohne Versicherung wäre viele Menschen kaum bereit, 20.000 Dollar oder mehr in ein neues Auto zu investieren. So wie die Autohersteller Kredite für die Kfz-Anschaffung erschwinglicher gemacht haben, könnten sie vielleicht auch dazu verhelfen, Kfz-Versicherungen zu verbilligen. Dies wäre besonders wertvoll für Erstanschaffer, für die besonders hohe Versicherungsprämien gelten.

Komplementäre Produkte ergänzen sich stets zu gegenseitigem Nutzen. So wie Autoversicherungen Komplemente zu neuen Autos sind, sind neue Autos Komplemente zu Autoversicherungen. Je mehr Autos die Menschen kaufen, umso mehr Versicherungen kaufen sie, auch Kasko- und Diebstahlversicherungen. So könnten Autoversicherungsgesellschaften ein Interesse daran haben, ihr Fachwissen und ihre Marktmacht dafür einzusetzen, ihren Kunden zu niedrigeren Neuwagenpreisen zu verhelfen. Auf das Thema Autos und Autoversicherung kommen wir in diesem Buch noch zurück.

Zulieferer der Autoindustrie haben ebenfalls an Ergänzungsleistungen gedacht. Solange die Reifenfabrikanten keinen Weg finden, Autofahrer von der Notwendigkeit von fünf oder sechs Reifen am Wagen zu überzeugen, gibt es für sie nur einen Weg zur Absatzsteigerung: den Leuten mehr Appetit aufs Autofahren zu machen. Deshalb erfand der

Reifenhersteller Michelin die Reiseführer *Guide Michelin*. Diese führen nicht nur die kürzesten Strecken zu den Zielen auf, sondern vor allem die landschaftlich schönen Umwege. Die Michelin-Führer machen die Anfahrt schon mindestens zur Hälfte der gesamten Freude. Sie regen die Reisenden dazu an, in Fahrt zu bleiben und ständig die Reifen abzunutzen. Es gibt immer noch mehr Orte, die sich lohnen, und noch weitere interessante Abzweigungen. Die Michelin-Führer helfen nicht nur, Reifen zu verkaufen, sie sind auch selbst noch ein gutes Geschäft. Sie dominieren den Reiseführermarkt in Frankreich und erzielen bedeutende Umsätze im übrigen Europa.

Der Gebrauchtwagenmarkt profitiert ebenfalls vom Interesse an Komplementen. Werfen Sie zum Beispiel einen Blick auf die von John und Louise MacBain herausgegebene *La Centrale des Particuliers*, eine Pariser Wochenzeitschrift, die auf Anzeigen für Gebrauchtwagen und damit verbundene Leistungen spezialisiert ist. Sie haben Anbieter gefunden, die von den Lesern gewünschte komplementäre Leistungen anbieten – Autoversicherung, Finanzierung und Werkstattgarantien. Dafür haben die MacBains für ihre Leser sehr günstige Vorzugspreise ausgehandelt, indem sie als Gegenleistungen den Anbietern eine ins Auge fallende Auflistung in der Zeitschrift und die Verwendung des Markennamens *La Centrale* gewähren. Die MacBains gehen sogar noch weiter: Sie verkaufen selbst einige komplementäre Leistungen für Autos. Leser und Anzeigenkunden möchten für jeden Jahrgang jedes Modells der verschiedenen Hersteller die durchschnittlich erzielten Verkaufspreise wissen; ebenso, wie lange jedes Modell durchschnittlich am Markt ist. Für eine Gebühr[2] bieten die MacBains diese Informationen über Frankreichs Online-Dienst Minitel. Durch den Fokus auf Ergänzungsleistungen für Gebrauchtwagenkäufer haben sie sichergestellt, dass es für *La Centrale* keine Konkurrenz gibt. Sie haben ihre Idee exportiert und damit den Ge-

---

[2] Andere Komplemente bietet *La Centrale* kostenlos an, so anwaltlichen Beistand, falls Leser feststellen, dass ein Inserent ein Auto falsch beschrieben hatte. Resultat: ehrlichere Anzeigen und eine bessere Zeitschrift.

In Komplementen denken

brauchtwagenmarkt in den USA, Kanada, Ungarn, Polen, Schweden, Thailand und weiteren Ländern verändert.

Mit dem Wissen um die Bedeutung von komplementären Leistungen findet man auch die Erklärung für manche geschäftliche Misserfolge. Alfa Romeo und Fiat hatten es schwer, ihre Fahrzeuge in den USA zu verkaufen, weil die potentiellen Kunden wussten, dass sie es schwer haben würden, an Ersatzteile und an qualifizierte, an den Modellen ausgebildete Kfz-Mechaniker heranzukommen. Beide sind aus dem US-Markt ausgestiegen. Der Betamax-Videorecorder von Sony, obwohl den VHS-Recordern technisch in einigen Punkten überlegen, scheiterte am Mangel ausleihbarer Filme in Betamax-Technik. In vielen Städten hat sich der Einzelhandel mangels Parkgelegenheiten zu einem großen Teil aus dem Zentrum in vorstädtische Einkaufszentren verlagert. Wenn diese Unternehmen für die fehlenden Zusatzleistungen, die Komplemente, gesorgt hätten, hätten sie viel besser abschneiden können.

In neuen Volkswirtschaften finden wir das Problem fehlender Komplementäre vertausendfacht. So ist es in großen Teilen der Dritten Welt und in vielen früher kommunistischen Ländern. Dort hängt das Schicksal von allem, nicht nur des Unternehmens oder der Branche, sondern oft des ganzen Landes, von komplementären Produkten und Dienstleistungen ab. Eine Branche braucht ergänzende Branchen, um in Gang zu kommen, aber die ergänzenden Branchen brauchen die erste, damit sie starten können. Huhn oder Ei ist ein allgegenwärtiges Problem. Alles muss gleichzeitig geschehen, oder es geschieht gar nichts. Deshalb schaffen einige Entwicklungsländer den Start und andere nicht.

In Ergänzungen zu denken ist eine radikal andere Denkweise im Geschäftsleben. Es geht darum, Wege zur Vergrößerung des Kuchens zu finden, statt mit Konkurrenten um einen bestehenden Kuchen zu streiten. Um von dieser Erkenntnis zu profitieren, denken Sie nach, wie Sie den Kuchen vergrößern können, indem Sie neue komplementäre Leistungen entwickeln oder bisherige erschwinglicher machen.

Intel ist der prototypische Konkurrent. Andy Grove, der ehemalige Vorstandsvorsitzende, ist für seinen Ausspruch bekannt: »Nur Paranoide überleben.«[3] Konkurrenten sind aber nicht das Einzige, woran Grove ständig denkt; er ist auch ständig auf der Suche nach Komplementen.

Inside Intel. Wir haben dieses Kapitel mit der Erklärung begonnen, wie Microsoft profitiert, wenn Intel einen schnelleren Chip herstellt, und wie Intel profitiert, wenn Microsoft seine Software weiterentwikkelt. Aus der Sicht von Intel treibt Microsoft die Entwicklung aber nicht stark genug voran. Andy Grove sagte: »Microsoft ist nicht genauso von der Dringlichkeit [einen verbesserten PC herauszubringen] überzeugt wie wir. Der typische PC stößt nicht an die Leistungsgrenzen unserer Mikroprozessoren. ... Er ist nicht so gut, wie er sein sollte, und das ist nicht gut für unsere Kunden.«[4]

Wenn Softwareanwendungen nicht an die Leistungsgrenzen existierender Mikroprozessoren-Chips stoßen, muss Grove etwas anderes finden, das dies schafft. Sonst spüren seine Kunden nicht die ständige Notwendigkeit, ihre Ausrüstung auf einen höheren Stand zu bringen. Wenn sie das aber nicht tun, wird nicht nur der Markt gesättigt, sondern die anderen Chip-Hersteller – AMD, Cyrix und NexGen – können aufholen.

Das ist kein neues Problem für Intel; die Verarbeitungskapazitäten sind den Softwareanwendungen stets voraus gewesen. Zum Beispiel erschien das erste 32-Bit-Betriebssystem von Microsoft, Windows NT, erst 1993 auf dem Markt, obwohl die 32-Bit-Verarbeitung technologisch schon seit 1985 eine Realität war.[5] Intel ist ständig auf der

---

[3] Zitiert in Fortune, 10.7.1995, Umschlagseite. *Only the Paranoid Survive* ist auch der Titel eines Buches von Grove (erschienen bei Currency/Doubleday 1996).

[4] Ebd., S. 90-91

[5] Das 1987 eingeführte IBM OS/2 war das erste 32-Bit-Betriebssystem für den PC, aber es setzte sich nie richtig durch. Das Apple Macintosh Sy-

Suche nach Anwendungen, die gigantische Verarbeitungskapazitäten erfordern.

Eine der CPU-intensivsten Anwendungen ist Video. Selbst der Pentium-Chip schaffte keine 24-Bilder-pro-Sekunde-Leistung über den gesamten Bildschirm. Aber der Chip der nächsten Generation, der Pentium Pro, schaffte es. Deshalb wollte Intel dafür eine billige und weithin genutzte Video-Anwendung. Dazu hat das Unternehmen über 100 Millionen Dollar in ProShare investiert, ein System für Videokonferenzen, das auf einem PC Platz hat.[6] ProShare war eine ideale Ergänzung zu den Chips von Intel.

Doch Intel stieß auf das gleiche Problem wie die Hersteller von Telefaxgeräten vor einem Jahrzehnt: Was hat es für einen Sinn, eine Videokonferenzanlage auf dem Schreibtisch zu haben, wenn die, die man zu einer Videokonferenz anrufen könnte, über keine solche Anlage verfügen? Die Faxgeräte fingen erst 1986 an, sich gut zu verkaufen, als ihr Preis unter 500 Dollar sank. Wie könnte Intel eine Marktpräsenz für ProShare erreichen und den Preis herunterbekommen, ohne noch einmal 100 Millionen Dollar hinzulegen? Intels Strategie war, nach anderen Unternehmen Ausschau zu halten, die interessiert waren, mit einzuspringen.

Die Telefongesellschaften erwiesen sich als die natürlichen Verbündeten. ProShare ergänzt ihr Geschäft, denn das Gerät empfängt und sendet mehr Daten, als gewöhnliche Telefonleitungen übertragen können. Um effektiv zu arbeiten, braucht ProShare eine ISDN-Leitung.[7] Diese Leitungen haben drei Übertragungskanäle, zwei für Daten und einen für den Sprechverkehr, jede mit fast der fünffachen Kapazität wie gewöhnliche Kupferleitungen. Die Telefongesellschaften konnten ISDN-Anschlüsse liefern, doch die Nachfrage danach war

---

    stem 7 war ein weiteres 32-Bit-Betriebssystem, da es aber keine Intel-Chips verwendete, half das Intel auch nicht.

[6] Wall Street Journal, 12.6.1995, S. B3.
[7] Da die ISDN-Leitungen nur so langsam Akzeptanz fanden, wurde die Abkürzung auch als »It Still Does Nothing« gelesen.

damals gering. Wenn die Menschen aber ProShare-Geräte kauften, legten sie sich auch ISDN-Anschlüsse zu.

So musste Intel nicht allein für ProShare aufkommen. So wie eine Telefongesellschaft die Anschaffung eines mobilen Telefons stark subventioniert, um neue Teilnehmer für ihr Netz zu gewinnen, subventionierten manche ProShare, um ihre ISDN-Anschlüsse verkaufen zu können. Sie boten ProShare für 999 Dollar an, knapp die Hälfte des Listenpreises von 1999 Dollar.[8]

Ein weiterer Schachzug, um ProShare Auftrieb zu verschaffen, war die Vereinbarung mit dem führenden PC-Hersteller Compaq, nach der Compaq ProShare in alle seine Computer für Geschäftszwecke integriert. Das verringert die ProShare-Kosten für Compaq-Käufer auf 700 bis 800 Dollar und verstärkt die Marktpräsenz von ProShare noch zusätzlich.

Alle Spieler, Intel, Telefongesellschaften und Compaq, erkennen ihre komplementäre Beziehung. Intel will die Nachfrage nach Verarbeitungskapazität steigern, die Telefongesellschaften wollen die Nachfrage nach der Übertragung großer Datenmengen erhöhen, und Compaq will, dass seine Computer für geschäftliche Zwecke gegenüber denen der Konkurrenten etwas Besonderes bieten. Diese Ziele treffen bei Videokonferenzen perfekt zusammen.

---

[8] *Wall Street Journal*, 26.10.1995, S. B8. Traditionelle Telefongesellschaften profitierten ebenfalls von einer Verlagerung auf ISDN, da es ihnen im Wettbewerb mit dem Mobiltelefonverkehr hilft. Mit digitalen Komprimierungstechniken und weiteren Übertragungsfrequenzen, die von der Federal Communications Commission zugeteilt wurden, war schon damals klar, dass es bald genügend Kapazität zur drahtlosen Sprachübertragung geben würde, um die Preise sinken zu lassen, was den Markt für die leitungsgebundene Kommunikation bedrohte. Wenn aber die klassischen Telefongesellschaften ihre Kunden dazu bringen könnten, für Videokonferenzen mit ProShare etwas mehr zu bezahlen, sind Mobiltelefone eine kleinere Bedrohung. Die Übertragung von Videosignalen per Funk erfordert eine so hohe Kapazität, dass sie für Mobiltelefongesellschaften für lange Zeit nicht praktikabel waren.

2.2. Das Wertenetz

Wir können jetzt unsere erste Frage besser beantworten: Wenn Geschäft ein Spiel ist, wer sind dann die Spieler und was sind deren Rollen? Es sind Kunden, Lieferanten und Konkurrenten. Und eine weitere Kategorie: die Anbieter von Komplementen, von ergänzenden Produkten. Es gab noch kein Wort für einen Anbieter von Komplementen, deshalb schlagen wir eines vor: »Komplementär«[9]. Das ist das natürliche Ergänzungswort zu »Konkurrent«. Die Tatsache, dass wir ein neues Wort prägen mussten, beweist, dass die überragende Rolle von Komplementen in Geschäftsstrategien weitgehend übersehen worden ist.

Warum sollte man Komplementäre nicht einfach Partner oder Verbündete nennen? Aus zwei Gründen: Erstens sind diese Begriffe zu allgemein. Kunden, Lieferanten und Komplementäre können alle Partner oder Verbündete sein. Zweitens sind die Begriffe Partner und Verbündete auf eine andere Weise zu eng. Sie drücken nicht die wahre Natur der Geschäftsbeziehung von Komplementären aus – eine Beziehung, die auch einige innewohnende Spannungen hat, wie wir sehen werden.

Im restlichen Teil dieses Kapitels werden wir ein vollständiges Bild des Geschäftsspiels entwerfen. Wir erkunden die Rollen aller vier Arten von Spielern – Kunden, Lieferanten, Konkurrenten und Komplementäre – und ihre gegenseitigen Abhängigkeiten. Wir werden sehen, wie der gleiche Spieler mehrfache Rollen einnehmen kann. Wir werden genau definieren, was mit unserem neuen Begriff »Komplementär« gemeint ist. Es wird sich sogar als nützlich erweisen, den bekannten Begriff »Konkurrent« etwas genauer zu definieren.

---

[9] CR: Bitte beachten Sie, dass dieses Wort hier in einer anderen Bedeutung verwendet wird als der Komplementär in einer Kommanditgesellschaft. Im englischen Original heißt das Wort *complementor*, was man wörtlich am ehesten als *Ergänzer* übersetzen könnte.

Sich vermeintlich Bekanntes genauer anzusehen bietet manche Überraschung. Die Konzentration auf nur eine Art von Spieler oder eine Art von Beziehung führt zu blinden Flecken. Ein Blick auf das ganze Bild offenbart neue strategische Chancen.

Zunächst führen wir eine graphische Darstellung ein, die Ihnen das ganze Spiel veranschaulichen soll. Dieses Diagramm, das Wertenetz, zeigt alle Spieler und deren gegenseitige Abhängigkeiten. Wenn Sie möchten, können Sie beim weiteren Lesen darüber nachdenken, wie ein Wertenetz für Ihr Geschäft zu zeichnen wäre. Wir zeigen Ihnen später noch ein detailliertes Wertenetz für unser Geschäft, eine Universität.

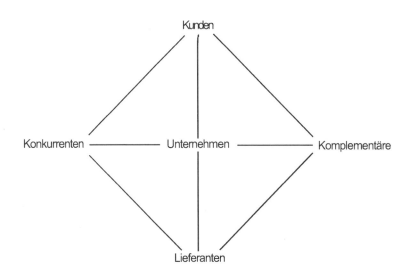

Abbildung 1: Das Wertenetz

Entlang der vertikalen Dimension des Wertenetzes sind die Kunden und Lieferanten der Firma. Ressourcen wie Rohstoffe und Arbeits-

Das Wertenetz

kraft fließen von den Lieferanten zur Firma, Produkte und Dienstleistungen von der Firma zu den Kunden.[10] Gelder fließen in die umgekehrte Richtung, von den Kunden zur Firma und von der Firma zu den Lieferanten.

Entlang der horizontalen Dimension sind die Konkurrenten und Komplementäre des Unternehmens. Wir haben schon viele Beispiele von Komplementären genannt. Hier ist eine Definition des Begriffs:

> Ein Spieler ist Ihr **Komplementär**, wenn Kunden Ihr Produkt höher bewerten, sofern sie das Produkt des anderen Spielers haben (**das Komplement**), als wenn sie nur Ihr Produkt allein haben.

Dörffler und Kühne sind Komplementäre, denn die meisten Menschen mögen Würstchen lieber mit Senf als ohne. Und umgekehrt. Um Komplementäre zu finden, muss man sich in die Lage des Kunden versetzen und sich fragen: Was könnten Kunden kaufen, damit mein Erzeugnis für sie wertvoller wird?

Für Konkurrenten gilt das Umgekehrte:

> Ein Spieler ist Ihr **Konkurrent**, wenn Kunden Ihr Produkt geringer bewerten, sofern sie das Produkt des anderen Spielers haben, als wenn sie nur Ihr Produkt allein haben.

Coca Cola und Pepsi Cola sind klassische Beispiele für Konkurrenten, ebenso American Airlines und Delta Air Lines. Wenn Sie gerade eine Coca Cola getrunken haben, legen Sie wesentlich weniger wert auf eine Pepsi, als wenn Sie noch Durst haben. Eine Coca Cola verbessert nicht den Geschmack von Pepsi. Und wenn Sie schon ein Delta-Ticket haben, verliert die Vorstellung ihren Reiz, mit American Airlines zu fliegen.

Traditionell werden Konkurrenten als die anderen Firmen in Ihrer Branche definiert – jene Unternehmen, die unter Herstellungs- oder

---

[10] Wir verwenden ab hier das Wort »Produkte« gleichzeitig sowohl für materielle Produkte als auch für Dienstleistungen.

Verfahrensgesichtspunkten ähnliche Produkte oder Dienstleistungen anbieten wie Sie. Als je wichtiger man es jedoch ansieht, Probleme der Kunden zu lösen, desto mehr verliert die Branchenperspektive an Bedeutung. Die Kunden interessiert das Endresultat, nicht, zu welcher Branche die Firma gehört, die ihnen das gibt, was sie wollen.

Daher gibt es nur eine Methode, Ihre Konkurrenten zu identifizieren: Sie müssen sich in die Lage Ihrer Kunden versetzen. Unsere Definition führt Sie zu der Frage: Was könnten meine Kunden kaufen, das den Wert meines Produkts für sie vermindert? Wie könnten Kunden ohne mein Produkt ihren Bedarf decken? Diese Fragen werden zu einer viel längeren, und viel aufschlussreicheren, Liste von Konkurrenten führen. So können Intel und American Airlines Konkurrenten werden, wenn Videokonferenzen zunehmend Geschäftsreisen ersetzen.

Da Microsoft und die Citibank beide an der Lösung des Problems arbeiten, wie Menschen in Zukunft Geld transferieren, sei es nun mit elektronischem Geld, intelligenten Kreditkarten, Online-Überweisungen oder etwas anderem, könnten sie sich eines Tages als Konkurrenten begegnen, obwohl sie aus traditionell verschiedenen Branchen kommen, nämlich Software und Banken.

Telefon- und Kabelfernsehgesellschaften arbeiten beide an dem Problem, wie Menschen in Zukunft miteinander kommunizieren und an Informationen herankommen. Wiederum haben wir verschiedene Branchen, Telekommunikation und Kabelfernsehen, aber einen Markt. Heute verkaufen europäische Banken Versicherungen und Versicherungsgesellschaften steuerbegünstigte Sparformen. Wir haben nicht mehr Banken oder Versicherungen, sondern einen Markt für Finanzdienstleistungen.

Bis jetzt haben wir die Dinge aus der Sicht des Kunden betrachtet, um festzustellen, wer Sie in Ihrem Werben um Kundengeld ergänzt und wer dabei mit Ihnen konkurriert. Aber das ist nur das halbe Spiel.

Die Lieferantenseite

Die obere Hälfte des Wertenetzes beschäftigt sich mit Kunden, die untere mit Lieferanten. Andere Spieler können Sie bei der Gewinnung von Ressourcen der Lieferanten ergänzen oder dabei mit Ihnen konkurrieren. Die Definitionen:

> Ein Spieler ist Ihr **Komplementär**, wenn es für einen Lieferanten attraktiver ist, Sie zu beliefern, wenn er auch den anderen Spieler beliefert, als wenn er Sie allein beliefert.

> Ein Spieler ist Ihr **Konkurrent**, wenn es für einen Lieferanten weniger attraktiv ist, Sie zu beliefern, wenn er auch den anderen Spieler beliefert, als wenn er Sie allein beliefert.

Der Wettbewerb um Lieferanten überschreitet oft Branchengrenzen. Banken und andere Kapitalquellen sind Lieferanten, und der Wettbewerb um ihre Gelder vollzieht sich in einem weltumspannenden Markt. Arbeitnehmer sind ebenfalls Lieferanten. Sie sehen es meist selbst nicht so, aber sie folgen dem Geld: Die Firma bezahlt Arbeitnehmer, damit sie ihr wertvolle Ressourcen überlassen, nämlich Arbeit, Fachwissen und Zeit. Der Wettbewerb um Arbeitnehmer ist branchenübergreifend. Beispielsweise konkurrieren Unternehmen der verschiedensten Branchen um die Absolventen der Managementschulen.

Viele Firmen sind in bezug auf ihre Lieferanten sowohl Konkurrenten als auch Komplementäre. Compaq und Dell konkurrieren beispielsweise um die begrenzten Mengen, die Intel von seinem jeweils jüngsten Chip liefern kann. Die beiden Firmen sind aber auch Komplementäre in ihren Beziehungen zu Intel. An Entwicklungskosten und für den Bau einer neuen Produktionsanlage muss Intel deutlich mehr als eine Milliarde Dollar aufwenden, um den Chip der nächsten Generation auf den Markt zu bringen. Intel kann diese Kosten auf Compaq, Dell und andere Hardwarehersteller verteilen, sodass jeder von diesen

Abnehmern weniger bezahlen muss, um den Chip in seinen Produkten einzusetzen.

American Airlines und Delta Airlines konkurrieren um Landerechte und Flughafenkapazität. Gleichzeitig sind sie aber Komplementäre in ihren Beziehungen zu Boeing, einem ihrer wichtigsten Lieferanten. Wenn die beiden Fluggesellschaften die Flugzeuge der nächsten Generation in Auftrag geben, ist es viel billiger für Boeing, ein neues Flugzeug für beide zu entwerfen als verschiedene Versionen für jeden der beiden. Die meisten Entwicklungskosten können von den Abnehmern gemeinsam übernommen werden, und die größere Nachfrage ermöglicht es Boeing auch, sich schneller auf der Lernkurve zu niedrigeren Kosten hin zu bewegen.

Das gleiche Prinzip gilt für Kampfflugzeuge, obwohl der US-Kongress dies ein wenig zu spät entdeckt haben mag. Das Jagdflugzeug F-22 und andere Verteidigungsprogramme, die mit gemeinsamen Entwicklungsaktivitäten betrieben werden, ergänzen sich gegenseitig, beispielsweise in bezug auf die Bordelektronik und die Navigation. Wenn einige dieser Komplementäre auf der Angebotsseite weggestrichen werden, könnte damit der F-22 unabsichtlich mit abgeschossen werden. William Anders, früherer Vorstandsvorsitzender der General Dynamics Corporation, erklärt das Problem:

»Der F-22 ist als eines der erfolgreichsten und bestgemanagten Entwicklungsprogramme für Waffensysteme der nächsten Generation anerkannt, das derzeit im Gang ist. Mit dem andauernden Rückgang der Nachfrage bei anderen Verteidigungsprogrammen, die von dem F-22-Team mit versorgt werden, verlagert sich ein Teil der Fix- und Gemeinkosten, die früher von diesen Programmen getragen wurden, automatisch auf den F-22. Es besteht die Gefahr, dass dieses mustergültige Programm durch die wachsende Fix- und Gemeinkostenlast schließlich unerschwinglich wird.«[11]

---

[11] »Revisiting Rationalization of America's Defence Industrial Base,« Präsentation für den *Aerospace Industries Association Human Resources Council*, 27.10.1992.

Indem er Verteidigungsprogramme beschneidet, die er für entbehrlich hält, bringt der Kongress Programme in Gefahr, die er aufrecht erhalten will. Bei sich ergänzenden Programmen, also Komplementen, heißt es manchmal alles oder nichts. Es gibt keine halbe Sache.

Auf unserem Weg in die Wissensgesellschaft wird Komplementarität auf der Angebotsseite zunehmend die Norm. Es gibt dann hohe Vorabinvestitionen um zu lernen, wie man etwas am besten macht, seien es nun Computerchips oder Flugzeuge, und danach sind die variablen Kosten relativ gering. Es gibt hierbei eine riesige Hebelwirkung. Je mehr Interessenten ein Produkt wollen, das auf Wissenserarbeitung gründet, desto leichter wird dessen Entwicklung.

Bei Computersoftware und Medikamenten sind praktisch alle Kosten Vorabkosten, danach kommt die reine Sahne. Für Microsoft fallen alle wesentlichen Kosten bei dem wissensbasierten Schritt an, den Programmcode zu schreiben. Das Verbreiten der Programme kostet nur Cents. Je größer also der Markt, desto mehr können die Entwicklungskosten verteilt werden. Das Massenmarktprogramm ist besser und billiger als das, was eine Person für sich allein in Auftrag geben könnte. Das liegt in der Natur der Märkte für wissensbasierte Produkte.

Symmetrien erkennen

Das Wertenetz zeigt zwei fundamentale Symmetrien im Geschäftsspiel. Auf der vertikalen Dimension spielen Kunden und Lieferanten symmetrische Rollen. Beide sind gleichwertige Partner bei der Wertschöpfung. Diese Symmetrie wird aber nicht immer erkannt. Während das Konzept, dem Kunden genau zuzuhören, heute zur Binsenwahrheit geworden ist, gilt dies nicht für Lieferanten. Wir alle haben schon Abnehmer zu ihren Lieferanten sagen hören: »Sie wissen jetzt was wir brauchen. Sie brauchen nicht zu wissen, wozu wir es brauchen. Liefern Sie es rechtzeitig zum niedrigsten Preis.« Stellen Sie sich vor, es würde so mit Kunden geredet! Erst in jüngster Zeit fing man an zu begreifen, dass die Zusammenarbeit mit Lieferanten ebenso wertvoll ist wie das Hören auf die Kunden.

Beziehungen zu den Lieferanten sind so wichtig wie die zu den Kunden. Bei einer Tarifverhandlung hörten wir den Personalchef verkünden: »Ich muss meine Arbeitnehmer zu der Einsicht bringen, dass der Kunde zuerst kommt.« Die Betrachtung des Wertenetzes half, seine Meinung zu ändern, und führte zu viel produktiveren Verhandlungen. Am Ende erkannte jeder ein gemeinsames Ziel: den größten Kuchen zu schaffen. Um das zu erreichen, kann man nicht einen der Beteiligten nach ganz oben setzen. Wenn ein Kunde etwas Besonderes will, beispielsweise Eillieferung, aber nicht bereit ist, genug zu bezahlen, um die Arbeiter für ein verlorenes Wochenende fern von der Familie zu entschädigen, schafft es keinen Wert, diesen Auftrag anzunehmen – es würden sogar Werte vernichtet. Der Kunde hat nicht immer recht. Auch Arbeitnehmer haben Rechte.

Auf der horizontalen Dimension gibt es eine andere Symmetrie. Gehen wir zurück zu den Definitionen von Komplementär und Konkurrent. Sie werden sehen, dass der einzige Unterschied zwischen ihnen dadurch ausgedrückt wird, dass in der Definition des Komplementärs dort »höher« bzw. »attraktiver« steht, wo es für den Konkurrenten »geringer« bzw. »weniger attraktiv« heißt. Begrifflich sind Komplementäre nur die Spiegelbilder von Konkurrenten. Das besagt nicht, dass Menschen gleich gut darin sind, die Spiegelbilder zu erkennen. Aber so wie Einiges beim Denken über Lieferanten aufzuholen war, ist noch viel Arbeit bei der Erkenntnis und Nutzung von komplementären Beziehungen zu leisten.

Symmetrien des Wertenetzes

Kunden und Lieferanten spielen symmetrische Rollen.
Konkurrenten und Komplementäre spielen spiegelbildliche Rollen.

Es passiert leicht, sich auf nur einen Teil Ihres Geschäfts zu konzentrieren und andere Teile zu vernachlässigen. Das Wertenetz dient dazu, dieser Verzerrung entgegenzuwirken. Es veranschaulicht alle vier Arten von Spielern, mit denen Sie in Wechselbeziehung stehen, und es betont die Symmetrien zwischen Kunden und Lieferanten und zwischen Konkurrenten und Komplementären.

2.3. Im Wertenetz surfen

Um das Spiel zu verstehen, in dem Sie sind, gehen Sie zuerst einmal Ihr Wertenetz durch. Das gilt für jede Organisation - privat, öffentlich oder gemeinnützig. Als Beispiel nehmen wir Sie auf eine Rundreise durch das Wertenetz mit, das wir am besten kennen, nämlich unser eigenes.

Ein Wertenetz für eine Universität zu zeichnen ließ uns einige der Kernprobleme besser verstehen, vor denen die Universitäten in unseren Land stehen.[12] Und bei unserer Beratungstätigkeit fanden wir, dass der beste Weg zum Herangehen an unsere Aufgaben ist, den Klienten dabei zu helfen, ihre eigenen Wertenetze zu zeichnen. Diese Übung ist ein wesentlicher Input zur Erarbeitung neuer Strategien, wie wir in den Kapiteln sehen werden, in denen wir unser SMaRTS-Modell genauer darstellen.

---

[12] Die Erstellung eines Wertenetzes für die Universität, also für unser eigenes Geschäft, hat uns die Augen dafür geöffnet, wie wenig modernes Managementdenken in die Universitätsverwaltung Einzug gehalten hat. Studenten als Kunden? Mit Spendern als Partnern zusammenzuarbeiten? Das klingt provokativ, wenn nicht sogar ketzerisch. Dennoch müssen die Universitäten beginnen, so zu denken. Universitäten ohne große staatliche Mittelausstattung scheinen schon weiter darin zu sein, auf Studenten, Eltern und gesetzgebenden Körperschaften zu hören. Doch insgesamt nimmt offenbar der öffentliche Widerstand gegen ständig steigende Studiengebühren zu, ebenso die Auffassung, Universitäten seien nicht gut geführt.

Die Kunden der Universität

Wer sind die Kunden der Universität? In erster Linie die Studenten. Merkwürdigerweise behandeln Universitäten ihre Studenten nicht immer als Kunden. Manche sagen, das sei auch nicht angebracht, denn die Professoren hätten das Know-how, das Studenten noch nicht haben. Soweit das stimmt, sagen wir, dass genau dies die Studenten zu »Klienten« macht. Sie beschäftigen professionelle Dienstleister, wie einen Arzt oder Rechtsanwalt, indem sie die Beratung durch die Fakultät annehmen. Und im Gegenzug sollten die Professoren sorgfältig zuhören, wenn Studenten Zufriedenheit oder Unzufriedenheit über die Dienstleistung äußern, die sie erhalten.

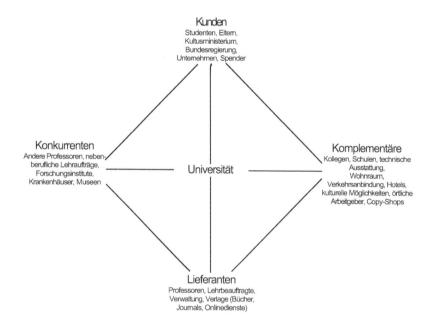

Abbildung 2: Das Wertenetz einer Universität

Universitäten haben auch andere Kunden. Eltern sind Kunden, wenn sie für die Ausbildung ihrer Kinder bezahlen. Unternehmen sind Kunden von Managementhochschulen, wenn sie dafür zahlen, Mitarbeiter dorthin zu schicken, oder wenn sie eine solche Hochschule dafür bezahlen, Spezialprogramme für sie auszurichten. Die Regierung ist Kunde, wenn sie die Universität mit Mitteln ausstattet und Stipendien für Studenten vergibt; sie oder auch eine Firma ist eine andere Art von Kunde, wenn sie Forschungsaufträge an die Universität vergibt.

Eine andere wichtige Gruppe von Kunden sind die Spender. Spender als Kunden? Allerdings. Sie suchen als Gegenleistung für ihre Spenden Erfüllung, Prestige oder die Gelegenheit, an der Entwicklung künftiger Generationen mitzugestalten. Die Betrachtung von Spendern als Kunden sollte einige Universitäten zum Nachdenken bringen. Allzu oft beginnen Spendenaufrufe mit einer Liste von Prioritäten – der »Mission«, zu der sich die Universität berufen fühlt – und versuchen, Spender zur Finanzierung dieser Prioritäten zu bringen. Die Initiatoren solcher Aufrufe sollten lieber ihre Spenderkunden anhören. Wie allen Kunden steht es den Spendern frei, ihr Geld anderswo hinzugeben. Vielleicht sollten Universitäten stärker darauf achten, was Spender wollen. Die Spender zu fragen, was sie gern finanzieren mochten, würde bessere Beziehungen aufbauen und wahrscheinlich sowohl jetzt als auch später mehr Geld einbringen.

Natürlich haben diese verschiedenen Kundengruppen manchmal konkurrierende Meinungen darüber, welche Art von Ausbildung eine Universität bieten sollte. Es kann sein, dass eine Universität nicht in der Lage ist, auf alle Kunden gleichzeitig zu hören.

Die Lieferanten der Universität

Die Lieferanten der Universität sind vor allem ihre Mitarbeiter: Kollegium, Lehrbeauftragte und Verwaltung. Da Universitäten Informationsanbieter sind, fragen sie auch Ideen nach. Daher sind auch Verlage wissenschaftlicher Bücher und Zeitschriften sowie elektronische Informationsdienste (zum Beispiel LexisNexis oder WestLaw) Lieferanten der Universitäten.

Die Konkurrenten der Universität

Universitäten haben keinen Mangel an Konkurrenten: Die Zulassungsbüros konkurrieren um Studenten, die Fakultäten aller Universitäten konkurrieren um Gelder von Staat und Stiftungen. Universitäten haben sogar Konkurrenten in ihren eigenen Fakultäten. Professoren von Managementhochschulen bieten zum Beispiel nebenberuflich Firmenkurse zur Manageraus- und -fortbildung an. Das macht sie zu Konkurrenten der Managementhochschulen im Ausbildungsmarkt für Manager.[13] Ferner konkurrieren Universitäten um die Schecks potentieller Spender nicht nur mit anderen Universitäten, sondern auch mit Krankenhäusern, Museen und anderen gemeinnützigen Organisationen.

Auf der Angebotsseite konkurrieren die Universitäten miteinander um Personal. Manchmal müssen sie auch mit Unternehmen um Talente konkurrieren. So verließen die Professoren für Finance, der inzwischen verstorbene Fischer Black vom MIT und Myron Scholes von Stanford (die Erfinder des Optionspreismodells, das ihren Namen trägt) die akademische Welt und gingen an die Wall Street.

Die moderne Technik wird die Konkurrenz zwischen den Hochschulen wahrscheinlich verstärken. Videokonferenzen werden besser und billiger, sodass Fernunterricht in Form von E-Learning an Bedeutung gewinnen wird. Die Universitäten mit dem besten Kurs in, sagen wir,

---

[13] Obwohl man auch argumentieren kann, dass sie zugleich Komplementäre sind. Ein Programm für Manager in einer Firma regt auch das Interesse dafür an, andere Manager zur Teilnahme an Programmen der Universität zu schicken. Es erhöht auch die Wahrscheinlichkeit, dass das Unternehmen Absolventen dieser Hochschule einstellt.

Biologie werden in die Lage versetzt, den Kurs Studenten überall anzubieten. Das macht Universitäten weniger abhängig von Lehrkräften, ausgenommen von den allerbesten.[14]

Die Komplementäre der Universität

Obwohl Universitäten miteinander um Studenten und Lehrkräfte konkurrieren, sind sie Komplementäre, wenn es darum geht, den Markt für akademische Bildung erst einmal zu schaffen. Abiturienten sind eher bereit, in die Vorbereitung auf ein Studium zu investieren, weil sie wissen, dass es viele Universitäten zur Auswahl gibt. Hochschulabsolventen unterziehen sich eher der Mühe einer Habilitation, weil es eine Reihe von Hochschulen gibt, die bereit sein könnten, sie einzustellen.

Die Liste der Komplementäre für eine Universität ist lang. Vom Kindergarten bis zum Gymnasium sind die Bildungsstätten Komplementäre der Universitäten, denn je besser die Vorbildung einer Studentin oder eines Studenten, desto mehr profitiert sie oder er von einer Universitätsausbildung. Andere Komplemente einer Universität sind Computer und Wohnungen. Deshalb helfen die meisten Universitäten ihren Studenten bei der Wohnungs- und manchmal auch bei der Computerbeschaffung. Universitäten ziehen Studenten von weit her an, daher sollten sie ihnen vielleicht auch zu verbilligten An- und Abreisen mit öffentlichen Verkehrsmitteln verhelfen, die ebenfalls Komplemente sind. Als Berater für Sallie Mae, dem größten Unternehmen für Studentenkredite, haben wir diese Idee umsetzen können. Sallie Mae hilft den Studenten jetzt, an Komplemente preisermäßigt heranzukommen: Mit Northwest Airlines wurden Studentensondertarife ausgehandelt, ebenso mit MCI für Telefongespräche und mit einigen Verlagen für bestimmte Lehrbücher.

---

[14] Zyniker könnten sagen, deshalb dauert es auch so lange, bis die Informationstechnologie in Universitäten Einzug hält.

Hotelunterkünfte am Ort sind wichtige Komplemente für Hochschulen, die Managern Aus- und Weiterbildung anbieten. Für die Northwestern Kellogg School of Management war es ein Problem, dass es zuwenig Hotelzimmer hoher Qualität in Evanston, Illinois, gab. Daher baute Kellogg seine eigenen Unterkunftsstätten für Teilnehmer an den Managementkursen.

Auch kulturelle Aktivitäten und Gaststätten machen eine Universität für Studenten attraktiver. In dieser Hinsicht genießen zum Beispiel Hochschulen in New York und Boston einen Vorsprung gegenüber denen in Palo Alto und Princeton. Es gibt zahlreiche weitere Komplementäre für Universitäten. Dazu gehören Copy-Shops und Cafés, Eisdielen und Pizzerias. Solche Betriebe sind alle um Standorte in Universitätsnähe bemüht.

Auch nah gelegene Arbeitgeber erhöhen die Attraktivität einer Universität. Bei der zunehmenden Häufigkeit von Doppelverdienerpaaren ist Harvard gegenüber Yale im Vorteil, denn in Boston gibt es zahlreiche Firmen, die Beschäftigungsmöglichkeiten bieten, während die Wirtschaft in New Haven ein trübes Bild bietet. Um diesen Nachteil auszugleichen, muss Yale intensiver darum bemüht sein, Ehepartnern von Studierenden Stellen zu vermitteln oder selbst mehr Anstellungsmöglichkeiten anzubieten.

Zweifellos gibt es noch mehr über das Wertenetz einer Universität zu sagen. Der Hauptpunkt ist aber, dass es eine wertvolle Übung für jedes Unternehmen ist, sein Wertenetz aufzuzeichnen. Ihr eigentliches Geschäft werden Sie zwar in- und auswendig kennen; die Zeichnung des Wertenetzes erfordert jedoch, dass Sie die Perspektiven Ihrer Kunden und Lieferanten verstehen: Sie werden gezwungen, Ihr Geschäft auch aus- und inwendig, von außen nach innen, zu kennen.

Wechselnde Perspektiven

Bis jetzt sind wir das Wertenetz nur von Ihrem Platz im Zentrum aus durchgegangen. Sie haben von der Mitte aus Ihre Wechselbeziehungen mit Ihren Kunden, Lieferanten, Konkurrenten und Komplementären untersucht. Das ist natürlich noch nicht das ganze Spiel. Es gibt auch die Kunden Ihrer Kunden, die Lieferanten Ihrer Lieferanten, die Konkurrenten Ihrer Konkurrenten, die Komplementäre Ihrer Komplementäre, und so weiter. Kunden Ihrer Kunden sind zum Beispiel Personalvermittler, die zur Universität kommen, um für offene Stellen Studenten auszuwählen, die kurz vor dem Examen stehen.

Sie könnten versuchen, ein erweitertes Wertenetz zu zeichnen, um diese ausgedehnten Beziehungen darzustellen, doch das würde schnell zu einem Durcheinander werden. Zeichnen Sie lieber ein Wertenetz aus jeder der vier anderen Perspektiven: der Ihrer Kunden, Ihrer Lieferanten, Ihrer Konkurrenten und Ihrer Komplementäre, und vielleicht auch aus noch weiter entfernten Perspektiven. Wenn Sie zum Beispiel das Wertenetz Ihrer Kunden zeichnen, so könnte es Ihnen helfen, einen Weg zu finden, die Nachfrage nach Erzeugnissen eines oder mehrerer Kunden zu steigern. Wenn Sie in dieser Weise Kunden helfen, helfen Sie auch sich selbst.

2.4. Doppelrollen

> Die ganze Welt ist eine Bühne,
> und alle Frau'n und Männer sind mir Spieler:
> Sie lieben ihre Auftritte und Abgänge;
> und jeder spielt zu seiner Zeit gar viele Rollen.
> *William Shakespeare: Wie es Euch gefällt*

Die Teilnehmer am Geschäftsspiel spielen viele Rollen. Das macht das Spiel kompliziert. Manchmal erkennen Sie die eine Rolle eines Spielers und vergessen zu fragen, welche er noch spielt. Ein andermal scheint Ihnen jemand in überhaupt keine bestimmte Rolle zu passen, doch dann entdecken Sie, dass er zwei oder drei Rollen gleichzeitig spielt. Das Wertenetz versetzt Sie in die Lage, sich in diesem Gewirr zurechtzufinden.

Wir haben bereits einige Beispiele dafür gesehen, wie Spieler mehr als eine Rolle spielen können. Aus der Perspektive von American Airlines ist Delta Airlines sowohl Konkurrent als auch Komplementär. Sie konkurrieren um Passagiere, Landerechte und Flughafenraum, sie ergänzen sich, wenn sie Boeing mit dem Bau eines neuen Flugzeugs beauftragen.[15] Für American Airlines wäre es ein Fehler, Delta nur als Konkurrenten oder nur als Komplementär anzusehen: Delta spielt beide Rollen.

Für einige Spieler ist es geradezu der Normalfall, dass sie mehrere Rollen im Wertenetz einnehmen. In ihrem Buch *Competing for the Future* nennen Gary Hamel und C. K. Prahalad ein Beispiel: »Jeden Tag kann AT&T feststellen, dass Motorola Lieferant, Käufer, Konkurrent oder Partner ist.«[16] Es wird nicht mehr lange dauern, bis Elektrizitätsversorger zusammen mit Strom auch Gespräche und Daten mit ihren Leitungen übertragen. Dann werden sie Konkurrenten der Telekommunikationsunternehmen. Das hat *Southern New England Telephone* und *Northeast Utilities* aber nicht davon abgehalten, heute Komplementären zu werden: Die beiden Unternehmen lassen Telefon- und Stromkabel über ein gemeinsames Mastennetz laufen, was beiden Investitionskosten spart.

Beispiele aus dem Sektor der gemeinnützigen Einrichtungen sind in New York das Museum of Modern Art (MOMA) und das Guggenheim Museum. Sie konkurrieren um Besucher, Mitglieder in den Fördervereinen und Kuratoren, um Gemälde und Finanzierung. Dennoch sind sie nicht nur Konkurrenten. Viele Besucher kommen nach New York, weil sie dort an einem Wochenende mehrere Museen besuchen können. So sind Guggenheim und MOMA Konkurrenten und Komplementäre. Vielleicht sollten die Museen eine gemeinsame Wochen-

---

[15] American Airlines ist auch ein Anbieter für andere Fluglinien von Management-Informationssystemen sowie von Know-how über Ertragsmanagement und Kundenbindungsprogramme, die es auch an andere Unternehmen wie Hotels und Mietwagenfirmen verkauft.

[16] Gary Hamel und C. K. Prahalad: *Competing for the Future.* Harvard Business School Publishing: Boston 1994.

end-Eintrittskarte einführen, wie es sie in vielen europäischen Städten gibt. (Seit dieses Buch herauskam, haben das MOMA, das Metropolitan Museum und das American Museum of Natural History eine gemeinsame Werbecampagne entwickelt, die unter dem Namen "Summer in the City" herauskam.)

Das muss nicht alles sein. Guggenheim und MOMA könnten sich gegenseitig Gemälde für besondere Ausstellungen ausleihen. Auf diese Weise bleiben sie Konkurrenten und werden gleichzeitig gegenseitige Kunden, Lieferanten und Komplementäre.

Die Position im Wertenetz gibt die Rolle an, die jemand spielt, wobei der gleiche Spieler an mehreren Positionen auftauchen kann. Es widerspricht dem Zweck des Wertenetzes, jemand auf eine einzige Rollen nur als Kunde, nur als Lieferant, nur als Konkurrent oder nur als Komplementär festzulegen.

Dr. Jekyll und Mr. Hyde

Menschen sind so sehr daran gewöhnt, das Geschäftliche ausschließlich als Krieg zu betrachten, dass sie andere Spieler, die sowohl Konkurrenten als auch Komplementäre sind, oftmals nur als Konkurrenten sehen und sie bekämpfen. Sie konzentrieren sich nur auf den bösen Mr. Hyde und übersehen den guten Dr. Jekyll.

Zu Beginn der 80er Jahre, als der Absatz von Videorecordern zu steigen begann, waren die Filmgesellschaften überzeugt, dass sich Besitzer von Videorecordern keinen Film im Kino ansehen würden, wenn sie wüssten, dass sie ihn demnächst selbst kaufen oder ausleihen könnten. Obwohl die Studios Geld durch Verkauf und Vermietung von Videofilmen verdienen konnten, dachten sie, dass dieses Geschäft ihre Gewinne aus dem Kinogeschäft so reduzieren würde, dass sie insgesamt weniger verdienten als zuvor. Daher setzten die Studios die Filmpreise so hoch an, dass die Videotheken sich nur die Anschaffung einiger weniger Kopien jedes Films leisten konnten. An Endverbraucher wurden so gut wie keine Filme verkauft.

Die Angst der Studios vor einer Kannibalisierung war nicht ganz unbegründet. Einige Leute hörten tatsächlich auf, ins Kino zu gehen, und begnügten sich damit, auf die Freigabe von Filmen als Videos zu warten. Es gab aber einen viel stärkeren Effekt, und der war komplementär: Wenn ein Film erfolgreich in den Kinos lief, stärkte das das Verlangen der Kinogänger, ihn als Videofilm auszuleihen oder zu kaufen. Manche, die den Film gern im Kino sahen, wollten ihn deswegen gern auch noch ausleihen oder kaufen, um ihn noch einmal zu sehen, oder sie empfahlen anderen, die ihn nicht auf der großen Leinwand gesehen hatten, wenigstens die Videofassung zu sehen.

Da dies den Studios inzwischen aufgegangen ist, bieten sie Videofilme schon für weniger als 20 Dollar an, statt sie nur an Videotheken für 69,95 Dollar zu verkaufen. Als Ergebnis ist der gesamte Markt für Kinos, Videofilmverkäufe und Videoverleih heute größer als in der Vorvideozeit. Die Kinoeinkünfte beliefen sich 1980 auf 2,1 Milliarden Dollar, der Videoverleih brachte zusätzliche 280 Millionen Dollar ein, 1995 hatten sich die Kinoeinnahmen auf 4,9 Milliarden Dollar mehr als verdoppelt, die Videoeinkünfte aus Verkauf und Verleih auf 7,3 Milliarden Dollar versechsundzwanzigfacht.[17]

So wie die Filmstudios sich vor dem Videofilmmarkt fürchteten, so sehen traditionelle Buchhändler die elektronischen Veröffentlichungen und das Internet ausschließlich als Konkurrenten an. Auch sie sehen nur das halbe Bild. Was die Buchhändler übersehen, ist, dass Verkäufe auf dem einen Markt Verkäufe auf dem anderen anregen. Joseph L. Dionne, Geschäftsführer von McGraw-Hill, stellte fest: »In zehn Fällen, in denen wir eine elektronische Version einer gedruckten Ausgabe herstellten, wuchs auch die Nachfrage nach der gedruckten Version.«[18]

Indem sie dem Wachstum des Gesamtmarkts nachhelfen, stimulieren Buchanbieter im Internet wie Amazon oder BookZone auch die tradi-

---

[17] Die Umsatzdaten kommen von Harold Vogel: *Entertainment Industry Economics*, Cambridge University Press: Cambridge 1995.
[18] Mary Westheimer in *Publishers Weekly*, 28.8.1995, S. 35.

tionellen Buchverkäufe. Obwohl manchmal Bücher von Amazon statt im Buchladen gekauft werden, bietet Amazon auch die Chance, Bücher spontan zum Beispiel um 2 Uhr morgens zu kaufen. Diese Extraverkäufe vergrößern den Gesamtabsatz. Das ist aber nicht alles. Bücher werden auch auf mündliche Empfehlungen hin gekauft, zusätzliche Verkäufe können also auch Kettenreaktionen auslösen. Wenn das Buch dem Amazon-Käufer gefällt und er Bekannten davon erzählt, kaufen sich einige davon vielleicht das Buch beim Buchhändler. Es kommt auch zu Käufen eines Buches im Geschäft, wenn das Interesse daran durch eine Rezension im Internet geweckt wurde. Und wenn das Internet hilft, Bücher zu verkaufen, werden Autoren und Verlage mehr Bücher produzieren, und das ist nicht nur gut für Buchhandlungen, sondern auch für deren Kunden.

In einem Artikel in *Publishers Weekly* reagierte die Präsidentin von BookZone, Mary Westheimer, auf die kühle Behandlung, die ihr auf der Jahrestagung der American Booksellers Association 1995 zuteil wurde: »Wenn diese bedrohten Buchhändler statt vergeblich zu kämpfen einmal durch das andere Ende des Fernrohrs schauen würden, könnten sie sehen, dass das, was sie als Konkurrenz auffassen, tatsächlich eine Ergänzung ist ... Zusammen können wir einen Appetit erzeugen, der die Branche ernährt.[19]... Wenn wir alle – Buchhändler, Verlage, Verteiler und Autoren – gute Verkaufsarbeit leisten, werden mehr Leute mehr Bücher kaufen. Und wenn wir alle zusammen auf dieses Ziel hinarbeiten, werden wir und unsere Kunden, die Leser, viel glücklicher sein.«[20]

Während die traditionellen Buchhändler nur Konkurrenz sehen, erkennt Westheimer die komplementärischen Elemente im Buchgeschäft.

---

[19] Hier bezog sich Mary Westheimer auf die Aussagen des Marketing-Professors an der UCLA, Ed Gottlieb: »Sie müssen den Menschen erst einmal Appetit auf Bücher machen; dann werden sie sie auch kaufen«.

[20] Mary Westheimer, Publishers Weekly, 28.8.1995, S. 35.

Ein dramatisches Beispiel dafür, wie Dr. Jekyll mit Mr. Hyde verwechselt wird, hat sich in jedem Büro gezeigt. Als Computer eingeführt wurden, dachte jeder, dass sie die »Papierarbeit« eliminieren. Worte und Daten als winzige magnetische Impulse gespeichert schienen der größte Konkurrent zu werden, auf den Papier jemals gestoßen war. Überall wurde von »papierlosen Büros« gesprochen. Manche Leute wurden geradezu nostalgisch, wenn sie sich über ach so altmodisches gedrucktes und geschriebenes Material ausließen. Dagegen stand im Wall Street Journal: »Trotz steigender Papierkosten und zunehmender Verwendung von Computern wird vorausgesagt, dass in diesem Jahr (1995) in den Büros 4,3 Millionen Tonnen Papier verbraucht werden, gegenüber 2,9 Millionen Tonnen 1989. Im Jahr 2000 werden die Büros 5,9 Millionen Tonnen verbrauchen.«[21] Was die Computer wirklich bewirkten, war die Erleichterung der Erzeugung von Papierarbeit. Computer fördern den Papierverbrauch weit mehr, als dass sie mit Papier konkurrieren.

Einige Leute lehnen Komplementäre selbst dann ab, wenn sie sie erkennen. Die Citibank war die erste Bank, die Bankautomaten einführte: 1977. Als die anderen Banken mit ihren eigenen Bankautomaten folgten, wollten sie, dass die Citibank sich ihren Netzen anschloss. Das hätte jedermanns Scheckkarte wertvoller gemacht. Wenn Banken einem gemeinsamen Netz angeschlossen sind, ergänzt jeder Bankautomat alle anderen. Doch die Citibank lehnte einen Verbund ab. Sie wollte nichts tun, was auch ihren Konkurrenten half. Sie wollte nicht Dr. Jekyll helfen, wenn dies auch Hilfe für Mr. Hyde bedeutete. Diese Entscheidung ging auf Kosten der eigenen Kunden der Citibank. Mit der Zeit wurden die Netze der anderen Banken nationale und internationale Marktführer, und die Citibank-Kunden blieben außen vor. Schließlich wachte die Citibank auf. Sie machte 1991 eine Kehrtwendung und schloss sich den anderen Netzen an.

Natürlich kann ein Spieler auch als Dr. Jekyll anfangen und sich in Mr. Hyde verwandeln. Kabelfernsehen ergänzte zuerst die bestehen-

---

[21] *Wall Street Journal*, 31.10.1995, S. Al.

Doppelrollen

den Sender, indem es deren Reichweite bis in Orte mit schlechtem Empfang ausdehnte. Mit der Zeit gingen die Kabelfernsehgesellschaften aber dazu über, mehr und mehr Alternativprogramme zu denen der etablierten Sender zu senden. Nun ließen sich auch Leute mit gutem Empfang verkabeln. Mit der wachsenden Verlagerung der Zuschauergunst auf die Kabelsender wurden diese mehr Konkurrenten als Komplementäre der traditionellen Sender.

Warum besteht aber die Tendenz, Mr. Hyde zu sehen und Dr. Jekyll zu übersehen? Das liegt an der Einstellung, die Geschäft als Krieg definiert. Alles ist Konkurrenz, nichts Komplementarität. Diese Einstellung führt zu der Annahme, dass Kunden, die Produkte von jemand anders kaufen, mit geringerer Wahrscheinlichkeit Produkte von Ihnen kaufen, oder dass Lieferanten, die jemand anders beliefern, Sie nicht mehr so gut beliefern können. Aus dieser Sicht ist alles Konkurrenzkampf.

Vielleicht entsteht diese Einstellung aus der Auffassung, dass man im Leben immer, wenn man sich für etwas entscheidet, dafür etwas anderes aufgeben muss. Niemand kann alles haben. Mit einer begrenzten Menge an Geld, Zeit und Ressourcen müssen die Menschen immer eine Auswahl treffen. Kunden und Lieferanten müssen sich zwischen Ihnen und Ihrer Konkurrenz entscheiden. Es gilt »entweder oder«, nicht beides.

Aber das ist nicht immer so. Der Entweder-Oder-Einstellung entgehen die Komplemente. Wenn ein Kunde ein Komplement zu Ihren Produkten kauft, erhöht das die Wahrscheinlichkeit, dass er auch Ihr Produkt kaufen wird. Dann gilt »beides«, nicht das eine oder das andere. Wenn ein Lieferant Ressourcen für einen Ihrer Komplementäre bereitstellt, dann vereinfacht es das für ihn, Sie ebenfalls zu beliefern. Wiederum gilt »beides«, nicht nur das eine oder das andere.

Um sowohl Dr. Jekyll als auch Mr. Hyde zu erkennen, denken Sie an Komplementäre ebenso wie an Konkurrenten.

> **Dr. Jekyll und Mr. Hyde**
>
> Es besteht die Tendenz, jeden neuen Spieler als Konkurrenten anzusehen. Viele Spieler konkurrieren aber nicht nur mit Ihnen, sondern ergänzen Sie auch.
> Halten Sie Ausschau nach Gelegenheiten für Ergänzungen und nach Bedrohungen durch Konkurrenz.

Märkte schaffen

Die Tatsache, dass Spieler sowohl Konkurrenten als auch Komplementäre sein können, erklärt manches, was sonst als absonderliches Verhalten erscheinen würde. Auf den ersten Blick erscheint es merkwürdig, dass konkurrierende Geschäfte oft buchstäblich nebeneinander liegen: New Yorker Diamantenhändler an der 47th Street, Galerien in SoHo, Buchantiquariate in London, Kinos im Stadtteil Westwood von Los Angeles und Autohändler nebeneinander an einem Streifen. In Brüssel befinden sich Antiquitätengeschäfte alle am Place du Grand Sablon.

Sollten sich die Antiquitätengeschäfte nicht kreuz und quer in Brüssel verteilen, sodass jedes Geschäft seinen lokalen Markt hat? Es gäbe dann weniger direkten Preiswettbewerb, da es für die Kunden unbequemer wäre, Preise zu vergleichen. Schließlich findet man Niederlassungen von Kaufhof und Hertie oder von Cartier und Wempe auch nicht direkt nebeneinander. Cafés oder Reinigungen scharen sich im Allgemeinen auch nicht zusammen.

Diese Denkweise betrachtet aber die Antiquitätengeschäfte von Brüssel nur als Konkurrenten. Indem sie sich nahe beieinander ansiedelten, werden sie auch zu Komplementären. Statt nur zu einem Geschäft gehen zu können – möglicherweise zum falschen – können die Kauflustigen zum Place du Grand Sablon gehen, umherstöbern und zu einer informierteren Entscheidung gelangen. Und da sie dies so bequem können, sind die Leute viel eher bereit, überhaupt erst zum

Kauf von Antiquitäten aufzubrechen. Zumal sie auch mehr darauf vertrauen können, dass sie Ware von hoher Qualität zu fairen Preisen finden, denn ein Laden mit minderwertigen Waren und überhöhten Preisen hat es viel schwerer, im Geschäft zu bleiben, wenn überlegene Konkurrenten in nächster Nähe sind. Auch wird eher ein Tisch in einem Geschäft gekauft, wenn dazu in einem anderen Geschäft die passenden Stühle zu finden sind, und angesichts der Ballung der Antiquitätengeschäfte sind die Chancen dafür günstig. Es leichter zu machen, Stühle zu finden, hilft beim Verkauf von Tischen und umgekehrt. Durch Ansiedlung nahe beieinander werden Antiquitätengeschäfte, obwohl sie Konkurrenten bei der Aufteilung des Marktes sind, Komplementäre, indem sie den Markt überhaupt erst einmal schaffen.

In manchen Fällen hilft der Ballungseffekt, einen größeren Markt sowohl für Kunden als auch für Lieferanten zu schaffen. Das ist für die aufführenden Künste am und um den Broadway in New York der Fall. Auf der Kundenseite konkurrieren die Theater zwar in jeder Nacht um das gleiche Publikum, die vielen verschiedenen Aufführungen locken aber auch viel mehr Leute in die Stadt. Auf der Lieferantenseite schafft die Ballung von Musik- und Theateraufführungen eine kritische Masse, die es für alle leichter macht, Lieferanten anzuziehen. Kammermusik und Sinfonien können auf den gleichen Bühnen aufgeführt werden, ebenso Theater und Ballett. Musiker können in Konzerten, bei Opern, Balletten und Musicals mitwirken, Kostümbildner bei Theater-, Opern-, Ballett- und Musicalaufführungen, Beleuchter bei sämtlichen Bühnenveranstaltungen. Intendanten und Regisseure können Schauspieler und Sänger auch auf kleineren Bühnen »off Broadway« und sogar in Restaurants und Bars rund um den Times Square entdecken.[22]

Seien es nun Diamantenhändler, Galerien, Antiquariate, Antiquitätengeschäfte, Kinos, Autohändler oder aufführende Künste, ihre Ballung

---

[22] Professor Michael Porter von der Harvard Business School erörtert Ballungseffekte in *The Competitive Advantage of Nations*, Free Press: New York 1990.

schafft Ergänzungseffekte, die den Markt entwickeln, obwohl so manchmal auch mehr Konkurrenz um Anteile am Markt entsteht.

Toys 'R' Us scheint sich der umgekehrten Strategie zu bedienen. Die Spielwarenkette verlässt sich mit ihren gewöhnlich in der Nähe von Autobahnabfahrten oder an Hauptverkehrsstraßen in Gegenden mit niedrigem Mietniveau gelegenen Geschäften auf »Zielkäufer«. Die Leute gehen zu Toys 'R' Us, weil sie gerade dort einkaufen wollen. Macht Toys 'R' Us das Richtige? Wir meinen nicht, dass sich Geschäfte von Toys 'R' Us direkt neben anderen Spielwarenläden ansiedeln sollten, aber ein McDonald's nebenan oder eine Spielzone für Kindergeburtstage im Geschäft könnte verkaufsfördernd wirken. Die meisten Kinder mögen Hamburger, und auf dem Weg zur Geburtstagsparty gehen alle durch das Spielwarengeschäft.

So weit ist alles komplementärisch. Für Toys 'R' Us bleibt aber das Problem, dass Eltern, die ihre Kinder bei McDonald's oder vor der Spielzone absetzen, nicht durch das Geschäft gehen, sie können also von den Kindern nicht zu Spontaneinkäufen verleitet werden. So sind McDonald's und die Spielzone Komplementäre, wenn es darum geht, Leute ins Geschäft zu locken, aber vielleicht Konkurrenten, wenn es darum geht, was sie kaufen. Wir wissen nicht, welcher Effekt überwiegt, doch mit über 500 Geschäften könnte Toys 'R' Us von einigen Experimenten profitieren. Tatsächlich könnte das Unternehmen von seinen Auslandsbetrieben lernen. In Japan hat es sich zum Beispiel mit McDonald's und Blockbuster Video zusammengetan, um Familienzonen einzurichten.

Krieg und Frieden

Unternehmen sind
- Komplementäre bei der Schaffung von Märkten,
- Konkurrenten bei der Aufteilung von Märkten.

Ein Spieler, den Sie nicht umgehen können

Das Beispiel eines herausragenden Spielers, der mehr als eine Position im Wertenetz einnimmt, ist der Staat. Bundes- und Landesregierungen wie auch die Regierungsbezirks-, Kreis- und Gemeindeverwaltungen spielen als Kunden, Lieferanten, Konkurrenten und Komplementäre mit – und zudem eine wichtige Rolle im Hintergrund.

Wenn die öffentliche Hand Waren und Dienstleistungen bezieht, ist sie Kunde wie jeder andere – nur größer. Als Kunde gibt sie neue Straßen, Brücken, Gebäude und Gefängnisse in Auftrag, sie kauft medizinische Betreuung und Ausbildungsleistungen, sie beschafft riesige Mengen militärischer Ausrüstungen. Sie ist auch Lieferant. Sie vergibt Schürf- und Forstrechte, Radiofrequenzen und gewerbliche Lizenzen.

Indem Menschen Steuern zahlen, haben sie weniger Geld, das sie für andere Waren und Dienstleistungen ausgeben könnten. Auf diese Weise »konkurriert« der Staat mit der Wirtschaft um das Geld von Bürgern und Firmen. Allerdings ist die »Konkurrenz« recht einseitig, da man verpflichtet ist, Steuern zu zahlen. Wenn staatliche Stellen Geld am Kapitalmarkt aufnehmen, konkurrieren sie mit Unternehmen, die Kapital aufnehmen wollen. Staatliche Universitäten konkurrieren mit privaten Hochschulen. Die Post konkurriert mit privaten Zustellungsdiensten. Als größter Arbeitgeber des Landes konkurriert die öffentliche Hand auch mit jedem Unternehmen um Arbeitskräfte.

Gleichzeitig dient der Staat jeder geschäftlichen Tätigkeit als Komplementär, indem er für die grundlegende Infrastruktur und für die öffentliche Ordnung sorgt. Praktisch jedes Unternehmen ist von der Regierung abhängig, hinsichtlich des Schutzes von Leben und Eigentum, eines Transportnetzes, der Arbeit von Gerichten, einer Währung und so weiter. Ohne diese Dinge könnte keine Wirtschaft existieren.

Neben ihrer Rolle als Kunde, Lieferant, Konkurrent und Komplementär hat die öffentliche Hand auch die Macht, Gesetze und Verordnungen zu erlassen, die Transaktionen zwischen den anderen Spielern regeln. Wir werden im Kapitel über Regeln mehr über diese Hintergrundrolle der Regierung sagen.

2.5. Freund oder Feind?

> Michael Corleone: Halte Deine Freunde nahe, aber Deine Feinde noch näher. *Der Pate, Teil II*

Wer sind Ihre Freunde, wer Ihre Feinde im Geschäftsspiel? Die Frage klingt einfach. Sie haben drei Gruppen von Freunden und eine Gruppen von Feinden, nicht wahr? Kunden, Lieferanten und Komplementäre sind alle auf Ihrer Seite und die Konkurrenten nicht.

Tatsächlich wissen wir, dass dies nicht ganz stimmen kann. Intuitiv ist verständlich, dass es entlang der vertikalen Dimension des Wertenetzes eine Mischung aus Kooperation und Konkurrenz gibt. Es ist Kooperation, wenn Lieferanten und Kunden zusammenkommen, um erst einmal Werte zu schaffen. Doch wenn der Kuchen aufgeteilt werden muss, drängen Kunden auf niedrigere Preise, und Lieferanten wollen auch ihren Schnitt machen. So kommt es bei der Aufteilung des Kuchens zur Konkurrenz. In den Fallstudien dieses Buches sehen Sie die gleichzeitigen Elemente von Wettbewerb und Zusammenarbeit in Aktion. Diese Dualität beschreibt Ihre Beziehungen mit Kunden und Lieferanten am besten.

Wie steht es mit der horizontalen Dimension? Wer sind dort Ihre Freunde und Feinde? Sie sind froh, wenn ein Komplementär ins Spiel eintritt, und meistens glücklicher, wenn ein Konkurrent draußen bleibt. Also sind Komplementäre Freunde und Konkurrenten Feinde? Ja. Aber auch hier ist das nicht das ganze Bild.

Wenn ein Komplementär ins Spiel eintritt, wird der Kuchen größer. Das ist die Situation, in der beide gewinnen. Doch dann gibt es ein Tauziehen mit Ihrem Komplementär, wer der Hauptnutznießer wird.

Freund oder Feind?

Wenn Ihr Komplementär weniger vom Kuchen bekommt, bleibt mehr für Sie, und umgekehrt.

Dieses Tauziehen zwischen Komplementären wird in der Computerbranche besonders deutlich. Da Hardwarehersteller Microsoft ergänzen, profitierte Microsoft vom Eintritt von Compaq und Dell in den Markt für IBM-kompatible Computer. Microsoft gewinnt aber jedes Mal noch mehr, wenn Compaq und Dell einen Preiskrieg beginnen. Wenn die Preise von Hardware fallen, kaufen mehr Leute Computer, was wiederum den Softwareabsatz steigert. Microsoft gewinnt. Selbst die, die Computer auch zu den alten höheren Preisen gekauft hätten, haben mehr Geld für Software übrig. Wiederum gewinnt Microsoft. Komplementäre mögen Ihre Freunde sein, aber es macht Ihnen nichts aus, wenn sie ein wenig leiden. Deren Leid ist Ihr Gewinn.

Tatsächlich kann für Sie zuwenig, wenn überhaupt etwas, vom Kuchen übrigbleiben, wenn es Ihren Komplementären zu gut geht. Für Onlinedienste sind Telefongesellschaften kritische Komplementäre. Wenn Telefonate teuer sind, können Onlinedienste gezwungen sein, dies durch so niedrige Preise auszugleichen, dass sie vielleicht zuwenig oder nichts verdienen. Das ist ein Hauptgrund dafür, dass Onlinedienste in Japan lange nicht ins Geschäft gekommen sind, wo NTT den Telefonmarkt dominiert und deftige Preise für Ortsgespräche berechnet. Im Gegensatz dazu sind Ortsgespräche in den USA gewöhnlich gebührenfrei, und dies hat das explosionsartige Wachstum von America Online, CompuServe und der Vielzahl der Anbieter von Zugängen zum Internet angeheizt. Billige Komplementäre sind Ihre Freunde.

Wie steht es mit den Konkurrenten? Sicher, hier ist wenigstens die Beziehung klar. Es ist ein Überleben des Stärkeren. Es herrscht Krieg. Manchmal ist es wirklich so. Weiter hinten in diesem Buch zeigen wir, wie Nintendo alle Gegner besiegt hat und der Gigant des Videospielgeschäft wurde. Wir werden auch sehen, wie NutraSweet in Europa einen Preiskrieg führte, um damit einen später wertvollen Präzedenzfall zu schaffen. Aber die Vorstellung, dass mit Konkurrenten *immer* Kriege geführt werden, ist eine zu starke Vereinfachung. In der

Mehrzahl der Fälle führt die Einstellung »Sein Verlust ist mein Gewinn« zu einem Pyrrhussieg. Der anfängliche Gewinn auf Kosten der Konkurrenten wird zu einem Verlust auf beiden Seiten, Gewinner-Verlierer geht über in Verlierer-Verlierer. Das klassische Beispiel sind Preissenkungen mit dem Ziel, Marktanteile abzunehmen. Die Konkurrenten machen Ihre Preissenkungen mit, und das Ergebnis sind Gewinneinbußen rundherum.

Ein anderes Problem von Kleinkriegen mit Ihren Konkurrenten ist, dass man die Konkurrenz selten vollständig ausschalten kann. Es gelingt oftmals nur, sie zu verwunden, und die gefährlichsten Tiere sind die verwundeten. Nachdem Sie ihre Gewinne verringert haben, haben Ihre Konkurrenten weniger zu verlieren und jeden Grund, aggressiver zu werden.

Die bessere Methode des Umgangs mit Konkurrenten ist, Möglichkeiten zu finden, bei denen beide gewinnen – ein Win-Win-Spiel zu spielen, wie es in der Spieltheorie heißt.

Gibt es denn wirklich Win-Win-Möglichkeiten mit Konkurrenten? Man spricht über Kooperation innerhalb des Unternehmens, über Teamarbeit und den Austausch von Informationen. Doch beim Gang nach draußen erscheint es naiv, auch nur daran zu denken, Konkurrenten "gewinnen" zu lassen. Das ist es aber nicht. Was zählt, ist nicht, ob andere gewinnen – es gehört zum Leben, dass sie es manchmal tun –, sondern ob *Sie* gewinnen.

Obwohl man sich schwer an den Gedanken gewöhnt, ist manchmal der beste Weg zum Erfolg, andere Erfolg haben zu lassen – auch Konkurrenten. Wir haben zahlreiche Beispiele gesehen, in denen Unternehmen, die in erster Linie als Konkurrenten angesehen werden, gleichzeitig Komplementäre sind. Soweit diese Firmen als Komplementäre Erfolg haben, profitieren sie eindeutig voneinander.

Daher ist es oftmals eine gute Strategie, mit Ihren Konkurrenten zusammenzuarbeiten, um gemeinsam nutzbare Komplemente zu entwikkeln. In der Anfangszeit des Automobils haben die Autohersteller zusammengearbeitet, um Straßen zu bauen. Heutzutage arbeiten High-

Tech-Unternehmen zusammen, um eine Infrastruktur aufzubauen und um Standards der Informationsgesellschaft zu schaffen. Um zum Beispiel Java zum nächsten Standard bei Computernetzen zu verhelfen, riefen IBM, Sun und Compaq, unterstützt von Cisco, Netscape, Oracle und einigen Anderen, im August 1996 einen Venture-Capital-Fonds von 100 Millionen Dollar ins Leben, der die Java-Technologie unterstützen sollte.

Es gibt aber auch Situationen, in denen es die beste Strategie ist, Konkurrenten *als Konkurrenten* Erfolg haben zu lassen. Im weiteren Verlauf dieses Buches werden wir viele Fälle sehen, in denen sich ein Unternehmen mit der Unterbietung von Konkurrenten ins eigene Fleisch schneidet. Wir werden sehen, wie gemeinsame Gewinne entstehen, indem man destruktiven Wettbewerb vermeidet. Wir werden untersuchen, wieso es für Sie schädlich sein kann, überhaupt ein Angebot abzugeben, und wir werden einen besseren Weg vorschlagen, um zu konkurrieren. Wir werden sehen, wie Kundentreue-Programme Allen helfen und wie sie vor der Falle eines Preiskriegs bewahren. Wir werden untersuchen, wie Niedrigstpreisgarantien den Charakter der Konkurrenz verändern können. Wir werden uns ansehen, wie Wahrnehmungen beeinflusst werden können, um Wettbewerbsreaktionen zum Vorteil aller Beteiligten zu beeinflussen. In einem Wort, wir werden Situationen entdecken, in denen es sich lohnt, einen Konkurrenten erfolgreich sein zu lassen. Ein erfolgreicher Konkurrent ist oft weniger gefährlich als ein verzweifelter.

> Julius Cäsar: Lasst fette Männer um mich sein. *Shakespeare, Julius Cäsar*

Schön, es ist aber dennoch ein Fehler, immer nur beide Augen zuzudrücken. Wir sind uns darüber klar, dass Ihre Konkurrenten nur zu gern Ihren Kuchen aufessen, wenn Sie es zulassen. Unser Rezept ist nicht, Ihre Konkurrenz umsonst essen zu lassen – von Ihrem Kuchen. Wir schlagen nicht vor, dass Sie einfach nett sein sollen, in der Hoffnung, dass Andere es dann auch zu Ihnen sein werden. Nur zu oft ist das ein Rezept dafür, Andere gewinnen und Sie verlieren zu lassen.[23] Wir denken an etwas anderes: an einen schlaueren Weg zu konkurrieren, der sich nicht auf den guten Willen Anderer verlässt.

Auf den ersten Blick ist Ihre Beziehung zu Konkurrenten nur konkurrierend, ein Gewinner-Verlierer-Spiel. Wenn die Konkurrenten in das Spiel eintreten, verlieren Sie etwas. Aber Sie verlieren weniger, wenn Sie erkennen, dass Sie, sowie Konkurrenten ins Spiel kommen, Transaktionen mit ihnen durchführen können, bei denen Sie beide gewinnen. Mit Konkurrenten gibt es nicht nur Krieg. Es gibt Krieg und Frieden.

Das Gleiche gilt in allen vier Richtungen. Ob Kunde, Lieferant, Komplementär oder Konkurrent, keiner kann ausschließlich als Freund oder Feind eingeordnet werden. In jeder Geschäftsbeziehung gibt es eine Dualität – die gleichzeitigen Elemente von Win-Win und Gewinner/Verlierer, von Kooperation und Konkurrenz. Frieden und Krieg.

Freund *und* Feind

Es gibt sowohl Win-Win- als auch Gewinner-Verlierer-Elemente in Ihren Beziehungen mit
- Kunden
- Komplementären
- Lieferanten
- Konkurrenten.

Wir haben jetzt einen Plan (das Wertenetz) und eine Grundeinstellung (Coopetition), um das Spiel des Geschäftslebens zu analysieren. Wir haben einige Beispiele dafür gesehen, wie Unternehmen das Spiel geändert haben, zum Beispiel Ford und Ford Motor Credit sowie Intel

---

[23] Das sagt auch Stephen Covey in seinem Buch: *The Seven Habits of Highly Effective People*, Simon & Schuster: New York 1990, S. 209-210.

und ProShare, und wir haben angekündigt, dass weitere Beispiele folgen werden. Wir haben aber noch keine systematische Methode, wie man das Spiel ändert. Um eine solche Methode zu entwickeln, wenden wir uns der Spieltheorie zu. Das ist das Thema des nächsten Kapitels.

3. Spieltheorie

> Das Leben ist das Spiel, dem man
> sich nicht entziehen kann. *Edwin
> Robinson, Dichter (1869-1935)*

Wieviel können Sie hoffen, in einem Spiel zu gewinnen? Wie wir sehen werden, hängt das nicht nur von der Größe des aufzuteilenden Kuchens ab oder von Vorstellungen über Fairness. Es hängt auch nicht nur davon ab, wie gut Sie spielen. Was Sie bekommen, hängt von Ihrer Macht im Spiel ab und von der Macht der Anderen, die konkurrierende Ansprüche auf den Kuchen haben. Ihre Macht und die der anderen Spieler hängt von der Struktur des Spiels ab. Mit Hilfe der Spieltheorie können wir diese Machtverhältnisse genau bestimmen.

Die Spieltheorie begann als Zweig der angewandten Mathematik. Sie könnte die Wissenschaft von der Strategie genannt werden.[1] Sie ana-

---

[1] Es gibt viele Bücher über Spieltheorie und ihre Anwendungen, so als deutschsprachige Einführungen: *Spieltheorie für Einsteiger* von Avinash K. Dixit und Barry J. Nalebuff (Schäffer-Poeschel Verlag, Stuttgart 1995) oder etwas technischer: Christian Rieck: Spieltheorie – eine Einführung (Eschborn 2007). Ein Klassiker für die Anwendung der Spieltheorie in Konkurrenzsituationen ist Thomas Schllings *The Strategy of Conflict* (Harvard University Press, Cambridge 1960}. Natürlich untersucht die Spieltheorie auch kooperative Situationen, dazu schrieb Robert Axelrod

lysiert Situationen, in denen die Erfolge von Menschen voneinander abhängig sind. Die Spieltheorie weist einen systematischen Weg zur Entwicklung von Strategien, wenn der Erfolg einer Person davon abhängt, was andere tun.

Die Spieltheorie ist wie maßgeschneidert zur Analyse von Geschäftsstrategien. Aber historisch gab es ein Hindernis, das die Geschäftswelt davon abgehalten hat, sich die Spieltheorie zu eigen zu machen. Das Problem ist, dass Wissenschaftler in Gleichungen und Geschäftsleute aus Erfahrungen sprechen. Viele Geschäftsleute haben von der Spieltheorie gehört und vermuten, dass sie ein potentiell mächtiges Werkzeug ist. Aber all die Mathematik kann verwirren und hält davon ab, die Theorie mit der Praxis zu verbinden. Gleichzeitig sind Spieltheoretiker oft nicht mit dem Geschäftsleben vertraut, und einige ihrer Theorien sind schlichtweg zu realitätsfern. Unsere Erfahrung bei unserer Lehrtätigkeit, der Forschung und Unternehmensberatung legt nahe, dass die Kommunikation zwischen den Welten der Spieltheorie und der Geschäftspraxis sowohl möglich als auch wertvoll ist. Dieses Buch bringt Theorie und Praxis zusammen.

In diesem Kapitel erklären wir die Grundgedanken der Spieltheorie. In den restlichen Kapiteln konzentrieren wir uns auf die Anwendung der Spieltheorie für die strategische Unternehmensführung. Wir legen

---

The Evolution of Cooperation (Basic Books, New York 1984), übersetzt: *Die Evolution der Kooperation*. Die folgenden Bücher wenden die Spieltheorie auf Evolutionsbiologie, Jura, Politik, sogar auf die Bibel an: Richard Dawkins: *The Selfish Gene* (Oxford University Press, New York 1976), übersetzt: *Das egoistische Gen*; Douglas Baird, Robert Gertner und Randal Picker: *Game Theory and the Law*: (Harvard University Press, Cambridge 1994); William Riker: *The Art of Political Manipulation* (Yale University Press, New Haven 1986); Steven Brams: *Biblical Games: A Strategic Analysis of Stories in the Old Testament* (MIT Press, Cambridge 1980). Zur Einarbeitung in die Mathematik der Spieltheorie empfehlen wir Martin Osborne und Ariel Rubinstein: *A Course in Game Theory* (Cambridge: MIT Press, 1994) sowie Roger Myerson: *Game Theory* (Harvard University Press, Cambridge 1991).

Freund oder Feind?

in diesem Kapitel die Fundamente und versuchen damit, eine neue Denkweise zu entwickeln. Zu diesem Zweck verwenden wir bewusst einfache und stilisierte Spiele, die darauf ausgerichtet sind, die Grundkonzepte der Spieltheorie zu veranschaulichen. Wir haben die Mathematik weggelassen, aber unsere Argumentation erfordert dennoch eine sehr hohe Aufmerksamkeit. Wenn Sie als Leser etwas Zeit in dieses Kapitel investieren, versprechen wir Ihnen einen hohen Ertrag in den folgenden Kapiteln, in denen wir diese Konzepte zur Analyse und Entwicklung einer großen Vielfalt von Geschäftsstrategien verwenden.

Es steht alles in den Karten. Um zu sehen, wie die Spieltheorie funktioniert, beginnen wir mit einem trügerisch einfachen Spiel. Es ist ein gemütlicher Tag an der Harvard Universität, und einer von uns, Adam, und 26 seiner Diplomanden der Betriebswirtschaft spielen ein Kartenspiel. Adam behält die 26 schwarzen Karten und gibt jedem seiner Studenten eine rote Karte. Der Dekan ist großzügig gestimmt und erklärt sich bereit, 2600 Dollar Preisgeld auszusetzen. Er bietet jedem, sowohl Adam als auch den Studenten, 100 Dollar, der ihm ein beliebiges Paar aus irgendeiner schwarzen und irgendeiner roten Karte übergibt.

Das ist das Spiel. Adam kann mit seinen Studenten frei verhandeln. Einzige Bedingung ist, dass die Studenten sich nicht zusammenschließen und als Gruppe mit Adam verhandeln dürfen. Sie müssen einzeln mit ihm verhandeln. Was meinen Sie, was wird bei den Verhandlungen heraus kommen?

Stellen Sie sich vor, Sie seien einer der Studenten, und Adam bietet Ihnen 20 Dollar für Ihre rote Karte. Würden Sie das Angebot annehmen?

Wir haben das Spiel viele Male gespielt – mit Studenten, mittleren und hohen Managern, Marketing-Fachleuten, Gewerkschaftsfunktionären und Rechtsanwälten. Die erste Reaktion der Spieler ist fast immer die gleiche: Adam ist in der stärkeren Position. Aus Sicht der Studenten hält Adam buchstäblich alle Karten in der Hand. Wenn sie ein Geschäft machen wollen, müssen sie zu Adam gehen. Er hat das

Monopol für schwarze Karten. Also sollte er bei den Verhandlungen außerordentlich gut abschneiden.

Sind Sie jetzt bereit, Adams Angebot von 20 Dollar anzunehmen? Nicht so schnell. Ihre Position ist stärker, als es zunächst aussehen mag. Lehnen Sie also ruhig das Angebot von Adam ab. Vielleicht verlangen Sie 90 Dollar von ihm. Machen Sie sich keine Sorgen, wenn Adam Ihr Gegenangebot ablehnt. Warten Sie ab, das Spiel ist noch nicht vorbei.

Adam handelt mit jedem der anderen 25 Studenten ein Geschäft aus. Was passiert dann? Adam hat noch eine schwarze Karte, und es ist noch eine rote Karte im Spiel. Sie gehört Ihnen. Um dieses letzte Geschäft abzuschließen, braucht Adam Sie ebenso wie Sie Adam. Da Sie beide nun in genau symmetrischen Positionen sind, ist keiner von Ihnen bei dieser Eins-zu-Eins-Verhandlung im Vorteil. Eine 50:50-Aufteilung der letzten 100 Dollar ist das wahrscheinlichste Ergebnis.

Durch Abwarten können Sie 50 Dollar für Ihre rote Karte bekommen. Da 50:50 das absehbare Ergebnis am Ende ist, können Sie und Adam sich auch gleich zu Beginn auf die 50:50 einigen. Und da jeder Student diese Strategie verfolgen kann, ist das Ergebnis vermutlich rundum 50:50. Das Spiel läuft auf 26 separate Verhandlungen hinaus. Um jeden Geschäftsabschluss zu erreichen, braucht Adam den Studenten ebenso wie der Student Adam.

Barry entschließt sich, das gleiche Spiel in New Haven zu spielen, aber mit einer nicht unwesentlichen Änderung. Er verteilt die 26 roten Karten an 26 Studenten, bietet aber nur 23 der schwarzen Karten zur Paarung an. Wie bei Adam sind eine schwarze und eine rote Karte zusammen 100 Dollar wert. Wie wird das Verhandlungsergebnis bei Barry aussehen? Mit 2300 Dollar steht ein um 300 Dollar kleinerer Kuchen als beim Spiel mit Adam zur Verteilung auf dem Spiel. Wie schneiden die 23 Studenten ab, die zum Zuge kommen, und wie schneidet Barry im Vergleich zu Adam ab?

Freund oder Feind?

Versetzen Sie sich wieder in die Rolle eines Studenten. Barry bietet Ihnen 20 Dollar für Ihre rote Karte. Würden Sie das Angebot annehmen oder ablehnen, um mehr zu bekommen?

Wenn Sie Ihre bei Adam angewandte Strategie beibehielten, würden Sie eine unangenehme Überraschung erleben. Dieses Mal ist Abwarten eine schlechte Idee. Adam musste auf Sie zurückkommen, weil er für jede rote Karte eine schwarze hatte. Aber Barry spielt die Reise nach Jerusalem mit seinen Studenten − drei werden übrigbleiben, die nichts bekommen. Selbst wenn Sie statt 90 wie bei Adam auch nur 25 statt der angebotenen 20 Dollar verlangen, könnte Barry ablehnen und nicht wieder auf Sie zurückkommen.

Was für Sie gilt, gilt auch für jeden anderen. Jeder Student, der nicht nimmt, was Barry ihm anbietet, muss damit rechnen, kein Angebot mehr zu erhalten. So stimmen 23 »glückliche« Studenten einer nach dem anderen zu, wenn Ihnen Barry 20 Dollar anbietet, und drei haben am Schluss eine rote Karte und kein Geld. Wenn Barry Ihnen 20 Dollar anbietet, greifen Sie zu. Tatsächlich könnte Barry auch eine 90:10-Aufteilung vorschlagen. Da drei Studenten bei null enden werden, würde jeder sofort unterboten, der noch ein Angebot von 20 Dollar abwarten wollte. Jeder, der zehn Dollar bekommt, hat immer noch Glück.

Für Barry sind 90 Prozent von 2300 Dollar viel mehr als die Hälfte von 2600 Dollar. Er wusste, dass die Verkleinerung des Kuchens dessen Aufteilung verändern und durch den Gewinn eines höheren Anteils mehr als ausgeglichen würde.

Nur ein Kartenspiel? Keineswegs, sondern eine Strategie, die vom Videospielgiganten Nintendo benutzt wurde, der − wie es sich so trifft − ursprünglich ein Hersteller von Kartenspielen war. In 1988/89 wurden Nintendos Videospielkassetten knapp. Nintendo entschloss sich, Barrys Version des Kartenspiels zu spielen und nicht Adams, aber mit einem großen Unterschied: Das Unternehmen verdiente sehr viel mehr Geld als Adam oder Barry. Mehr über die Geschichte von Nintendo folgt im Kapitel über Mehrwerte.

Spieltheorie

Städte über den Tisch gezogen. Die Nationale Fußball-Liga der USA (NFL) verwendet Barrys Version des Kartenspiels und verdient dabei ziemlich gut. Indem sie die Anzahl von Mannschaften in der Liga absichtlich beschränkt, stellt die NFL sicher, dass die Zahl der Städte, die Fußballmannschaften haben möchten, stets die Zahl der Fußballmannschaften übertrifft. 1988 wechselten die St. Louis Cardinais nach Phoenix, sodass St. Louis ein Stadion, aber keine Mannschaft mehr hatte. Die Stadt machte mehreren Mannschaften Angebote, um wieder ein Team zum Stadion zu bringen – zunächst ohne Erfolg. St. Louis erreichte nur, dass andere Städte mit den großzügigen Offerten von St. Louis gleichziehen mussten. Doch schließlich überredete die Stadt die Rams, von Anaheim nach St. Louis zu ziehen. Damit hat jetzt Los Angeles zwei leere Stadien, nachdem die Raiders zuvor an Oakland verloren worden waren. Als dann die Baltimore Colts den Staat Maryland brüskierten und nach Indianapolis zogen, fing Baltimore an, eifrig um ein Nachfolgeteam zu werben. Der Bau eines neuen Stadions für 200 Millionen Dollar aus öffentlichen Mitteln und eine Vorauszahlung von 75 Millionen Dollar waren nötig, um die Cleveland Browns dazu zu bewegen, die grüneren Weiden von Baltimore, Maryland, zu ihrer neuen Heimat zu machen. Was bleibt für Cleveland? Ein leeres Stadion.

Mehr und mehr Fußballmannschaften sind inzwischen ihre eigene Agentur geworden. Vom Köder eines 300-Millionen-Dollar-Stadions modernster Ausstattung und einer Umsiedlungsprämie von 28 Millionen Dollar fühlen sich die Houston Oilers nach Nashville, Tennessee, hingezogen. Dann wird Houston – sie werden es kaum erraten – ein leeres Stadion haben. Inzwischen denken die Chicago Bears daran, nach Gary, Indiana, umzuziehen, und die Tampa Bay Buccaneers erwägen einen Ortswechsel nach Orlando.[2] Auch die Seattle Seahawks sitzen auf gepackten Koffern, und die Phoenix Cardinais, vormals St. Louis Cardinais, zieht es schon wieder woanders hin.

---

2 Analyse in *Business Week*, 20.11.1995, S. 54, und *New York Times*, 7.11.1995, S. B9.

Viele Städte reißen sich um nicht-ganz-so-viele Mannschaften. Deshalb sind die Teams so auffallend gut darin, mit den Städten Deals über Stadien abzuschließen. Die Teams haben alle Macht, die Städte sitzen am kurzen Hebel. Als Ergebnis bleibt selbst den Städten mit Teams wenig von den Vorteilen. Nach einer Schätzung von 1992 summierten sich die Subventionen der Bundesstaaten und Kommunen an die Mannschaftsbesitzer auf jährlich über eine halbe Milliarde Dollar. Und das war zu einer Zeit, als der heiße Wettbewerb um Mannschaften gerade erst begann.

Mit Barrys Version des Kartenspiels hat die NFL Geld verdient, aber nicht ohne Kosten. So wie die Treue der Mannschaften gegenüber ihren Heimatstädten abnimmt, so geht auch die Treue der Fans gegenüber den Teams zurück. Auf lange Sicht ist das schlecht für die NFL. Im Kapitel über Mehrwerte werden wir mehr über das Für und Wider zu knapper Marktbelieferung sagen.

Das Kartenspiel ist eine gute Gedankenstütze, wenn man versucht zu verstehen, wer im Geschäftsspiel Macht hat. Wir werden deshalb in den folgenden Kapiteln mehrfach auf Barrys Spiel zurückkommen.

3.1. Mehrwert (Added Value)

In dem Kartenspiel konnten wir sehr schlüssig begründen, wer wieviel bekommt. Die Spieltheorie liefert das Grundprinzip, das erklärt, wer was bekommt, angefangen beim Kartenspiel über das Geschäftsspiel bis hin zum Spiel des Lebens. Der Schlüssel zum Verständnis, wer Macht in einem beliebigen Spiel hat, ist das Konzept des »Mehrwerts«, des *added value*.

Der Mehrwert misst, was jeder in das Spiel einbringt. Die etwas formalere Definition geht so: Nehmen Sie die Größe des Kuchens, wenn Sie und alle Anderen im Spiel sind; stellen Sie dann fest, wie große der Kuchen der Anderen ohne Sie ist. Der Unterschied zwischen beiden Werten ist Ihr Mehrwert.

Spieltheorie

> **Ihr Mehrwert:**
>
> Größe des Kuchens mit Ihnen
>   minus
> Größe des Kuchens ohne Sie

Es ist schwer, mehr aus einem Spiel herauszubekommen als Ihren Mehrwert. Intuitiv ist das, was Sie aus einem Spiel herausnehmen können, begrenzt durch das, was Sie einbringen, und was Sie einbringen ist Ihr Mehrwert. Wenn Sie mehr verlangen, als Sie einbringen, lassen Sie für alle Anderen weniger zur Aufteilung übrig als das, was die Anderen ohne Sie erzeugen können. Warum sollten die Mitspieler dem zustimmen? Sie schneiden besser ab, wenn sie sich untereinander einigen und Sie außen vor lassen. Rechnen Sie also nicht damit, mehr zu bekommen als Ihren Mehrwert.[3]

Kehren wir zurück zu den beiden Kartenspielen und überprüfen sie durch die Mehrwertbrille. Sehen Sie sich zuerst Adams Spiel mit den 26 schwarzen Karten an. Ohne Adam und seine Karten gibt es kein Spiel. Adams Mehrwert beläuft sich also auf den Gesamtwert des Spiels, 2600 Dollar. Jeder Student verfügt über einen Mehrwert von 100 Dollar, denn ohne seine Karte kann ein Geschäft nicht zustande kommen; 100 Dollar würden also verloren. Daher beträgt die Summe aller Mehrwerte 5200 Dollar – Adams 2600 Dollar plus 100 Dollar von jedem der 26 Studenten. Angesichts der Symmetrie des Spiels ist es wahrscheinlich, dass jeder zur Hälfte seines Mehrwerts kommt: Adam wird 26mal entweder eine Studentenkarte für 50 Dollar kaufen oder eine seiner Karten für 50 Dollar verkaufen.

---

[3] Adam Brandenburger und Harborne Stuart: »Value-Based Business Strategy« in *Journal of Economics & Management Strategy*, Vol. 5, 1996. S. 5-24.

Mehrwert (Added Value)

In Barrys Kartenspiel sehen die Mehrwerte anders aus. Da es dabei nur 23 schwarze Karten gibt, ist der Kuchen nur noch 2300 Dollar groß. Auch Barrys Mehrwert beträgt 2300 Dollar. Die folgenschwere Konsequenz des Fehlens von drei Karten ist aber, dass jeder Student nun einen Mehrwert von null hat. Kein Student hat einen Mehrwert, weil drei Studenten zu keinem Geschäftsabschluss kommen. Deshalb ist kein Student für das Spiel unentbehrlich. Der Gesamtwert des Spiels mit 26 Studenten ist 2300 Dollar und mit 25 Studenten auch, also ist der Mehrwert jedes Studenten null. Barry ist der einzige, der einen Anspruch auf den Kuchen hat. Man mag es glauben oder nicht, aber er ist großzügig, wenn er 23 Studenten 20 oder 10 Dollar anbietet.

Es gibt einige häufige Fehler, die gemacht werden, wenn versucht wird, die Mehrwerte herauszufinden. Wenn wir das Kartenspiel mit echten Menschen spielen, dann sehen wir, wie diese Fehler gemacht werden. Der erste Fehler ist, nur auf die eine Hälfte der Gleichung zu schauen. Die Leute konzentrieren sich auf die Tatsache, dass sie ohne Adam nichts bekommen. Sie sehen ihre Rückzugsoption als schwach an und ignorieren die Rückzugsoption von Adam. Sie stimmen schnell zu, ihre Karte zu einem geringen Preis abzugeben – oft für nicht mehr als 20 Dollar – und betrachten sich noch als Glückspilze. Es genügt aber nicht, sich zu fragen, wieviel Sie ohne Adam verlieren. Genauso wichtig ist die Frage, wieviel Adam ohne Sie verliert. Ohne Ihre Karte bekäme er auch nichts von den 100 Dollar. Adams Rückzugsoption ist also auch nicht besser als Ihre. Deshalb sollte Adam Ihnen die Hälfte Ihres Mehrwerts von 100 Dollar für Ihre Karte zahlen. Wenn Sie in Mehrwertbegriffen denken, schätzen Sie die Stärke Ihrer Position richtig ein.

Um Ihren Mehrwert zu errechnen, stellen Sie die Frage: Wenn ich in das Spiel eintrete, was füge ich hinzu? Statt sich auf das Minimum an Spielgewinn zu konzentrieren, für das Sie noch ins Spiel eintreten würden, stellen Sie fest, was die anderen Spieler zahlen würden, um Sie im Spiel dabeizuhaben.

Ein zweiter Fehler ist die Verwechselung Ihres individuellen Mehrwerts mit dem größeren Mehrwert einer Gruppe von Spielern, die in der gleichen Position sind wie Sie. Wir sehen diesen Fehler, wenn wir zu Barrys Version des Kartenspiels übergehen. Die Studenten denken, sie hätten einen gewissen Mehrwert, weil Barry ohne sie nichts bekommt. Es stimmt, dass der Mehrwert der Studenten als Gruppe gleich dem Gesamtwert des Spiels ist, also 2300 Dollar. Das heißt aber nicht, dass die Studenten eine große Chance hätten, einen wesentlichen Teil davon zu bekommen. Das könnte nur dann geschehen, wenn sie die Spielregel ändern, sich zusammenschließen und als ein einziger Spieler agieren könnten. Das wäre sicher in ihrem gemeinsamen Interesse. Es wäre eine Strategie der Veränderung der Spieler, die Thema des Kapitels über die Spieler ist. Solange sie aber separate Spieler bleiben, herrscht Konkurrenz unter den Studenten um Abschlüsse mit Barry. In diesem Fall ist die relevante Zahl der Mehrwert eines beliebigen individuellen Studenten, und der ist null. Deshalb haben die Studenten Glück, die 20 Dollar in Barrys Version des Kartenspiels bekommen.

Testen wir den letzten Gedanken in der wirtschaftlichen Realität. Der Mehrwert von Autos ist riesig, wir können uns das Leben ohne sie kaum noch vorstellen. Heißt das aber, dass Ford einen ebenso riesigen Mehrwert hat? Keineswegs. Nehmen Sie Ford aus dem Markt, dann gibt es immer noch General Motors, Chrysler, BMW, Toyota und viele andere Autohersteller. Was es nicht mehr geben würde, wären der Ford Explorer und der Ford Mustang. Damit hat Ford aber nur in einem viel begrenzteren Sinne einen Mehrwert – also nur einen viel kleineren Mehrwert *für* Ford.

Wie hoch ist Ihr Mehrwert?

Es ist stets reizvoll, eine neue Theorie auf das eigene tägliche Leben anzuwenden. So können Sie sich fragen: Was ist mein Mehrwert? Seien Sie sich aber stets bewusst, dass es sehr unbequem ist, sich dieser Frage zu stellen. Sie müssen sich nämlich vorstellen, wie die

Welt ohne Sie wäre. Das ist schlimmer, als den Nachruf auf sich selbst zu lesen. Es ist wie die Zeitung des nächsten Jahres zu lesen und festzustellen, wie die Welt ohne Sie ausgekommen ist.

Tatsächlich sind viele Menschen außerordentlich bemüht, ihren Mehrwert zu verbergen. Wir alle kennen Mitmenschen, die sich weigern, mit der Arbeit aufzuhören und Urlaub zu nehmen. Sie sagen sich selbst und jedem, der bereit ist zuzuhören, dass die Erde sich nicht mehr drehen kann, wenn sie weggehen. Wenn das so wäre, hätten sie einen riesigen Mehrwert. Sehr wahrscheinlich würde sich die Erde aber dennoch auch ohne sie drehen. Herauszufinden, dass sie nicht unersetzlich sind, ist ihnen aber zu riskant. Also arbeiten sie weiter.

Zurückzuschauen und festzustellen, was der eigene Mehrwert in einer gegebenen Situation war, ist die ultimative nihilistische Erfahrung. Es ist so, wie sich vorzustellen, wie die Welt wäre, wenn man selbst nie existiert hätte. Das musste Jimmy Stewart in dem Film *It's a Wonderful Life* fertigbringen.

In diesem Film aus dem Jahr 1946 unter der Regie von Frank Capra spielt Jimmy Stewart den Banker, Ehemann und Vater George Bailey. Er hat seine Liebe aus der Schulzeit (Donna Reed) geheiratet und sich in seiner Heimatstadt Bedford Falls niedergelassen, um von seinem Vater die Leitung der Sparkasse der Stadt zu übernehmen. George Bailey, der davon geträumt hatte, die Welt zu bereisen, fühlt sich in seiner begrenzten Welt gefangen. Eines Tages kurz vor Weihnachten ist der zerstreute Onkel von George mit der Tagesbareinlage zur Bank unterwegs und verliert das Geld, bevor er beim Kassierer ankommt. Der böse Herr Potter (Lionel Barrymore), Besitzer der Bank, findet das Geld, gibt es aber George nicht zurück. Bei soviel verschwundenem Geld, so fürchtet Bailey, wird Herr Potter die lang erwartete Gelegenheit nutzen, ihm die Leitung der Sparkasse abzunehmen und damit die Herrschaft über die ganze Stadt anzutreten. Bailey verfällt in eine tiefe Depression und erwägt Selbstmord. Da kommt Clarence, ein »Engel Zweiter Klasse«, auf einer Mission, sich die Flügel zu verdienen, vom Himmel herab, um George Bailey zu retten. Clarence zeigt ihm, wie die Welt wäre, wenn er nie geboren worden wäre. Was er sieht, ist eine viel düsterere Gegend: Sein Leben hatte einen hohen

Mehrwert. Mit wiederhergestelltem Selbstwertgefühl erklärt Bailey, er wolle leben, und so gab es frohe Weihnachten für alle und Flügel für Clarence.

Wir werden das George-Bailey-Experiment in diesem Buch viele Male durchführen, sowohl rückschauend als auch vorausschauend. Wir werden fragen, wie die anderen Spieler abgeschnitten hätten, wenn ein Spieler im Spiel gefehlt hätte. Das ist das rückschauende Experiment. Wir werden auch das vorausschauende Experiment durchführen: wie das künftige Abschneiden der anderen Spieler vom Ausscheiden eines Spielers beeinflusst würde.

George Bailey bezweifelte seinen Mehrwert, aber der Mehrwert von Jimmy Stewart war gesichert: Ohne ihn wäre der Film *It's a Wonderful Life* ein Flop geworden.

Etablierte Filmstars haben einen enormen Mehrwert. Das ist ein Problem für die Filmstudios, die am besten an Filmen verdienen, die ohne Stars Kassenschlager werden. Mit den Erfolgsfilmen *Rocky; Kevin allein zu Haus (Home Alone); Ace Ventura - Pet Detective* und *Speed* wurden die bis dahin unbekannten Schauspieler Sylvester Stallone, Macaulay Culkin, Jim Carey und die Schauspielerin Sandra Bullock über Nacht zu Stars. Beim nächsten Film mussten sie gemäß ihrem neu gefundenen Mehrwert honoriert werden.

Als Macaulay Culkin für *Kevin allein zu Haus (Home Alone)* ausgewählt wurde, war er nur einer von vielen aufstrebenden Kinderschauspielern, die die Rolle spielen konnten. Er hatte wenig Mehrwert und schätzte sich glücklich, die Rolle für eine Gage von etwa 100.000 Dollar annehmen zu können. Der Film erzielte den sechstgrößten Kassenerfolg aller Zeiten, und 20th Century Fox kam damit allein in den amerikanischen Kinos auf Bruttoeinnahmen von 286 Millionen Dollar. Natürlich musste es eine Fortsetzung geben. Jetzt hatte Macaulay Culkin aber seinen Mehrwert.[4] Für die Kinogänger war er

---

[4] Das war vorhersehbar. Warum schloss die Filmgesellschaft keinen langfristigen Vertrag, der Macaulay für mehrere Filme verpflichtete? Eigentlich

Mehrwert (Added Value)

Kevin McCallister. Der Filmproduzent konnte kein neues Gesicht oder einen anderen Kinderstar nehmen. So zahlte er Macaulay Culkin fünf Millionen Dollar Gage plus fünf Prozent der Bruttoeinnahmen aus den US-Kinos für *Kevin allein zu Haus, Teil 2* (*Home Alone 2: Lost in New York*). Die Fortsetzung brachte brutto 174 Millionen Dollar ein, sodass Culkin insgesamt 13,7 Millionen Dollar an dem Streifen verdiente. Das half dabei, ihn zum jüngsten der 40 Spitzenverdiener unter Hollywoods Schauspielern zu machen.

Disney hat einen Zauberstab zur Erschaffung unbezahlter Leinwandstars. Mit der jüngsten Serie von Zeichentrickfilmen, *Die kleine Meerjungfrau, Die Schöne und das Biest, Aladdin, Der König der Löwen* und *Pocahontas* wurden einige der einträglichsten Filme aller Zeiten in die Kinos gebracht. Dabei waren keine Stars zu bezahlen, nur Trickzeichner. Von denen konnte niemand viel vom Kuchen verlangen, weil keiner individuell einen hohen Mehrwert hatte. Denn an jeder Figur arbeiten viele Trickzeichner, und keiner von ihnen ist unersetzlich. So konnte Disney den Kuchen für sich behalten. Heute ist Bewegung in das Zeichentrickgeschäft gekommen. Der Mehrwert eines Trickzeichners steigt, weil Dreamworks SKG – die Gruppe um Steven Spielberg, Jeff Katzenberg und David Geffen – neben Disney im Markt für Zeichentrickfilme ist. Andererseits ersetzte Disney in seinem Riesenerfolg *Toy Story* menschliche Trickzeichner durch Computer.

---

hatten sie es getan, aber Macaulay verhandelte nach. Schon oft haben Filmgesellschaften Schauspieler langfristig, sogar auf Lebenszeit, an sich zu binden versucht. Doch die Verträge waren oft nicht durchsetzbar. Zum Beispiel verpflichtete 20th Century Fox Marilyn Monroe auf unbegrenzte Zeit für 50.000 Dollar pro Film. Sie ging 1954 in den Streik. Fox sperrte Monroe wegen Vertragsverletzung, doch sie blieb standhaft, das Publikum war auf ihrer Seite, und Fox akzeptierte eine neue, großzügigere Vereinbarung. Vgl. Donald Spoto: *Marilyn Monroe: The Biography* (Verlag HarperCollins, New York 1993).

Spieltheorie

3.2. Regeln

Im Kartenspiel waren die Verhandlungen nicht strukturiert. Adam konnte den Studenten jedes Angebot in beliebiger Reihenfolge unterbreiten, und die Studenten konnten jedes beliebige Gegenangebot machen. Wenn Adam und ein Student nicht sofort Einigung erzielten, konnte der Student damit rechnen, dass Adam später auf ihn zurückkommen würde. Es gab keine zeitliche Begrenzung für die Verhandlungen.

Manche Verhandlungen sind tatsächlich formfrei, andere unterliegen Regeln. Im Geschäftsleben können Sie gezwungen sein, jedem Kunden den gleichen Preis zu berechnen. Wenn das so ist, ist es eine Spielregel. Sie könnten auch ein »Vorverkaufsrecht« haben, also eine Vereinbarung, noch nachträglich mit dem besseren Angebot eines Konkurrenten gleichzuziehen. Das könnte eine andere Spielregel sein. Wenn Supermärkte die Preise auf ihren Waren anbringen, machen sie ihren Kunden ein festes Angebot, das diese annehmen oder ablehnen können, nach dem Prinzip »Nimm es oder lass es«. Wieder eine Spielregel, übrigens eine, die für die meisten Einzelhändler gilt. Nicht nur Verkäufer geben Preise an, manchmal tun dies auch Käufer. Wenn Arbeitgeber Arbeitskräfte einstellen wollen, geben sie oft Gehalt und sonstige Anstellungsbedingungen genau an, und es gibt dabei wenig Verhandlungsspielraum.

Es gibt viele Regeln, die in geschäftlichen Verhandlungen gelten. Sie resultieren aus Gebräuchen, Verträgen oder Gesetzen. Wie Mehrwerte sind auch die Regeln wichtige Bestimmungsfaktoren für die Macht im Spiel.

Um zu sehen, wie Regeln ein Spiel verändern können, kehren wir zum Kartenspiel zurück und fügen eine einfache Regel hinzu: Nur Adam kann Angebote machen, und zwar jedem Studenten nur ein einziges. Wie zuvor sind eine schwarze und eine rote Karte zusammen 100 Dollar wert. Adam hat 26 schwarze und jeder der 26 Studenten eine rote Karte. Jetzt ist es aber mit jedem Studenten eine einmalige Nimm-es-oder-lass-es-Verhandlung. Ein Ultimatum-Spiel, wenn Sie so wollen. Jeder Student kann Adams Angebot nur annehmen oder ablehnen. Wenn er ablehnt, ist für ihn das Spiel vorbei. Er darf kein Gegenangebot und Adam darf kein besseres Angebot machen. Das Geschäft wird entweder abgeschlossen, oder es ist unwiderruflich gescheitert. Adam hat mit jedem Studenten nur eine Chance, zu einem Abschluss zu kommen, und umgekehrt ist es auch so.

Es steht alles in den Karten – ein neues Spiel. Stellen Sie sich dieses Mal vor, Sie spielen Adams Rolle. Wieviel bieten Sie für eine rote Karte? Sollten Sie den Kuchen im Verhältnis 50:50 aufteilen? Sollten Sie sich damit glücklich schätzen, oder können Sie noch besser abschneiden?

Wenn wir dieses Ultimatum-Spiel mit Studenten spielen, führt es bemerkenswert oft zu demselben Ergebnis: Wir bitten jemand, Adams Rolle zu spielen. Bei der ersten Verhandlung offeriert der Student, der Adam spielt, dem ersten Studenten (lassen wir sie einmal eine Studentin sein) gewöhnlich 50 Dollar für deren rote Karte. Dieses Angebot wird angenommen, das erste Geschäft ist mit der Aufteilung der 100 Dollar im Verhältnis 50:50 abgeschlossen.

Dieses Ergebnis überrascht nicht. Der soziale Brauch, einen Kuchen gleichmäßig aufzuteilen, ist fest verwurzelt. Weniger als 50 Dollar anzubieten wäre unfair gegenüber der Studentin, und mit einem Angebot von mehr als 50 Dollar wäre Adam unfair gegen sich selbst.

Es gibt aber eine andere Überlegung. Wenn Adam weniger als 50 Dollar bietet, könnte er eine Absage und damit nichts bekommen. Die Studentin hat die Macht, darüber zu bestimmen, ob Adam überhaupt irgendwelches Geld bekommt. Bei dieser starken Position der Studentin wäre es töricht von Adam, zuviel vom Kuchen zu fordern.

Das ist aber nur die eine Hälfte des Bildes. Denn die Studentin bekommt ja auch nichts, wenn sie Adams Angebot ablehnt. Diese Überlegung spricht für eine schwache Position der Studentin. Was stimmt denn nun: Liegt die Macht in den Händen des Anbieters oder in den Händen der Person, die annehmen oder ablehnen kann?

Spieltheorie

Um das herauszufinden, unterbrechen wir das Spiel nach der ersten Verhandlung und schicken die Spieler bis auf Adam und der Spielerin, mit der das erste Geschäft abgeschlossen wurde, hinaus. Um Spieler in Adams Rolle zu helfen, die Perspektive der anderen Spieler einzunehmen, erlauben wir ihm, sich mit seiner ersten Geschäftspartnerin zu beraten, bevor er sein nächstes Angebot unterbreitet.

Gewöhnlich rät sie Adam, viel aggressiver zu sein. Sie wäre meist bereit gewesen, viel weniger als 50 Dollar zu akzeptieren, manchmal sogar nur fünf Dollar. Daher bietet Adam in den nächsten Runden je zehn Dollar für die roten Karten an. Es stimmt zwar, dass Adam bei jedem Nein nichts bekommen würde, die Studentin bekäme aber auch nichts. Bei einer Abstimmung stellt sich heraus, dass gewöhnlich 95% ein Angebot von zehn Dollar annehmen würden. Und eine Trefferquote von 95% bei 90 Dollar ist weitaus besser als garantierte 50 Dollar.

Um das Spiel zu analysieren, versetzen Sie sich in die Lage einer Studentin mit einer roten Karte. Erkennen Sie, dass sie ein Angebot wahrscheinlich auch dann annimmt, wenn sie auch nur etwas Geld bekommt? Die Nimm-es-oder-lass-es-Regel gibt alle Macht dem, der das Angebot macht, und keinerlei Macht dem, der es nur noch annehmen oder ablehnen kann. Wie Adam können Sie eine Menge mehr als 50 Dollar bekommen, wenn Sie richtig spielen.

Natürlich sollten Sie nicht zu weit gehen. Wenn Sie nur einen Cent oder einen Dollar bieten, könnte die Studentin Ihr Angebot aus Stolz oder Bosheit ablehnen. Sie müssen einen Betrag bieten, der für die andere Partei besser ist als nichts. Die Erfahrung zeigt, dass man bei einem 100-Dollar-Kuchen außerordentlich sicher geht, wenn man eine Aufteilung von 80:20 anbietet. Sogar 90:10 ist noch vernünftig. Versuchen Sie es aber nicht mit 99:1.

Für diese Ultimatum-Version des Kartenspiels konnten wir wiederum aus einer vollständige Argumentationskette ableiten, wer was bekommt. Das allgemeine Prinzip ist, dass auf jede Aktion eine Reaktion erfolgt. In der Physik ist das Newtons drittes Bewegungsgesetz. Unsere Argumentation ist eine ebenso wahre Aussage über Spiele –

mit einem bedeutenden Unterschied. Nach Newtons Gesetz ist die Reaktion gleich groß und entgegengesetzt, in Spielen muss die Reaktion weder gleich hoch noch entgegengesetzt sein. Die Reaktionen sind nicht programmiert.

Um die Reaktionen anderer Spieler auf Ihre Aktionen vorherzusagen, müssen Sie sich in die Lage der Anderen versetzen und sich vorstellen, wie diese das Spiel sehen. Sie blicken vorwärts ins Spiel und überlegen dann rückwärts, welcher Anfangszug Sie dahin führt, wohin Sie kommen wollen. Dieses Prinzip gilt für jedes Spiel mit einer festgelegten Folge von möglichen Zügen und Gegenzügen.

Genau das haben wir in der Ultimatums-Version des Kartenspiels gemacht. Die Regeln waren einfach: Adam macht ein Angebot, und dieses ist entweder anzunehmen oder abzulehnen. Zu antizipieren war also nur eine von zwei Reaktionen. Dennoch waren die Konsequenzen der Regel nicht sofort durchschaubar. Mit komplizierteren Regeln können die Konsequenzen noch schwerer herauszuarbeiten sein. Im Kapitel über die Regeln analysieren wir die Wirkungen vieler gebräuchlicher Regeln im Geschäftsleben – Kundenmeistbegünstigungsklauseln, Bestpreisgarantien, Mindestabnahmeverpflichtungen und andere. Damit zeigen wir, wie solche Regeln die Machtverhältnisse in einem Spiel ändern können.

3.3. Spielwahrnehmungen

Unterschiedliche Menschen sehen die Welt unterschiedlich. So wie Mehrwerte und Regeln wichtige Elemente eines Spiels sind, sind es auch die Wahrnehmungen der Spieler. Wie die Spieler ein Spiel wahrnehmen, beeinflusst die Züge, die sie machen.

Zu jeder Spielbeschreibung gehört also die Darstellung, wie Menschen das Spiel wahrnehmen – sogar wie sie glauben, dass Andere es wahrnehmen; wie sie glauben, dass Andere glauben, wie das Spiel wahrgenommen wird und so weiter. Es gibt kein Spiel, das nicht von seiner Wahrnehmung durch die Spieler bestimmt wird. Spielwahrnehmungen sind besonders wichtig in Verhandlungen. Sehen wir uns das klassische Verhandlungsproblem der Aufteilung eines Kuchens an.

Schießerei in Texas. Wenn zwei Partner ein Geschäft oder ein Joint Venture gründen, legen sie oft vertraglich fest, was zu tun ist, wenn ein Partner die Beziehung lösen will. Eine sehr gebräuchliche Regel ist das sogenannte Texas-Shoot-Out[5]. Der unzufriedene Partner nennt einen Preis. Der andere muss dann entweder seinen Partner zu diesem Preis auskaufen oder ihm seinen Anteil zu diesem Preis verkaufen. Wenn Sie den Anstoß zu einem solchen Duell geben, welchen Preis würden Sie nennen?

Die meisten Menschen denken, es sei das Beste, einen Preis zu nennen, bei dem man gleich gern den Partner auskauft wie von ihm ausgekauft wird. Wenn Sie das Unternehmen mit 100 Millionen Euro bewerten, nennen Sie als Preis 50 Millionen Euro. Sie wissen nicht, wie der andere sich entscheidet, aber so haben Sie sich Ihre Hälfte des Kuchens gesichert.

In Wahrheit können Sie aber besser abschneiden. Um zu sehen wie, gehen wir einen Umweg und untersuchen das Kuchenaufteil-Spiel »Ich schneide, du wählst aus«, die Kinderversion des Texas-Shoot-Outs. Zwei Kinder müssen einen Kuchen aufteilen – einen Zitronenschaumkuchen –, und jedes möchte natürlich das etwas größere Stück. Die klassische Regel ist, ein Kind den Kuchen schneiden zu lassen und das andere wählen zu lassen, welches Stück es haben möchte.

Das zweite Kind (das zwischen den Stücken wählen kann) muss mit dem Stück, das es wählt, mindestens so glücklich sein wie mit dem anderen, denn schließlich hatte es die Wahl. Das erste Kind (das den Kuchen aufteilt) sieht das natürlich vorher und weiß, dass es nicht

---

5 CR: Ein Shoot-Out bezeichnet wörtlich übersetzt entweder *ein Duell mit scharfen Waffen* oder im Sport eine Art *Elfmeterschießen*.

mehr als die Hälfte bekommen kann. Wenn es den Kuchen 60/40 teilen würde, dann würde das zweite Kind das größere Stück nehmen, und das andere würde das kleinere bekommen. Daher wird sich das erste Kind bemühen, beide Stücke exakt gleich groß zu machen.

Aber diese Analyse greift zu kurz. Sie unterstellt, dass beide Kinder den Kuchen auf die gleiche Weise wahrnehmen. Nehmen wir aber einmal an, dass das zweite Kind die Kruste besonders gern isst und das erste Kind dies weiß. Wie würde das erste Kind in diesem Fall den Kuchen aufteilen? Es könnte den Kuchen natürlich immer noch einfach senkrecht in der Mitte durchschneiden, wie auf der linken Seite der folgenden Abbildung gezeigt. Es kann sich aber verbessern, wenn es den Kuchen so schneidet wie auf der rechten Seite gezeigt. Das obere Stück ist dann größer, aber das untere hat soviel mehr Kruste, dass es das zweite Kind dazu bringt, das kleinere Stück zu nehmen.

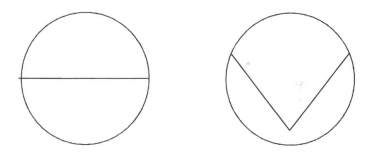

Abbildung 3: Zwei Arten, einen Kuchen zu teilen.

Wenden wir diese Lektion auf das Texas-Shoot-Out an. Es ist nicht nur wichtig, was Sie glauben, dass das Unternehmen wert ist, sondern auch was Sie glauben, was Ihr Partner glaubt, dass es wert ist. Die richtige Strategie berücksichtigt Ihre Wahrnehmung von der Wahrnehmung Ihres Partners über den Kuchen.

Nehmen wir an, Sie wissen, dass Ihr Partner das Unternehmen nicht wie Sie mit 100 Millionen Euro bewertet, sondern nur mit 60 Millionen Euro. Dann ist die richtige Strategie, den Preis zu finden, zu dem Ihr Partner mit Kauf und Verkauf seiner Hälfte gleich zufrieden ist, und ihm dann einen Anreiz zu geben, die Wahl zu treffen, die Sie vorziehen. Wenn Sie als Preis 50 Millionen Euro nennen, ist es Ihnen gleich, ob er kauft oder verkauft. Er wird für 50 Millionen Euro aber lieber verkaufen, was in seinen Augen nur 30 Millionen Euro wert ist. Also nennen Sie lieber einen Preis von 31 Millionen Euro, dann zieht er es gerade eben noch vor, an Sie zu verkaufen, statt Sie auszukaufen, und Sie bekommen seinen Anteil für 31 statt für 50 Millionen Euro. Wenn Sie Ihrem Partner sicherheitshalber etwas mehr Anreiz in die richtige Richtung geben wollen, nennen Sie als Preis 35 Millionen Euro – dann schneiden Sie immer noch sehr gut ab.

Ist es vernünftig anzunehmen, dass Sie die Bewertung Ihres Partners kennen? Offensichtlich können Sie sie nicht genau kennen, aber oft können Sie eine ziemlich genaue Vorstellung davon haben. Schließlich haben Sie zusammengearbeitet; die Chancen stehen daher gut, dass Sie beurteilen können, wie Ihr Partner das Geschäft einschätzt. Vielleicht haben Sie sogar einmal mit ihm darüber diskutiert, wieviel die Firma wert ist. In einem Fall, bei dem wir einer Firma durch ein Texas-Shoot-Out geholfen haben, war es die Uneinigkeit über den Wert des Unternehmens, die zum Bruch führte. Unser Klient wollte zusätzliche Investitionen tätigen, aber der Partner betrachtete die Zukunft der Firma weniger optimistisch und war nicht bereit, weiteres Geld hineinzustecken. Wir vertrauten unserer Einschätzung der Bewertung des Partners und wählten den Preis entsprechend.

Was tun Sie aber, wenn Sie sich bei einem Texas-Shoot-Out nicht sicher sind, wie Ihr Partner das Unternehmen bewertet? In diesem Fall können Sie schlichtweg nicht wissen, was er tut. Sie könnten wieder zum ursprünglichen Ansatz zurückgehen und die Hälfte Ihrer Bewertung als Preis nennen und sich damit die Hälfte garantieren, ganz gleich ob Ihr Partner Sie auskauft oder Sie ihn. Sie haben aber noch eine andere Möglichkeit: Bringen Sie Ihren Partner dazu, zuerst zu schießen. Wenn Ihr Partner einen Preis nennt, der unter Ihrer Bewertung liegt, kaufen Sie, liegt er darüber, verkaufen Sie. In beiden Fällen haben Sie etwas gewonnen. Wenn Ihr Partner zufällig genau 50 Millionen nennt, sind Sie nicht schlechter dran als wenn *Sie* zuerst schießen und selbst die 50 Millionen nennen. Daher: Wenn Sie sich nicht sicher über die Einschätzung des Anderen sind, dann versuchen Sie, der zweite Spieler zu werden. Dies hat keinen Nachteil, aber einen potenziellen Vorteil.

Beim Texas-Shoot-Out hängt die richtige Strategie von den Wahrnehmungen bzw. Bewertungen der Parteien ab. Das gilt für jedes Spiel. Wahrnehmungen sind immer ein Teil des Gesamtbilds. Manchmal werden sie zum Hauptdarsteller.

Künstlerische Dissonanzen. Mitten in der Produktion eines sündhaft teuren Actionfilms hatten der Regisseur und der Multimillionen-Star »künstlerische Dissonanzen«. Der Regisseur warf das Handtuch, und das Filmstudio suchte verzweifelt nach einem Ersatz. Keiner der naheliegenden Kandidaten war verfügbar, und je länger die Filmproduktion in Rückstand geriet, desto verzweifelter wurde das Studio. Es war bereit, jeden Preis zu zahlen, um einen neuen Regisseur zu bekommen.

Schließlich bot sich der Drehbuchautor an. Er hatte noch nie bei einem Spielfilm Regie geführt, sondern nur bei einigen Folgen einer Fernsehserie. Aber was am Wichtigsten war: Der Star schien ihn zu mögen. So entschloss sich das Studio, das Risiko mit dem Autor als Regisseur einzugehen. Ehrlich gesagt sah es auch gar keine andere Möglichkeit.

Der Autor wusste nicht, dass das Filmstudio schon versucht hatte, jeden nur erdenklichen Hollywood-Regisseur anzuheuern. Er war ganz versessen darauf, sich als Regisseur zu versuchen. So wies er seinen Agenten an, zwar den bestmöglichen Vertragsabschluss zu erzielen, ihn aber keinesfalls an der Honorarfrage scheitern zu lassen. Im schlimmsten Fall war der Autor sogar bereit, den Job umsonst zu übernehmen.

Der Agent machte den ersten Zug. Er sagte, sein Klient sei bereit, die Regie für 300.000 Dollar zu übernehmen. Der Studioanwalt war angewiesen worden zu versuchen, ob er den Autor für 750.000 Dollar anheuern könnte und autorisiert, bis zu zwei Millionen Dollar zu gehen. Er war angenehm überrascht über die niedrige Forderung des Agenten, behielt aber ein Pokergesicht. Er wollte nicht, dass der Agent merkte, zuwenig verlangt zu haben, und deshalb ein schlechtes Gefühl bekam. Deshalb schlug er 200.000 Dollar vor, und nach einigem Hin und Her einigte man sich auf 250.000 Dollar.

Der Agent war glücklich, den Regieposten für seinen Klienten bekommen zu haben, und das noch zu einem nicht weit unter seiner Anfangsforderung liegenden Preis. Er hatte keine Ahnung, wieviel Geld er verschenkt hatte. Der Anwalt des Filmstudios berichtete, dass er dem Studio eine halbe Million Dollar gespart hatte, fast genug, um sein Jahresgehalt in einem Streich zu rechtfertigen. Also war jeder glücklich?

Nicht ganz. Der Leiter des Studios war froh, dass die Dreharbeiten weitergehen konnten. Als er aber hörte, wie wenig der Autor bekommen sollte, war er entsetzt. Er wusste, wenn der Star herausfand, wieviel das Studio für den Ersatzregisseur bezahlte, würde er protestieren, dass man ihn mit zweitklassigem Talent umgab. Der Chef ordnete an, das Honorar auf 750.000 Dollar zu erhöhen. Er stellte auch klar, dass ein gewisser Anwalt diese Art von Verhandlungen künftig nicht mehr führen dürfe. Der Autor war begeistert, als er sein neues Honorar erfuhr. Und trennte sich von seinen Agenten wegen Inkompetenz.

Die Geschichte hatte ein glückliches Ende für den Star, das Studio und den Drehbuchautor, nicht aber für den Agenten und den Anwalt. Was hatten sie falsch gemacht? Der Agent hatte versäumt, sich das Spiel aus der Perspektive des Studios anzusehen. Er machte sein erstes Angebot auf der Basis der Position seines Klienten und zog nicht in Erwägung, dass das Studio vielleicht schon in einer verzweifelten Position war. Er hätte besser abschneiden können, hätte er den Anwalt das erste Angebot unterbreiten lassen. Der Anwalt machte wenigstens einige der kleinen Dinge richtig. Er ließ den Agenten in dem Glauben, in den Verhandlungen das Bestmögliche für seinen Klienten herausgeholt zu haben. Der Fehler des Rechtsanwalts war, das eigentliche Spiel nicht erkannt zu haben. Er dachte, es sei eine Sache zwischen dem Studio und dem Autor. Er berücksichtigte nicht den wahren Star des Films – wie dieser darauf reagieren würde, einen Regisseur zum Schnäppchenpreis zu haben.

Im Kapitel über Taktik werden wir noch viel mehr über die Rolle von Spielwahrnehmungen sagen. Wir werden sehen, wie Robert Murdochs *New York Post* die falsche Spielwahrnehmung eines Konkurrenten zurechtrückte, um einen Preiskrieg zu verhindern. Wir werden auf die Rolle von Spielwahrnehmungen bei Verhandlungen zurückkommen. Wir werden auch erklären, was ein Pfauenschwanz mit Spielwahrnehmungen und Bewertungen zu tun hat, und welche Lehren daraus für die Geschäftsstrategien zu ziehen sind.

Die Geschichte von den »künstlerischen Dissonanzen« bringt uns zum letzten großen Teil des Gesamtbilds von Spielen, das wir nach und nach zusammengefügt haben – zum Spiel-Raum. Den hatte der Anwalt des Filmstudios nicht erkannt.

3.4. Spielbegrenzungen

Bis jetzt haben wir die Konzepte Mehrwert, Regeln und Wahrnehmungen vorgestellt. Noch ein weiteres Element gehört zu jedem Spiel: dessen Spiel-Raum.

Im Prinzip hat ein Spiel keine Grenzen. Es gibt eigentlich nur ein einziges, großes Spiel, das sich über Raum und Zeit durch Generationen erstreckt. Doch nur im Prinzip. Ein Spiel ohne Grenzen ist zu komplex, um es zu analysieren. In der Praxis ziehen die Menschen in ihrer Vorstellung Grenzen, um sie bei der Analyse der Welt zu unterstützen. Sie schaffen die Fiktion vieler unabhängiger Spiele.

Schach ist ein gutes Beispiel. Kein Mensch kann es sich in seiner Gesamtheit vorstellen, deshalb wurden die Fiktionen der Eröffnung, des Mittelspiels und des Endspiels geschaffen. Das Geschäftsleben ist nicht weniger kompliziert als Schach, also gibt es auch dafür Fiktionen. Es wird oft über eine Volkswirtschaft oder eine Branche gesprochen, als wären diese schon das ganze Bild. Natürlich weiß jeder, dass dies eine Fiktion ist. In Wirklichkeit befinden sich die Volkswirtschaften der Welt in starker und zunehmender Abhängigkeit voneinander. Und wie wir im Kapitel über Coopetition schon erörtert haben, sind die Branchengrenzen weitgehend künstlich.

Einzelne Spiele isoliert zu analysieren ist trügerisch. Man riskiert dabei, ein Teilspiel für das ganze Spiel zu halten. Jedes Spiel ist mit anderen Spielen verbunden: Ein Spiel an einem Ort beeinflusst Spiele anderswo, und ein Spiel heute beeinflusst Spiele morgen. Das Problem ist, dass geistige Grenzen keine realen Grenzen sind.

Epsons Eintritt in das Geschäft mit Laserdruckern ist ein Beispiel dafür, was schiefgehen kann, wenn man das kleine Spiel richtig spielt, aber das größere übersieht.

Ein Drucker drückt die Preise. 1989 gab es drei Arten von PC-Druckern auf dem US-Markt. Das untere Marktsegment nahmen die Matrixdrucker ein, das obere die Laserdrucker, dazwischen lagen die Tintenstrahldrucker. Auf Matrixdrucker entfielen etwa 80 Prozent des Mengenumsatzes, auf Laserdrucker etwa 15 Prozent und auf Tintenstrahldrucker die restlichen fünf Prozent. Typische Einzelhandelspreise waren 550 Dollar für Matrixdrucker, 650 Dollar für Tintenstrahldrucker und 2.200 Dollar für Laserdrucker. Damals war Epson König auf dem Markt für Matrixdrucker, und Hewlett-Packard (HP) war führend in den Laser- und Tintenstrahl-Segmenten.[6]

Bei getrennter Betrachtung jedes der drei Segmente schien Epson im falschen zu sein. Im Laserdruckersegment waren die Preise und Gewinnmargen am höchsten, und es war das am raschesten expandieren-

---

[6] »The Domino Effect: Of Foxes, Printers, and Prices«, *Channelmarker Letter*, Bd. 2, Nr. 6, Dezember 1990, S. 1-7.

de Marktsegment. Deshalb brachte Epson im August 1989 zu einem sehr günstigen Preis einen Laserdrucker auf den Markt, den EPL-6000. Ein wenig war es ein Me-too-Produkt, ein Nachahmer-Produkt, und es fehlte ihm ein anerkannter Markenname wie der von Hewlett-Packard. Eine Woche später kam HP mit seinem LaserJet IIP heraus, zu einem Preis, der bedeutend unter dem des EPL-6000 lag. Epson reagierte mit der Senkung des Preises für den EPL-6000 und schaffte bis zum Dezember 1989 den Aufbau eines Marktanteils von fünf Prozent am Laserdruckermarkt.

Da der Wettbewerb im Lasersegment intensiver wurde, senkten andere Spieler wie Toshiba ebenfalls ihre Preise für Laserdrucker. Epson kam nicht mehr voran. Der Preiswettbewerb schadete auch dem Absatz der Tintenstrahldrucker von HP. HP begann eine intensive Marketingkampagne, um der Schrumpfung der Preisspanne zwischen den Tintenstrahl- und Lasersegmenten entgegenzuwirken.

Epson entdeckte dann, dass sein Absatz von Matrixdruckern zugunsten der Tintenstrahlgeräte zurückging, die jetzt zu vergleichbaren Preisen angeboten wurden. Die Preise im Matrixsegment mussten also gesenkt werden, aber dafür gab es wenig Spielraum. Epsons Kerngeschäft war doppelt in die Klemme geraten.

Was hatte Epson falsch gemacht? Das Unternehmen hatte den Spiel-Raum des Druckergeschäfts falsch verstanden. Indem es das Laserdruckerspiel als getrennt vom Matrixdruckerspiel auffasste, übersah es, dass sein Eintritt in das Laserdruckergeschäft zu niedrigen Preisen sein Kerngeschäft gefährden könnte. Vielleicht nahm Epson an, dass Laserdrucker, die doch zum oberen Marktsegment gehörten, niemals an Stelle von Matrixdruckern gekauft würden, den Druckern des unteren Segments. In diesem Fall hat Epson es unterlassen, die Verbindungen vom Laser- zum Tintenstrahlsegment und vom Tintenstrahl- zum Matrixsegment zu durchdenken.

Die Epson-Geschichte zeigt, wie ein Zug in einem Spiel Ihr Abschneiden in anderen Spielen beeinflussen kann. Die Verbindungen zwischen Spielen können einen Kaskadeneffekt auslösen, und Epson sah die davon ausgelöste Kettenreaktion nicht voraus. Im Kleinen schienen Epsons Aktionen vernünftig zu sein, doch im Großen betrachtet waren sie es nicht. Epson fehlte die Einsicht in das größere Spiel. Das Unternehmen sah die Reaktionen der Konkurrenten auf seine Aktionen nicht voraus. Sonst hätte es verstanden, dass es ihm im Status quo viel besser ging. Im Kapitel über Spiel-Raum werden wir auf das wichtige Thema der Verbindungen zwischen Spielen zurückkommen.

3.5. Rationalität und Irrationalität

Oft wird angenommen, dass die Spieltheorie bei allen Spielern Rationalität voraussetzt. Jeder will Gewinne maximieren. Jeder versteht das Spiel. Es gibt keine Fehlwahrnehmungen. Nie kommen Stolz, Fairness, Eifersucht, Boshaftigkeit, Nächstenliebe oder Wohltätigkeit ins Spiel. Das ist alles schön und gut, aber die Welt ist nicht so. So viel zur Spieltheorie.

In vieler Hinsicht ist oder *war* diese Meinung über die Spieltheorie richtig. Zugegeben, die einfachen Lehrbücher präsentieren ein Bild vom »rationalen Menschen«, das auf die verwickelte, reale Geschäftswelt nicht sehr gut anwendbar ist. Das ist aber ein Problem dieser Lehrbücher. Während frühe Arbeiten über Spieltheorie tatsächlich nicht viel zu Rationalität und Irrationalität sagten, setzt sich die gegenwärtige Literatur sehr wohl damit auseinander. Die Lehrbücher hinken einfach noch hinterher.

Die frühen Spieltheoretiker hatten gute Gründe, wenig Zeit für die Irrationalität zu verwenden. Denn die Spieltheorie begann mit der Analyse von Nullsummenspielen wie Poker und Schach. In diesen Spielen bringt es Sie nicht in Schwierigkeiten, wenn Sie nicht voraussehen, dass der andere Spieler einen irrationalen Zug macht. Wenn er etwas Irrationales tut, ist das gut für Sie. Denn alles, was ihm schadet, nützt Ihnen, schließlich ist es ein Nullsummenspiel[7].

Geschäftsspiele sind aber selten Nullsummenspiele. Das heißt, Sie können auch gemeinsam Erfolg haben oder gemeinsam scheitern. Wenn ein anderer Spieler Sie mit nach unten ziehen kann, liegt Ihnen seine Rationalität am Herzen. Denken Sie zurück an das Kartenspiel. Wie Adam und eine Studentin 100 Dollar aufteilen ist ein Nullsummenspiel: Wenn Adam mehr bekommt, erhält die Studentin weniger, und umgekehrt. Doch die Tatsache, dass sowohl Adam als auch die Studentin nichts bekommen, wenn sie sich nicht einigen, macht das Spiel zu einem klaren Nicht-Nullsummenspiel: Jeder Spieler fügt dem anderen Schaden zu, wenn er sich selbst schadet. Jeder muss um die Rationalität des Anderen besorgt sein.

Was Rationalität ist – und was nicht

Die Frage, was »Rationalität« eigentlich genau bedeutet, kann außerordentlich verwirrend sein. Für uns bedeutet sie: Ein Mensch ist rational, wenn er das Beste macht, was er bei seiner Wahrnehmung des Spiels (einschließlich seiner Wahrnehmung von Wahrnehmungen) und bei seiner Bewertung der möglichen Ergebnisse des Spiels tun kann.

Zwei Personen können beide rational sein und doch das Spiel ganz unterschiedlich auffassen. Ein Spieler kann besser informiert sein als ein anderer. Wenn der Zweite aber nicht weiß, was der Erste weiß, ist er nicht irrational, wenn er die Dinge anders sieht. Unterschiedlich informiert zu sein führt natürlich zu unterschiedlichen Wahrnehmungen, sogar zu Fehlwahrnehmungen. Menschen können falsch schätzen

---

[7] CR: Ein Nullsummenspiel ist ein Spiel, in dem der eine Spieler das verliert, was der andere gewinnt. Die Auszahlungen ergänzen sich demnach immer zu dem Wert null, daher der Name. Es ist *nicht* etwa »ein Spiel, in dem niemand etwas gewinnt«.

und sind dennoch rational, wenn sie das Beste tun, was sie bei ihrem Wissensstand tun können.

Ebenso können zwei Leute beide rational sein und doch das gleiche Ergebnis ganz unterschiedlich bewerten. Die Menschen schauen nicht nur aufs Geld. Sie werden von vielen Beweggründen motiviert – Stolz, Fairness, Eifersucht, Boshaftigkeit, Rachsucht, Nächstenliebe und Wohltätigkeitsbedürfnis sind nur einige davon. Wir haben das bei der Ultimatums-Variante des Kartenspiels gesehen. Man muss keineswegs irrational sein, wenn man ein sehr geringes Angebot ablehnt. Und wenn Sie derjenige sind, der das Angebot zu unterbreiten hat, sollten Sie daran denken. Im Ernstfall nützt es Ihnen wenig, mit den Armen zu fuchteln und »Warum hat er denn den Cent nicht angenommen?« zu brüllen.

Wenn ein Anderer etwas »Verrücktes« tut, wird er sehr schnell als irrational abgestempelt. Uns ist ein Fall begegnet, in dem die Geschäftsführung drauf und dran war, einen »irrationalen« Vertreter zu feuern. Er war so unbeirrbar hinter reinem Mengenabsatz her, dass er durch seine Preissenkungen die Gewinne komplett zunichte machte. Er führte einen Ein-Mann-Preiskrieg.

Er war aber nicht irrational. Er verstand nur zu gut, wonach sich seine Provisionen richteten. Theoretisch wurde er sowohl für Verkaufsmengen als auch für Gewinnmargen bezahlt, doch er wusste, dass es letztlich auf volle Auslastung der Fabrikkapazität ankam. In der Praxis hingen seine Provisionen viel stärker davon ab, dass er die reinen Verkaufsziele erreichte oder übertraf, als von der Aufrechterhaltung der Gewinnmargen. Statt ihn zu feuern, erkannte die Geschäftsführung seine Sichtweise. Das Provisionssystem wurde geändert und der Vertreter wurde ein ganz neuer Mensch.

Jemanden einfach als irrational abzutun, heißt, sich der Sache zu verschließen. Viel besser ist es, sich intensiv darum zu bemühen, die Welt so zu sehen, wie der Andere sie sieht. Diese Übung erweitert den Verstand. Versuchen zu verstehen, was den anderen Menschen motiviert, was ihn antreibt, kann helfen vorauszusehen, was er in Zukunft tut oder wie er auf Ihre Handlungen reagieren wird.

Zusammenfassend: Die Tatsache, dass andere Menschen die Welt anders sehen, macht sie nicht irrational. Hand aufs Herz: Wenn Sie versuchen, Ihre Rationalität Anderen aufzuzwingen, wer verhält sich dann irrational?

Für uns geht die Frage, ob Menschen rational oder irrational sind, weitgehend an der Sache vorbei. Wichtiger ist, daran zu denken, ein Spiel aus vielfältigen Perspektiven zu betrachten – aus Ihrer Perspektive und aus den Perspektiven aller anderen Spieler. Dieser so einfach klingende Gedanke ist möglicherweise die grundlegendste Erkenntnis der Spieltheorie.

Allozentrismus

> Wenn ich mich darauf vorbereite, mit einem Menschen zu argumentieren, verbringe ich ein Drittel meiner Zeit damit, über mich nachzudenken, und zwei Drittel damit, über ihn nachzudenken und was er wohl sagen wird. *Abraham Lincoln*[8]

Viele Menschen betrachten Spiele egozentrisch, sie konzentrieren sich auf ihre eigene Position. Die Spieltheorie lehrt uns dagegen wie wichtig es ist, sich auf Andere zu konzentrieren – man nennt das Allozentrismus.[9] Auf diesem Prinzip beruht alles, was wir über Mehrwerte, Regeln und Wahrnehmungen gesagt haben. Um Ihren Mehrwert festzustellen, müssen Sie sich in die Lage der anderen Spieler

---

[8] *The Executive's Quotation Book*, herausgegeben von James Charlton, St. Martins Press, New York 1983.
[9] Allozentrisch ist kein neues Wort. Gemäß Webster's Third New International Dictionary bedeutet »allocentric« »Interesse und Aufmerksamkeit auf andere Personen gerichtet haben«.

Spieltheorie

versetzen und sich fragen, was Sie den anderen Spielern einbringen. Um zu verstehen, wie eine Spielregel die Spielweise in einem Spiel beeinflusst, müssen Sie sich in die Situation der anderen Spieler versetzen, um vorauszusehen, wie sie auf Ihre Schritte reagieren werden. Um unterschiedliche Wahrnehmungen zu berücksichtigen, müssen Sie sich in die Haut der anderen Spieler versetzen und erkennen, wie sie das Spiel sehen.

Das grundlegende Prinzip ist das gleiche: Sie müssen sich in die Situation der anderen Spieler versetzen. Sie müssen allozentrisch sein. Das heißt nicht, dass Sie Ihre eigene Position ignorieren können. Die Kunst liegt darin, die beiden Gesichtspunkte zusammenzuführen. Dazu müssen Sie sowohl die egozentrische als auch die allozentrische Perspektive verstehen.

Sich in die Situation der anderen Spieler zu versetzen heißt *nicht*: Wie würden Sie das Spiel aus deren Perspektive analysieren? Sondern: Wie analysieren *die anderen* Spieler das Spiel aus ihrer Sicht? Sie müssen sich also tatsächlich in die Köpfe der anderen Spieler hineinversetzen, in ihre Meinungen und Weltanschauungen. Als Teil der Übung müssen Sie sich auch vorstellen, wie die Anderen wohl Ihre Auffassung vom Spiel sehen werden. Wie, meinen Sie, werden sich die anderen Spieler in Ihren Kopf hineinversetzen? Und das ist nicht alles. Sie müssen sich auch vorstellen, wie die Anderen sich vorstellen, wie Sie sich deren Vorstellungen vorstellen. Wie denken die Anderen sich, wie Sie sich in deren Köpfe versetzen? Oder vielmehr, wie denken Sie, dass die anderen sich denken, wie Sie sich in die Köpfe der anderen versetzen? Und so weiter. Das ist nicht einfach.

> **Allozentrismus**
>
> *Mehrwert*: Versetzen Sie sich in die Lage der anderen Spieler, um festzustellen, welchen Wert Sie für die anderen Spieler haben.
>
> *Regeln*: Versetzen Sie sich in die Lage der anderen Spieler, um Reaktionen auf Ihre Schritte vorauszusehen.
>
> *Wahrnehmungen*: Versetzen Sie sich in die Lage der anderen Spieler, um zu verstehen, wie sie das Spiel wahrnehmen.

Wenn Sie sich in die Köpfe anderer Menschen hineindenken, werden Sie feststellen, dass es dort ganz unterschiedlich aussehen kann. Nicht alles passt zu Ihren Ansichten, und die Unterschiede zu berücksichtigen ist nicht immer einfach. Es kann Unbehagen bereiten, anderen Auffassungen von der Welt Glauben zu schenken. Es gibt eine natürliche Neigung, eigene Meinungen auch bei Anderen vorauszusetzen. In ihrem Buch *Das Harvard-Konzept* geben Roger Fisher und William Ury, führende Experten für Verhandlungsführung, einige Ratschlage zur Überwindung dieser Neigung:

"Die Fähigkeit, eine Situation so zu sehen wie die andere Seite, ist, so schwierig das auch ist, eine der wichtigsten Kunstfertigkeiten, die ein Verhandler entwickeln kann. Es genügt nicht zu wissen, dass sie die Dinge anders sieht. Wenn Sie die andere Seite beeinflussen wollen, müssen Sie auch einfühlsam die Kraft ihrer Anschauung verstehen und die emotionale Stärke, mit der daran geglaubt wird. Es reicht nicht, sie zu studieren wie Käfer unter einem Mikroskop. Sie müssen wissen, wie man sich fühlt, wenn man ein Käfer ist. Um diese Aufgabe zu bewältigen, sollten Sie bereit sein, eine Weile mit einer Beurteilung zurückzuhalten, während Sie die Anschauungen der Verhandlungspartner »erproben«. Die anderen können durchaus so stark glauben, dass ihre Ansichten »richtig« sind, wie Sie das von Ihren Auffassungen glauben. Sie können das Glas halb gefüllt mit kühlem Wasser sehen, während Ihre Frau ein schmutziges, halb leeres Glas sieht, das dabei ist, einen Ring auf der Mahagonipolitur zu hinterlassen."[10]

Es gibt eine noch grundsätzlichere Herausforderung, wenn Sie versuchen, sich in die Haut eines anderen zu versetzen. Sie wissen zuviel. Es ist, wie im Schach gegen sich selbst zu spielen. Sie wissen, was Ihre eigene Strategie ist, müssen aber so tun, als wüssten Sie es nicht, sonst können Sie sich nicht in die Situation des anderen versetzen. Es ist fast unmöglich, so zu tun, als wüssten Sie nicht, was Sie wissen.

Dasselbe Problem haben Sie, wenn Sie versuchen herauszufinden, wie jemand Ihre Anschauungen richtig oder falsch auffassen wird. Dabei sind Sie mit der Tatsache belastet, dass Sie Ihre Auffassungen kennen. Wieder lautet die Frage: Wie können Sie so tun als ob Sie nicht wüssten, was Sie wissen?

Eine Lösungsmöglichkeit für das Problem, sich in die Lage eines Anderen zu versetzen, ist, jemand zu haben, der Ihnen dabei hilft. Statt es selbst zu versuchen, bitten Sie einen Kollegen, die Rolle des anderen Spielers zu übernehmen. Spielen Sie das Spiel aus, beobachten Sie, was jeder macht, und tauschen Sie sich dann darüber aus, welche Perspektiven sie beide eingenommen haben. Was waren die Wahrnehmungen und Fehlwahrnehmungen? Tauschen Sie dann die Rollen mit Ihrem Kollegen und spielen Sie das Spiel erneut.

Sie können viel gewinnen, wenn Sie diese Übung formeller ausführen. Ein Unternehmen kann zwei Teams bilden: Eines spielt die Strategie der eigenen Firma, das andere übernimmt die Rolle eines Konkurrenten. Das zweite Team erhält keine Vorabinformation über die beabsichtigte Strategie des eigenen Unternehmens. Es sieht die Strategie erst, wenn sie ausgespielt wird, und muss dann darauf reagieren. Oft ist die Reaktion nicht so wie erwartet. Indem wir diese Übung mit

---

[10] Roger Fisher und William Ury: *Getting to Yes*. Penguin, New York 1981 S. 23. Deutsch: Das Harvard-Konzept. Sachgerecht verhandeln – erfolgreich verhandeln. Campus: Frankfurt/Main, New York.

Klienten von uns durchführten, ersparten wir ihnen Überraschungen im richtigen Spiel.

Wenn Sie sich in die Lage der Anderen versetzen, hilft Ihnen das meistens, dahin zu kommen, wo Sie hinwollen. Meistens, aber nicht immer.

Verrückte Fahrt. Es gibt eine etwas verruchte aber wahre Geschichte über eine nächtliche Taxifahrt eines der Autoren in Jerusalem. Vor einiger Zeit stiegen Barry und sein Kollege John Geanakoplos in ein israelisches Taxi und gaben dem Fahrer die Adresse ihres Hotels. Der Fahrer fuhr los, stellte aber seinen Zähler nicht an. Auf die Frage danach, erklärte er, er liebe Amerikaner und würde daher einen Sonderpreis berechnen. Sonderpreis? Hmmm.

Auf den Rücksitzen machten Barry und John ihre spieltheoretische Schnell-Analyse. Sie erkannten, dass wenn sie jetzt hart verhandelten, und die Verhandlungen scheiterten, sie sich vielleicht ein anderes Taxi suchen müssten – keine leichte Aufgabe. Sie kamen aber zu dem Schluss, dass ihre Position viel stärker sein würde, wenn sie die Ankunft am Hotel abwarteten. Dann sollte doch der Fahrer bereit sein anzunehmen, was immer sie ihm boten.

Sie kamen an. Der Fahrer verlangte 2500 israelische Schekel (2,75 Dollar). Wer wusste, ob das fair war? Doch Handeln ist in Israel üblich, also boten sie 2200 Schekel. Der Fahrer war empört. Er forderte nochmals 2500 Schekel, und die beiden lehnten nochmals ab. Bevor die Verhandlungen weitergehen konnten, aktivierte der Fahrer die Zentralverriegelung und fuhr die Strecke in halsbrecherischer Geschwindigkeit zurück, ohne Rücksicht auf Verkehrsampeln und Fußgänger. Wollte er die beiden nach Beirut entführen? Nein, er fuhr sie wieder dahin zurück, wo sie gestartet waren, warf sie brüsk hinaus und schrie ihnen nach:»Jetzt sehen Sie mal zu, wie weit Sie mit Ihren 2200 Schekel kommen!«

Als Barry und John ein anderes Taxi fanden, stellte der Fahrer seinen Zähler an und 2200 Schekel später waren sie am Hotel. Die 300 gesparten Schekel waren mit der Extrazeit teuer erkauft. Aber letzten

Endes hatten sich die Fahrten doch gelohnt, denn schließlich ist es eine tolle Geschichte.

Was ging schief? Möglicherweise war es ein Fall verletzten Stolzes. Rückblickend hätten Barry und John vielleicht auch stärker beachten sollen, dass die Freundin des Fahrers neben ihm saß. Oder der Fahrer war wirklich einfach verrückt. Jedenfalls haben Barry und John ihre spieltheoretische Analyse nicht weit genug getrieben: Das nächste Mal steigen sie aus dem Taxi aus, bevor sie über den Preis diskutieren.

3.6. Die Elemente eines Spiels

Wir haben jetzt alle Bausteine der Spieltheorie eingeführt. Ist das alles? Ja und nein. Die Konzepte der Spieltheorie sind einfach; aber das ist trügerisch. Nur zu wissen, was diese Konzepte sind, genügt nicht. Das Kunststück ist, diese Konzepte schöpferisch auf eine große Vielfalt realer Situationen anzuwenden. Um das zu tun, müssen wir die Konzepte zur Analyse von Spielen verwenden, die viel komplizierter sind als die bisher erörterten. Die wirkliche Stärke der Spieltheorie leitet sich daraus ab, diesen nächsten Schritt zu tun.

Zunächst ist es jedoch nützlich, kurz zu rekapitulieren. Im Eingangskapitel haben wir unsere allgemeine Vorgehensweise umrissen. Wir stellten klar, dass Geschäft weder ausschließlich Krieg ist, noch ausschließlich Frieden. Wir haben beschrieben, wie uns die Spieltheorie hilft, über diese vereinfachten Betrachtungsweisen hinauszugehen. Das führte uns zu einer neuen Geisteshaltung und zu einer Ausgangsposition für das folgende Material.

Das Kapitel über Coopetition identifizierte das erste und grundlegendste Element des Geschäftsspiels: die **S**pieler. Wir haben das Wertenetz eingeführt, um die Rollen der Spieler und ihre Beziehungen zueinander graphisch darzustellen. Die komplette Liste der Spieler besteht aus Kunden, Lieferanten, Konkurrenten und Komplementären. Wir haben gesehen, wie nützlich es für jede Firma ist, mit Hilfe

Die Elemente eines Spiels

des Wertenetzes alle Spieler und ihre Beziehungen zueinander zu erkennen.

Das vorliegende Kapitel hat das Konzept der **Mehrwerte** eingeführt. Diese messen, was jeder Spieler ins Spiel einbringt, indem er ins Spiel eintritt. Mehrwerte können abstrakt klingen, aber sie bleiben nicht lange abstrakt. Die Mehrwerte bestimmen, wer im Spiel Macht besitzt und wer die großen Gewinne erzielt.

Nach den Mehrwerten haben wir die **Regeln** erörtert. Sie strukturieren die Art, wie man ein Spiel spielt. Für Geschäfte gibt es keine allgemeingültigen Regeln; sie leiten sich aus Gebräuchen, Verträgen und Gesetzen ab. Manchmal sind die wichtigsten Regeln die, die fast für selbstverständlich gehalten werden. Wir haben gezeigt, wie das Hinzufügen einer Regel die Art und Weise sehr stark verändern kann, wie ein Spiel gespielt wird.

Als nächstes haben wir Wahrnehmungen behandelt. Wir zeigten, wie stark ein beliebiges Spiel von den unterschiedlichen Wahrnehmungen verschiedener Personen beeinflusst wird. Diese unterschiedlichen Wahrnehmungen sind nicht nur ein schwacher Einfluss auf die Art, wie das Spiel gespielt wird; sie sind ein grundlegender Teil des Spieles selbst. Ebenso wichtig sind Wahrnehmungen von Wahrnehmungen, Wahrnehmungen von Wahrnehmungen von Wahrnehmungen und so weiter. Indem Sie die Wahrnehmungen von Spielern verändern, können Sie die deren Spielzüge verändern. Die Mittel, die zur Gestaltung von Wahrnehmungen verwendet werden, nennen wir **Taktiken**.

Unsere Diskussion von Wahrnehmungen führte uns zu einer Erörterung der Spielgrenzen oder des **Spiel-Raums**. Dabei geht es um die Grenzen, die bei der Definition eines Spiels unausgesprochen vorausgesetzt werden. Obwohl Spiele oft isoliert betrachtet werden, ist jedes Spiel unweigerlich mit anderen Spielen verbunden. Um zu verstehen, was wirklich vor sich geht, muss man unbedingt diese Verbindungen berücksichtigen.

Dies sind also die fünf Elemente eines jeden Spiels: **S**pieler, **M**ehrwerte, **R**egeln, **T**aktiken und **S**piel-Raum. Zusammen ergeben sie SMaRTS. Es ist wichtig zu erkennen, dass sie alle Komponenten eines einzigen Ganzen sind. Manchmal scheinen sich die verschiedenen Elemente zu überschneiden, weil sie so stark voneinander abhängen. Wir müssen aber trotzdem jede Komponente einzeln betrachten, um sicherzugehen, dass keine vernachlässigt wird. SMaRTS ist der Weg zum Verständnis für das, was in jedem beliebigen Spiel vor sich geht.

Teil 2: Die SMaRTS der Strategie

Wie man das Spiel verändert

> Die Philosophen haben die Welt nur verschieden interpretiert, es kommt aber darauf an, sie zu verändern. *Karl Marx*

Es stört uns nicht, ein wenig revolutionär zu sein, wenn wir behaupten, Erfolg komme davon, das richtige Spiel zu spielen. Die größten Chancen – und die höchsten Gewinne – kommen nicht davon, das Spiel anders zu spielen. Sie kommen davon, das Spiel selbst zu ändern. Wenn Sie das falsche Spiel spielen, müssen Sie es in ein neues verwandeln. Selbst wenn es ein gutes Spiel ist, sollten Sie daran denken, es zu ändern. Das Spiel zu ändern ist das Wesen strategischen Denkens im Geschäftsleben.

Marx hatte mit seinem Argument recht. Die Musik spielt dort, wo man das Spiel verwandelt. Wenn über eine Änderung des Spiels gesprochen wird, heißt es oft: »Sie müssen die Regeln ändern.« Sicher, das ist ein Weg zur Änderung des Spiels. Aber eben nur einer von mehreren.

In Wahrheit ist jedes Element des Spiels ein Hebel zu dessen Änderung. Um ein Spiel zu ändern, muss man eines oder mehrere seiner Elemente ändern. Das heißt, dass jedes der fünf Elemente – **S**pieler, **M**ehrwerte, **R**egeln, **T**aktiken und **S**piel-Raum – Ihnen Möglichkeiten gibt, ein bestehendes Spiel in ein vollkommen neues zu verwandeln. Ändern Sie einen der SMaRTS, und Sie ändern das Ganze.

Um Ihnen ein tieferes Verständnis dafür zu geben, wie ein Spiel in ein anderes zu verwandeln ist, widmen wir jedem der fünf Wege dorthin ein Kapitel. Zuerst betrachten wir den Wechsel in der Rollenbesetzung der Spieler: wie das zu tun ist und was die Konsequenzen davon sind. In den anschließenden vier Kapiteln untersuchen wir, was bei der Änderung der anderen vier Elemente des Spiels passiert. Indem Sie jeden der strategischen Hebel beherrschen, sind Sie besser gerüstet, das Spiel zu verwandeln.

Solange Sie aufs Geratewohl nach neuen Strategien suchen, können Sie die besten Geschäftschancen verpassen. Mit SMaRTS lassen Sie nichts aus. Gehen Sie in wohlüberlegter Weise durch die Gesamtheit der SMaRTS, dann können Sie sicher sein, alle Möglichkeiten zu entdecken. Die von SMaRTS angeregten Strategien mögen nicht immer neu sein – obwohl sie es oft sind; neu ist, dass Sie die Strategien systematisch entwickeln.

SMaRTS tut mehr, als Sie nur zu ermahnen, neue Wege zu gehen. Die SMaRTS geben Ihnen die Werkzeuge, mit denen Sie die neuen Wege finden.

4. Spieler

> Cui bono?
> Wem nützt es?
> *Cicero*, 106-43 v. Chr.

Wollen Sie ein Spieler sein? Das ist die offensichtliche Frage, wenn Sie darüber nachdenken, ob Sie in ein Spiel eintreten wollen. Aber die Antwort ist selten offensichtlich. Denn man liegt leicht falsch in der Beurteilung, wie es wirklich sein wird, wenn man am Spiel teilnimmt.

Das liegt daran, dass man jedesmal, wenn man in ein Spiel eintritt, das Spiel ändert. Das geschieht zwangsläufig, denn es wird ein neues Spiel, wenn Sie darin eine Rolle übernehmen. Viele Menschen übersehen diese Wirkung. Sie bedenken nicht, wie der Eintritt eines Spielers das Spiel verändert. Sie denken, dass sie genau das bekommen, was sie sehen.

Mitnichten. Nach Ihrem Eintritt ist das Spiel nicht mehr dasselbe wie das, was Sie zuvor gesehen haben. In der Physik ist dieser Effekt als die Heisenbergsche Unschärferelation bekannt – man kann nicht mit einem System in Wechselwirkung treten, ohne es zu verändern. Auch im Geschäftsleben gibt es eine Unschärferelation: die Art und Weise, in der Sie ein Spiel ändern, wenn Sie eintreten. Damit beginnen wir dieses Kapitel.

Um zu zeigen, wie das in der Praxis funktioniert, untersuchen wir drei verschiedene Geschichten von Leuten, die Spieler wurden. Zwei der

Neuankömmlinge schnitten schlecht ab, einer verdiente eine Menge Geld. Das war derjenige, der verstanden hatte, wie sein Eintritt das Spiel verändern würde. Anschließend leiten wir die allgemeinen Lehren aus diesen Fallbeispielen ab. Mit diesen Lehren im Hinterkopf wissen Sie dann, wie Sie sicherstellen, dass sich der Eintritt in ein Spiel für sie auszahlt.

4.1. Wie man ein Spieler wird

Gewöhnlich müssen Sie zahlen, wenn Sie spielen wollen. Die Kosten des Spielerwerdens können niedrig sein, beispielsweise wenn Sie dazu einfach nur am Telefon einen Preis zu nennen brauchen. Es ist teurer, wenn Sie eine Werbe- oder Marketingkampagne ins Leben rufen. Es ist noch teurer, wenn Sie Berater, Rechtsanwälte und Banker beschäftigen müssen, um ein Übernahmeangebot zu machen. Und es wird *richtig* teuer, wenn Sie eine spezialisierte Fabrik errichten müssen. Das war die Situation der Holland Sweetener Company, die Mitte der 80er Jahre ein 50-Millionen-Dollar-Werk zur Herstellung von Aspartam errichtete.[1]

Bittersüßer Erfolg. Aspartam ist ein kalorienarmer, hochintensiver Süßstoff, der weit besser unter Monsantos Markennamen dafür bekannt ist, NutraSweet. Er war der Schlüssel zum explosionsartigen Erfolg von Coca-Cola Light und Pepsi Light in den 80er Jahren.[2] Für Menschen, die Kalorien sparen wollen, ist der Süßstoff ein Segen. Bob Shapiro, Vorstandsvorsitzender von NutraSweet:[3] »Ein Dogma

---

[1] Einige Informationen der folgenden Geschichte sind entnommen aus: »Bitter Competition: The Holland Sweetener Company versus Nutra-Sweet« (Harvard Business School Publishing, 9-794-079 bis 9-794-085, 1993).
[2] Die amerikanischen Markennamen sind Diet Coke und Diet Pepsi.
[3] *Wall Street Journal*, 7.5.1987, S. 36.

der westlichen Kultur ist, dass es kein Vergnügen ohne Preis gibt. Was wir sagen, ist, dass es durchaus etwas gratis gibt.« Gezählt in Kalorien mag hier etwas gratis gewesen sein, aber umsonst war es nicht. NutraSweet verdiente 1985 über eine halbe Milliarde Dollar. Die Bruttogewinnmarge lag bei 70 Prozent. Solche Gewinne ziehen normalerweise Markteintritte an, aber NutraSweet war durch ein Patent geschützt. Was würde passieren, wenn das Patent auslief?

Hochintensive Süßstoffe haben eine lange und wechselvolle Geschichte. In der Römerzeit wurde Traubensaft in Bleipfannen zu Sapa verkocht, einem süßen Stoff, der für alles, vom Nahrungszusatz bis zum oralen Empfängnisverhütungsmittel, benutzt wurde. Unglücklicherweise machte der Bleigehalt Sapa gefährlich, sogar tödlich. Cyclamat wurde in den 1960er Jahren entdeckt, jedoch von der Food and Drug Administration (FDA), der Lebensmittelzulassungsbehörde der USA, 1970 verboten, nachdem Untersuchungen einen Verdacht auf Krebserregung ergaben. In den USA blieb als einzige Alternative zu Aspartam Saccharin, ein 1879 entdecktes Erdölderivat. Die FDA versuchte 1977, auch Saccharin als karzinogen zu verbieten. Aber die Öffentlichkeit protestierte, der Kongress intervenierte, und Saccharin ist noch immer auf dem Markt. Abgesehen von der Sicherheitsfrage gibt es auch die Kritik, Saccharin habe einen leicht bitteren, metallischen Nachgeschmack.

Aspartam wurde durch Zufall entdeckt. James Schlatter, Wissenschaftler in der Forschungsabteilung von G.D. Searle & Co., versuchte ein Medikament gegen Geschwüre zu entwickeln. Bei Experimenten mit L-Asparaginsäure und L-Phenylalanin bemerkte Schlatter einen süßen Geschmack, als er zufällig an seinen Fingern leckte. Später prägte er den Begriff »Aspartam« für die Kombination von Aminosäuren. Aspartam hat den gleichen Kaloriengehalt von Zucker gleichen Gewichts, ist aber 180mal so süß.

1970 sicherte sich Searle ein Patent auf Aspartam und beantragte bei der FDA die Genehmigung, den Süßstoff als Nahrungsmittelzusatz verwenden zu dürfen. Als die FDA im Juli 1981 die trockene Verwendung von Aspartam genehmigte, brachte Searle rasch sein erstes

Aspartam-Produkt auf den Markt, den Süßstoff Equal. Die Verwendung in nichtalkoholischen Getränken wurde erst im Juli 1983 genehmigt. Angesichts dieser langen Verzögerungen gelang es Searle, die Gültigkeit des Patents in Europa bis 1987 und in den USA bis 1992 verlängern zu lassen.

Searle und damit das Aspartam-Monopol wurden 1985 von der Firma Monsanto übernommen. Für Monsanto hat sich damit ein Kreis geschlossen. Denn heute ist Monsanto ein bedeutender Hersteller von landwirtschaftlichen und chemischen Erzeugnissen, aber 1901 war das Unternehmen angetreten, um ein deutsches Monopol auf dem Saccharinmarkt anzugreifen.

Irgendwann schließt sich jeder Kreis wieder. Die Holland Sweetener Company begann 1986 im niederländischen Geleen eine Aspartamfabrik zu bauen. Holland Sweetener war ein Gemeinschaftsunternehmen von zwei Chemieunternehmen, der japanischen Tosoh Corporation und der niederländischen DSM (Dutch State Mines). Die Gründung erfolgte zu dem ausdrücklichen Zweck, das Monopol von Monsanto auf dem Aspartammarkt zu brechen. Das Verfahren zur Herstellung von Aspartam ist recht kompliziert, daher erwartete Holland Sweetener keine Flut von weiteren Markteintritten nach dem Auslauf des Patents von Monsanto.

Mit dem Ablauf des europäischen Patents von NutraSweet 1987 begann Holland Sweetener, den Markt in Europa anzugreifen. Monsanto schlug mit aggressiven Preissenkungen zurück. Vor dem Markteintritt von Holland Sweetener lag der Aspartam-Preis bei 70 Dollar je Pfund[4]. Anfang 1990 war er auf 22 bis 30 Dollar gefallen. Holland Sweetener verlor Geld. Um zu überleben, beschwerte sich das Unternehmen bei der EG-Kommission, die daraufhin Anti-Dumping-Zölle auf Monsantos Aspartam einführte.

---

[4] CR: Ein Pfund in Amerika entspricht 453,59 Gramm.

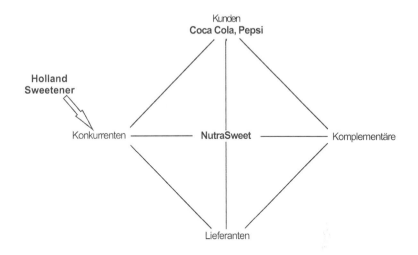

Abbildung 4: Das Wertenetz von NutraSweet

Nachdem Holland Sweetener den europäischen Krieg überlebt hatte, schickte sich das Unternehmen an, um den großen Preis zu kämpfen. Wie Ken Dooley, Vizepräsident für Marketing und Verkauf von Holland Sweetener, es formulierte: »[Wir] freuen uns darauf, den Krieg in die Vereinigten Staaten zu tragen.« Er hatte einen warmen Empfang durch die US Hersteller von Soft-Drinks bekommen. »Jeder Hersteller«, betonte er, »hat gern mindestens zwei Lieferquellen.«[5]

Dooleys Krieg endete jedoch, bevor er begann. Kurz vor dem Auslaufen des US-Patents unterzeichneten sowohl Coca Cola als auch Pepsi neue langfristige Verträge mit Monsanto. Als es endlich eine echte Chance zur Konkurrenz zwischen den Lieferanten gab, schien es, als ob Coca Cola und Pepsi sie einfach nicht ergreifen würde. Oder etwa doch?

Weder Coca Cola noch Pepsi hatten den echten Wunsch, zu generischem Aspartam überzugehen. Das unglückliche Ergebnis der neuen

---

[5] *Food & Beverage Marketing*, März 1992, S. 36.

Coca-Cola-Rezeptur von 1985 noch gut im Gedächtnis, wollte keines der beiden Unternehmen als erstes das Markenzeichen NutraSweet von Dosen und Flaschen verschwinden lassen und damit den Eindruck erwecken, an der Rezeptur zu manipulieren. Wenn nur einer der beiden Getränkeriesen umschwenkte, würde der andere ganz sicher aus seiner exklusiven Nutzung von NutraSweet ein Verkaufsargument machen.[6] Schließlich hatte sich NutraSweet eine Reputation für Sicherheit und guten Geschmack erworben – und das nicht zufällig. Searle und danach Monsanto hatten Riesensummen in die Schaffung der Markenidentität investiert. Sie gewährten jedem Hersteller 40 Prozent Rabatt, der sich verpflichtete, ausschließlich NutraSweet zu verwenden und das charakteristische rot-weiße »Strudel-Zeichen« von NutraSweet auf ihren Produkten herauszustellen. Dies wurde mit beträchtlicher Werbung bei den Verbrauchern unterstützt. Schon 1986 erkannten 98 Prozent der Konsumenten von Light-Getränken, die »künstliche« Süßstoffe verwendeten, das Strudelzeichen.[7] Obwohl das Generika-Aspartam genauso schmeckte, würden die meisten Konsumenten mit dem Nichtmarkenprodukt nicht vertraut sein und es wahrscheinlich als minderwertig betrachten.

Ein weiterer Grund dafür, bei NutraSweet zu bleiben, waren bedeutende Kostenvorteile von Monsanto. Monsanto war im vorangegangenen Jahrzehnt die Lernkurve heruntermarschiert und hatte dabei die Herstellungskosten um 70 Prozent gesenkt, während Holland Sweetener sich noch fast auf dem Gipfel der Lernkurve befand. Mit den Investitionen in die Markenbildung, Werbung und in kostensenkende

---

[6] Pepsi war das erste der beiden Unternehmen, das nur noch Aspartam für sein Light-Getränk verwendete. Es nutzte diesen Startvorteil dazu, für Pepsi Light gegen Coca Cola Light zu werben.

[7] Dies stammt aus dem Jahresbericht von Monsanto. Selbst Konkurrenten erkannten NutraSweets überragende Markenreputation an. »Untersuchungen von Alberto Culver [des Herstellers von Sugar Twin Plus] zeigten, dass etwa 95 Prozent der Süßstoffverwender wussten, was NutraSweet ist, während nur zehn Prozent den Gattungsbegriff Aspartam kannten, so [der Produktmanager der Firma] Jeff Clark.« (*Advertising Age*, 20.9.1993).

Wie man ein Spieler wird

Produktionsverfahren scheint Monsanto der biblischen Lehre gefolgt zu sein, die sieben fetten Jahre zu nutzen, um sich auf die sieben mageren vorzubereiten.

Was Coca Cola und Pepsi also wirklich wollten, war, das gleiche gute alte NutraSweet zu einem wesentlich günstigeren Preis zu bekommen. Das haben sie erreicht. Die neuen Verträge sparten Coca Cola und Pepsi zusammen 200 Millionen Dollar jährlich.

Das war ein vorhersehbares Ergebnis. Vergleichen wir Monsantos Verhandlungsposition vor und nach dem Eintritt von Holland Sweetener in das Spiel. Vorher war Monsanto in einer extrem starken Position. Coca Cola und Pepsi hatten keine gute Alternative zu NutraSweet. Die Cyclamate waren verboten, und Saccharin war mit einem Makel behaftet, während NutraSweet die Herstellung von gesundheitsunschädlichen, wohlschmeckenden und kalorienarmen Getränken ermöglichte. Der Mehrwert von NutraSweet war enorm. Mit dem Auftreten von Holland Sweetener wurde er erheblich verringert. Er basierte nun auf dem Vergleich mit generischem Aspartam statt mit Saccharin. Was blieb, waren NutraSweets Markenwert und die Produktionskostenvorteile.

In welche Position versetzte dies Holland Sweetener? Sein Eintritt in das Spiel reduzierte NutraSweets Mehrwert beträchtlich, und das war für Coca Cola und Pepsi viel wert. Holland Sweetener hätte also vor seinem Spieleintritt durchaus eine Kompensation für seinen Eintritt verlangen können – vielleicht einen fixen Betrag oder einen Abnahmegarantievertrag. Dagegen war es viel schwieriger für Holland Sweetener, Geld mit der tatsächlichen Teilnahme am Spiel zu verdienen, denn das Produkt war kein Markenartikel, und die Produktionskosten waren höher als die von NutraSweet. Holland Sweetener hatte keinen Mehrwert. Ohne das Unternehmen wäre der Kuchen nicht kleiner, sondern nur anders aufzuteilen gewesen. Dooley hatte recht, alle Hersteller wollen eine zweite Lieferquelle. Das Problem ist nur, dass sie von ihr nicht unbedingt viel beziehen wollen.

Coca Cola und Pepsi taten das Richtige, indem sie einen neuen Spieler zum Eintritt ermutigten und damit ihre Abhängigkeit von NutraSweet verringerten. Monsanto tat das Richtige, indem es eine starke Markenidentität und Kostenvorteile schuf und damit die negativen Wirkungen minimierte, die der Eintritt eines generischen Konkurrenzprodukts in den Markt auslöste.

Nur Holland Sweetener versuchte zu schnell, Mitspieler zu werden. Das Unternehmen konnte Coca Cola und Pepsi 200 Millionen Dollar jährlich einsparen, doch was sollten sie dafür als Gegenleistung bieten? Holland Sweetener war zum Verkauf von Aspartam in einer sehr schwachen Position – das Unternehmen hatte keinen Mehrwert. Doch beim Verkauf von Konkurrenz war Holland Sweetener in einer sehr starken Position. In gewissem Sinn hatte das Unternehmen ein Monopol: Es war das einzige, an das sich Coca Cola und Pepsi wenden konnten, um ihre Verhandlungsposition mit Monsanto zu stärken. Holland Sweetener machte aber den Fehler, diese wertvolle Dienstleistung zu verschenken. Vielleicht hätten Coca Cola und Pepsi dafür bezahlt, aber nur, wenn Holland Sweetener die Zahlung im voraus verlangt hätte. Im Abschnitt »Bezahle mich, damit ich spiele« schlagen wir verschiedene Wege dafür vor, sich für den Eintritt in ein Spiel bezahlen zu lassen.

Diese Geschichte hat noch ein Nachspiel. Holland schaffte es doch noch, seine Schwierigkeiten in ein Druckmittel zu verwandeln. Coke und Pepsi mussten nämlich Angst haben, dass Holland das Spiel wieder verlassen könnte, was sie wieder völlig abhängig von NutraSweet gemacht hätte. Damit konnte Holland durchsetzen, dafür bezahlt zu werden, dass es blieb. Als Gegenleistung für einen garantierten Abnahmevertrag blieb Holland im Markt und erweiterte sogar die Kapazität.

Behalten Sie diese Geschichte für unseren nächsten Fall im Kopf, wenn Sie die Strategie von Norfolk Southern bei den Verhandlungen mit Gainesville Regional Utility bewerten.

Noch ein Kohlenträger. In Gainesville, Florida, kommen Strom und Trinkwasser von dem stadteigenen Versorgungsunternehmen Gainesville Regional Utility.[8] Diese Stadtwerke haben ein Problem. Sie waren stets von einer einzigen Eisenbahngesellschaft, der CSX, zur Lieferung ihrer gesamten Kohle abhängig. Wie zu erwarten, konnte CSX recht einträgliche Preise für die Kohle berechnen: 1990 waren es 20,13 Dollar je Tonne[9]. Daher war es ein echter Coup, als Gainesville im Juli 1990 mit der Eisenbahngesellschaft Norfolk Southern die Lieferung von Kohle für 13,68 Dollar je Tonne aushandelte.

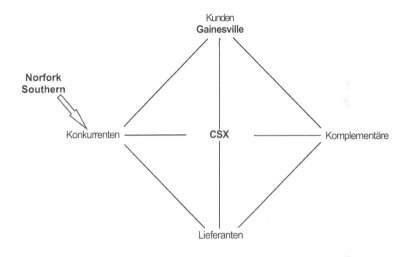

Abbildung 5: Das Wertenetz von CSX

Das einzige Problem war, dass Norfolk Southern nicht ganz liefern konnte, weil die nächste Strecke der Bahn 34 km entfernt von Gainesville endete – nahe zwar, aber nicht nah genug.

---

[8] Weitere Einzelheiten zu diesem Ereignis sind der von Jose A. Gomez-Ibanez verfassten Fallstudie der Harvard University John F. Kennedy School of Government »Gainesville Regional Utilities« zu entnehmen.

[9] CR: Es liegen die amerikanischen Maßeinheiten zugrunde; mit Tonne ist hier eine *short ton* gemeint, die 907,18 kg entspricht.

Gainesville bat CSX, Norfolk Southern ihre Schienenstrecke benutzen zu lassen. CSX lehnte ab. Warum sollte die Firma ihre Monopolstellung aufgeben? Das war aber nur der Eröffnungszug von Gainesville. Mit der Aussicht auf billigere Kohle fand die Stadt, es lohne sich, eine 34-km-Verbindungsstrecke zu bauen, selbst bei den projektierten Kosten von 28 Millionen Dollar.

An diesem Punkt sah die Situation für Norfolk Southern vielversprechend aus. Das Unternehmen hatte die Stadt zur Übernahme der Kosten für den Streckenbau sozusagen an der Leine, und es hatte einen Vertrag zur Lieferung von Kohle für 13,68 Dollar je Tonne, sofern die Strecke gebaut wurde. Keine Verlustgefahr, nur Gewinnchancen.

Norfolk Southern musste einiges an politischem Goodwill aufbringen. Da die vorgeschlagene Strecke durch ökologisch empfindliche Feuchtgebiete führen sollte, mussten Gainesville und Norfolk Southern vor dem Umweltschutzamt erscheinen. Weitere Anhörungen gab es vor der Interstate Commerce Commission, der Regulierungsbehörde für Eisenbahnen.

Wie man ein Spieler wird

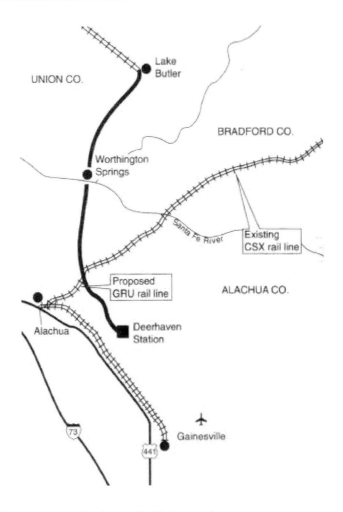

Abbildung 6: Der Streit um die Bahnstrecken.
Die durchgezogene Linie weist die geplante Norfolk-Southern-Strecke aus, die mit Querstrichen versehene die bestehende CSX-Strecke.

CSX blieb nicht untätig. Im Oktober 1991 regierte es auf das Angebot von Norfolk Southern mit einer Preissenkung um 2,25 Dollar je Tonne. Dann ließ CSX wissen, wenn Gainesville ihr Vorhaben mit Norfolk Southern verwirkliche, dann sei die existierende Bahnlinie nicht mehr wirtschaftlich und CSX wäre gezwungen, sie stillzulegen. Das würde Gainesville vollkommen abhängig von Norfolk Southern machen. Donna Rohrer, Vizepräsidentin für Öffentlichkeitsarbeit bei CSX, warnte: »Sie werden bei jemand anders ankommen, aber nicht beim Wettbewerb.«[10]

Im November 1992, als es so aussah, als ob Gainesville tatsächlich die Genehmigung zum Bau der Eisenbahnstrecke erhalten würde, senkte CSX seinen Preis um weitere 2,50 Dollar je Tonne. Bei diesem Preis von nur noch 15,38 Dollar je Tonne wurde es sinnlos, noch die neue Verbindungsstrecke zu bauen. CSX bekam einen neuen Vertrag bis zum Jahre 2020, und Gainesville sparte, abgezinst auf Ende 1992, 34 Millionen Dollar.

Für Norfolk Southern war das Ergebnis keine Katastrophe. Das Unternehmen bekam das Geschäft mit Gainesville nicht, verlor aber auch kein Geld. Doch Norfolk Southern hätte besser abschneiden können. Der Fehler war, Konkurrenz zu verschenken. Ohne Norfolk Southern konnte Gainesville CSX nicht unter Druck setzen. Mit Norfolk Southern konnte die Stadt einen sehr glaubwürdigen Druck ausüben und tat dies auch. Das war das Spiel. Wie Anthony Hatch, Analyst bei Paine Webber, erklärt: »Es ist ein teures Unterfangen, eine Eisenbahnstrecke zu bauen. Manchmal genügt die Drohung, es zu tun.«[11] In diesem Fall war die Drohung 34 Millionen Dollar wert.

Um sich ein Stück des Kuchens zu sichern, hätte Norfolk Southern für den Fall, dass die Strecke nicht gebaut würde, eine Gebühr verlangen sollen, vielleicht orientiert an den Kostenersparnissen von Gainesville. Dann hätte Norfolk Southern auf jeden Fall gewonnen, beim Bau der Eisenbahnstrecke das Geschäft mit Gainesville, andernfalls einen Anteil an den Kostenersparnissen, die das Unternehmen der Stadt ermöglichte.

---

[10] In einem Telefonat bestätigt.
[11] *Richmond Times-Dispatch*, 7.3. 1993, S. E-1.

Wenn Norfolk Southern auch nicht arm wurde, so entstanden der Firma doch einige versteckte Kosten. Bei den Bemühungen um die Genehmigung der Strecke brauchte es einiges an politischem Goodwill auf, und es verursachte CSX Gewinneinbußen von 34 Millionen Dollar – gefährlich angesichts der Möglichkeit von CSX, sich zu rächen. In den gesamten Vereinigten Staaten werden nur etwa 20 Kraftwerke von mehr als einer Eisenbahn bedient. So, wie CSX die einzigen Schienen nach Gainesville besaß, gibt es viele andere Orte, deren Monopollieferant Norfolk Southern ist und wo CSX der Spielverderber werden könnte.

Norfolk Southern hätte es besser wissen müssen. Es hatte bei diesem Spiel schon zweimal schlecht abgeschnitten. Bis 1991 wurde die Southern Company, ein Strom- und Wasserversorger mit Sitz in Atlanta, ausschließlich von Norfolk Southern bedient.[12] Dann baute Southern Company eine 11 km lange Verbindungsstrecke von einer Anlage in der Nähe von Birmingham, Alabama, zu einer CSX-Strecke. Dies war das erste Mal, dass ein Versorgungsunternehmen eine Eisenbahnstrecke zu dem ausdrücklichen Zweck baute, Wettbewerb zu schaffen. Ähnlich drohte PSI Energy in Evansville, Indiana, eine 16 km lange Verbindungsstrecke von einem Kraftwerk zu einer Hauptstrecke von CSX zu bauen. Wiederum war Norfolk Southern der bedrohte Monopollieferant. Er wurde gezwungen, CSX die Benutzung der Norfolk-Schienen zu gestatten und sich damit CSX zum Konkurrenten zu machen. Daraufhin hielt es PSI nicht mehr für nötig, die Anschlussstrecke zu bauen.

Vielleicht wollte Norfolk Southern sich in Gainesville auch nur revanchieren: Nachdem CSX das Monopol von Norfolk Southern bei Southern Company und PSI Energy gebrochen hatte, verdarb Norfolk Southern das Spiel von CSX in Gainesville. Aber das ist wahrscheinlich nicht das letzte Kapitel. Es besteht eine echte Gefahr, dass CSX sich rächt. So war Gainesville letztlich doch keine »Gewinnchance

---

[12] *Richmond Times-Dispatch*, 7.3. 1993, S. E-1.

ohne Verlustgefahr«. Gainesville, was auf Englisch wie »Gewinnstadt« klingt, war eher eine Verluststadt.

Wie die Geschichten von Holland Sweetener und Norfolk Southern zeigen, ist das Schaffen von Konkurrenz manchmal die wertvollste Dienstleistung, die Sie bieten können; also verschenken Sie sie nicht. Das gilt besonders, wenn es teuer ist, für Wettbewerb zu sorgen: Holland Sweetener musste für viele Millionen Dollar eine Fabrik bauen, und Norfolk Southerns Angebot beschwor die Gefahr einer Auge-um-Auge-Vergeltung herauf. Konkurrenz ist zu wertvoll und zu teuer, um sie zu verschenken. Man muss sich für den Eintritt ins Spiel bezahlen lassen. Spieler bei Unternehmensübernahmen verstehen dieses Prinzip gut.

Telefon mobil. Das Geschäft mit mobilen Telefonen befand sich in einer ausgeprägten Konsolidierungsphase, als der neununddreißigjährige Craig McCaw im Juni 1989 ein Angebot zur Übernahme der LIN Broadcasting Corporation machte. Fünf Jahre zuvor hatte die Federal Communications Authority der USA das Land in 306 getrennte Märkte aufgeteilt und jedem zwei Lizenzen für Mobiltelefonnetze zugeteilt, eine für die Telefongesellschaft der Region und die andere zur Auslosung unter den Bewerbern. McCaw hatte überall im Land Lizenzen von Lotteriegewinnern aufgekauft. Die bis Juni 1989 erworbenen Lizenzen deckten 50 Millionen potentielle Kunden ab – POPs (*potential participants*) im Branchenjargon.

Bereits Branchenführer, strebte McCaw nun die landesweite Netzausweitung an. Der Erwerb von LINs Lizenzen für 18 Millionen POPs war die beste und möglicherweise einzige Chance von McCaw, Rechte in bedeutenden Großstädten zu erwerben und damit ein Mobilfunknetz von landesweiter Bedeutung aufzubauen. Er musste die LIN Broadcasting Corporation erwerben, die Lizenzen für Mobiltelefonnetze in New York, Los Angeles, Philadelphia, Houston und Dallas besaß. Ihm gehörten bereits 9,4 Prozent von LIN, jetzt wollte er den Rest.

McCaw hatte eine Vision, und er hatte schon seine Bereitschaft demonstriert, Risiken einzugehen. Er hatte einen Riesenberg von Schulden auf sich geladen, um all die Lizenzen aufzukaufen. Dennoch waren Mitte 1989 erst 250.000 der 50 Millionen POPs zahlende Kunden, eine Marktdurchdringung von einem halben Prozent. McCaw sah das Glas als weit gefüllt an, nicht als fast leer: Die potentiellen Gewinne waren enorm.

McCaw bot 120 Dollar je Aktie von LIN in bar, das machte 5,85 Milliarden Dollar. Sein Angebot ließ den Kurs der Aktie sofort von 103,50 auf 129,50 Dollar emporschnellen. Es war klar, dass der Markt mehr Bewegung erwartete. Es gab aber einen Pferdefuß in McCaws Angebot: Es machte zur Bedingung, dass LIN eine zur Übernahme-Abwehr vorhandene »Giftpille«[13] aufgab. LIN weigerte sich. Donald Pels, LINs Vorstandsvorsitzender, hatte seit langem eine Aversion gegen McCaw, und das beruhte sicherlich auf Gegenseitigkeit.[14] Sollte McCaw Erfolg haben, lagen die Chancen, dass Pels seinen Posten behalten würde, irgendwo zwischen winzig und null. Angesichts einer feindseligen Reaktion und der Giftpille nahm McCaw sein Angebot auf 110 Dollar zurück.

LIN suchte andere Freier. Gerüchten zufolge waren mehrere der »Baby-Bells«, der regionalen US-Telefongesellschaften, interessiert. Bell South, mit ungeheuren finanziellen Mitteln und einer Strategie, Lizenzen für den Mobiltelefonverkehr aufzukaufen, schien der wahrscheinlichste Kandidat für ein Eingehen auf LINs Werben. LINs Lizenzen für Los Angeles und Houston würden die von BellSouth in diesen Städten ergänzen. Zusammen würden beide Unternehmen auf 46 Millionen POPs kommen, nur vier Millionen weniger als McCaw – noch nicht ganz eine nationale Macht, aber eine ernsthafte Bedrohung von McCaws Führungsposition.

---

[13] CR: Als Giftpillen (*poisoned pills*) werden vorsorglich getroffene Abwehrmaßnahmen eines Unternehmens gegen feindliche Übernahmen bezeichnet.

[14] »For Craig McCaw, It's Do-or-Die Time«, *BusinessWeek*, 4.12.1989.

Für BellSouth waren die Chancen gering, einen Übernahmekrieg um LIN gegen McCaw zu gewinnen. Nach McCaws Schätzungen würden 15 Prozent aller US-Amerikaner im Jahr 2000 mobile Telefone haben, sodass jeder POP etwa 420 Dollar wert wäre. Die Baby-Bells schätzten übereinstimmend, dass die Marktdurchdringung nur auf zehn Prozent kommen würde. Das führte zu Bewertungen von nur 280 Dollar je POP. Bei einem Wettstreit zwischen BellSouth und McCaw war McCaw der Favorit.

McCaw hatte ein zusätzliches Motiv dafür, hoch zu bieten. Ein Anstieg der Marktbewertung von POPs würde die 50 Millionen POPs, die McCaw schon hatte, noch wertvoller machen. Für BellSouth waren die Kosten hoch, das Spiel zu spielen: Die Gebühren für Anwälte und Investmentbanken würden 20 Millionen Dollar übersteigen, und Spitzenmanager des Unternehmens würden von der Aufgabe abgelenkt, den laufenden Betrieb zu leiten. Zudem würde BellSouth im wahrscheinlichen Fall einer Niederlage an Glaubwürdigkeit als entschlossener Anbieter der Zukunft verlieren. Und es würden Selbstwertgefühle angeschlagen.

Dennoch war BellSouth bereit, LIN beim richtigen Preis zu übernehmen. Das Problem war natürlich, dass BellSouth mit dem Eintritt ins Rennen einen Angebotspreiskrieg auslösen würde, und dann wäre LIN nicht zu einem vernünftigen Preis zu erwerben. BellSouth war natürlich klar, dass nur einer der Bieter den Zuschlag erhalten konnte, und wollte für den wahrscheinlichen Fall, dass McCaw der Sieger sein würde, etwas für die eigene Mühe bekommen. Als Bedingung für ein Übernahmeangebot erhielt daher BellSouth für den Fall, überboten zu werden, von LIN das Versprechen eines Trostpreises von 54 Millionen Dollar und zusätzlicher 15 Millionen Dollar, um die Kosten des Angebots auszugleichen. BellSouth unterbreitete daraufhin ein Übernahmeangebot, das Marktanalysten auf 105 bis 112 Dollar pro Aktie bewerteten.

Wie erwartet, gab McCaw nicht auf. Er machte ein neues Angebot, das auf 112 bis 118 Dollar je Aktie bewertet wurde.[15] LIN bat BellSouth, das Angebot zu erhöhen; BellSouth verlangte zusätzliche Bezahlung. LIN erhöhte das Zahlungsversprechen für Kosten auf 25 Millionen Dollar. Daraufhin bot BellSouth 115 bis 125 Dollar pro Aktie.

McCaw erhöhte nun sein Angebot auf 124 bis 138 Dollar je Aktie und legte dann noch einige Dollar zu, um das Geschäft zum Abschluss zu bringen. Gleichzeitig zahlte McCaw BellSouth 22,5 Millionen Dollar, damit der Konkurrent aus dem Spiel ausstieg.[16] Mit dem Schlusspreis war LIN mit 6,3 bis 6,7 Milliarden Dollar bewertet worden. Zu diesem Zeitpunkt erkannte Pels, dass seine eigenen Aktienoptionen nun mehr als 100 Millionen Dollar wert geworden waren, und das nunmehr freundliche Geschäft mit McCaw kam zustande.

Wie schnitten die verschiedenen Spieler ab? Am Tag bevor BellSouth sein erstes Angebot ankündigte, wurden die Aktien von LIN zu 105,50 Dollar gehandelt. Als BellSouth ausstieg war der Kurs auf

---

[15] Gleichzeitig unterbreitete McCaw einer anderen Mobiltelefongesellschaft, Metromedia, ein Angebot von 1,9 Milliarden Dollar zur Übernahme der Hälfte der Mobilfunklizenz für New York. Die andere Hälfte plus ein Vorkaufsrecht auf Metromedias Hälfte besaß LIN. Das hieß, LIN hätte entweder 1,9 Milliarden Dollar bezahlen müssen oder sich den Besitz der New Yorker Lizenz künftig mit McCaw teilen müssen. In beiden Fällen wäre LIN zu einer weniger attraktiven Beute für BellSouth geworden. McCaw versuchte auch, den US-Kongress zu einer gesetzlichen Beschränkung des Erwerbs von Mobilfunklizenzen durch »Baby Bells« zu bewegen, den regionalen Nachfolgegesellschaften der in einem Kartellverfahren zerschlagenen AT&T.

[16] McCaw zahlte 26,5 Millionen Dollar an LARCC (Los Angeles Radio Common Carrier), einem Gemeinschaftsunternehmen von BellSouth und McCaw, an dem Bell South mit 85% beteiligt war. Da McCaw für seine Investition keine zusätzlichen Anteile an LARCC erhielt, handelte es sich effektiv um eine Zahlung von etwas über 22,5 Millionen Dollar an BellSouth.

Spieler

122,25 Dollar geklettert. Der Anstieg von 16,75 Dollar pro Aktie summiert sich für alle Aktien auf fast eine Milliarde Dollar. So bekam LIN eine Extramilliarde, was die an BellSouth gezahlten 54 Millionen Dollar plus Kosten zum Schnäppchenpreis werden lässt. McCaw bekam sein landesweites Netz und verkaufte es anschließend an AT&T, was ihn zum Milliardär machte. Und BellSouth machte mit der Bezahlung erst für den Spieleintritt und dann für den Spielaustritt aus einer schwachen Position heraus 76,5 Millionen Dollar plus Kostenerstattung. BellSouth hatte klar verstanden, dass man, wenn in einem Spiel auf altmodische Weise kein Geld zu machen ist, für eine Änderung des Spiels bezahlt werden kann.

Im Nachhinein stellen sich einige Fragen. Warum bekam BellSouth von LIN nicht die Milliarde statt der 54 Millionen Dollar? Wenn BellSouth zu habgierig gewesen wäre, hätte sich LIN vielleicht an ein anderes Baby-Bell gewandt. LIN hätte zwar einen viel größeren Trostpreis zugestehen können, doch das wäre sehr riskant gewesen. LIN wäre für jeden Käufer untragbar teuer geworden, und die Gerichte hätten die Gebühr als rein blockierendes Vorkaufsrecht für ungültig erklären können, sodass BellSouth gar nichts bekommen hätte.[17]

Warum bezahlte McCaw BellSouth für den Abgang? Weil sich McCaw nicht sicher sein konnte, dass BellSouth freiwillig oder gleich aufgeben würde. Früher war günstiger als später, denn McCaw wollte nicht, dass noch unerwartete weitere Bieter aufkreuzen. Wie ein führender Manager von McCaw es ausdrückte: »Wir schubsten BellSouth ein bisschen, um mit den 26 Millionen Dollar einfach wegzugehen.«[18]

McCaws Zahlung, um BellSouth dazu zu bewegen, nicht mehr zu bieten, war ungewöhnlich, aber vollkommen legal. Die US-Kartellgesetze verbieten grundsätzlich einem Bieter, einen anderen

---

[17] Bei erfolgreichen Anfechtungen reduzieren die Gerichte die Gebühr nicht auf ein vernünftiges Maß, sondern erklären sie komplett für ungültig.

[18] Ein persönliches Gespräch, in dem der Manager bat, anonym zu bleiben.

Bieter dafür zu bezahlen, eine Auktion zu verlassen. Doch die Übernahme eines börsennotierten Unternehmens fällt unter das Wertpapiergesetz., und nach Entscheidungen der Gerichte geht Wertpapierrecht vor Kartellrecht.[19] Das Wertpapierrecht verbietet keine »Abgangsgebühren«, es verlangt nur deren volle Offenlegung. Der Gedanke dahinter ist, dass die Aussicht auf Abgangsgebühren schwächere Bieter ermutigt, an Auktionen überhaupt erst teilzunehmen, sodass die Aktienpreise erhöht werden. Nachdem mehrere Bieter aufgetreten sind, möchten die Aktionäre des umstrittenen Unternehmens natürlich gern Abgangsgebühren verbieten. Das hieße aber, alles gleichzeitig haben zu wollen.

Warum hat LIN im Vertrag mit BellSouth nicht auf eine Klausel bestanden, die BellSouth die Annahme einer Abgangsgebühr untersagte? Vielleicht hat LIN nicht daran gedacht. Es bleibt aber merkwürdig. Da LIN mit einer Zahlung BellSouth zur Abgabe eines Angebots veranlassen konnte, hätte daran gedacht werden müssen, dass jemand anders BellSouth dafür bezahlen konnte, abzutreten. LIN hätte verhindern können, dass dies geschah.

---

[19] Die Gerichte argumentierten, dass Wertpapier- und Kartellgesetzgebung unterschiedliche Bereiche betreffen, dass sie verschiedene Rechtsmittel vorsahen und daher abgesprochenes Angebotsverhalten bei Firmenübernahmen besser unter die Kontrolle der Wertpapiergesetzgebung passten. Die Gerichte fürchteten, dass wenn das Wertpapierrecht keinen Vorrang gegenüber dem Kartellrecht hätte, es faktisch umgekehrt sei. Im Kartellrecht gibt es großzügigere Rechtsmittel (dreifache Entschädigungen) und großzügigere Bestimmungen über Verjährungen und Anwaltsgebühren. Wenn es nicht explizit ausgeschlossen würde, so würde die Kartellgesetzgebung fast immer angewendet und dadurch die Absicht des Kongresses bei der Verabschiedung spezieller Wertpapiergesetze unterlaufen. Mehr zu diesem Thema findet sich bei R. Preston McAfee et al.: »Collusive Bidding in Hostile Takeovers«, *Journal of Economics and Management Studies*, Winter 1993, S. 466-474.

Wir haben jetzt drei Geschichten gehört, wie jemand Spieler wurde. Holland Sweetener und Norfolk Southern haben dabei schlecht abgeschnitten. Auf ihre Kosten profitierten andere Spieler. BellSouth machte es viel besser. BellSouth verdiente Geld, weil das Unternehmen erkannte, wer durch seinen Eintritt ins Spiel Gewinne erzielen würde. Mit dieser Erkenntnis konnte es über einen Anteil an diesem Gewinn verhandeln.

Wer erwägt, in ein Spiel einzutreten, sollte stets Ciceros Frage »Cui bono?« stellen. Zu wessen Vorteil? Holland Sweetener und Norfolk Southern stellten Ciceros Frage nicht. BellSouth stellte sie.

Lassen Sie uns die Lehre aus diesen Geschichten auf eine vertraute geschäftliche Alltagssituationen anwenden.

Bezahle mich, damit ich spiele. Das Telefon klingelt. Ein Kunde eines Konkurrenten erklärt, dass er mit seinem gegenwärtigen Lieferanten nicht zufrieden ist und gern hätte, dass Sie ihm ein Angebot unterbreiten. Ihr Konkurrent hatte mit dem Anrufer schon einige Zeit große Umsätze. Dies ist Ihre Chance.

Was tun Sie? Sie sagen dem Anrufer, dass Sie ihn später zurückrufen werden, und fragen ihn nach Einzelheiten, die Ihnen helfen, den Preis für Ihr Angebot festzusetzen. Nach dem Gespräch bringen Sie ein Team zur Ausarbeitung eines Angebots zusammen. Trotz des freundlichen Anrufs wissen Sie, dass es keine leichte Aufgabe ist, und deshalb arbeiten Sie etwas härter und machen einen etwas aggressiveren Preis.

Im Hinterkopf haben Sie den Verdacht, dass Sie der Kunde nur benutzt, um bei seinem jetzigen Lieferanten einen besseren Preis herauszuschlagen. Aber so wird das Spiel gespielt, oder? Wenn Sie kein Angebot machen, haben Sie überhaupt keine Chance, an das Geschäft zu kommen. Außerdem würden Sie riskieren, den Kunden zu verärgern und jede Chance zu verlieren, künftig mit ihm ins Geschäft zu kommen. Und wie wollten Sie Ihrem Chef erklären, dass Sie die Chance vorbeigehen ließen, dieses Geschäft zu bekommen, vor allem, wenn sich herausstellt, dass der Kunde tatsächlich den Lieferanten wechselt?

Also machen Sie ein aggressives Angebot, denn es scheint, dass kein Angebot zu unterbreiten keinen Vorteil und möglicherweise Nachteile bietet, während ein Angebot zu machen keine Nachteile und wenigstens die Chance auf einen Vorteil verspricht. Der Kunde dankt Ihnen und verspricht, Ihnen später Bescheid zu geben. Aber er lässt nichts mehr von sich hören.

Was hätten Sie anders machen können? Sie hätten zu einem noch niedrigeren Preis anbieten können, doch es gibt keine Garantie dafür, dass dies besser funktioniert hätte. Das wäre also keine wirkliche Lösung gewesen.

Das Problem Ihrer Strategie war grundsätzlicherer Art. Ihr aggressives Angebot verhalf dem Kunden zweifellos zu Preissenkungen bei einem Anderen. Das war von Anfang an das wahrscheinliche Ergebnis. Der Kunde erreicht eine Verbesserung, und Sie bekommen nichts.

Es scheint eine natürliche Neigung zu geben, Konkurrenz umsonst anzubieten. Schließlich wird von Geschäftsleuten erwartet, dass sie konkurrieren. Sie wollen ein Angebot? Ich mache Ihnen eines. Bauunternehmer, Architekten, Kammerjäger – alle machen Angebote. Im Ergebnis taten das auch Holland Sweetener und Norfolk Southern. Aber BellSouth machte es nicht, jedenfalls nicht umsonst.

Die richtige Frage, die man sich stellen muss, ist: Wie wichtig ist einem Kunden mein Angebot? Wenn es für ihn wichtig ist, dass ich biete, sollte ich etwas dafür bekommen, dass ich ins Spiel eintrete. Wenn es dem Kunden nicht so wichtig ist, dann ist es unwahrscheinlich, dass ich das Geschäft bekomme, und noch unwahrscheinlicher, dass ich Geld verdiene. Dann sollte man noch einmal darüber nachdenken, ob man überhaupt ein Angebot abgeben will.

Spieler

> **Konkurrenz ist wertvoll.**
> Verschenken Sie sie nicht – lassen Sie sich das Mitspielen bezahlen.

In der Theorie ist es schön, fürs Mitspielen bezahlt zu werden, aber funktioniert das in der Praxis? Jeder würde gern BellSouth sein, die 76,5 Millionen Dollar bekommen haben, um mit einem schlechten Blatt auf der Hand am Spiel teilzunehmen. Das gibt es aber ziemlich selten. Die meisten Kunden würden Sie auslachen – wahrscheinlicher sogar beschimpfen –, wenn Sie versuchen, Geld für die Abgabe eines Angebots zu verlangen.

Bares zu fordern ist plump und meist auch nicht klug. Glücklicherweise gibt es viele andere Arten, wie man für das Mitspielen bezahlt werden kann. Sie können um Beiträge zu den Kosten der Angebotsvorbereitung bitten. Sie können um Mitfinanzierung bitten, wenn Sie zur Teilnahme am Spiel eine Fabrik bauen müssen. Sie können um einen Vertrag zur garantierten Warenabnahme bitten. Wertvoll ist auch eine Konkurrenzklausel, nach der Sie den Zuschlag erhalten, wenn Sie mit einem niedrigeren Preis am Markt oder mit dem besten Angebot eines Konkurrenten gleichziehen.

Als Gegenleistung für ein Angebot können Sie um besseren Zugang zu Informationen über das Geschäft des Kunden bitten. Mehr Information verbessert Ihre Chancen, mit dem Kunden ins Geschäft zu kommen. Sie werden damit vom Außenseiter zum Insider. Es ist der erste Schritt zur Gestaltung einer Beziehung mit dem Kunden.

Bitten Sie darum, mit einer anderen Person zu verhandeln. Machen Sie das Angebot zu einer Gelegenheit, führende Köpfe des Managements zu treffen. Suchen Sie das Gespräch mit jemandem, der zu schätzen weiß, was Sie einbringen können, und sich nicht nur darauf konzentriert, den niedrigsten Preis herauszuschinden. Oder erwirken Sie als Gegenleistung zum Gebot für einen Teil des Geschäfts Zugang zu den anderen Teilen.

Schließlich könnten Sie noch versuchen, den Spieß umzudrehen. Statt dem Kunden einen Preis zu nennen, fragen Sie den Kunden nach einem Preis, zu dem er bereit wäre, Ihnen den Zuschlag zu geben. Bitten Sie ihn um einen unterzeichneten Vertrag mit Preis, und entscheiden Sie dann, ob Sie gegenzeichnen. Wenn Sie es tun, muss der Kunde zu Ihnen übergehen. Auf diese Weise können Sie sicherstellen, dass der Kunde nicht nur Spielchen mit Ihnen spielt. Autohändler kennen diese Technik sehr gut. Statt Ihnen einen Preis zu nennen, fragen sie oft, wieviel Sie bezahlen würden. Nachdem Sie einen Preis genannt haben, sagen sie: »Ich würde Ihnen das Auto gern zu diesem Preis verkaufen, ich brauche aber die Zustimmung meines Chefs.« Zuerst brauchen sie dann aber Ihre Unterschrift unter einen Vertrag zu dem von Ihnen genannten Preis. Dann wissen die Händler, dass sie das Geschäft unter Dach und Fach haben und nicht nur zu einer weiteren Verhandlungsrunde kommen, wenn sie dem von Ihnen genannten Preis zustimmen.

Spieler

Sieben Wege, sich das Spielen bezahlen zu lassen

1. Bitten Sie um Deckung der Kosten für die Angebotsausarbeitung, zu notwendigen Vorabinvestitionen und zu sonstigen Aufwendungen zum Eintritt ins Spiel.
2. Bitten Sie um einen garantierten Abnahmevertrag.
3. Bitten Sie um eine Konkurrenzklausel.
4. Bitten Sie um besseren Zugang zu Informationen.
5. Bitten Sie um Verhandlung mit jemandem, der zu schätzen weiß, was Sie einbringen.
6. Bitten Sie, zusätzlich zum gegenwärtigen Vertrag, Angebote zu weiteren Geschäftsbereichen unterbreiten zu können.
7. Bitten Sie den Kunden, einen Preis zu nennen, zu dem er Ihnen den Zuschlag erteilen würde.

Geld ist auch in Ordnung.

Selbst mit diesem Arsenal von Strategien kann Ihnen natürlich eine Kompensation verweigert werden, sodass Sie vielleicht entscheiden, nicht ins Spiel einzutreten. Dieses Ergebnis ist nicht so schlecht, wie man denken könnte, sondern die Kosten-Nutzen-Analyse, die Sie erwägen ließ mitzuspielen, war nicht ganz zutreffend. Es stimmt einfach nicht, dass die Abgabe eines Angebots keine Nachteile mit sich bringt.

Acht versteckte Kosten der Angebotsabgabe

Es gibt versteckte Kosten, die mit der Abgabe eines wettbewerbsfähigen Angebots verbunden sind.

1. Sie können Ihre Zeit nützlicher verwenden. Ein Angebot auszuarbeiten kostet gewöhnlich mehr Zeit und Anstrengung, als ein paar Zeilen aus Preislisten abzulesen. Oft wird der Gewinnung zusätzlicher

Kunden eine höhere Priorität eingeräumt als der Bedienung der gegenwärtigen Kunden. Es ist aber klüger, die eigenen Kunden bei guter Laune zu halten, bevor man den Kunden der Konkurrenten nachjagt.

2. Wenn Sie mit niedrigen Preisen Kunden gewinnen, verlieren Sie vielleicht Geld. Wenn Sie einen Kunden durch Preiszugeständnisse gewinnen, sollten Sie ein wenig misstrauisch sein. Wollen Sie wirklich einen Kunden nur mit niedrigem Preis gewinnen? Nein. Ein Kunde, den Sie nur über den Preis gewinnen, drückt schon aus, dass er nicht loyal ist. Wenn Sie denken, dass Sie den Kunden jetzt gewinnen sollten, um später durch Preiserhöhungen an ihm Geld zu verdienen, überdenken Sie es: Durch den Wechsel zu Ihnen hat sich der Kunde als jemand offenbart, der den Lieferanten wechselt, um einen niedrigeren Preis zu bekommen. Sie sollten also sicherstellen, dass Sie bereits mit dem Preis Geld verdienen, mit dem Sie den Kunden anlocken.

Fragen Sie sich: Warum lässt der gegenwärtige Lieferant den Kunden ziehen? Vielleicht bezahlt der Kunde seine Rechnungen nicht. Vielleicht ist er besonders anspruchsvoll. Wenn er ein guter Kunde wäre, hätte der Konkurrent versucht, ihn bei der Stange zu halten. Die Tatsache, dass Sie den Kunden abwerben können, sollte Sie nachdenklich stimmen.[20]

Manchmal gibt es eine stichhaltige Begründung dafür, den Kunden zu übernehmen. Vielleicht hat Ihr Rivale tatsächlich versagt, und das ist der Grund, aus dem der Kunde ihm den Rücken kehrt. In diesem Fall brauchen Sie aber keine Niedrigpreise, um den Kunden zu gewinnen.

Unter dem Strich ist es schwierig, den Kunden eines Konkurrenten über den Preis zu gewinnen *und* zu diesem Preis Geld zu verdienen. Nur wenn Sie mit niedrigeren Kosten arbeiten als Ihr Konkurrent, können Sie es sich leisten, den Konkurrenten zu unterbieten – und noch einen Gewinn dabei erzielen.

---

[20] Denken Sie an Groucho Marx: Er wollte keinem Club beitreten, der ihn als Mitglied akzeptieren würde.

3. Der bisherige Lieferant kann zurückschlagen. Setzen Sie nicht voraus, dass die Gewinnung des Kunden das Ende des Spiels ist. Wenn es ein guter Kunde ist, ist Ihr Gewinn ein Verlust des Anderen. (Wenn es ein schlechter Kunde ist, haben Sie bereits einen Fehler gemacht.) Der vorige Lieferant wird wahrscheinlich reagieren. Er kann anderen Kunden von Ihnen nachjagen. Selbst wenn er keinen Kunden von Ihnen abwirbt, so zwingt er Sie doch sicherlich dazu, Ihre Preise zu senken. Wenn er Ihnen einen Kunden abspenstig macht, haben Sie und Ihr Konkurrent je einen guten Kunden, gegen einen schlechten ausgetauscht. Und Sie haben einen Stammkunden gegen einen neuen Kunden eingetauscht, mit dem Sie eine dauerhafte Beziehung erst herstellen müssen. Selbst wenn Ihr Konkurrent nicht beim ersten Versuch einen Ihrer Kunden abwirbt, könnte er es wieder und wieder versuchen, bis er Erfolg hat. Das Endresultat: Verlierer und Verlierer.

4. Ihre jetzigen Kunden wollen ebenfalls niedrigere Preise. Der Preis, den Sie verlangt haben, um einen neuen Kunden zu gewinnen, wird schwerlich geheim bleiben. Wenn Ihre Kunden herausfinden, wie sehr Sie mit dem Preis heruntergehen, um einen neuen Kunden zu gewinnen, werden sie höchstwahrscheinlich verlangen, dass Sie ihnen einen mindestens ebenso günstigen Preis machen. Vielleicht haben die Kunden sogar Bestimmungen in den Verträgen mit Ihnen, die ihnen mindestens ebenso gute Preise garantieren, wie Sie sie irgend jemand anders berechnen. Das Resultat Ihrer Bemühung, einen neuen Kunden zu gewinnen, ob Sie dabei nun Erfolg haben oder nicht, ist dann, dass Ihre jetzigen Kunden einen guten Grund haben, ebenfalls Preiszugeständnisse zu verlangen. Das kann teuer werden.

5. Neue Kunden werden den niedrigen Preis zum Maßstab machen. Der schlechte Präzedenzfall zwingt nicht nur zu Zugeständnissen an ihre jetzigen Kunden. Denken Sie voraus an den nächsten potentiellen Kunden, der noch keinen Lieferanten hat, sondern neu ins Geschäft einsteigen will und an Ihre Tür klopft. Der niedrige Preis, den Sie zur Abwerbung eines Kunden geboten haben, ist dann der Maßstab, an dem sich der neue Kunde orientiert.

6. Konkurrenten werden den niedrigen Preis ebenfalls als Maßstab benutzen. Selbst wenn Sie künftig wieder riskieren wollten, einen höheren Preis in Rechnung zu stellen, könnten Ihre Rivalen erwarten, dass Sie einen niedrigen Preis anbieten, und diese Erwartungen werden zu einer sich selbst erfüllenden Prophezeiung. Sowohl Ihre gegenwärtigen als auch Ihre künftigen Kunden und Ihre Konkurrenten werden also einen von Ihnen einmal gebotenen niedrigen Preis in der Zukunft als Maßstab benutzen.

7. Es ist nicht gut, den Konkurrenten Ihrer Kunden zu helfen. Ihre Zukunft und die Ihrer Kunden sind auf natürliche Weise verbunden. Wenn Ihre Zukunft von Ihrem Kunden Coca Cola abhängt, dann wollen Sie Pepsi nicht zu niedrigeren Preisen verhelfen. Wenn Sie nicht sehr gute Gründe dafür haben zu glauben, dass Sie Pepsis Geschäft bekommen und Coca Colas Geschäft behalten können, dann ist das Werben um Pepsis Geschäft sehr kostspielig. Sie helfen dem Kunden Ihres Konkurrenten und schädigen damit Ihren eigenen Kunden.

8. Werfen Sie nicht die Glashäuser Ihrer Konkurrenten ein. Die Gewinne Ihrer Konkurrenten zu schmälern ist nicht unbedingt ratsam. Zwar haben Sie guten Grund, sich Sorgen zu machen, wenn Ihr Rivale eine Kriegskasse anhäuft. Das heißt aber nicht, dass Sie die Luft aus seinen Gewinnen herauslassen sollten – so wie die Boten des einen Zustelldienstes nicht die Luft aus den Reifen der Lkws eines anderen ablassen sollten. Das wäre ganz sicher keine gute Idee.

Die Ansicht, dass Sie gewinnen, wenn Konkurrenten verlieren, ist zu vereinfacht und potenziell gefährlich. Vergessen Sie nicht, in den Begriffen von Coopetition zu denken. Wenn Sie die Gewinne Ihres Rivalen verringern, hat er weniger zu verlieren und jeden Grund, aggressiver zu werden. Er kann unbekümmert Ihre Kunden umwerben. Im Gegensatz dazu hat er um so mehr bei einem Preiskrieg zu verlieren, je höher seine Gewinne sind. Solange Ihre Rivalen nicht in Glashäusern wohnen, müssen Sie damit rechnen, dass sie mit Steinen nach Ihnen werfen. Es liegt also in Ihrem Interesse, dem Konkurrenten beim Bau eines Glashauses zu helfen – keine Villa, ein Haus.

Spieler

Acht versteckte Kosten eines Angebots

1. Es ist unwahrscheinlich, dass Sie Erfolg haben – Sie können Ihre Zeit besser verwenden.
2. Wenn Sie den Zuschlag erhalten, ist der Preis oft so niedrig, dass Sie Verluste machen.
3. Der gegenwärtige Lieferant kann sich rächen – Sie tauschen einen guten Kunden gegen einen schlechten.
4. Ob Sie gewinnen oder nicht – Ihre jetzigen Kunden werden auch Preissenkungen verlangen.
5. Sie schaffen einen schlechten Präzedenzfall – künftige Kunden werden den niedrigeren Preis als Maßstab verwenden.
6. Konkurrenten werden den von Ihnen eingeführten niedrigen Preis ebenfalls als Maßstab verwenden.
7. Es ist nicht nützlich, den Konkurrenten Ihrer Kunden zu geringeren Kosten zu verhelfen.
8. Denken Sie in den Begriffen von Coopetition: Zerstören Sie nicht die Glashäuser Ihrer Konkurrenten - wenn sie ein wenig verwundbar sind, ist es weniger wahrscheinlich, dass sie sich an Ihre Kunden heranmachen.

Es ist eine große Versuchung, umgehend ein Angebot zu machen, wenn Sie darum gebeten werden. Jetzt haben Sie einige Gründe, genau hinzusehen, bevor Sie losspringen, oder überhaupt nicht zu springen. Und wenn Ihr Chef Sie fragt, warum Sie das Spiel nicht umsonst spielen wollten, können Sie ihm die acht versteckten Kosten von Angebotsabgaben erklären.

Das Gegenstück zum Eintreten in ein Spiel ist der Eintritt eines Anderen in Ihr Spiel. Was tun Sie dann?

Aufruf an alle Spieler. Das Telefon klingelt. Wieder ist es ein Kunde, der anruft, um mitzuteilen, dass er mit seinem jetzigen Lieferanten unzufrieden ist. Aber dieses Mal sind Sie gemeint, Sie sind sein jetziger Lieferant. Sie fragen, warum er verstimmt ist, und er sagt Ihnen, dass ein anderer aufgetaucht ist und die gleiche Leistung zum halben Preis anbietet. Er fragt Sie, was Sie zu tun gedenken.

Eine gute Frage. Sie atmen tief durch. Als nächstes müssen Sie sich fragen, ob Ihnen der Kunde wirklich die Wahrheit sagt. Es kommt vor, dass jemand ein Angebot erfindet, um seinem Lieferanten einen günstigeren Preis abzuringen. Das ist ein billiger Trick. Er ist weder moralisch einwandfrei noch auf lange Sicht erfolgreich. Er versetzt den Lieferanten in eine Position, in der er nur verlieren kann. Mit einem fiktiven Angebot gleichzuziehen heißt Geld verlieren, aber den Bluff beim Namen zu nennen bringt auch Verluste. Wenn der Kunde einmal als Lügner bloßgestellt wurde, ist es nahezu unmöglich für Lieferant und Kunde, die Geschäftsbeziehung fortzusetzen – die Katze ist aus dem Sack. (Mehr darüber im Kapitel über Taktik.) Wie wäre es, Konkurrenten anzurufen, um zu prüfen, ob das behauptete Angebot echt ist? Zumindest in den USA ist das verboten.

Nun gut, Sie müssen annehmen, dass der Kunde die Wahrheit sagt. Was jetzt? Mit dem Angebot gleichziehen? Das muss nicht nötig sein. Zunächst sollten Sie den Kunden daran erinnern, was für ein guter Lieferant sie immer waren. Betonen Sie, dass er bei einem Wechsel eine bewährte Geschäftsbeziehung für einen Sprung ins Ungewisse aufgäbe. Niedrigerer Preis oder nicht, er könne einen Wechsel später sehr wohl bereuen. Wenn er die Geschäftsverbindung schätzt, sollte es Ihnen gelingen, den Kunden zu behalten, ohne ihm den genannten Preis zuzugestehen. Sie werden ihm wahrscheinlich etwas entgegenkommen müssen, aber nicht die ganze Strecke.

Wenn das nicht funktioniert, heißt das nicht, dass Sie dem Kunden den geforderten Preis zugestehen sollten. Es könnte besser sein, den Kunden gehen zu lassen. Den Preis zuzugestehen kann sehr teuer werden: Ihre anderen Kunden könnten Wind davon bekommen und ähnliche Rabatte verlangen. Sie könnten sogar vertraglich verpflichtet sein, ihnen den gleichen niedrigeren Preis einzuräumen.

Es mag ein Biss in einen sauren Apfel sein, den Kunden ziehen zu lassen, aber er könnte der einzige sein, den Sie gehen lassen müssen. Ihr Konkurrent konnte vielleicht seine Kapazität nicht mehr auslasten und würde es bei einem nach dem anderen Ihrer Kunden versuchen, bis es bei einem klappt. Sie könnten einen solchen Kampf durchkämpfen und Ihrem Rivalen jeden Ihrer Kunden verweigern, doch dann würden Ihre Gewinne schwinden. Ein Pyrrhussieg.

Vielleicht sollten Sie Ihren Konkurrenten den einen Fang machen lassen und damit die Geschichte beenden. Wenn aber abzusehen ist, dass Ihr Verzicht auf diesen Kunden zu immer aggressiveren Abwerbungsversuchen Ihres Konkurrenten bei Ihrer Kundschaft führt, sollten Sie darauf hinarbeiten, den Kunden zu behalten, auch wenn Sie das etwas kostet. Um zu entscheiden, was Sie tun, müssen Sie sich fragen, was der Konkurrent machen wird, wenn er den Kunden bekommt, und was er im anderen Fall tun wird.

Bis jetzt haben wir den Eintritt in ein Spiel betrachtet und auch, wie zu reagieren ist, wenn ein unwillkommener Gast in Ihr Spiel eintritt. Jetzt wenden wir uns der Strategie zu, andere Spieler ins Spiel zu bringen.

4.2 Andere Spieler ins Spiel bringen

Spieler in einem Spiel wollen oft zusätzliche Spieler ins Spiel bringen. Wir haben bereits einige Beispiele dafür gesehen. LIN führte BellSouth als zweiten Bieter ein und Gainesville Norfolk Southern als zweiten Lieferanten. Coca Cola und Pepsi wären zweifellos bereit gewesen, Holland Sweetener eine hübsche Summe dafür zu zahlen, ein alternativer Lieferant zu werden.

Wir beginnen dieses Kapitel mit der Strategie für die Einführung von Kunden. Dann wenden wir uns der Einbringung von Lieferanten zu. Und wir gehen den Rest des Wertenetzes durch, denn Sie wollen sicher Komplementäre ins Spiel bringen, und in manchen Fällen ist es sogar vorteilhaft, einen Konkurrenten auf den Plan zu rufen.[21]

Kunden ins Spiel bringen

Es ist immer gut, mehr Kunden ins Spiel zu bringen. Ein Vorteil ist offensichtlich: Der Kuchen wird damit größer, denn mehr Kunden bringen mehr Umsatz und damit mehr Gewinne. Ein anderer Vorteil ist, dass mit mehr Kunden kein einzelner Kunde so unverzichtbar ist wie zuvor. Neue Kunden verringern den Mehrwert aller bisherigen Kunden. Das stärkt die Verhandlungsposition eines Lieferanten gegenüber seinen Kunden. Für den Verkäufer bringen mehr Kunden also doppelten Gewinn: Der Kuchen wächst, und er bekommt einen größeren Teil davon.

Denken Sie zurück an das Kartenspiel. Barry tat gut daran, auf drei schwarze Karten zu verzichten. Sein größerer Anteil war mehr als ein Ausgleich für den verkleinerten Kuchen. Er hätte noch besser abgeschnitten, wenn er statt dessen drei zusätzliche rote Karten an die Studenten ausgeteilt, das Spiel also mit 26 schwarzen und 29 roten Karten gespielt hätte. Wiederum hätte kein einzelner Student einen Mehrwert gehabt. Doch in diesem Fall wäre der Kuchen nicht geschrumpft, und Barry hätte den Löwenanteil des größeren Kuchens bekommen.

Das ist schön und gut, wenn Sie wie Barry die eine Seite des Marktes für sich allein haben. Was aber, wenn Sie Konkurrenz haben? Sie bringen mehr Käufer ins Spiel, doch sie kaufen nicht unbedingt von

---

[21] Im Prinzip können Sie eine erweiterte Familie von Spielern ins Spiel bringen – Kunden für Ihre Kunden, Lieferanten für Ihre Lieferanten und so weiter. Alle Gedanken dieses Kapitels gelten auch dafür. Wir halten das aber für nicht vorrangig. Wenn es schon schwer ist, neue Kunden ins Spiel zu bringen, ist es um so schwieriger, Kunden für Ihre Kunden aufzutreiben. Zudem ist der Nutzen für Sie stark verwässert.

Ihnen. Es ist teuer, einen Markt zu entwickeln und die Nachfrage anzuheizen, warum sollten Sie es also tun, wenn Ihr Konkurrent vielleicht der Nutznießer ist?

Kurzsichtiger Preiskrieg. Harnischfeger Industries mit Sitz in Milwaukee stellt Portalkräne her.[22] Was sind Portalkräne? Holzverarbeitende Betriebe wie Georgia-Pacific, International Paper und Weyerhaeuser bewegten Rundholz auf ihren Holzlagerplätzen traditionell mit beweglichen Staplern, Dieselfahrzeuge, die eine gewisse Ähnlichkeit mit riesigen Gabelstaplern hatten. In der Mitte der 70er Jahre begannen große, spezialisierte Portalkräne mit gewaltigen, klauenartigen Greifzangen, die Stapler zu ersetzen.

Portalkräne ermöglichen den holzverarbeitenden Betrieben, Rundholz effektiver zu bewegen. Theoretisch hätte Harnischfeger mit der Abschöpfung der gesamten Kostenersparnisse etwa fünf Millionen Dollar pro Kran verdienen können. Der Haken daran war die Konkurrenz, die 1987 mit dem kleinen Kranhersteller Kranco auf den Plan trat, eine kreditfinanzierte Ausgründung früherer Manager von Harnischfeger. Wenig überraschend stimmten Krancos Produkt- und Kostenstrukturen weitgehend mit denen von Harnischfeger überein.

Die Käufer kamen nur nach und nach, mehr oder weniger einzeln hintereinander auf den Markt, sodass jeder in der Lage war, Harnischfeger und Kranco gegeneinander auszuspielen. Es genügte jeweils, Angebote von beiden Kranherstellern einzuholen, um sich den Löwenanteil der fünf Millionen Dollar zu sichern. Das war das Problem, vor dem Harnischfeger stand.

Welche Möglichkeiten hatte Harnischfeger, das Spiel zu ändern? Eine Möglichkeit war das klassische Gewinner-Verlierer-Verfahren: die Konkurrenz fertigmachen. Kranco mit seiner hohen Verschuldung

---

[22] Einige Informationen im folgenden Fall stammen aus: Harnischfeger Industries Portal Cranes (Harvard Business School Publishing, 9-391-130, 1991).

Andere Spieler ins Spiel bringen

war geldgierig, während Harnischfeger äußerst zahlungsfähig war. Ein ausgedehnter Preiskrieg hätte Kranco aushungern können. Dabei wäre Harnischfeger aber auch abgemagert. Es gab einen besseren Weg, das Spiel zu ändern: mehr Kunden zu finden.

Statt um die kleine Gruppe existierender Käufer zu kämpfen, hätte Harnischfeger daran arbeiten können, neue Käufer zu erschließen. Die Ersparnisse durch Portalkräne treten nur ein, wenn der Betrieb auf die Verarbeitung ganzer Stämme ausgerichtet ist. Die überwiegende Zahl der holzverarbeitenden Betriebe war aber organisiert worden, bevor die Technologie für baumlanges Rundholz aufkam. Sie verarbeiteten kurze Stammstücke, sodass die Portalkräne keine Ersparnisse ermöglichten. Harnischfeger hätte den Markt gewaltig ausweiten können, wenn es den Rundholz lagernden Betrieben die Vorteile der neuen Technologie für Stämme aufgezeigt hätte.

Wenn aber alle neuen Käufer Kräne von Kranco gekauft hätten, wäre dann Kranco nicht der alleinige Gewinner gewesen? Nein. Beide hätten gewonnen. Mit mehr eigenen Kunden wäre Kranco nicht so verzweifelt jedem Kunden nachgejagt, der sich an Harnischfeger wandte. Und die Käufer hätten nicht mehr die beiden Verkäufer gegeneinander ausspielen können. Von jedem Kunden hätten Harnischfeger und Kranco mit großer Wahrscheinlichkeit mehr von den fünf Millionen Dollar Ersparnis erbeuten können.

Kein Preiskrieg mehr. Kranco hätte nicht verlieren müssen, damit Harnischfeger gewinnt. Denken Sie immer an Coopetition, nicht nur an Konkurrenz.

Tatsächlich hätte Harnischfeger in diesem Win-Win besonders viel gewonnen, denn Kranco hatte nur begrenzte Kapazitäten zum Kranbau. Es hätte so viele neue Kunden gar nicht bedienen können. Das ist einer der Fälle, in denen ein Konkurrent nur wenige Schüsse in der Flinte hatte. Sowie sie verschossen waren, konnte Kranco nicht mehr schaden.

Was geschah wirklich? Harnischfeger entschloss sich, den Preiskrieg fortzusetzen. Kranco kam an den Rand des Ruins, verschwand aber nicht ganz, sondern wurde von dem führenden finnischen Maschinenbauunternehmen Kone aufgekauft. So hat Harnischfeger heute einen stärkeren Konkurrenten.

Elemente der Harnischfeger-Geschichte können in vielen anderen Branchen wiedergefunden werden. Nehmen Sie zum Beispiel den Flugzeugbau. Bestellungen neuer Flugzeuge sind groß und selten, deshalb denken die Flugzeughersteller Boeing und Airbus, jeden Auftrag gewinnen zu müssen. So können die Fluggesellschaften Boeing und Airbus gegeneinander ausspielen. Was auch immer einer der beiden Hersteller tun könnte, um ein paar Käufer mehr ins Spiel zu bringen, würde einen großen Unterschied ausmachen. Es ist sogar akzeptabel für Boeing, wenn die neuen Käufer Airbusse bestellen, denn Airbus hat begrenzte Produktionskapazitäten. Wenn Airbus mehrere Auftrage hintereinander erhält, entsteht ein großer Auftragsstau, die Lieferfristen werden länger. Dann kann Boeing schnellere Lieferung versprechen und kommt so in eine bessere Position, um die nächsten Aufträge zu erhalten. Wenn es nur wenige Käufer gibt, zu wenige, um einen Auftragsstau entstehen zu lassen, kann Boeing es sich nicht leisten, Airbus einen Auftrag gewinnen zu lassen. Jeder verlorene Auftrag verstärkt den Druck der Fixkosten von Boeing. Der Wettbewerb heizt sich auf, bis weder Boeing noch Airbus Gewinne erzielen. Nur eine kleine Zu- oder Abnahme der Kundenzahl kann eine große Veränderung der Kräfteverhältnisse am Markt bewirken. Es ist wieder wie im Kartenspiel. Schon eine kleine Veränderung in der Anzahl der schwarzen oder roten Karten genügt, um die Machtverhältnisse im Spiel zu verschieben.

Mehr Kunden ins Spiel zu bringen ist gut, wenn Sie keine Konkurrenz haben, und kann noch wichtiger sein, wenn Sie welche haben. Wir haben bereits einige Möglichkeiten untersucht, wie Kunden ins Spiel gebracht werden können. Ein Weg ist eine Schulung der Marktteilnehmer, wie Harnischfeger es getan haben könnte. Ein anderer ist, für den Eintritt ins Spiel zu bezahlen, ein Gedanke, den wir im ersten Teil dieses Kapitels untersucht haben.

Andere Spieler ins Spiel bringen

Manchmal ist es wesentlich, Kunden fürs Mitspielen zu bezahlen, vor allem Erstanwender neuer Produkte. Sie müssen den Ball ins Rollen bringen. Das klassische Beispiel ist das Angebot eines Online-Dienstes. Je mehr Menschen bei AOL angeschlossen sind, desto höher wird der Wert des Dienstes für seine Kunden, da sie mehr Menschen online finden. Ebenso ist es mit ProShare, dem Videokonferenzsystem, das wir im Kapitel über Coopetition erörtert haben – je mehr Teilnehmer an das Netz angeschlossen sind, desto wertvoller wird es für jeden Anschlussinhaber. Es gibt mehr Leute, die man anrufen kann und mehr die einen anrufen können.

AOL wusste, dass es Anfangsverluste hinnehmen musste – gewissermaßen, um Teilnehmer für das Spiel zu bezahlen – um eine Kundenbasis aufzubauen. Ebenso subventioniert Intel ProShare. Die gute Nachricht ist, dass beide nicht jeden künftigen Kunden fürs Mitspielen bezahlen müssen: Sowie ein gewisser Kundenstamm aufgebaut ist, werden sich Andere auch ohne Bezuschussung anschließen.

Eine Party in Gang zu bringen unterscheidet sich nicht sehr vom Start eines elektronischen Netzes. Niemand besucht gern einen leeren Nachtclub, daher beginnen diese am frühen Abend oft mit freiem Eintritt, sogar kostenlosen Getränken, damit Betrieb entsteht. Die ersten Gäste werden fürs Mitspielen zunächst gewissermaßen bezahlt, damit später Gäste bleiben, die dem Club die ganze Nacht das Spiel bezahlen.

Zeitungen, Zeitschriften und Illustrierte subventionieren einen Teil ihrer Kunden, weil sie zwei Gruppen von Kunden haben: Leser und Inserenten. Je mehr Leser sie haben, desto mehr sind die Inserenten bereit, für Anzeigen zu zahlen. Um die Auflage zu steigern, verkaufen die Verlage ihre Publikationen gewöhnlich zu Preisen unter den Kosten. Die so erzielte Erhöhung der Anzeigeneinnahmen gleicht die Subventionierung der Leser mehr als aus. Anzeigenblätter werden sogar umsonst verteilt. Manche Verleger würden sogar für die Abnahme eines Exemplars Geld bezahlen – sie können nur nicht glaubhaft machen, dass die Publikation von bezahlten Abnehmern auch gelesen wird. Schon wenn der Preis zu niedrig wird, fangen Inserenten an zu bezweifeln, dass ihre Anzeigen wahrgenommen werden, bevor die Publikation weggeworfen wird.

Ein weiteres Mittel, mehr Kunden zu gewinnen, ist die Identifizierung und Stimulierung von komplementären Produkten. Die Entwicklung von Komplementen lockt natürlich mehr Kunden ins Spiel. Wir haben diesen Gedanken im Kapitel über Coopetition eingeführt und werden noch im Abschnitt »Komplementäre ins Spiel bringen« noch mehr darüber sagen.

Schließlich können Sie noch in Betracht ziehen, Ihr eigener Kunde zu werden. Nach dem Zweiten Weltkrieg hatten die US-Flugzeughersteller, Boeing und Douglas, hart zu kämpfen. Militärflugzeuge waren nicht mehr gefragt, und die Zivilluftfahrt musste erst noch in Gang kommen. Die beste Gelegenheit kam, als die US-Post den Transport der Luftpost ausschrieb. Würde der Gewinner Flugzeuge von Boeing oder von Douglas kaufen? Boeing vermied jedes Risiko, indem es sich selbst um den Vertrag mit der Post bewarb. Boeing erhielt den Zuschlag, baute die Flugzeuge und flog damit die Luftpost, indem sie das Unternehmen schuf, das später zu United Airlines wurde. Um einen Markt für seine Flugzeuge zu schaffen, hat Boeing letztlich seinen eigenen, an sich gebundenen Kunden geschaffen.

Ebenso ist es kein Zufall, dass die US-Autohersteller Mietwagenfirmen besitzen. Ford ist Eigentümer von Hertz und hat Anteile an Budget. Chrysler besitzt Dollar und Thrifty und ist an Avis mit der Maßgabe beteiligt, dass 20 Prozent der Flotte von Chrysler bezogen werden. General Motors ist ebenfalls mit 25 Prozent an Avis beteiligt; dafür verpflichtete sich Avis, 60 Prozent des Wagenbestands von GM zu beziehen. Sieben Jahre lang war General Motors auch Eigentümer von National. Obwohl National im April 1995 verkauft wurde, schlossen die neuen Eigentümer einen langfristigen Vertrag zum weiteren Bezug von Fahrzeugen aus dem Hause GM. Mitsubishi schließlich ist Teilhaber von Value Rent-a-Car.

Die Entwicklung des Mietwagengeschäfts hilft den Autoherstellern, mehr Autos zu verkaufen. Es gibt ihnen auch die Kontrolle darüber, welche Wagen die Vermieter kaufen. Und es ist eine hervorragende

Methode, potentielle Kunden zu Probefahrten mit den neusten Modellen zu bringen.

Ihr eigener Kunde zu werden ist ein Weg, mit dem sie den Markt entwickeln, die Nachfrage sichern und Kostendegressionen durch Produktion größerer Mengen erzielen können.

Kunden ins Spiel bringen
1. Ziehen Sie sich den Markt durch Schulung heran.
2. Zahlen Sie fürs Mitspielen.
3. Subventionieren Sie *manche* Kunden, damit Voll- oder Mehrzahler folgen.
4. Machen Sie es selbst: Werden Sie Ihr eigener Kunde, um den Markt zu entwickeln, Nachfrage zu sichern und Kostendegressionen zu erzielen.

Lieferanten ins Spiel bringen

So wie es von Vorteil ist, mehr Kunden zu gewinnen, gewinnen Sie auch, wenn Sie mehr Lieferanten ins Spiel bringen. Mit mehr Lieferanten ist keiner mehr unverzichtbar, und dies versetzt den Käufer in eine stärkere Verhandlungsposition. Wie bringen Sie mehr Lieferanten ins Spiel? Ein Weg ist, wie bei Kunden, sie fürs Mitspielen zu bezahlen. Ein anderer Weg ist die Bildung eines Einkaufsverbunds.

Keine Krankenversicherung ohne uns. Im Mai 1995 bildeten American Express, IBM, ITT, Marriott, Merrill Lynch, Nabisco, Pfizer, Sears und zwei andere Großunternehmen, die es vorziehen, anonym zu bleiben, einen Einkaufsverbund zum Kauf der HMO-

Komponente[23] der Krankenversicherung ihrer Arbeitnehmer. Das Resultat war der Schulterschluss von über 600.000 Arbeitnehmern und Familienangehörigen zum Kauf von Krankenversicherungen für eine Milliarde Dollar.[24]

American Express hatte bereits bewiesen, dass das Verbundkonzept von Vorteil ist. In Verbindung mit Merrill Lynch und Macy's testete American Express die Idee in Kalifornien, Florida, Texas und den Städten New York und Atlanta.[25] Das Resultat war ein Rückgang der HMO-Prämien in den Verbundgebieten um sieben Prozent. Im Gegensatz dazu *stiegen* die Prämien in anderen Regionen um sieben Prozent.[26]

Ein offensichtlicher Vorteil der Mitgliedschaft in einem Einkaufsverbund ist dessen reine Größe. Die Krankenversicherer wollten keinesfalls das riesige Geschäft verlieren, das von dieser Koalition ausging, und machten aggressive Angebote. Das ist aber nicht alles. Es gab eine zweite, vielleicht sogar noch wichtigere Machtquelle. American Express und die anderen Verbundpartner brachten über einhundert Bieter zum Eintritt in das Spiel. Dies führte dazu, dass kein einzelner Bewerber viel Mehrwert hatte, und das versetzte den Verbund in eine außerordentlich machtvolle Position.

Die über hundert Bieter sind mehr, als ein Verbundmitglied jemals hätte anlocken können. American Express hätte fünf oder zehn Krankenversicherer für sich interessieren können, aber niemals hundert. Die Größe des Geschäfts mit American Express hätte bei hundert Bietern auch nicht Zeit und Aufwand gerechtfertigt, die für die Ausarbeitung eines Angebots nötig gewesen wären, denn die geringe Chance, den Zuschlag zu erhalten, wäre bei diesem Geschäftsumfang

---

[23] CR: HMO steht für Health Maintenance Organization und bezeichnet ein besondere Form der Krankenversicherung, in der Gruppenverträge mit bestimmten Einschränkungen abgeschlossen werden.
[24] *Washington Post*, 23.5.1995, S. C1.
[25] *Health Alliance Alert*, 26. 5. 1995.
[26] *Business Insurance*, 29.5.1995.

nicht aussichtsreich genug gewesen. Da es aber um das Geschäft von einer Milliarde Dollar mit dem Verbund ging, fanden es trotz der geringen Chance eines Zuschlags mehr als hundert Bieter die Mühe wert mitzuspielen.

American Express allein hätte mehr als hundert Bietern auch nicht gerecht werden können. Die sorgfältige Auswertung der Angebote wäre schlicht zu teuer geworden. Die Verbundmitglieder teilten sich die Kosten der Prüfung der über hundert unterschiedlichen Angebote. Die Kandidaten, die es bis zur Endauswahl geschafft hatten, wurden in der Tat außerordentlich gründlich geprüft. Ein Auswahlkomitee interviewte zu jedem von einer Versicherung vorgelegten Plan einen Repräsentanten des Bieters, der Auskunft über die Verfahren zur Handhabung schwieriger medizinischer Fälle geben musste. Jeder Kandidat hatte 25 medizinische Aufzeichnungen über Fälle mit ungünstigem Ausgang zu liefern, wie Wiedereinlieferung ins Krankenhaus wegen gleicher Krankheit und sogar unerwarteter Tod.[27]

Der Einkaufsverbund um American Express expandiert weiter. Die zehn Gründungsmitglieder sind mit zehn voraussichtlichen weiteren Mitgliedern zusammengekommen, um andere Einkaufsinitiativen zu erörtern. Diese Gruppe repräsentiert 3,5 Millionen Arbeitnehmer und Angehörige und ist damit fast sechsmal so groß wie der ursprüngliche Verbund. Im Gespräch sind gemeinsamer Einkauf von Versicherungen für Medikamentenbedarf, psychiatrische Behandlung und andere Gesundheitsvorsorge.[28]

Einkaufsverbunde sind verbreiteter, als man annehmen könnte. Einkaufsclubs in den USA wie Price/Costco und Sam's sind de facto Ein-

---

[27] Charles Blanksteen, geschäftsführender Direktor von William Mercer, der Unternehmensberatung, die den Einkaufsverbund beriet, erklärte: »Wir wollten das System verstehen, das hinter den getroffenen Entscheidungen stand« (*Business and Health*, 25.7.1995).

[28] *Business and Health*, Juli 1995.

kaufsverbunde, wie der Strategieberater und Autor Michael Treacy hervorhebt.[29] Statt dass der Kunde in den lokalen Supermarkt geht und selbst entscheidet, welche Zahnpasta oder Marmelade er kauft, überlässt er die Entscheidung den professionellen Einkäufern von Price/Costco. Diese Clubs bieten keine große Auswahl, doch was ihnen an Vielfalt fehlt, machen sie mit den Preisen wieder wett.

Einkaufsverbundbildung ist eine mächtige Strategie, um weitere Lieferanten anzulocken. Auch Buchhandlungen, Universitätsbibliotheken und Krankenhäuser, um nur drei Beispiele zu nennen, könnten von dieser Art der Einkaufsorganisation profitieren.

Die US-Antikartellgesetzgebung setzt einem Einkaufsverbund einige Grenzen. Die Mitglieder können nicht zum Einkauf über den Verbund gezwungen werden, die letzte Kaufentscheidung muss freiwillig sein. Natürlich gibt es gewöhnlich finanziellen Druck und Anpassungszwänge zum Verbleib im Verbund. Der Verbund darf gemäß Antikartellgesetz auch nicht marktbeherrschend sein, was gewöhnlich so ausgelegt wird, dass er nicht mehr als 30 Prozent des Markts kontrollieren darf.[30]

---

[29] Und das ist ein wirkliches Problem für Markenartikel. Michael Treacy erörterte das in einem 1995 gehaltenen Vortrag vor dem Minneapolis Master Forum.

[30] Eine Argumentation für eine günstige Behandlung von Einkaufsverbunden veröffentlichten Jonathan M. Jacobson und Gary J. Dorman in ihrem Beitrag »Joint Purchasing, Monoposony, and Antitrust« im *Antitrust Bulletin*, Spring 1991, S. 1-79.

> **Lieferanten ins Spiel bringen**
>
> Bezahlen Sie Lieferanten fürs Mitspielen.
>
> Bilden Sie einen Einkaufsverbund, um ein größer Einkäufer zu werden.
>
> Machen Sie es selbst: Werden Sie Ihr eigener Lieferant, um die Versorgung zu sichern und Wettbewerb zu schaffen.

Komplementäre ins Spiel bringen

Kunden und Lieferanten ins Spiel zu bringen ist gut, ebenso die Strategie, Komplementäre anzulocken. Komplementäre erhöhen Ihren Mehrwert. Mit mehr komplementären Produkten wird Ihr Angebot für die Kunden wertvoller. Je billiger die komplementären Leistungen, desto besser. Also wollen Sie so viele miteinander konkurrierende Komplementäre wie möglich im Spiel haben. Je mehr, desto besser.

Wie bringen Sie mehr Komplementäre ins Spiel? Das Konzept des Einkaufsverbunds legt eine Möglichkeit nahe. Wenn Sie größer sind als Ihre Kunden, können Sie den Kunden zu günstigeren Einkäufen bei Ihren Komplementären verhelfen. Und so wie der Einkaufsverbund um American Express mehr Lieferanten ins Spiel lockte, wird Ihre Größe mehr Komplementäre ins Spiel bringen und damit zu weiteren Preissenkungen führen.

Ein Beispiel dafür waren im Kapitel über Coopetition die MacBains und ihre Wochenzeitschrift für Gebrauchtwagen, La Centrale. Die MacBains versprechen ihren Lesern, sie zu den billigsten Anbietern komplementärer Leistungen für Autofahrer zu führen: Anbieter von Versicherung, Finanzierung und garantierten Werkstattleistungen. Sie haben damit de facto einen Einkaufsverbund für ihre Leser geschaffen und können mit mehr potentiellen Anbietern komplementärer Leistungen verhandeln, als ihre Leser es selbst könnten. Dadurch sparen die Leser von La Centrale Geld, wenn sie die komplementären Leistungen in Anspruch nehmen.

Wir erwähnten auch die Möglichkeit, dass Autoversicherungen eine ähnliche Strategie verfolgen können. Sie könnten mit den Autohändlern verhandeln, um ihren Kunden zu günstigeren Neuwagenpreisen zu verhelfen. Einige wenige US-Versicherer wie die USAA, einige Kreditgenossenschaften und die American Automobile Association (AAA) tun dies bereits in begrenztem Umfang. Wir meinen, dass diese Strategie sehr viel öfter angewendet werden könnte.

Große Versicherungsgesellschaften könnten sicher bessere Preise für Neuwagen aushandeln als die Versicherungskunden selbst. Während ein Autokäufer einige wenige Händler aufsuchen kann, könnten die Versicherungen landesweit von allen Händlern Angebote einholen. Wer ein Auto kaufen will, brauchte dann nur die Versicherungsvertretung anzurufen, um zu erfahren, wo es in der Nähe das gewünschte Auto zum günstigsten Preis gibt. Der Autokauf würde dann für den Kunden billiger, schneller und angenehmer. Neue Autos würden etwas öfter gekauft und die Versicherungen gleich mit dazu.

Wenn die Versicherungen sich nicht selbst um das Autogeschäft kümmern wollen, können sie sich mit Autoeinkaufsdiensten wie in den USA Auto-By-Tel, CUC oder Mass Buying Power zusammentun. Die Versicherungen hätten noch ein zusätzlichen Vorteil. Versicherungsgesellschaften werden nicht immer sehr geschätzt, um es höflich auszudrücken. Die Kunden geben ihnen echtes Geld für die Gegenleistung eines Versprechens. Meistens bekommen die Versicherten nichts Greifbares für ihr Geld, und wenn, dann nur, weil ihnen etwas Schreckliches zugestoßen ist, sodass die Versicherungsleistung eine Art Trostpreis ist. Wenn die Versicherungen aber ihren Kunden beim Autokauf helfen würden, könnten ihnen das echte Dankbarkeit ihrer Kunden bringen.

Mehr Komplementäre ins Spiel zu bringen ist lohnend, doch manchmal gibt es keine Komplementäre. Die Hersteller von Videospielen stoßen immer wieder auf dieses Problem. Ihre Technologien der nächsten Generation sind gewöhnlich mit der alten Hardware nicht kompatibel. Die neue Hardware wird nicht angeschafft, bevor es sehr viel neue Software dafür gibt, und Spiele für das neue System werden nicht hergestellt, bevor es eine ausreichend große Hardwarebasis gibt. Huhn und Ei werden zur gleichen Zeit gebraucht.

Billige Komplemente. Die 3DO Company ist dafür bekannt, die erste 32-Bit CD-ROM-Videospielhardware entwickelt zu haben.[31] Diese 1993 am Markt eingeführte Technik machte Videospiele viel realistischer und interaktiver. Die Entwickler von Software konnten jetzt Spiele in hoher Bildqualität, mit Klang in CD-Qualität und mit eindrucksvollen Computergrafiken erschaffen.

Die Strategie der 3DO Company war, Geld zu verdienen, indem Lizenzen an Softwarehäuser zur Produktion von Spielen für eine Gebühr von nur drei Dollar je verkauftes Spiel vergeben wurden (»3 Dollars Only« - daher der Name der Firma). Um Hersteller von Hardware ins Spiel zu bringen, vergab 3DO Lizenzen zur Produktion der Hardware umsonst.

3DO wurde von Trip Hawkins gegründet. Als Student an der Harvard Universität entwickelte er Strategie und Spieltheorie zu seinem ganz persönlichen Hauptfach. Mit 28 Jahren war er 1982 schon ein alter Hase des Apple Computers und hatte seinen ersten Erfolg mit der Gründung des Softwarehauses Electronic Arts. Die Firma machte sich mit ihren Computer- und Videospielen einen Namen. Hawkins gab 1991 die Leitung von Electronic Arts auf, um sich seinem neuen Unternehmen, 3DO, widmen zu können.

Hawkins sah einen riesigen potentiellen Markt in interaktiver Unterhaltung im Wohnzimmer. Er verglich die Ausgaben der Amerikaner von jährlich 5 Milliarden Dollar für Kinobesuche mit den 14 Milliarden Dollar, die jährlich für Verleih und Kauf von Videofilmen ausgegeben wurden. Diese Relation ließ ihn schätzen, dass bei den jährlich sieben Milliarden Dollar, die für Videospiele in Spielhallen ausgegeben wurden, künftig jährlich 20 Milliarden Dollar für Videospiele

---

[31] Einige der Informationen zum folgenden Fall sind entnommen aus: Power Play (C): 3DO in 32-Bit Video Games (Harvard Business School Publishing, 9-795-104, 1995).

daheim aufgewendet würden. Bislang waren es nur drei Milliarden Dollar. Hawkins plante, das Ungleichgewicht zu korrigieren und die restlichen 17 Milliarden Dollar zu erobern.[32]

Im Mai 1993 wurde 3DO mit einem Ausgabekurs von 15 Dollar je Aktie an der Börse eingeführt. Bis zum Oktober stieg der Kurs auf 48 Dollar, was einer Bewertung des Unternehmens von fast einer Milliarde Dollar entsprach. Hawkins hatte einen guten Start geschafft. Die Investoren waren offensichtlich enthusiastisch, aber würden die Konsumenten diesen Enthusiasmus teilen?

Im Oktober 1993 kam das erste 3DO-Gerät zu einem Preis von 700 Dollar auf den Markt. Hergestellt von Matsushita unter dem Markennamen Panasonic, war es mit dem Spiel *Crash 'N Burn* ausgestattet, einem dreidimensionalen Action-Autorennen. Es waren nur wenige andere 3DO-Spiele erhältlich, und diese erschienen mit Preisen von etwa 75 Dollar je Titel teuer. Bis Januar 1994 hatte Matsushita nur 30.000 Spielkonsolen verkauft. Diese enttäuschenden Umsätze ließen den Kurs von 3DO-Aktien in den Bereich von etwas über 20 Dollar zurückgehen.

Die hohen Kosten von Software auf CD-ROM-Basis machten es schwer, den Ball ins Rollen zu bringen. Die Entwicklungskosten von CD-ROMs summierten sich wegen der ausgeklügelten Grafik- und Audioanteile auf bis zu zwei Millionen Dollar je Titel gegenüber einer halben Million Dollar für 16-Bit-Spielkassetten. Die Produktionskosten lagen dagegen mit zwei bis vier Dollar je CD-ROM weit unter den fast zehn Dollar für Spielkassetten. Das Problem bei dieser Kostenlage besteht darin, dass ein Massenmarkt nötig ist, um die Produktion rentabel zu machen. Eine Basis von 30.000 Geräten bildete nicht gerade einen Massenmarkt, deshalb waren die Softwarehäuser nicht bereit, in die Entwicklung von Spielen für die 3DO-Geräte zu investieren.

---

[32] »Ego Trip«, *Marketing Computers*, April 1994, S. 18.

Andere Spieler ins Spiel bringen

Hawkins erkannte, dass er das Huhn-und-Ei-Problem knacken musste. Zunächst war da die zu teure Hardware. Da Hawkins sah, dass Einladungen zur Teilnahme am Hardwarespiel nicht genügten, beschloss er, die Spieler für die Teilnahme zu bezahlen. Im März 1994 bot 3DO den Hardwareherstellern zwei 3DO-Aktien für jedes zu einem vorgeschlagenen niedrigen Preis verkaufte Gerät. Matsushita reagierte mit einer Preissenkung des Spielgeräts auf 500 Dollar, und Toshiba, GoldStar und Samsung erklärten ihre Absicht, 3DO-Geräte zu produzieren.

Nun befasste sich Hawkins mit der Software. Es gab einfach nicht genug Spiele. Electronic Arts, das alte Unternehmen von Hawkins, war eine bedeutende Verpflichtung eingegangen und hatte 25 Titel in Entwicklung. Doch Hawkins entschied, dass 3DO selbst ins Softwarespiel einsteigen müsse. Wie Produktionsleiterin Amy Guggenheim es erklärt: "Rückschauend war es nicht unsere ursprüngliche Absicht, unsere eigene Titelentwicklung zu unternehmen. Wir wollten eine für die Vergabe von Lizenzen sein. Doch als wir das System starteten, wurde klar, dass die eine Firma, die ein entscheidendes Interesse an 3DO hat, 3DO war. Schnell erschien es sinnvoll für uns, Softwareentwicklung zu betreiben. Indem wir einige Titel mit Pfiff auf den Markt bringen, nützen wir jedem. Wir nützen den Kunden, den Software- und den Hardwarelizenznehmern. Bis auf weiteres müssen wir unser eigenes Schicksal in die Hand nehmen."[33]

Zurück zur Hardware. Sie war immer noch zu teuer. Im Oktober 1994 sagte Hawkins den Herstellern von 3DO-Hardware, sie müssten in den nächsten Monaten 200 Millionen Dollar Verluste in Kauf nehmen, um 3DO-Maschinen zu wettbewerbsfähigen Preisen zu verkaufen. Als sie sich sträubten, wandte sich Hawkins an die Softwareentwickler und erhöhte einseitig die Lizenzgebühr. Künftig würden sie 3DO über die vereinbarten drei Dollar hinaus eine Zusatzabgabe von drei Dollar für jede verkaufte CD zu zahlen haben. Mit diesem Geld werde ein »Marktentwicklungsfonds« gestartet. Etwas von dem Geld

---

[33] Persönliches Interview am 23.8.1994.

würde für Inserate für die 3DO-Konsole verwendet, der Rest ginge an die Hardwareproduzenten als Anreiz zu aggressiveren Preisen. Hawkins stellte fest: »Wenn ich keine Softwarefirmen habe, ist das ein Problem. Aber es ist kein so großes Problem, wie keine Hardwarehersteller zu haben.«[34]

Bis Mitte 1995 ging der Preis des 3DO-Geräts auf 400 Dollar zurück, wobei Software für 150 Dollar dazugegeben wurde. Bis Mitte 1995 wurden über eine halbe Million Einheiten verkauft. Sicher ein Fortschritt, doch auch 1996 blieb das Schicksal von 3DO ungewiss. 3DO hat das 32-Bit-Spiel nicht mehr für sich allein: Sega kam mit dem 32-Bit-Saturn-Gerät für 400 Dollar auf den Markt, Sony bot die 32-Bit-Spielkonsole für 300 Dollar an. Nintendo wollte sie alle mit der Nintendo 64-Bit-Maschine überspringen, die ab September 1996 für weniger als 200 Dollar verkauft wurde (in Deutschland schon kurz nach dem Start im März 1997 für 299 DM). Im Jahr 2003 ging 3DO in Konkurs.

Der Fehler an der Strategie von Hawkins war, dass er sich zu sehr auf andere Spieler verließ, die nicht die gleichen Interessen hatten wie 3DO selbst. Das führte sowohl an der Hardware- als auch an der Softwarefront zu Problemen. Die 3DO-Hardware war nie billig genug. Nintendo führte sein 8-Bit-Videospiel 1986 für verblüffende 100 Dollar ein, ein Preis, von dem manche glaubten, er habe die Kosten nicht gedeckt. Doch schon 1992 verkauften Nintendo und Sega 16-Bit-Videospiel-Konsolen für 100 Dollar. Warum wurden die Geräte von 3DO 1995 nicht für 100 Dollar angeboten? Nintendo und Sega konnten ihre Hardware für 100 Dollar verkaufen, weil sie sich darauf verließen, durch späteren Softwareverkauf Geld zu verdienen. Matsushita und die anderen Hardwarehersteller hatten keine Möglichkeit, später Geld zurückzuverdienen. (Matsushita war mit 15 Prozent an 3DO beteiligt. Das half, war aber nicht genug. Die übrigen Hardwarehersteller hielten praktisch keine Beteiligungen an 3DO.)

---

[34] »3DO Faces Revolt by Game Developers over Fee to Cut Manufacturers' Losses«, *Wall Street Journal*, 24.10.1994, S. B3.

Deshalb wollten Sie mit den Preisen nicht auf 100 Dollar heruntergehen.

Der Fehler war, die Einkommensströme aus dem Softwareverkauf von der Hardwareproduktion zu trennen. Hawkins begann, den Fehler zu korrigieren, indem er Kapitalanteile für den Verkauf jeder Maschine vergab, aber das tat er erst spät im Spiel. Sein zweiter Schritt, der Marktentwicklungsfonds, schmeckt ein wenig nach linker Tasche, rechte Tasche – nur dass die linke Tasche auch leer war.

Ebenso gab es nicht genug 3DO-Software, vor allem am Anfang. Spiele mussten für Geräte entwickelt werden, die noch nicht verkauft worden waren. Andere hatten weniger Anreize zu diesem riskanten Spiel als 3DO selbst. Hawkins begann, dem Softwareproblem mit der Entwicklung von Spielen im eigenen Haus zu begegnen, doch auch das geschah in einem späten Spielstadium.

Mache dir selbst ein Komplement. Die Lektion der 3DO-Geschichte ist: Verlassen Sie sich nicht auf Andere. Zwei komplementäre Markte entwickelt man gewöhnlich besser selbst. Deshalb entwickelten sowohl Nintendo als auch Sega beide Bereiche selbst, Hardware und Software. Deshalb schuf Intel ProShare. Und deshalb machte sich 3DO das Leben doppelt schwer mit dem Versuch, die Entwicklung von Hardware und Software Anderen zu überlassen.

Manchmal haben Geschäftsleute Bedenken, selbst ins komplementäre Geschäft einzusteigen, weil sie "damit damit kein Geld verdienen können". Das geht aber an der Sache vorbei. Sie können nicht zwei komplementäre Geschäfte getrennt betrachten und sich darauf versteifen, dass bei jeder eine bestimmte Zielrendite erreicht wird. Wenn die Ergebnisse der klassischen Buchhaltung im komplementären Geschäft zu niedrig liegen, dann macht das nichts. Ihre rechte Hand kann ruhig ihre linke Hand dafür bezahlen, dass sie das komplementäre Spiel spielt. Die einzige Frage ist, ob Sie insgesamt mehr verdienen als ohne das komplementäre Spiel.

Manche Geschäftsleute wenden gegen den Eintritt in ein komplementäres Geschäft ein:»Das ist nicht unser Metier, wir sollten bei

Spieler

unseren eigenen Leisten bleiben.« Es hat aber keinen Zweck, zu schustern, wenn niemand die Schuhe allein haben will. Verlassen Sie besser Ihren Schneidersitz und schubsen Sie den Markt ein wenig an.

Komplementäre ins Spiel bringen

1. Bilden Sie einen Einkaufsverbund zugunsten Ihrer Kunden.
2. Bezahlen Sie Komplementäre fürs Mitspielen.
3. Machen Sie es selbst: Werden Sie Ihr eigener Komplementär – verlassen Sie sich nicht auf Andere, wenn Komplemente entwickelt und zu aggressiven Preisen angeboten werden müssen.

Konkurrenten ins Spiel bringen?

> Wenn Sie keinen wirklich scharfen Konkurrenten haben, sollten Sie einen erfinden. ... Konkurrenz ist eine Lebensweise. *Bill Smithburg, Vorstandsvorsitzender von Quaker Oats*[35]

Bill Smithburg hat keinen Mangel an wirklich scharfen Konkurrenten. Sein Sportgetränk Gatorade steigt mit Coca Cola und Pepsi in den Ring. Im Markt für fertigen Eistee legte sich sein gerade übernommenes neues Produkt Snapple mit Coca Colas Fruitopia und Pepsis Lipton an. Mit seinem Ausspruch will Smithburg ausdrücken, dass Konkurrenz den Menschen dazu drängt, das Beste aus sich herauszuholen.

---

[35] *Fortune*, 10.7.1995, S. 20.

Die meisten Läufer ziehen es vor, im Rennen gegen Rivalen zu trainieren, statt gegen die Uhr zu laufen.[36]

Der Management-Guru Tom Peters erzählt die Geschichte von Quad/Graphics, einem Unternehmen, das diese Philosophie in die Praxis um setzt: »(Das Unternehmen) vergibt Lizenzen für seine neueste Technologie an Erzrivalen, mit dem ausdrücklichen Ziel, sich selbst Feuer unter dem Hintern zu machen (und damit Geld zu verdienen).«[37]

Natürlich sollte man es nicht übertreiben. Im Idealfall sollte man die Vorteile der Konkurrenz bekommen, ohne das Geschäft zu verschenken. Großunternehmen haben den Luxus, Wettbewerb im eigenen Hause schaffen zu können. Procter & Gamble ist dafür bekannt, Konkurrenz zwischen den Managern für die verschiedenen Markenartikel zu fördern. Die Shampoos Head and Shoulders, Pantene, Pert, Prell (keck) und Vidal Sassoon sind alles P&G-Markenartikel im gleichen Markt, ebenso die Waschmittel Tide (Ebbe und Flut) und Bold (kühn) sowie die Seifen Ivory (Elfenbein) und Safeguard (Schutz). Dennoch wird jede Marke als eigenes Geschäft mit unabhängiger Werbung, Preisgebung und Strategie geführt. Der interne Wettbewerb zwischen den Markenartikeln hält jeden auf Trab.

Selbst wenn Sie nicht glauben, die Vorteile des Wettbewerbs zu brauchen, könnten Ihre Kunden anders denken. Vielleicht wollen sie kein Geschäft mit Ihnen machen, solange Sie keinen Konkurrenten haben. Dann bringen Sie besser einen ins Spiel.

Schneiden Sie die alten Zöpfe ab. Nachdem Intel 1978 den Mikroprozessor 8086 entwickelt hatte, vergab das Unternehmen eine Zweitbezugsquellenlizenz an IBM, Advanced Micro Devices (AMD) und

---

[36] Diese Analogie stammt von Professor Michael Porter, Harvard Business School.

[37] Tom Peters: *The Peters Seminar: Crazy Times Call for Crazy Organizations*, Verlag Vintage, New York 1994, S. 52.

zehn ausländische Hersteller, darunter NEC. Intel gab damit seine Monopolherrschaft über diese Technologie auf. Warum?

Intels Hauptkunde IBM machte sich Sorgen darüber, in die Entwicklung von Hardware auf Basis des Intel-Chips zu investieren und dann von einem einzigen Lieferanten des Chips abhängig zu sein. Eine Frage war die nach der Herstellungszuverlässigkeit von Intel. Zu jener Zeit hatte Intel noch nicht den Ruf der Zuverlässigkeit erworben, den das Unternehmen heute hat. IBM bestand auf die Lizenz für Intels Mikrocode, um Chips für den eigenen Gebrauch zu produzieren.

Eine andere Frage war die nach dem Preis, den Intel künftig berechnen würde. Die Käufer sorgten sich sowohl um das Spiel von morgen als auch um das von heute. Sie bestanden darauf, dass Intel Zweitbezugslizenzen erteilte. Obwohl IBM durch sein Recht auf Selbstherstellung geschützt war, wollte das Unternehmen noch einen »unterstützenden« Schutz. Der wurde durch die Lizenzen an neun weitere Firmen gewährt. Dadurch stellte Intel einen Markt mit Wettbewerb her und damit sicher, dass die Unternehmen beim Bezug der Chips nicht zu Geiseln gemacht werden konnten. Mit dieser Garantie waren die Käufer bereit, sich auf Intels Technologie festzulegen. Der Markt für die 8086-Chips war in der Tat von Wettbewerb geprägt; schon 1987 hatte Intel nur noch einen Marktanteil von weniger als 30 Prozent.

Dennoch haben die Käufer möglicherweise übersehen, dass sie, wenn sie einmal Intels Weg eingeschlagen hatten, nur sehr schwer wieder umkehren konnten. Intels breit gestreute Lizenzgewährung erstreckte sich nicht auf die Chips 286, 386, 486, Pentium oder Pentium Pro. Nur fünf Unternehmen erhielten eine Zweitbezugsquellenlizenz für den Chip 286. Und wie es sich herausstellte, kam nur IBM zu einer Lizenz für den Chip 386 und die Folgegenerationen. Und sogar diese eine Lizenz wurde auf die Produktion zum internen Gebrauch beschränkt.

Warum haben IBM und andere nicht vorausschauend darauf bestanden, dass Intel sich vertraglich zur Lizenzgewährung für jede künftige Generation von Chip-Technologien verpflichtete? In Wahrheit schloss

Intel langfristige Lizenzverträge mit AMD und IBM. Langfristige Lizenzverträge sind jedoch schwer zu formulieren, vor allem für sich schnell wandelnde Technologien. Es ist daher nicht verwunderlich, dass sich juristische Auseinandersetzungen über die Auslegung der beiden Verträge mit AMD und IBM ergaben. AMD verlor seine Lizenz für die Chipserien 386 und die Folgegenerationen. IBM löste 1994 den Konflikt, indem es seine Lizenz für einen nicht genannten Betrag an Intel zurückverkaufte. Vom Pentium an steht Intel unter keinerlei Verpflichtung mehr, seine Technologie mit anderen Unternehmen zu teilen.

IBM gelangte zu dem Schluss, etwas Konkurrenz zu Intel schaffen zu müssen, wenn Intel das nicht mehr selbst machen musste. In Zusammenarbeit mit Apple und Motorola entwickelte IBM daher den mit Intels Prozessoren konkurrierenden Chip Power PC.

Konkurrenten ins Spiel bringen

1. Gewähren Sie Lizenzen für Ihre Technologien – sowohl, um Geld zu verdienen, als auch, um nicht zu bequem zu werden.
2. Schaffen Sie zweite Bezugsquellen, um Käufer dazu zu ermutigen, Ihre Technologie zu übernehmen.
3. Machen Sie es selbst: Fördern Sie den unternehmensinternen Wettbewerb zwischen Geschäftsbereichen.

Das genügt zum Thema *mehr* Konkurrenz. Meistens beschweren sich die Unternehmen ja nicht über zu wenige Konkurrenten, sondern finden, sie hätten zu viele. Manchmal sehen sie sieh sogar nach Wegen um, zu etwas weniger Gesellschaft zu kommen.

Die Konkurrenz auf dem Abstellgleis. Der Historiker Stephen Goddard erzählt, wie einst Autos Straßenbahnen ersetzten.[38] In den Frühzeiten des Autos, in den 1920er und 30er Jahren, hatten die Autohersteller in Detroit Schwierigkeiten, in die städtischen Märkte einzudringen. In den Vororten und in den ländlichen Gebieten waren Autos und Busse in Mode gekommen, doch in den Stadtzentren war die Straßenbahn ein zu effizienter Konkurrent, war sie doch billig und bequem. Schlimmer noch: Die Straßenbahnen waren den Autos buchstäblich im Wege, da ihre Schienen die Mitte der Straße einnahmen.

Zusammen mit Firestone, Mack Trucks, Phillips Petroleum und Standard Oil entschloss sich General Motors, das Heft in die Hand zu nehmen. Sie ließen einen gewissen Roy Fitzgerald und seine vier Brüder die Range Rapid Transit Company gründen. Das Unternehmen hatte den Auftrag, im ganzen Land lokale Straßenbahnkonzessionen aufzukaufen und die Bahnen stillzulegen. Es war ein wenig, aber wirklich nur ein wenig raffinierter. In Städten von Montgomery im US-Staat Alabama bis Los Angeles kaufte Fitzgerald die Konzessionen, ließ die elektrischen Leitungen und die Schienen entfernen, die Wagen verschrotten und die Straßen neu pflastern. Die Abmachungen mit den Städten sahen die Ersetzung der Straßenbahnen durch Busse vor. Natürlich war das nur eine Zwischenstation zu dem Ziel, die Bürger zur Anschaffung von Autos zu bewegen.

Die Strategie war wirksam, aber auch hochgradig illegal. Sie war eine klare Verletzung des Sherman Act, des Antikartellgesetzes. Die Gerichte verurteilten General Motors und seine konspirativen Mitstreiter zu je 5000 Dollar Strafe. Für seine Rolle musste Roy Fitzgerald ein Bußgeld von einem Dollar zahlen.

Es gab also nur einen Klaps auf die Hand für General Motors und die anderen in der Verschwörung. Heute gehen die US-Gerichte mit Verstößen gegen das Kartellrecht wesentlich strenger um. Es gibt aber

---

[38] Stephen Goddard: *Getting There: The Epic Struggle between Road and Rail in the American Century*, Kapitel 7. Verlag Basic Books, New York 1994.

einige Umstände, beispielsweise der Verfall einer Branche, in denen es legal und angemessen ist, Konkurrenten zu übernehmen, um die Kapazitäten der Branche zu rationalisieren.[39]

Als William Anders 1991 Vorstandsvorsitzender des Rüstungsunternehmens General Dynamics wurde, sah er es als seine Aufgabe an, einen Weg zur Rationalisierung der Geschäftsbereiche zu finden, da die US-Verteidigungsausgaben nach dem Ende des Kalten Krieges stark beschnitten wurden. Als ehemaligem Kampfflieger und Apollo-8-Astronauten lag ihm das F-16-Düsenjägerprogramm sehr am Herzen. Doch auch Lockheed war im Düsenjägergeschäft – ein Spieler zuviel. Wiederholt versuchte Anders, das F-22-Programm von Lockheed zu kaufen und unter seine Fittiche zu bekommen. Aber Lockheed wollte es nicht verkaufen.

Anders sah ein, dass er, wenn er das Geschäft seines Konkurrenten nicht kaufen konnte, sich wohl das eigene Geschäft vom Konkurrenten abkaufen lassen musste. Einer von beiden musste aufgeben. Wenn er auch lieber das lF-22-Programm gekauft hatte, so biss Anders doch in den sauren Apfel und verkaufte das F-16-Geschäft an Lockheed.

4.3. Spieler austauschen

Bevor Sie in ein Spiel eintreten, stellen Sie Ihren Mehrwert fest. Wenn Sie einen hohen Mehrwert haben, werden Sie beim Spiel Geld verdienen. Also treten Sie ins Spiel ein. Wenn Ihr Mehrwert aber nicht hoch ist, werden Sie im Spiel nicht viel Geld verdienen. Was dann?

Selbst wenn Sie kein Geld *im* Spiel verdienen können, können Sie vielleicht doch Geld verdienen, indem Sie das Spiel ändern. Stellen

---

[39] Das aufgekaufte Unternehmen profitiert dann nicht mehr von den Gewinnen aus der Rationalisierung, es wird also praktisch dafür bezahlt, das Spiel zu verlassen.

Spieler

Sie Ciceros Frage: Cui bono? Finden Sie heraus, wer von Ihrem Eintritt ins Spiel profitieren würde. Diese Spieler könnten bereit sein, Sie für das Mitspielen zu bezahlen.

Holland Sweetener hatte keinen Mehrwert, doch der Eintritt des Unternehmens ins Spiel verminderte den Mehrwert von NutraSweet, und das half Coca Cola und Pepsi Cola. Holland Sweetener hätte verlangen sollen, für diesen Service bezahlt zu werden. Die Eisenbahngesellschaft Norfolk Southern hatte keinen Mehrwert, aber ihr Eintritt ins Spiel verringerte den Mehrwert von CSX, und das half dem CSX-Kunden Gainesville Regional Utility. Norfolk Southern hätte nicht spielen sollen, ohne dafür bezahlt zu werden. BellSouth hatte im Spiel um die Übernahme von LIN Broadcasting Corporation wenig Mehrwert, doch die Präsenz von BellSouth im Spiel beschnitt den Mehrwert des Bieters McCaw zum Nutzen von LIN. BellSouth verstand das Spiel und ließ sich sein Mitspielen von LIN anständig bezahlen.

Sollten Sie wirklich mitspielen, wenn Sie nicht dafür bezahlt werden können? Die beste Strategie könnte sein, sich auf die Wartebank zu setzen. Es gibt oft mehr Kosten für die Teilnahme an Spielen, als erkannt werden – denken Sie an die acht versteckten Kosten der Angebotsabgabe.

Wenn Sie einmal im Spiel sind, können Sie versuchen, Änderungen des übrigen Teilnehmerkreises herbeizuführen. Gehen Sie das Wertenetz durch und überlegen Sie, ob und wie Sie zu Ihrem eigenen Nutzen Kunden, Lieferanten, Komplementäre, ja sogar Konkurrenten ins Spiel bringen können. Denken Sie daran, dass diese anderen potentiellen Spieler wie Sie frei entscheiden können, ob sie mitspielen. Sie können sie nicht dazu zwingen, also müssen Sie die richtigen Anreize schaffen.

Manchmal ist das möglich und sehr effektiv. Ein perfektes Beispiel ist die Strategie von American Express zur Bildung eines Einkaufsverbunds: Der Verbund brachte viel mehr Bieter ins Spiel, da jeder einen größeren Anreiz hatte, sich um das Verbundgeschäft zu bemühen. Mit mehr Bietern im Spiel hatte jeder einen geringeren Mehrwert, und das versetzte den Einkaufsverbund in eine stärkere Verhandlungsposition.

Manche Rollen sollten Sie jedoch nicht Ihren Mitspielern überlassen. Ein Beispiel ist die Markteinführung eines Ergänzungsprodukts, eines Komplements, das entscheidend dafür ist, ob Sie überhaupt einen Mehrwert haben. Wenn es um so viel geht, verlassen Sie sich nicht auf andere. Die beste Besetzung der Rolle des Komplementärs könnten Sie selbst sein. Das war die Lektion von 3DO.

Bei jeder Änderung in der Rollenbesetzung ändern sich die Mehrwerte. Man kann die Mehrwerte aber auch unmittelbar verändern, wie wir im nächsten Kapitel sehen werden.

5. Mehrwerte

Nichts ist nützlicher als Wasser; doch dafür kann nun sich kaum etwas kaufen, kaum etwas kann man dafür im Tausch bekommen. Ein Diamant dagegen hat kaum einen Nutzwert, aber für ihn kann öfters eine große Menge anderer Güter eingetauscht werden. *Adam Smith, An Inquiry into the Nature and Causes of the Wealth of Nations, 1776. (Untersuchungen über Wesen und Ursachen des Reichtums der Nationen)*

Vor 220 Jahren stellte Adam Smith das Paradoxon von Wasser und Diamanten vor: Wasser ist lebenswichtig, Diamanten sind es nicht. Dennoch gibt es Wasser praktisch umsonst, Diamanten leider nicht. Hätte Adam Smith in 1990er Jahren gelebt, hätte er vielleicht Fernsehgeräte und Autos mit Videospielen verglichen. Fernsehgeräte und Autos sind wie Wasser, praktisch unverzichtbar für unser modernes Leben. Videospiele sind moderne Diamanten. Sie sind eines jungen Menschen bester Freund, aber nicht mehr. In welcher Branche möchten Sie also tätig sein, Elektronikgeräte, Autos oder Videospiele?

Vergleichen wir drei bekannte japanische Unternehmen, eines von jeder Branche: Sony, Nissan und Nintendo. Sony stellt Fernsehgeräte und andere elektronische Konsumgüter her, Nissan Kraftfahrzeuge und Nintendo Videospiele, vor allem eines über einen Klempner namens Mario. Von Juli 1990 bis Juni 1991 hatten diese drei Firmen folgende Marktwerte: Nissan 2,0 Billionen Yen Sony 2,2 Billionen Yen Nintendo 2,4 Billionen Yen.

Ja, wenigstens eine Zeitlang war Nintendo mehr wert als Sony oder Nissan.[1] Wie schaffte Nintendo das? Sehen wir einmal davon ab, wie Nintendo Sony und Nissan sogar überholen konnte: Wie konnte der Wert des Unternehmens dem der beiden anderen überhaupt jemals nahe kommen? Die Antwort liegt im Mehrwert.

5.1. Mehrwert eines Monopols

> Ein starkes Unternehmen, der Rest schwach. *Hiroshi Yamauchi, Präsident von Nintendo*[2]

Videospiele kamen 1972 mit der Gründung der Atari Corporation auf.[3] Zwar war Atari ein US-amerikanisches Unternehmen, es nahm seinen Namen aber vom japanischen Go-Spiel. Die Bedeutung ähnelt dem Wort »Schach« beim Schachspiel, es ist die Ankündigung, dass ein gegnerisches Territorium angegriffen wird. Mit dieser fairen Vorwarnung schickte sich Atari an, den Markt mit dem Tischtennis-Videospiel *Pong* zu erobern.

Ataris Erfolg war enorm, aber von kurzer Dauer. In nur zehn Jahren erhöhte sich der US-Einzelhandelsumsatz mit Videospielen von null auf drei Milliarden Dollar. Der Markt wurde aber mit Software von armseliger Qualität überflutet, und das brachte ihn zum Zusammenbruch. Schon 1985 sanken die Umsätze unter 100 Millionen Dollar,

---

[1] »Can Nintendo Keep Winning?" *Fortune* 5.11.1990, S. 131. 1995 hatte Sony allerdings den höchsten Marktwert.

[2] David Sheff: *Game over: How Nintendo Conquered the World*, S. 71 (Vintage Books, New York 1993). Fine Quelle, die wir sehr empfehlen. Sie half uns wesentlich bei der Erzählung der Nintendo-Story.

[3] Einige der Informationen zum folgenden Fall wurden Power Play (A): Nintendo in 8-Bit Video Games entnommen (Harvard Business School Publishing, 9-795-102, 1995).

Videospiele für zu Hause wurden als eine vorübergehende Modeerscheinung abgetan. Atari verlor beim Abschwung soviel Geld, wie das Unternehmen beim Aufschwung verdient hatte. Man schrieb die Branche ab.

So schenkte kaum jemand dem Auftritt von Nintendo auf der Bühne viel Beachtung. Bereits ein Jahrhundert alt, hatte das japanische Unternehmen seine Tätigkeit von der Herstellung von Kartenspielen auf die Produktion von Spielzeug und schließlich von Spielhallenspielen ausgeweitet. Außerhalb Japans war Nintendo praktisch unbekannt, aber das sollte sich bald andern.

Nintendo Power. Frei übersetzt heißt Nintendo: »Arbeite hart, doch letztlich liegt's in Himmelshand.«[4] Bei seinem Eintritt in den Markt für Videospiele überließ Nintendo aber tatsächlich wenig dem Zufall. Nintendo machte alles richtig. Das Unternehmen setzte eine Himmelsspirale in Gang.

Vor allem war die Hardware ein Schnäppchen. Nintendo hatte einen Weg gefunden, von einem billigen Wohnzimmergerät die Atmosphäre eines Spielhallenspiels ausgehen zu lassen. Das Resultat war ein neues Videospielsystem namens Famicom (Familiencomputer). Nintendo brachte den Famicom in Japan 1983 auf den Markt und führte ihn unter dem neuen Namen Nintendo Entertainment System 1986 in den USA ein.

Eigentlich war der Famicom überhaupt kein richtiger Computer – alles war dem einzigen Zweck des Spielens gewidmet. Um die Kosten niedrig zu halten, verwendete Nintendo absichtlich einen billigen 8-Bit-Mikroprozessor aus den 1970er Jahren. Mitte der 80er Jahre kosteten PCs wie der IBM AT oder der Apple Macintosh 2500 bis 4000 Dollar. Nintendos Famicom kostete 24.000 Yen, das waren etwa 100 Dollar. Damit wurden die Preise der Konkurrenten radikal unterboten. Viele glaubten, die 100 Dollar hätten die Kosten nicht gedeckt.

---

[4] Ebd., S. 14.

Zu seiner preisgünstigen Hardware lieferte Nintendo Spiele von überragender Qualität. Das war kein Zufall. Nintendo griff auf seine Erfahrungen mit Spielhallenspielen zurück, um eine neue Qualitätsstufe bei Heimvideospielen zu entwickeln. Sigeru Miyamoto, der geniale Spitzendesigner bei Nintendo, schuf so überragende Erfolgsspiele wie Donkey Kong, Super Mario Brothers und Die Legende von Zelda. Mit der preiswerten Hardware und einer Auswahl von äußerst populären Spielen begannen die Verbraucher, Nintendos Geräte und Spiele in immer größeren Mengen zu kaufen. Die Heimvideospielbranche war wieder im Geschäft.

Die Himmelsspirale. Sowie der Absatz ins Rollen gekommen war, brauchte Nintendo nicht mehr alles selbst zu tun. Softwarehäuser standen Schlange, um Videospiele für das Nintendo-System zu schreiben. Sie durften dies nur mit Erlaubnis von Nintendo. Um eine Wiederholung des jüngsten Marktzusammenbruchs zu vermeiden, hatte Nintendo einen Sicherheitschip in die Hardware eingebaut, der sicherstellte, dass nur von Nintendo genehmigte Spielkassetten in den Nintendogeräten ablaufen konnten. So wurde die Produktion minderwertiger Spiele vermieden, die zuvor die Branche zum Erliegen gebracht hatten. Softwarehäuser konnten für das Nintendosystem nur Spiele produzieren, soweit Nintendo das genehmigte. Das Ergebnis? Nintendo kontrollierte den Markt vollkommen.

Zum Software-Lizenzprogramm von Nintendo gehörten einige bemerkenswerte Bedingungen. Jeder Lizenznehmer durfte nur fünf Titel pro Jahr produzieren. Dadurch mussten die Hersteller mehr Wert auf Qualität als auf Quantität legen. Ferner mussten die Spiele bestimmte Normen einhalten, zu denen der Verzicht auf extreme Gewalt und sexuelle Handlungen oder Andeutungen gehörte. Nintendo stellte alle genehmigten Spiele selbst her. Geld verdient wurde durch einen großen Aufschlag, den jeder Lizenznehmer für jede Spielkassette zu zahlen hatte. Obendrein verbot eine Exklusivitätsklausel jedem Lizenznehmer, den gleichen Titel vor Ablauf von zwei Jahren für andere Videospielsysteme freizugeben.[5]

Das Ergebnis war eine Himmelsspirale. Die billige Hardware und Nintendos eigene Hitspiele setzten sie in Gang. Als immer mehr Verbraucher die Hardware kauften, konnte Nintendo die Herstellungskosten herunter drücken. Mit immer mehr verkauften Geräten konnte Nintendo andere Softwarefirmen zur Entwicklung von Spielen bewegen. Dies schuf einen positiven Rückkoppelungseffekt: Mit mehr und besseren Spielen kauften noch mehr Konsumenten Nintendogeräte, die Herstellungskosten sanken durch Mengenproduktionsvorteile weiter, es wurden noch mehr Spiele für die erweiterte Gerätebasis bei den Verbrauchern produziert, mit noch mehr Spielen wurde die Hardware immer wertvoller, was zu weiterem Absatz führte. Das Ergebnis war »Nintendomanie«.

Auch bei der expandierenden Nachfrage achtete Nintendo darauf, den Markt nicht zu überfluten. Die Anzahl der Kopien, die von jedem Spiel hergestellt wurden, hielt Nintendo unter strikter Kontrolle. Eigene Spiele wurden aus dem Markt genommen, sowie die Nachfrage dafür zurückging. Mehr als die Hälfte der Spielbibliothek von Nintendo wurde auf diese Weise in den Ruhestand versetzt. Das führte manchmal zu erheblichen Verknappungen des Angebots. Die deutlichste Angebotsknappheit herrschte 1988, als vom Einzelhandel 110

---

[5] In einem Interview sprach Trip Hawkins, Gründer von Electronic Arts, über die Gründe für die Verzögerung seines Einstiegs in das Geschäft mit Videospielen: »Es war mein größter Fehler, seit ich das Unternehmen gegründet hatte. ... Jeder dachte, [Nintendo] würde eine Art Flickschusterei – es würde ein Jahr lang halten und dann den Weg von Atari und Coleco und den anderen Videospielsystemen gehen, die verschwunden waren ... Es gab noch einen Faktor, der uns lieber abwarten ließ ... Wenn man Software für Nintendo machte, durfte man zwei Jahre lang nicht auf andere Videospielgeräte übergehen ... Wir wollten nicht alles auf eine Karte setzen. Aber nach einiger Zeit waren so viele Nintendo-Spiele herausgekommen, dass diese Überlegung nur noch akademischen Wert hatte.« (*Upside*, August/September 1990, S. 48).

Millionen Spielkassetten bestellt wurden, vielleicht 45 Millionen hätten verkauft werden können und nur 33 Millionen verfügbar waren.[6] Die Verknappung machte sich besonders in der Weihnachtssaison bemerkbar.

Es mag etwas paradox erscheinen, aber die Verknappung dürfte zur weiteren Vergrößerung der Nachfrage beigetragen haben. Sie hatte mindestens drei verschiedene Wirkungen. Erstens ließ die Knappheit die Spiele in den Augen der Verbraucher noch wertvoller erscheinen, so dass die Nachfrage tatsächlich angeheizt wurde. Beliebte Restaurants spielen das gleiche Spiel. Zum Beispiel steigerten die Schlangen vor K-Paul's in New Orleans das Ansehen der Gaststätte noch, sodass die Schlangen immer länger wurden.[7] Warum nicht die Preise erhöhen und damit die Schlangen beseitigen? Weil die Schlangen ein Gütesiegel waren, dessen Beseitigung die Nachfrage vielleicht hatte zusammenbrechen lassen.

Zweitens sorgten die Knappheiten für Schlagzeilen; eine vollständige Bedienung der Nachfrage hätte das nicht gekonnt. Wir glauben nicht, dass es eine Schlagzeile wie die folgende hätte geben können: »Hauptneuigkeit heute: Nintendo verkaufte jedem jedes gewünschte Spiel. Einzelheiten auf Seite 11.« Dagegen erzeugten die Verknappungen ungeheure kostenlose Werbung für Nintendo, ein Unternehmen, das dafür bekannt war, bei der Werbung knauserig zu sein. Es gab dafür nur zwei Prozent vom Umsatz aus.

Drittens halfen die Knappheiten den Einzelhändlern beim Absatz von weniger gängigen Nintendo-Spielen, denn Eltern kauften schon einmal ein solches Spiel, wenn das vom Kind gewünschte ausverkauft

---

[6] »Nintendo Paces Videogames: Attention Turns to Adults and New Product Tie-Ins«, *Advertising Age*, 30.1.1989, S. 24; »Marketer of the Year«, *Adweek*, 27.11.1989, S. 15. Eine vorübergehende weltweite Knappheit an Computer-Chips hatte etwas mit den Lieferengpässen bei den Spielkassetten zu tun, aber es steckte noch mehr dahinter.

[7] Gary Becker: »A Note on Restaurant Pricing and Other Examples ot Social Influences on Price.« *Journal of Political Economy*, 1991, S. 1109-1116.

war. Das war aber natürlich nur ein Trostpflaster als Übergangslösung. Die Ersatzspiele unterhielten die Beschenkten von Weihnachten bis Neujahr, aber die Kinder ließen nicht locker und bewegten so manche Eltern dazu, das gewünschte Spiel zu kaufen, sowie es wieder erhältlich war. So verkaufte Nintendo zwei Spiele statt eines. Es war ein echter Fall von »weniger ist mehr«.

Um das Interesse an den Spielen noch weiter zu steigern, rief Nintendo die Monatszeitschrift Nintendo Power ins Leben, die Spiele benotete, Spieltipps gab und kommende Spiele ankündigte und beschrieb. Die Zeitschrift erschien ohne Anzeigen zu einem so niedrigen Preis, dass gerade die Herstellungskosten gedeckt wurden. Schon 1990 war Nintendo Power mit einer geschätzten Leserschaft von sechs Millionen die meistgelesene Kinderzeitschrift der USA. Das Magazin war ein ideales komplementäres Produkt zu Nintendos Spielen.

Ergebnis: Am Ende des Jahrzehnts hatte Nintendo Videospiele zu einem weltweiten Geschäft mit fünf Milliarden Dollar Umsatz wiedererweckt. Das Unternehmen hatte unglaubliche Marktanteile von 90 Prozent und mehr am Markt für 8-Bit-Videospiele in Japan und den USA erreicht. In jedem dritten Haushalt Japans und der USA gab es ein Nintendogerät. Nahezu drei Viertel aller US-Haushalte mit männlichen Teenagern besaßen Videospielsysteme. Auf Nintendos Erzeugnisse entfielen mehr als 20 Prozent des gesamten Spielwarenmarktes in den USA. Allein von der Super-Mario-Brothers-Spielserie wurden bis zum Ende der 80er Jahre 40 Millionen Kopien verkauft. Bei den amerikanischen Kindern war Mario beliebter geworden als Mickymaus.[8] Beliebter als Mickymaus? Jawohl!

Konnte ein Herausforderer hoffen, Nintendos Himmelsspirale zu durchbrechen? Nicht, nachdem sie sich einmal zu drehen begonnen hatte. Alternativen wie Fernsehen, Bücher oder Sport verblassten. Aus der Perspektive eines Jugendlichen gab es keine guten Alternativen zu Videospielen. Die einzige wirkliche Bedrohung konnte nur von alter-

---

[8] Gemäß einer Umfrage von «Q« im Jahr 1990. siehe *USA Weekend*, 22. 7. 1990, S. 14.

nativen Videospielsystemen kommen. Dazu war Software wie immer der Schlüssel. Und warum sollte jemand ein anderes Abspielgerät kaufen, da es doch eine riesige Auswahl von Spielen für Nintendogeräte gab. Könnte jemand die Nintendospiele für seine Geräte neu schreiben und dann eigene Spiele anbieten? Die Exklusivitätsklausel versperrte diesen Weg. Zwei Jahre lang durfte kein Nintendospiel für andere Geräte angeboten werden, und nach diesem Zeitraum waren auch die populärsten Nintendospiele passé. Ein Herausforderer würde ganz von vorn anfangen müssen. Während hohe Gewinne und Angebotsverknappungen gewöhnlich Konkurrenz herausfordern, machte die Himmelsspirale einen Wettbewerb mit Nintendo hoffnungslos. Die einzige Hoffnung war, Nintendo mit einer neuen Technologie zu überspringen. Das tat Sega schließlich, wie wir im Kapitel über den Spiel-Raum sehen werden.

Machtspiele. Da Nintendo ein Monopol bei 8-Bit-Videospielgeräten errungen hatte, war sein Mehrwert gleich dem des gesamten Videospielkuchens. Es gab keine Bedrohung durch Konkurrenten. Kein anderer Hardwarehersteller, weder Atari noch sonst jemand, hatte irgendeinen Mehrwert.

Es gab aber andere Spieler, die Ansprüche auf Anteile am Kuchen hatten. Gehen Sie das Wertenetz von Nintendo durch. Da waren die Einzelhändler, Nintendos unmittelbare Kunden, zu denen Großabnehmer wie Toys 'R' Us und Wal-Mart gehörten, ferner Komplementäre, Videospielentwickler wie Acclaim und Electronic Arts und Lieferanten, zu denen Chiphersteller wie Ricoh und Sharp gehörten sowie die Inhaber der Urheberrechte für Zeichentrickfilm- und Comicfiguren wie Disney (Mickymaus) und Marvel (Spiderman), die in einigen Nintendospielen vorkamen.

Mehrwerte

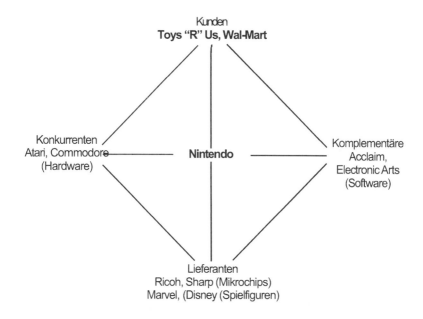

Abbildung 7: Das Wertenetz von Nintendo

Nintendos Strategie hatte den Effekt, den Mehrwert jedes anderen Spielers in der Abbildung zu begrenzen.

Beginnen wir bei Nintendos Kunden. Wie ging Nintendo gegen die Käufermacht von Toys 'R' Us oder Wal-Mart vor? Der Schlüssel dazu war Nintendos Lagerpolitik. Das Spielkassettenangebot wurde stets knapp gehalten. Dadurch mag Nintendo etwas Absatz verloren haben, doch der wichtigere Effekt war, dass einige Einzelhändler nicht beliefert werden konnten. Die Lage der Einzelhändler ähnelte jenen der 26 Studenten in Barrys Version des Kartenspiels. Es war, als würden sich 26 Kunden natürlich waren es mehr - um Nintendos 23 schwarze Karten reißen. Wie Barrys Studenten hatten die Einzelhändler kaum, wenn überhaupt, einen Mehrwert. Sogar ein Gigant wie Toys 'R' Us war in einer schwachen Position. Als die Nintendomanie von den Konsumenten Besitz ergriffen hatte, standen sie vor den Geschäften

Schlange, und die Einzelhändler baten andere Einzelhändler händeringend um mehr Produkte. Mit der Angebotsverknappung hatte Nintendo die Käufermacht neutralisiert.

Die nächste Verhandlungsarena war die mit den Komplementären, den Softwareentwicklern. Was geschah dort? Erstens war Nintendo selbst erfolgreich in diesem Geschäft, und zweitens erlaubte der Sicherheitschip Nintendo, ein sorgfältig gemanagtes Lizenzprogramm zu entwickeln. Die Beschränkung auf fünf Titel pro Jahr reduzierte die Bedeutung der anderen Softwareentwickler auf das jeweils gleiche Maß, keiner konnte zu mächtig werden. Und da Nintendo Spiele auch im eigenen Haus entwickelte, war es umso weniger von irgendeinem anderen Softwarehaus abhängig. Der Gesamteffekt war eine strikte Begrenzung der Mehrwerte der Lizenznehmer.

Nintendos Lieferanten hatten ebenfalls wenig Mehrwert. Die Chips waren austauschbare Massenware. Und bei den Spielfiguren gewann Nintendo mit der Entwicklung von Mario den Jackpot. Nachdem Mario ein Star geworden war, reduzierten sich die Mehrwerte von Mickymaus, Spiderman und anderen lizenzierten Charakteren. Tatsächlich drehte Nintendo den Spieß um, indem es Lizenzen für das Erscheinen von Mario in Comics und Zeichentrickfilmen sowie auf Lebensmittelverpackungen, Brettspielen und anderem Spielzeug vergab.

Der Name der Zeitschrift, Nintendo Power, war eine treffende Beschreibung der Situation.

Nintendos Strategie hatte einen hohen eigenen Mehrwert zur Folge und niedrige Mehrwerte für alle anderen. Auf diese Weise konnte Nintendo sich ein Riesenstück aus einem mittelgroßen Kuchen abschneiden. Im Gegensatz dazu sind Sony und Nissan in Branchen tätig, in denen Wettbewerb herrscht; beide Unternehmen haben viele Konkurrenten. So darf der Mehrwert von Sony nicht mit dem viel größeren Mehrwert von Fernsehgeräten und anderen elektronischen Konsumgütern verwechselt werden, und der Mehrwert von Nissan ist nur ein Bruchteil des Mehrwerts von Autos. Man kann auch ohne Sony fernsehen, wenn auch nicht auf einem Triniton oder Watchman, und man kann ohne Nissan Auto fahren, wenn auch nicht in einem Maxima oder in einem Infiniti. Weil aber Nintendo Monopolist war, war sein Mehrwert praktisch gleich dem Mehrwert von Videospielen. Ohne Nintendo hätte es kein Spiel mit Videospielen gegeben. Auf diese Weise konnte Nintendo die Marktwerte von Sony und Nissan übertreffen.

Die kartellrechtliche Herausforderung. Inmitten eines Klimas gespannter US-japanischer Beziehungen zogen einige Leute Nintendos Praktiken in Zweifel. Sinnigerweise am Jahrestag des japanischen Angriffs auf Pearl Harbor berief der Kongressabgeordnete Dennis Eckart (Ohio) von der Demokratischen Partei, Vorsitzender des Antikartell-Unterausschusses des Repräsentantenhauses, 1989 eine Pressekonferenz ein, auf der er das Justizministerium aufforderte, Anschuldigungen zu prüfen, Nintendo habe den Wettbewerb unfair eingeschränkt.

Eckarts Schreiben an das Justizministerium führte verschiedene Anschuldigungen auf. Die erste war, der Zweck des Sicherheitschips sei eine ungerechtfertigte Beschränkung des Wettbewerbs. Die zweite betraf die Lizenzvereinbarungen mit den Softwarehäusern, die, so das Schreiben, »fast vollkommen abhängig davon wurden, dass Nintendo ihre Spiel- und Produktionszuteilungen akzeptierte«. In dem Brief wurde ferner behauptet, dass die Verknappungen zur Weihnachtszeit 1988 ausgeheckt wurden, »um Verbraucherpreise und Nachfrage zu steigern und Nintendos Hebelwirkung auf den Markt zu verstärken«. Schließlich warf der Unterausschuss Nintendo vor, das Unternehmen habe »seine Marktmacht aggressiv ausgenutzt«, indem es Einzelhändlern drohte, die Lieferungen einzuschränken oder sogar zu stoppen, wenn Konkurrenzspielen Raum auf den Regalen eingeräumt würde. Eckart schrieb, diese Praktiken hätten »das Endergebnis, dass es nur ein Spiel auf dem Markt gibt«.[9]

---

[9] »Will Justice Department probe Nintendo?« in *HFD – The Weekly Home Furnishing Newspaper*, Bd. 63, Nr. 51, S. 103.

Die Wirtschaftswochenzeitschrift Barron's kommentierte den Antikartellfall so: "Die Legion der kartelljagenden Rechtsanwälte wäre weit produktiver beschäftigt, wenn sie Super Mario Brothers 3 spielen würde, als Fälle dieser Art zu verfolgen ... Bei ihrer Verfolgung von Gaunern wünschen wir den Kartelljägern Glück. (Sie) sind aber ebenso heiß hinter Nintendo und anderen wirklichen Erfolgsgeschichten, wirklichen Leistungen, wirklichem technischem Fortschritt und wirklichem Lohn her."[10]

Ein Jahr später stellte die Regierung ihre Ermittlungen im Fall Nintendo ein.[11]

Monopoly-Geld

> Lasst sie immer noch Zugaben verlangen. *Alter Spruch im Schausteller-Gewerbe*

Was bedeutet es, ein Monopol zu haben? Es bedeutet, dass es kein Spiel ohne den Monopolisten gibt. So ist sein Mehrwert gleich dem gesamten Kuchen. Der Monopolist ist also in einer beneidenswerten Lage. Doch was er daraus machen kann, hängt nicht nur von seinem eigenen Mehrwert ab, sondern auch vom Mehrwert jedes anderen, der Ansprüche auf Kuchenteile erhebt. Dabei spielen Verknappungen eine Rolle.

Im Kartenspiel hatten sowohl Adam als auch Barry ein Monopol, jeder hatte alle schwarzen Karten; doch Barry schnitt viel besser ab

---

[10] *Barron's*, 23.12.1991.

[11] In einer separaten Auseinandersetzung einigte sich Nintendo mit der Federal Trade Commission darauf, von den Einzelhändlern nicht mehr die Einhaltung eines Mindestpreises für die Spielkonsole zu verlangen. Ferner gab Nintendo früheren Käufern einen Gutschriftskupon für künftige Käufe von Nintendo-Spielekassetten.

als Adam. Indem er drei rote Karten wegließ, schuf Barry eine Knappheit. Das Resultat war, dass Barrys Studenten viel weniger Mehrwert hatten als Adams. Während also Adam den Kuchen mit den Studenten gleichmäßig teilte, eroberte Barry den Löwenanteil. Deshalb schnitt Nintendo so gut ab: Ein Monopol allein ist schon schön, ein Monopol mit Knappheit ist doppelt schön.

Die Nintendo-Geschichte zeigt den starken Effekt der Minderlieferung an Kunden. Zu dieser Strategie gibt es ein Gegenstück bezüglich der Lieferanten. Angesichts der Symmetrie des Wertenetzes muss das auch so sein. Es ist die Strategie, von einer Ressource weniger zu nutzen, als verfügbar ist – eine Strategie, die so wirksam sein kann wie die Minderbelieferung von Kunden.

Die Nationale Fußball-Liga der USA wendet beide Strategien an. Im Kapitel über Spieltheorie haben wir gesehen, wie sie das Angebot von Mannschaften begrenzt. Die Liga begrenzt auch ihre Nachfrage nach Spielern. Indem sie die Zahl der Mannschaften kleiner als die Nachfrage festsetzt und die Zahl der Spieler in jedem Team beschränkt, stellt die NFL sicher, dass es viel mehr Fußballspieler gibt, die Profis werden wollen, als jemals die Chance dazu haben werden. Das reduziert den Mehrwert jedes Spielers, auch derjenigen, die es schaffen, in eine Mannschaft aufgenommen zu werden. Würde die NFL expandieren, so würde die Qualität der Spiele leiden, aber die Bezahlung der Spieler steigen.

Diamantenknappheit. Kehren wir zum Wasser-Diamanten-Paradoxon von Adam Smith zurück. Vor zweihundert Jahren wurden Diamanten nur in Flussbetten in Indien und im Urwald von Brasilien gefunden.[12] Angebot und Nachfrage erklärten daher die Preisunterschiede zwischen Wasser und Diamanten. Es gab Wasser im Überfluss, deshalb war es billig, und Diamanten waren selten und daher teuer. Verschwindet damit das Paradoxon? Nicht ganz.

---

[12] Mehr zur Geschichte von DeBeers und Diamanten findet sich bei Debra Spar: *The Cooperative Edge: The Internal Polities of International Cartels*, S. 39-S7 (Ithaca, N.Y.: Cornell University Press. 1994).

Mehrwert eines Monopols

Das wirkliche Rätsel ist, warum Diamanten so teuer geblieben sind. Der hohe Preis führte zur erfolgreichen Suche nach weiteren Vorkommen. In den 1870er Jahren wurden Diamantenminen im afrikanischen Transvaal gefunden. Noch mehr Vorkommen fanden sich in Angola, Australien, Botswana, Namibia und Zaire. Vor drei Jahrzehnten wurden in Russland Wege gefunden, gewaltige Diamantenvorkommen unter dem Dauerfrostboden Sibiriens erschließbar zu machen. Die Region ist weltgrößter Produzent von Edelsteinen hoher Qualität. Von 1950 bis 1985 stieg die Weltdiamantenerzeugung von 15 Millionen auf 40 Millionen Karat jährlich. Bis 1996 verzweieinhalbfachte sich die Produktion noch einmal auf mehr als 100 Millionen Karat. Heute sind Diamanten kaum noch knapp.

Das ist die eine Seite der Gleichung. Auf der anderen Seite ist die Nachfrage viel stabiler und wird hauptsächlich von demographischen Daten bestimmt, vor allem von der Anzahl von Paaren, die sich verloben. Warum ist der Preis bei wachsendem Angebot und relativ stabiler Nachfrage noch so hoch? Das Wasser-Diamanten-Paradoxon scheint heute noch paradoxer zu sein als zur Zeit von Adam Smith.

Ein einziges Wort ist die Erklärung: DeBeers. Dieses südafrikanische Unternehmen hat ein Monopol auf dem Weltdiamantenmarkt. Fast alle Diamanten der Welt werden über das Distributionssystem von DeBeers verkauft, das unter dem Namen Central Selling Organization bekannt ist. Selbst Russland ist darauf festgelegt, 95 Prozent seiner Diamanten über DeBeers zu verkaufen.

Mehr noch. DeBeers hält das Angebot begrenzt. Nintendo hat 1988 nicht alle Bestellungen der Einzelhändler ausgeführt, DeBeers macht das es jedes Jahr so. DeBeers hält jährlich zehn Verkäufe ab, zu denen nur 150 ausgewählte Diamantenhändler eingeladen werden, und entscheidet darüber, welche Zuteilung "angemessen" ist. Jeder Händler bekommt seine Zuteilung von Steinen in einem einfachen braunen Schuhkarton. Die Händler können diese Zuteilung nur ganz annehmen oder ganz ablehnen. Gewöhnlich nehmen sie an. Händler, die versuchen, DeBeers zu umgehen – durch Horten, Spekulation oder Einkauf am Schwarzmarkt – sollten nicht damit rechnen, beim nächsten Verkauf wieder eingeladen zu werden. Es gibt keinen Mangel an Händlern, die gern ihren Platz einnehmen würden.[13]

DeBeers kontrolliert nicht nur das Angebot, sondern steuert auch die Nachfrage. Die Endabnehmer bewerten Diamanten hoch, weil sie glauben, dass sie knapp seien. Sie sind es nicht, aber das ist nicht wichtig: Was wirkt, ist die Annahme, Diamanten seien knapp. Diese angenommene Knappheit ließ Diamanten ideal für Verlobungsringe erscheinen, aber nicht ohne Unterstützung durch eine langjährige Werbekampagne von DeBeers. In Japan ist der Verlobungsring mit Diamant eine neu geschaffene »Tradition«. 1967 bekam nur jede zwanzigste japanische Braut einen Diamantring. Jetzt ist er nahezu obligatorisch.

DeBeers benutzt Werbung zur Gestaltung des Spiels auch auf andere Weisen. Das Unternehmen will, dass Menschen, die Diamanten kaufen, diese *für immer* behalten, damit keine nennenswerte Konkurrenz durch Weiterverkäufe von gebrauchtem Diamantschmuck entsteht. Deshalb schuf DeBeers die Werbekampagne *Diamonds Are Forever* (»Ein Diamant ist für die Ewigkeit«). Als Reaktion auf eine unerwünschte Steigerung des russischen Exports von Diamanten mittlerer Qualität machte DeBeers den »Ewigkeitsring« populär, einen mit diesen Steinen dicht besetzten Jubiläumsring.

Trotz all dieser Anstrengungen schaffte es DeBeers nicht, die Nachfrage mit dem rapide zunehmenden Angebot Schritt halten zu lassen. Um die »Knappheit« zu bewahren, hält DeBeers immer größere Mengen von Diamanten auf Lager zurück. Die Diamantenverkäufe von DeBeers erreichten zwar mit 2,5 Milliarden Dollar im ersten Halbjahr 1994 einen Rekordwert, doch die Lagerbestände stiegen bis Ende Juni 1994 auf vier Milliarden Dollar, doppelt soviel wie zehn Jahre zuvor.

Das russische Finanzministerium hat seine eigene wachsende Diamantenhortung, deren Wert auf mindestens weitere vier Milliarden

---

[13] DeBeers Consolidated Mines Ltd. (A), Harvard Business School Publishing, 9391-076, 1990.

Dollar geschätzt wird.[14] Die politische Instabilität in Russland verlockte zum Naschen von diesem Schatz. Steine aus diesem Bestand sind unautorisiert auf den Markt gelangt. Als Reaktion darauf musste DeBeers seine Zuteilungen weiter beschneiden, nur um die Preise leidlich stabil zu halten. Nicht zum ersten Mal sieht sich DeBeers einer ernsten Herausforderung gegenüber.

DeBeers und Russland haben ein gemeinsames Interesse daran, die Kontrolle über den Umfang des Gesamtangebots zurückzugewinnen. Dieses Mal mag es gelingen. Es wird aber immer schwerer, angesichts des zunehmenden natürlichen Überflusses, eine Knappheit zu erhalten. Diamanten mögen für immer sein, aber wie lange wird das Paradoxon von Adam Smith noch Bestand haben?

Die Erklärung des modernen Wasser-Diamanten-Paradoxons geht über Angebot und Nachfrage hinaus. Es geht darauf zurück, dass ein einziger Spieler das Angebot besitzt und in der Lage ist, es zu kontrollieren. Um die Bedeutung von Besitz und Kontrolle zu erkennen, muss man sich nur einmal vorstellen, wie es wäre, wenn es einen Wasser-DeBeers gäbe, eine einzige Person, die das gesamte Wasser der Welt besäße und unter Kontrolle hätte. Dagegen würde das Diamanten-Monopol von DeBeers wie ein Tropfen im Meer aussehen.

Das Angebot begrenzen?

Lassen Sie uns die Lehren von Nintendo, Nationaler Fußballliga der USA und DeBeers auf eine vertrautere Geschäftssituation anwenden. Die Nachfrage nach Ihrem Produkt steigt. Es ist klar, dass die Produktionskapazität vergrößert werden muss, aber um wieviel? Die Management-Lehrbücher stellen dies als ein einfaches Optimierungsproblem dar: Wenn Sie die Kapazität zu wenig ausweiten, geht Ihnen Absatz verloren, wenn Sie sie zu stark ausweiten, haben Sie in unge-

---

[14] *Wall Street Journal*, 31.10. 1994.

nutzte Kapazität investiert. Die optimale Expansion minimiert die erwarteten Kosten der zwei Fehler.

Diese Lehrbuchanalyse nimmt aber an, dass die Gewinne immer gleich sind, egal ob eine Angebotsknappheit oder ein Angebotsüberschuss besteht. Das ist eine schlechte Annahme. Es gibt eine erhebliche Asymmetrie zwischen den beiden Fällen. Wenn Sie mit der Kapazitätserweiterung etwas unterhalb der Nachfrage bleiben, hat jeder Kunde wenig Mehrwert. Erweitern Sie die Kapazität mehr, als es der Nachfrage entspricht, ist jeder Kunde so mächtig wie Sie. Ihre Gewinnmargen werden bei einer Knappheit viel höher sein als bei Überkapazität. Wir sind wieder beim Kartenspiel. Nur eine kleine Veränderung in der Anzahl der schwarzen Karten nach oben oder nach unten verändert das Abschneiden von Barry gegenüber seinen Studenten gewaltig.

Wenn Sie in Mehrwerten denken, senkt sich die Waagschale zugunsten des kleineren statt des größeren Kapazitätsausbaus. Es ist besser, die Nachfrage zu unter- als zu überschätzen. Überschüssige Kapazität ist mit hohen Kosten verbunden, die oft übersehen werden – mit einem verhängnisvollen Verlust an Verhandlungsmacht.

Die erstaunliche Asymmetrie zwischen Verknappungen und Überschüssen erklärt die immer wieder auftretenden Zyklen in zahlreichen Branchen, von der Zellstoff- und Papierherstellung über die chemische Industrie, der Chipproduktion, Hotel- oder Immobilienwirtschaft bis zur Unfallversicherung. Jemand weitet die Kapazität aus, und schon kommt es in der ganzen Branche zu einem dramatischen Gewinnverfall. Schon eine geringe Überkapazität kann die Gewinne sehr stark sinken lassen, was dann zu einem Stopp der Kapazitätsausweitung führt.[15] Die Nachfrage wächst aber weiter, sodass die Kapazität in der Branche nach nicht allzu langer Zeit nicht mehr ausreicht. Die Macht kehrt auf die Produzentenseite zurück, sodass wieder gut ver-

---

[15] Durch die Bestimmungen über die Eigenkapitalunterlegung führen sinkende Gewinne tatsächlich zu weniger Kapazität in der Versicherungswirtschaft.

dient wird. Dann wird jemand enthusiastisch und weitet die Kapazität nur ein bisschen zu viel aus und schon beginnt der Zyklus von Neuem.

Bis jetzt lautet die Botschaft: Hüten Sie sich vor Überangeboten. Aber lassen Sie das Angebot auch nicht zu knapp werden. Es gibt einige versteckte Kosten eines zu geringen Angebots, die Sie in der Gleichung berücksichtigen müssen. Ein zu geringes Angebot lässt den Kuchen schrumpfen: Es lässt heute unbefriedigte Nachfrage zurück. Und ein verpasster Verkauf heute kann eine verlorene Beziehung bedeuten – und damit verlorene künftige Verkäufe. Die Verknappung erzeugt wahrscheinlich auch Groll. Kunden, die das Produkt nicht bekommen, werden ziemlich sicher unzufrieden sein, und sogar die Kunden, die beliefert werden, könnten sich über den hohen Preis ärgern, den Sie verlangen. Es ist zwar anders, wenn die Verknappung in Kundenaugen zu einem Gütesiegel wird, wie bei Nintendo und bei Diamanten, aber das sollte nicht als selbstverständlich vorausgesetzt werden.

Zusammenfassend gilt, dass eine Angebotsknappheit eine Lücke im Markt schafft und Kunden ernüchtert. Es ist eine Einladung an andere, in den Markt einzutreten. Selbst die Kunden, die Sie beliefern, könnten die Gelegenheit begrüßen, zu einem anderen Lieferanten überzulaufen und Ihnen damit eine Lektion zu erteilen. Auf lange Sicht könnten Sie also besser abschneiden, wenn Sie Adams Version des Kartenspiels spielen und nicht Barrys. Sie opfern einige Gewinne heute, halten aber damit das Spiel im Gang.

> **Angebotsbegrenzung**
>
> Pro
> 1. Es vergrößert Ihren Anteil am Kuchen.
> 2. Es könnte Ihnen ein Gütesiegel verleihen.
> 3. Es könnte kostenlose Werbung für Sie sein.
> 4. Es kann Kunden dazu bringen, Ihnen auch weniger gefragte Waren abzukaufen, während sie das Ende der Verknappung abwarten.
>
> Kontra
> 1. Es verkleinert den Kuchen – es verhindert Absatz heute.
> 2. Es kann Sie eine Beziehung und damit künftigen Absatz kosten.
> 3. Es erzeugt Groll.
> 4. Es erzeugt eine Lücke im Markt, die den Markteintritt von Konkurrenten herausfordert.

Wir haben bisher vorausgesetzt, dass Sie einen gewissen Mehrwert haben. Wir haben uns darauf konzentriert, ob und wie der Mehrwert der anderen Spieler zu begrenzen ist. Natürlich können Sie Ihren Mehrwert nicht einfach voraussetzen. Der nächste Abschnitt wirft einen Blick auf Wege zur Schaffung eines Mehrwerts.

5.2 Mehrwert in einer Welt der Konkurrenz

In einer Welt des Wettbewerbs muss man hart arbeiten, um irgendeinen Mehrwert zu haben. Um diese harte Arbeit geht es bei vielen der grundlegenden Geschäftstätigkeiten. Man sucht nach Wegen zur Herstellung eines besseren Produkts, und man bemüht sich, Ressourcen effektiver zu nutzen. Sie hören Ihren Kunden zu, um zu lernen, wie

Sie Ihr Produkt attraktiver machen können. Sie arbeiten mit Ihren Lieferanten zusammen, um Methoden zu entwickeln, wie Sie Ihr Geschäft für beide effektiver organisieren können. Sie versetzen sich in die Lage Ihrer Kunden und Lieferanten, um deren Perspektiven zu verstehen.

Aber das Leben ist nicht so einfach. Es gibt da einen Pferdefuß: Produktverbesserungen erhöhen die Kosten. Und wenn Sie die Kosten reduzieren, schaden Sie Ihrem Produkt. Es gibt einen Zielkonflikt zwischen Qualität und Kosten. Sie können entweder höhere Qualität oder niedrigere Kosten haben, aber nicht beides.

Zielkonflikte

Ein Weg zur Schaffung von Mehrwert besteht darin, die beiden sich widersprechenden Zielgrößen intelligent gegeneinander abzuwägen. Der eine Trick besteht darin, die Kosten so um einen Euro zu erhöhen, dass der Kunde die Qualitätserhöhung mit zwei Euro bewertet. Dann können Sie den Preis um anderthalb Euro erhöhen, und sowohl Sie als auch der Kunde gewinnen je einen halben Euro. Der andere Trick besteht darin, die Kosten so um zwei Euro zu senken, dass der Kunde Ihr Produkt nur um einen Euro niedriger bewertet. Dann können Sie den Preis um anderthalb Euro senken, und wieder haben sowohl Sie als auch der Kunde einen halben Euro gewonnen. In beiden Fällen haben Sie einen Euro Mehrwert geschaffen und ihn zwischen sich und dem Kunden aufgeteilt.

Um zu diesem Tausch zu kommen, müssen Sie vom alten Trott abweichen. Sie müssen die alten, bequemen Annahmen über Ihre bisherige Arbeit in Frage stellen – oder, wie im Fall der Fluggesellschaft TWA, die alten, unbequemen Annahmen.

Komfort à la Cozzi. Im Januar 1993 ging TWA in das Verfahren zur Konkursabwendung, Chapter 11. Die Fluggesellschaft befand sich im Sturzflug. Die Passagiere wandten sich ab. TWA war auf dem letzten Platz der Passagierbewertung aller US-Fluggesellschaften gelandet, und dies mit einem beängstigenden Abstand hinter dem vorletzten Konkurrenten. Die Mitarbeitermoral war auf den Nullpunkt gesunken, und es waren nur noch zehn Millionen Dollar auf den Konten.

Bob Cozzi, der Marketingvorstand, sah einen Ausweg. Er schlug vor, zehn bis 40 Sitze aus jedem Flugzeug zu entfernen und den Zwischenraum zwischen den verbleibenden Sitzen so zu verbreitern, dass die Passagiere mehr Raum für ihre Beine bekamen. Cozzi: »Wir sind bis zum Anschlag gegangen. Wir haben eine Million Dollar ausgegeben, um die Sitze auszubauen und neun Millionen Dollar für die Werbung dafür.«[16] Es war ein Spiel um alles oder nichts.

Cozzi bewarb die nunmehr Comfort Class genannte Touristenklasse mit dem Slogan: »TWA - der bequemste Weg zu fliegen.« Die Comfort Class bot acht Zentimeter mehr Raum für die Beine, ein spürbarer Unterschied bei den 75 bis 80 Zentimetern, die üblich waren. Alle Fluggesellschaften boten in der Ersten und in der Business-Class mehr Platz für die Beine, aber TWA war die einzige größere Fluggesellschaft, die in der Touristenklasse mehr Beinraum anzubieten hatte. Dennoch blieben viele skeptisch. Weniger wohlwollende Beobachter verglichen die Kampagne mit einer Neuanordnung der Liegestühle auf der Titanic.[17]

Die Skeptiker lagen falsch. Die Zufriedenheit der Kunden stieg rapide, ebenso die Moral der Mitarbeiter. Innerhalb von sechs Monaten stieg TWA auf der Bewertungsskala vom untersten Rang zur Spitze auf – alles nur wegen der Beinfreiheit. In sieben von acht Bewertungskategorien schnitt TWA unterdurchschnittlich ab: Pünktlichkeit, Flugzeuginnenausstattung, Flugunterbringung, Flugpläne, Annehmlichkeiten beim Flug, Einchecken und Leistungen nach dem Flug. Aber in der verbleibenden Kategorie, Sitzbequemlichkeit, dominierte TWA alle anderen Fluggesellschaften so stark, dass das Marktforschungsunternehmen J. D. Power TWA als beste Fluggesellschaft für

---

[16] Persönliches Interview mit Bob Cozzi.
[17] *New York Times*, 16.5.1993.

Mehrwert in einer Welt der Konkurrenz

inländische Langstreckenflüge und als zweitbeste für Kurzflüge einstufte.

All das half, die Flugzeuge von TWA zu füllen. Cozzi rechnete vor, dass ein zusätzlicher Passagier pro Flug 80 Millionen Dollar jährlich wert war. Ebenso wichtig war, dass viel mehr vollzahlende Reisende jetzt mit TWA flogen. Wenn eine Firma ihren Mitarbeitern nicht die Benutzung der Ersten oder der Business-Klasse gestattete, verblieb die TWA Comfort Class als Nächstbestes. Bis Ende 1993 waren die Erträge pro Sitz um 30 Prozent gestiegen, doppelt so stark wie in der übrigen Branche.

Die Comfort Class war eine sehr clevere und kostenwirksame Methode von TWA zur Service-Verbesserung. Die wahren Kosten des Entfernens eines Sitzes sind die verlorenen Einnahmen durch Passagiere, die dafür bezahlt hätten, auf diesem Sitz zu sitzen. Wenn die Flugzeuge nicht voll besetzt sind, kostet es sehr wenig, einige Sitze herauszunehmen und den Passagieren mehr Beinfreiheit zu geben.

Das war ein Gewinn für TWA und ein Gewinn für die TWA-Kunden. Mit dem verbesserten Service hatte TWA auch der Konkurrenz etwas voraus. Bedeutete das einen Verlust für die anderen Fluggesellschaften? Nicht unbedingt. In dem Umfang, in dem TWA vollzahlende Passagiere von ihnen abzog, war es ein Verlust für die Konkurrenten. Es gab aber auch ein Element des Gewinns auf beiden Seiten. TWA nahm dadurch Abstand von einem Preiskrieg. Mit weniger Sitzen und noch weniger freien Plätzen hatte TWA kein Interesse an Preissenkungen, sondern im Gegenteil etwas Spielraum für Preiserhöhungen. Die anderen Fluggesellschaften profitierten davon, dass TWA nicht mehr gezwungen war, über die Preise zu konkurrieren.

Was aber, wenn andere Fluggesellschaften die TWA-Strategie nachahmten? Würde das den Erfolg der Anstrengungen von TWA zunichte machen? Nein. Wenn andere die TWA-Maßnahme nachahmten, würden nur überflüssige Kapazitäten einer von Überkapazität geplagten Branche abgebaut. Die Passagiere bekämen mehr Platz für ihre Beine, und die Fluggesellschaften hätten weniger leere Sitze, die sie in die Versuchung brächten, Preiskriege zu beginnen. Cozzi hatte einen Weg gefunden, die Branche von dem selbstzerstörerischen Preiswettbewerb abzubringen, der ausbricht, wenn Fluggesellschaften versuchen, ihre Touristenklasse zu füllen. Das war Strategie der Spitzenklasse.

Wie sich herausstellte, folgten die meisten anderen Fluglinien *nicht* der Initiative von TWA. Sie sorgten sich um den »Freitag-Nachmittag-Effekt«: Zu den Spitzenreisezeiten, vor allem an den Freitagnachmittagen, füllten sich die Flugzeuge. Dann verursacht jeder beseitigte Sitz echte Kosten. Die anderen Fluglinien entschieden sich also dafür, ihre Sitze zu behalten, damit sie zu Spitzenzeiten verfügbar waren, obwohl sie in den übrigen Zeiten leer blieben. Die Fluggesellschaften erkannten nicht, dass die Entfernung der Sitze das Spiel außerhalb der Spitzenzeiten veränderte. Eine Fluggesellschaft mit volleren Flugzeugen – wenn auch nur, weil Sitze entfernt worden waren – hat weniger Anreiz zu Preissenkungen. Der Gewinn durch höhere Preise könnte die wenigen verlorenen Freitag-Nachmittag-Passagiere mehr als ausgleichen. Offensichtlich sahen das die anderen Fluggesellschaften nicht so.

Tatsächlich vergaß TWA seine eigene Logik und hätte die Comfort Class beinahe wieder abgeschafft. Die Strategie erhöhte die Sitzauslastung so erfolgreich, dass der zusätzliche Raum für die Beine der Passagiere anfing, sehr viel kostspieliger auszusehen. Ein neues Management übernahm 1994 die Führung und entschied, dass der Extrakomfort die Kosten nicht rechtfertige. Warum die Flugzeuge sich so schön füllten, wurde vergessen. Wie Cozzi es beschrieb: »Die Comfort Class verkaufte sich so gut, dass die neue Geschäftsführung entschied, sie abzuschaffen.«[18] Die Mitarbeiter verteidigten die Comfort Class vehement. Mehr als 300 Telefaxe trafen ein, in denen gegen die Maßnahme protestiert wurde.

Cozzi trat aus Protest gegen die Pläne des Managements zurück. Schließlich gab die Geschäftsführung nach. Die Comfort Class wurde eingeschränkt statt abgeschafft. Die Sitze wurden nur in Flugzeugen wieder eingebaut, die zur Bedienung von Märkten mit starker Nach-

---

[18] Persönliches Gespräch mit Bob Cozzi.

frage im Sommer vorgesehen waren. Und schon im Herbst 1994 führte TWA die Comfort Class wieder uneingeschränkt für alle Inlandsflüge ein. Es ist noch immer nicht zu spät für andere Fluggesellschaften, ihre eigenen Versionen einer Comfort Class einzuführen.

Die Comfort Class hatte eigentlich gar keinen Zielkonflikt, denn sie hatte keinen Nachteil an anderer Stelle. Darin lag ihre Brillanz. Der Service höherer Qualität hatte nur ganz geringe Zusatzkosten. Meistens ist Qualität aber wirklich teuer. Und dann können Sie nicht voraussetzen, dass jeder bereit sein wird, genug zu bezahlen, um die Zusatzkosten zu rechtfertigen. Unterschiedliche Menschen bewerten Qualität unterschiedlich. Es ist unvermeidlich, dass Einige eine Qualitätsverbesserung geringer bewerten als die davon verursachten Kosten. Andere werden schon für kleine Qualitätsverbesserungen gern erheblich mehr bezahlen. Wenn Sie einen Euro für Qualitätsverbesserungen ausgeben, werden einige Kunden bereit sein, dafür zehn Euro mehr zu bezahlen, andere zwei Euro und wieder andere nur 50 Cent. Das macht dieses Ausbalancieren von Qualität und Kosten ein wenig heikel. Es ist ein Lotteriespiel.

Ziemlich jeder wird zustimmen, dass die Concorde mit ihrer Überschallgeschwindigkeit "the better way to fly" war. Doch die Betriebskosten der Concorde sind viel höher als die anderer Jets, vor allem weil die Sitzkapazität extrem begrenzt ist. Es scheint nicht genug Menschen zu geben, denen die Zeitersparnis von drei Stunden auf der Nordatlantikstrecke den hohen Flugpreis wert ist. Die Concorde hat nur hundert Sitze, und selbst die werden selten alle besetzt. Das heißt aber nicht, dass Flüge mit Überschallgeschwindigkeit ein unwirtschaftliches Konzept sind. Ein größeres Überschallflugzeug mit geringeren Betriebskosten und damit niedrigeren Flugpreisen würde mehr Reisende anlocken und könnte rentabel sein. In den 60er Jahren, als die Concorde entwickelt wurde, mag es nicht möglich gewesen sein, ein größeres Überschallflugzeug zu konstruieren, heute ist es möglich.

Das Gegenstück zur Qualitätssteigerung ist Kostenersparnis. Auf den Versuch, Kosten zu sparen, können die Kunden unterschiedlich reagieren. Viele mögen gegen eine kleine Qualitätsminderung nichts einzuwenden haben. Aber andere werden das Produkt nun wesentlich geringer bewerten – für sie zahlen sich die Kostenersparnisse nicht aus. Wieder ist es ein Lotteriespiel.

Taco Bell und das britische Bekleidungshaus Marks & Spencer spielen das Lotteriespiel richtig. Man kann besseres mexikanisches Essen bekommen als das bei Taco Bell, und höherwertige Kleidung als die von Marks & Spencer. Die höhere Qualität kostet aber soviel mehr, dass die meisten Leute darauf verzichten. Taco Bell und Marks & Spencer verzichten auf einige Kunden, gewinnen aber sehr viele. Tatsächlich bieten Taco Bell und Marks & Spencer soviel Gegenwert fürs Geld, dass ihre Kunden gern bereit sind, die etwas geringere Qualität in Kauf zu nehmen.

Die Beispiele von TWA, Taco Bell und Marks & Spencer stehen für minimalen Eintausch von Nachteilen gegen erhebliche Vorteile. Zu geringen Kosten schaffte TWA eine große Qualitätsverbesserung, und mit kleinen Qualitätseinbußen gelangen Taco Bell und Marks & Spencer große Kosteneinsparungen. Im Idealfall werden die Vorteile für so wenig Nachteile wie möglich eingetauscht. Der beste Zielkonflikt ist aber, überhaupt keinen Konflikt zu haben.

Zielgleichheit

Die Balance in Zielkonflikten zu schaffen ist ein Weg zur Erzeugung von Mehrwert, aber nicht der einzige. Noch besser ist, höhere Qualität und niedrigere Kosten gleichzeitig zu haben. Ein solches Ergebnis nennen wir Zielgleichheit. Gibt es das? Absolut. Denken Sie an die "Qualitätsrevolution". Produzenten lernten, wie Qualitätsverbesserungen bei gleichzeitiger Kostensenkung möglich waren, indem man Herstellungsverfahren neu organisierte, anstatt schadhafte Erzeugnisse umzuarbeiten. Sie fanden heraus, dass Qualität gleichbedeutend mit geringerem Aufwand ist.

Die Erzeugung einer Himmelsspirale ist ein weiterer Weg zur Zielgleichheit. Sie stellen ein besseres Produkt her. Zu Beginn steigen die

Kosten als wahrgenommene Qualitätsverbesserung. Aber wenn Sie durchhalten können, kommen mehr Kunden. Die größeren Produktionsmengen können Sie effektiver herstellen. Der Kosten-Qualitäts-Konflikt verschiebt sich immer mehr zu Ihren Gunsten. Sie können noch mehr in Qualitätsverbesserungen investieren, die Preise senken – oder beides. So gewinnen Sie noch mehr Kunden und damit Effizienz. Die Himmelsspirale ist geschaffen. Von bestimmten Produktionsmengen an können Ihre Kosten sogar unter das Ausgangsniveau sinken. Sie haben einen Zielkonflikt in eine Zielgleichheit verwandelt.

In der gegenwärtigen Diskussion des Umweltschutzes wird oft behauptet, es gäbe unvermeidbare Einbußen: Es sei zwar möglich, sauberere und »grünere« Produkte zu bekommen, aber nur zum Preis von Qualitätseinbußen oder Kostensteigerungen. Das ist nicht so. Es ist möglich, Umweltschutz mit mehr Qualität und geringeren Kosten zu bekommen. Das belegen der Professor an der Harvard Business School Michael Porter und sein Schweizer Mitautor Claas van der Linde, Professor für Management an der Universität St. Gallen. Sie verweisen auf die niederländischen Tulpenzüchter.[19] Um die Verseuchung von Boden und Grundwasser zu verringern, verlegten diese die Tulpenpflanzungen aus dem Freien in fortschrittliche Gewächshäuser, wo Pestizide und Düngemittel in einem geschlossenen System zurückgeführt werden. Die kontrollierte Umgebung verringert auch den Schädlingsbefall, womit die Verwendung von Pestiziden und Düngemitteln weiter reduziert werden konnte. Durch die Verlagerung in Gewächshäuser fanden die Pflanzer neue Wege der Bepflanzung, die zur Reduzierung der Bewirtschaftungskosten beitrugen. Schließlich vermindern die Gewächshäuser auch die Veränderlichkeit der Pflanzbedingungen, was die Qualität der Tulpen verbesserte. Die niederländischen Tulpenpflanzer schützten die Umwelt und erhöhten gleichzeitig ihren eigenen Mehrwert.

---

[19] Michael Porter und Claas van der Linde: »Green *and* Competitive: Ending the Stalemate«, *Harvard Business Review* September/Oktober 1995, S. 120-134.

Zielgleichheiten zu entdecken, ist nicht nur eine Aufgabe für Ingenieure. Es gibt überall Möglichkeiten, wenn man nur nach ihnen Ausschau hält. Als engagierte Autoren sind wir uns der Notwendigkeit bewusst, Feldforschung zu betreiben – was uns zum Club Med bringt.[20]

Gehen Sie mit dem Kunden ins Bett. Auch wenn keiner bemitleidet werden will, ist es eine harte Arbeit, Mitarbeiter beim Club Med zu sein. Der Tag beginnt mit dem Frühstück um 7 Uhr 15 und dauert oft bis weit nach Mitternacht, wenn spät abends Basketball zu spielen, an der Bar zu arbeiten oder viel für Vorstellungen am nächsten Abend zu proben ist. Die Mitarbeiter müssen mehrere Sprachen sprechen und sechs Tage pro Woche arbeiten. Dennoch zahlt Club Med seinen Angestellten, den *gentils organisateurs*, bedeutend weniger als das Durchschnittsentgelt für mehrsprachige Hochschulabsolventen. Die Personalkosten als Prozent vom Umsatz liegen etwa zehn Prozentpunkte niedriger als der Durchschnitt der Hotelbranche.

Bekommt der Club Med dadurch nur drittklassige Mitarbeiter? Keineswegs. Für die jährlich 2.000 Arbeitsplätze, die durch normale Wechsel und Wachstum verfügbar werden, gibt es 35.000 Bewerbungen. Der Club Med zieht Leute an, für die Geld nicht so wichtig ist. Nur Leute, die das Club-Med-Erlebnis wirklich lieben, bewerben sich. Der Club Med stellt sogar aus den Reihen seiner Gäste Mitarbeiter ein, sodass der Mitarbeiterstab der Kundschaft sehr stark ähnelt. So kommen alle gut miteinander aus.

Indem er Gehälter spart, erhöht der Club Med seine Attraktivität für seine Kunden. Eine Zielgleichheit.

Der Club Med hält auch die Kosten niedrig, indem er Wege findet, die Gäste innerhalb des Clubgeländes zu unterhalten. Es spielt sich

---

[20] Um der Wahrheit die Ehre zu geben: Während wir bis zum Hals in der Arbeit an diesem Buch steckten, ging unser Freund Gus Stuart für uns auf Urlaub in den Club Med. Zusätzlich zu seinen Berichten verwendeten wir Daten aus Studentenarbeiten sowie "Club Med (A) & (B)", Harvard Business School Publishing, 9-687-046 und 9-687-047, 1986.

jede Menge ab, Trapezunterricht, Windsurfen, Abendvorstellungen der *gentils organisateurs* und, und, und – es gibt keinen Grund, den Club zu verlassen, um die Insel zu erforschen. Der Club Med regt auch nicht zu Aktivitäten außerhalb des Geländes an. Ausflüge sind möglich, aber ziemlich teuer. Es gehört zur Freude am Club-Med-Urlaub, Zeit mit den anderen Gästen zu verbringen. Wenn jemand die Insel erforscht, schmälert dies das Gruppenerlebnis der anderen.

Die Aktivitäten auf den Verbleib im Club auszurichten heißt auch, das Markenimage des Cluburlaubs zu prägen. Das vorherrschende Gefühl, das die Leute bei einem Club-Med-Urlaub bekommen, ist, zum Club Med gekommen zu sein, nicht nach Martinique oder zur Paradiesinsel. Das Club-Med-Erlebnis rankt sich um Club Med, nicht um die Insel, auf der er gelegen ist.

Die Club-Einrichtungen sind einfach. Die Unterbringung ist ausgesprochen funktional – manche würden sagen, spartanisch, keiner jedenfalls würde sie als üppig bezeichnen. Es gibt weder Telefone noch Uhren, Fernsehgeräte oder Zeitungen, nicht einmal Schreibpapier. Die einfachen Unterkünfte sind darauf angelegt, die Leute aus dem Bett und in die gemeinsamen Außenanlagen zu locken. Das fördert das Gemeinschaftserlebnis. Auch damit reduziert der Club Med die Kosten und steigert gleichzeitig seine Anziehungskraft.

Club Med pachtet die meisten seiner Gelände. Aber sein starkes Markenimage und die einfachen Einrichtungen machen ihn wenig verwundbar, wenn es zur Erneuerung des Pachtvertrags kommt. Club Med könnte jederzeit in eine andere Gegend der Insel umziehen, ohne Kunden zu verlieren oder große Investitionen abschreiben zu müssen. Der Club hat den Mehrwert und nicht der Verpächter.

Club Med ist ein Fall, bei dem weniger mehr ist. Seine Billig-Strategie, führt zu zufriedeneren Kunden. Die Dinge einfach zu halten, hat zu einem besseren Produkt geführt.

Geht die Zielgleichheit auch anders herum, kann man Kosten sparen, indem man die Kunden glücklicher macht? Absolut. Dazu folgt nun eine Insider-Geschichte.

Der Markt für Strafgefangene. Das Parlament des US-Staats Tennessee kam zu dem Schluss, dass die Gefängnisse, die von einem privaten Unternehmen geführt werden, der Corrections Corporation of America (CCA), sowohl besser als auch billiger sind als die vom Justizministerium (State Department of Corrections) geleiteten.[21]

Die Tatsache, dass ein Gefängnis für weniger Geld betrieben werden kann, ist nicht überraschend. Wie Norval Morris, emeritierter Professor für Rechtswissenschaft und Kriminologie der Universität Chicago, es ausdrückt: »Offensichtlich ist es sehr billig, ein unterirdisches Verlies zu bauen, Leute hineinwerfen und ihnen Lebensmittel herunterzuwerfen. Die Frage ist, was für Leistungen man ihnen bietet.«[22]

Der interessante Punkt ist, dass die CCA Kosten eingespart, und gleichzeitig ein besseres Gefängnis betrieben hat. Die CCA stellt dem Staat Tennessee täglich 35,18 Dollar pro Insasse in Rechnung, während ein Gefangener in vergleichbaren staatlichen Gefängnissen 35,76 Dollar kostet. Das ist zwar kein großer Unterschied, aber die CCA erzielt bei ihrem Preis einen Gewinn, der 1994 bei den 45 von ihr betriebenen Gefängnissen durchschnittlich bei 7,3 Prozent lag. Was die Qualität angeht, wurden CCA-Gefängnisse von einem Sonderausschuss des Staatsparlaments von Tennessee höher bewertet als die der vergleichbaren staatlich betriebenen Gefängnisse. In den CCA-Gefängnissen gab es weniger Fluchtversuche und Gewalttätigkeiten, dagegen bessere medizinische Versorgung und mehr Beschäftigungs- und Ausbildungsprogramme.

Die Sicht von innen ist ebenso positiv. Für Phillip Phillips, eines Fünfundzwanzigjährigen, wegen bewaffneten Raubüberfalls zu zehn

---

[21] Viele Informationen in dieser Geschichte sind der *New York Times* v. 19. 8. 1995, S. 7, entnommen.
[22] Ebd.

Jahren verurteilten Gefangenen, ist das CCA-Gefängnis das beste von sechs Gefängnissen, in denen er einsaß. »Es ist sauberer, die Auswahl an Lebensmitteln ist größer, und die Wärter sind geduldiger und bereit, sich Zeit zu nehmen.« Und der einundzwanzigjährige, wegen Raubüberfalls verurteilte Samuel Mitchell, der sich in ein staatlich betriebenes Gefängnis verlegen ließ, um näher bei seinem Bruder zu sein, klagt: »Ich hätte es (das CCA-Gefängnis) nie verlassen sollen.«[23]

Wie macht die CCA das? Die größten Ausgaben für den Betrieb eines Gefängnisses sind die Gehälter der Wärter. In einem staatlich geführten Gefängnis kann die Bezahlung von Überstunden bis zu 25 Prozent des gesamten Budgets ausmachen. Dr. Crants, Gründer und Vorsitzender der CCA, fand heraus, warum das so ist. Wenn ein Gefängnis unsicher und bedrückend ist, wollen die Wärter nicht zur Arbeit kommen und melden sich krank. Andere müssen für sie Überstunden leisten, und so steigen die Arbeitskosten. Crants: »Worum es geht, ist, dem Wärter den Eindruck zu vermitteln, dass er an einen netten Arbeitsplatz kommt. Also überfülle man die Gefängnisse nicht mit Insassen, man biete ihnen eine Menge Programme, um sie beschäftigt zu halten, und man sorge für gut gestrichene Wände und grünes Gras.«[24] Das unterirdische Verlies ist letzten Endes doch nicht das billigste Gefängnis.

Private Gefängnisse sind auf dem Vormarsch. Wir haben den Verdacht, dass es viele andere Aktivitäten der öffentlichen Hand gibt, die gleichzeitig besser und billiger erbracht werden könnten. Alle Bereiche der Wirtschaft, in denen es entwicklungsgeschichtlich keine Marktkräfte gab, sind gute Orte, um nach Zielgleichheiten zu suchen.

---

[23] Ebd.
[24] Ebd.

> **Mehrwerte schaffen**
>
> Zielkonflikte
> 1. Steigern Sie den Betrag, den die Kunden zu zahlen bereit sind, mehr als die dadurch verursachten Kosten.
> 2. Senken Sie die Kosten, ohne die Zahlungsbereitschaft der Kunden um den gleichen Betrag zu senken
>
> Zielgleichheiten
> 1. Senken Sie die Kosten so, dass das Produkt besser wird.
> 2. Liefern Sie ein besseres Produkt so, dass die Kosten kleiner werden.

5.3. Mehrwert einer Beziehung

Sie tun Ihr Bestes, um hohe Qualität zu niedrigen Kosten zu liefern. Das tun Ihre Konkurrenten aber auch, denn es liegt in der Natur des Wettbewerbs. Wenn es viele Andere gibt, die können, was Sie können, haben Sie nicht viel Mehrwert. Und wenn Sie nicht viel Mehrwert haben, können Sie am Markt auf Dauer keine Preise erzielen, die die Kosten nennenswert übersteigen. Sie verdienen dann nicht viel Geld. Es ist sogar noch schlimmer, wenn Sie im Vergleich zu den variablen Kosten hohe Fixkosten haben. Dann sind Sie möglicherweise nicht in der Lage, Ihre Fixkosten über die Preise zu decken, sodass Sie am Ende sogar Geld verlieren.

Es gibt eine Menge Branchen mit hohen Fixkosten: Fluggesellschaften, Autovermietungen, Fitnesscenter, Hotels und Restaurants. Bei vielen Rohstoffverarbeitern sind die Kostenverhältnisse ähnlich, so bei Aluminium- oder Zellstoff- und Papierherstellern, Ölraffinerien, Chemieunternehmen und vielen anderen. Der gemeinsame Nenner alle dieser Unternehmen ist, dass sie ihre Betriebstätigkeit unabhängig davon aufrechterhalten müssen, wie viele Kunden sie gewinnen können.

Das allein ist kein Problem. Viele Unternehmen mit hohen Fixkosten verdienen recht gut. Das Hotel Four Seasons auf der Insel Nevis bietet einen einzigartigen karibischen Urlaub, es hat einen hohen Mehrwert. Aber Hotels wie Hilton, Hyatt, Marriott oder Sheraton, die in nahezu allen Großstädten der Welt zu finden sind, haben es viel schwerer, sich voneinander zu unterscheiden. Das versetzt sie alle in eine schwache Position. Alle haben einen hohen Mehrwert, wenn der Markt eng ist. Doch wenn die Bettenkapazitäten zu stark ausgebaut werden oder die Nachfrage stark sinkt, purzeln die Gewinne.

Auch Fluggesellschaften sind in einer sehr verwundbaren Lage. Gewiss gibt es einige Strecken, auf denen eine einzelne Fluggesellschaft einen hohen Mehrwert hat. Wenn Sie nonstop nach Minneapolis fliegen wollen, müssen Sie wahrscheinlich mit Northwest Airlines fliegen. Es gibt kaum andere Nonstopflüge dorthin. Aber die meisten Strecken werden von mehreren Fluggesellschaften beflogen, und das Flugerlebnis unterscheidet sich von Fluggesellschaft zu Fluggesellschaft nur wenig. Zudem gibt es bedeutende Überkapazitäten in der Branche, und fast alle Kosten sind fixe Kosten. All das erklärt sehr gut, warum Fluggesellschaften es so schwer haben, Geld zu verdienen.

Da Fluggesellschaften dieses Problem stärker haben als Andere, waren sie am erfindungsreichsten bei der Entwicklung von Lösungen. Sie haben schon lange verstanden, wie entscheidend eine besondere Beziehung zu den Kunden dazu beiträgt, in einem von scharfer Konkurrenz geprägten Markt Mehrwert herbeizuführen. Das ist der Sinn der Vielfliegerprogramme, wie wir nun sehen werden.

Treue schaffen

Die 64.000-Dollar-Frage lautet, wie man eine Beziehung aufbaut. Zu gewissem Grad entwickeln sich Beziehungen automatisch. Nachdem

Kunden einmal von Ihnen gekauft haben, haben sie einen natürlichen Anreiz, das nächste Mal wieder bei Ihnen zu kaufen und nicht bei der Konkurrenz. Das ist einfache Trägheit. Vertrautheit erzeugt Zufriedenheit. Das gibt Ihnen etwas Mehrwert, aber es dürfte nicht genug sein.

Sie können mehr tun. Sie können aktiv stabile Beziehungen mit Ihren Kunden fördern – und natürlich auch mit Ihren Lieferanten. Selbst wenn es keine Liebe auf den ersten Blick ist, können Sie doch dazu beitragen, aus dem ersten Rendezvous mit einem Kunden oder Lieferanten eine lebenslange Romanze entstehen zu lassen.

Trittbrett-Flieger. Die Luftfahrtbranche der USA erlebte 1981 eine Turbulenz. Der Markt passte sich noch der Deregulierung an. Eine Flut neuer Fluggesellschaften fügten neue Kapazitäten hinzu, vor allem solche mit minimalem Service an Bord wie People Express. Die etablierten Fluggesellschaften fanden sich in einem erbitterten Kampf um Passagiere. Die Preise stürzten ab, und die Fluggesellschaften entdeckten, dass die Passagiere bei ihrer Jagd nach niedrigen Flugpreisen keinerlei Treue zeigten.

Zumindest war dies das Spiel bis zum 1. Mai des Jahres, in dem American Airlines ihr »*AAdvantage frequent-flyer program*« vorstellte, ihr Vielfliegerprogramm.[25] Es sah vor, dass Passagiere Gutschriften für mit American Airlines geflogene Meilen ansammeln und dafür Gratisflüge auf gewöhnlich nicht voll ausgebuchten Flügen nach Hawaii und anderen Zielen bekommen konnten, sobald sie eine bestimmte Meilenzahl erreicht hatten. Je größer die geflogene Meilenzahl, desto größer die Belohnung. Jeder Flug mit American Airlines erhöhte den Anreiz, sich auch beim nächsten Flug wieder bei American Airlines zu bleiben. So wurden die Kunden der Fluggesellschaft treu.

---

[25] Einige der Informationen im folgenden Fall entstammen: The Free-Rider Problem: Airline Frequent-Flyer Programs, Harvard Business School Publishing, 9-794-106, 1994.

Mit Hilfe einiger Plastik-Mitgliedskarten, einem Computerprogramm zum Nachverfolgen der Meilenzahl und einigen leeren Sitzen hatte American Airlines aus dem Nichts Kundentreue geschaffen. Besser noch, AAdvantage war am wertvollsten für die profitabelsten Kunden der Fluggesellschaft, die häufig fliegenden Geschäftsreisenden.

AAdvantage schuf Treue durch deren Belohnung – eine ausgezeichnete Idee, solange sie nicht zuviel Kosten verursacht. Das Vielfliegerprogramm war *sehr* kosteneffektiv und damit sehr rentabel. Was kostete die Airline ein Freiflug? Einige Erdnüsse und etwas Treibstoff – etwa 20 Dollar. So wie die TWA leere Sitze ausbaute, um den Kunden in der Comfort Class mehr Beinfreiheit zu geben, füllte American Airlines leere Sitze, um treuen Kunden Freiflüge zu geben.

Natürlich gab es etwas an Verdrängungseffekten. Einige der Passagiere, die Freiflüge erhielten, wären ohnehin mit einem bezahlten Ticket nach Hawaii geflogen. In diesen Fällen beliefen sich die Kosten von American Airlines eher auf 1000 statt auf 20 Dollar. Unser Reisender sparte 1000 Dollar, die er bezahlt hätte, und American Airlines verlor 1000 Dollar, die sie eingenommen hätte. Doch selbst in diesem Fall kaufte AAdvantage Treue, 1000 Dollar Treue, wenn auch mit einem Dollar Kosten für jeden Dollar erzeugter Loyalität.

Aber meistens gab es keine Verdrängung. Meistens ging die Belohnung an Kunden, die gern nach Hawaii flogen, aber keine 1000 Dollar dafür ausgegeben hätten. Nehmen wir an, jemandem wäre das Flugticket 500 Dollar wert gewesen. Dann kaufte American Airlines 500 Dollar Treue für 20 Dollar. Halbsoviel Loyalität zu einem Fünfzigstel der Kosten – sehr, sehr rentabel.

Es gab aber zwei Gefahren, die vermieden werden mussten. Erstens musste American Airlines sicherstellen, dass die Freiflieger nicht zahlenden Passagieren den Platz wegnahmen. Wenn der umsonst Reisende einen zahlenden Passagier aus dem Flugzeug warf, weil das Flugzeug voll war, dann beliefen sich die Kosten der Fluggesellschaft wieder auf 1000 Dollar. Deshalb begrenzte American Airlines die Zahl der Freiflüge auf jedem Flug und schloss bestimmte Daten für den Antritt von Freiflügen aus. Zweitens musste der Weiterverkauf von kostenlosen Tickets ausgeschlossen werden. Sonst wären sie in den Händen von Leuten gelandet, die den vollen Preis gezahlt hätten. Das hätte ebenfalls Kosten von 1000 Dollar verursacht.

Natürlich hätten die Kunden das Vielfliegerprogramm ohne diese Beschränkungen noch attraktiver gefunden. Warum hörte American Airlines also nicht auf die Kunden? Weil dann die Kosten eher bei 1000 als bei 20 Dollar gelegen hätten, sodass die Durchführung des Programms möglicherweise wertlos geworden wäre. Die Einschränkungen wurden nicht gemacht, um Menschen zu ärgern, sondern sie waren nötig, um das Programm rentabel zu machen.

Einige Ökonomen haben behauptet, dass ein Vielfliegerprogramm keinen Mehrwert schafft. In einem Kommentar in der Los Angeles Times argumentierten der Oxford-Professor Paul Klemperer und der UCLA-Professor Ivan Png: »Die Kundentreue, die durch Vielfliegerprogramme aufgebaut wird, ... basiert nicht auf erhöhter Befriedigung von Kundenbedürfnissen, wie das bei der Entwicklung einer milderen Seife oder eines kraftstoffsparenden Sportwagens der Fall ist.«[26]

Wir sind anderer Meinung. American Airlines entdeckte einige ungenutzte Ressourcen – leere Sitze – und nutzte sie. Menschen machten Urlaub auf Hawaii, den sie sonst nicht gemacht hätten. Auf diese Weise vergrößerte American Airlines den Kuchen und steigerte den eigenen Mehrwert.

Mit AAdvantage stand es zunächst 1:0 für American Airlines. Aber es gab nichts im Programm, das andere Fluggesellschaften nicht nachahmen konnten.

Geteilte Treue. Nur zwei Wochen, nachdem American Airlines AAdvantage eingeführt hatte, startete United Airlines ihr eigenes Vielfliegerprogramm »Mileage Plus«. Innerhalb von drei Monaten hatten alle bedeutenden US-Fluggesellschaften ihre Programme für Vielflie-

---

[26] Los Angeles Times, 8.6.1986, section 4. (P.S.: Wer kauft einen Sportwagen wegen seines geringen Kraftsstoffverbauchs?)

ger. Dennoch blieb AAdvantage bis Ende 1981 mit mehr als einer Million Mitgliedern führend.

Nicht jede Fluggesellschaft konnte das AAdvantage-Programm gleich gut nachahmen. American Airlines war allen in der IT-Technik weit voraus, was der Fluggesellschaft einen großen Vorteil bei der Durchführung des Programms verschaffte. Für Konkurrenten, die nicht so stark automatisieren konnten, war die Administration des Vielfliegerprogramms viel schwieriger. Um die geflogenen Meilen zu erfassen, mussten sie von den Passagieren beim Einstieg Kupons einsammeln.

Vielfliegerprogramme verschafften den großen Fluggesellschaften einen Vorteil gegenüber den nur regional operierenden sowie den neuen Fluggesellschaften. Mit ihren größeren Streckennetzen konnten sie Freiflüge nach Hawaii, in die Karibik und zu anderen verlockenden Zielen anbieten. Regionale Fluggesellschaften versuchten dies durch großzügigere Belohnungen zu kompensieren. Im Gegenzug steigerten die großen Fluggesellschaften ihre Attraktivität weiter, indem sie Allianzen mit ausländischen Fluggesellschaften eingingen.

Wie schlimm war es für American Airlines, dass ihr AAdvantage-Programm so rasch kopiert wurde? Es stimmt, dass die Nachahmung die Fähigkeit von American Airlines verminderte, den Konkurrenten Marktanteile abzujagen. American Airlines war nicht mehr einzigartig. Alle Konkurrenten boten verbesserte Leistungen, sodass die Unterschiede wieder mehr oder weniger nivelliert waren.

Das bedeutet aber nicht, dass der Treue schaffende Effekt verlorenging. Selbst mit allen konkurrierenden Vielfliegerprogrammen behielt ein Kunde, der bereits Meilen mit American Airlines geflogen war, einen Anreiz, auch das nächste Mal mit American Airlines zu fliegen. Das ist das geniale Element von Vielfliegerprogrammen: Selbst wenn sie kopiert werden, schaffen sie noch einen Anreiz zur Treue.

So wie nun American Airlines loyale Kunden hat, haben dies die anderen Fluggesellschaften auch. Und sobald eine Fluggesellschaft eine Stammkundschaft hat, verringert sich die Versuchung für sie, Marktanteile durch Preissenkungen gewinnen zu wollen. Nehmen Sie an,

United Airlines versucht, ihren Marktanteil durch Preissenkungen zu vergrößern. Das ist weniger wirksam, weil es schwierig ist, die Vielflieger der anderen Fluggesellschaften abzuwerben. Umgekehrt wird United Airlines bei Preiserhöhungen nicht so viele Passagiere verlieren, weil die meisten ihre Meilenguthaben bei United weiter erhöhen wollen.

Dank ihrer Vielfliegerprogramme sind also für alle Fluggesellschaften Preissenkungen weniger wirksam und Preiserhöhungen weniger riskant. Niedrigere Preise gewinnen weniger neue Kunden, und höhere vertreiben weniger alte Kunden. Der Treueeffekt ist bei den Geschäftsreisenden am stärksten, weil sie häufiger fliegen und damit die höchsten Meilenguthaben anhäufen können. Deswegen sind die Preise für die Business-Class und für Vollzahler in der Tourist-Class so stabil geblieben.

Vielfliegerprogramme haben aber auch ihre Schönheitsfehler. Passagiere können sich mehr als einem Programm anschließen, was den Treueeffekt verwässert. Dennoch bleibt ein Anreiz, sich auf wenige Fluggesellschaften zu konzentrieren. Eine Belohnung für 40.000 Meilen ist besser als zwei für je 20.000 Meilen, sodass es sich nicht auszahlt, die Meilen bei zu vielen Fluggesellschaften zu sammeln. Ein weiterer Mangel ist, dass der Treueeffekt verblasst, sobald ein Meilenguthaben eingelöst worden ist.

Beide Mängel wurden mit der Einführung der Gold- und Platinprogramme der Fluggesellschaften weitgehend behoben. Diese Vielfliegerprogramme der zweiten Generation bieten den besten Kunden der Fluggesellschaft VIP-Behandlung. Um den Gold-Status bei American Airlines zu erhalten, müssen 25.000 Meilen jährlich geflogen werden, für den Platin-Status sind 50.000 Jahresmeilen erforderlich. United Airlines hat noch den Status der »1-K-Flieger« für die, die im Jahr 100.000 Meilen mit der Fluggesellschaft fliegen. Bei diesen hohen Werten ist es kaum möglich, Mitglied von mehr als einem Gold- oder Platinkartenprogramm zu sein. So wird der Treueeffekt nicht verwässert.

Sowie die Kunden die Statusmeilenzahlen erreichen, können sie ein Jahr lang ohne Aufschlag in der ersten Klasse fliegen, einen besonderen Reservierungsdienst und andere Vergünstigungen in Anspruch nehmen, auch für Ehepartner oder andere Begleitpersonen. Die Belohnung ist also nicht auf einen Flug beschränkt, sodass der Treueeffekt nicht verblasst. Um diese Privilegien zu genießen und ihren Gold- oder Platinkartenstatus zu bewahren, haben die Reisenden also jeden Grund, die Fluglinie nicht zu wechseln. Die Gold- und Platinkartenprogramme sind wichtig, weil sie einen besonders hohen Anreiz für die wertvollsten Kunden der Fluggesellschaften haben – für die, die voll zahlen und ständig fliegen.

Wer gewinnt und wer verliert? Vielfliegerprogramme schaffen treue Kunden, und schaffen eine Win-Win-Situation für die Fluggesellschaften untereinander. Die Programme sind ein klassischer Fall von Coopetition. Sie sind ein Beispiel für das, was wir damit meinten, dass es manchmal der beste Weg zum Erfolg ist, es Anderen gut gehen zu lassen, auch Ihren Konkurrenten.

Wie ist es mit den Kunden? Sie bekommen einen kostenlosen Flug nach Hawaii, zahlen aber extra für all die Geschäftsreisen nach Philadelphia. Es gibt also zwei Effekte in entgegengesetzte Richtungen. Per Saldo sehen sich alle Geschäftsreisenden im Vorteil, weil die Firmen die Tickets bezahlen und sie die Meilengutschriften selbst erhalten. Sind also die Firmen die Verlierer? Nicht unbedingt. Die Meilengutschriften sind für die Firmen ein steuerfreier Weg der Entschädigung von Mitarbeitern, die eine Menge Geschäftsreisen auf sich nehmen.[27]

Allerdings bleibt es umstritten, ob die Vielfliegerprogramme wirklich ein Win-Win für die Fluggesellschaften sind. So argumentiert Profes-

---

[27] CR: In Deutschland werden Die Meilengutschriften von den Fluggesellschaften selbst pauschal lohnversteuert, daher bleibt die Steuerfreiheit aus Sicht des Arbeitgebers durchaus bestehen; Allerdings können Arbeitgeber in Arbeitsverträgen ausschließen, dass dienstlich gesammelte Meilen privat verwendet werden.

sor Max Bazerman von der Northwestern's Kellogg School of Management, dass die Programme ein Beispiel für zerstörerische Eskalationsspiele sind. Er verweist auf Phasen intensiven Wettbewerbs wie des »Dreifachmeilenkriegs« 1987, als American, dann Delta Airlines und dann alle anderen Fluggesellschaften drei Vielfliegermeilen je geflogener Meile boten.[28] Bazerman stellt fest, dass die Reisenden dadurch weit über eine Billion Vielfliegermeilen angehäuft haben – eine potentiell ungeheuer große versteckte Verbindlichkeit der Fluggesellschaften. Seine Schlussfolgerung: Die Vielfliegerprogramme sind eine Verlierer-Verlierer-Situation.

Es stimmt, dass eine Billion (1.000.000.000.000!) eine sehr große Zahl ist. Er lasst sich leicht ausrechnen, dass immerhin etwa 100.000 Hin- und Rückflüge einer vollbesetzten Boeing 747 zum Abfliegen dieser Vielfliegermeilen nötig wären.[29] Das ist schon deutlich mehr als ein paar kostenlose Erdnüsse.

Diese Betrachtung übertreibt aber die tatsächlichen Kosten gewaltig. Um zu vermeiden, dass zahlende Fluggäste wegen der Freiflieger nicht mitgenommen werden können, schränken die Fluggesellschaften die Nutzungsrechte der Meilengutschriften ein. Das Ergebnis ist, dass viele Meilen einfach nie abgeflogen werden. Außerdem änderten die Fluggesellschaften einige der Programmbedingungen, auch wenn das zu mancher Kritik führte: Die Meilengutschriften können verfallen, wenn sie nicht innerhalb einer bestimmten Zeit genutzt werden, und die Anzahl der für Freiflüge benötigten gutgeschriebenen Meilen wurde erhöht. Tatsache ist, dass die Fluggesellschaften eine Menge

---

[28] Anfänglich galt das Angebot von American Airlines nur für bestimmte Vielflieger. Dann schrieb Delta Airlines die Vielfliegermeilen auch den Kunden gut, die ihre Tickets mit der Kreditkarte von American Express, kauften. Schließlich zogen Eastern und United Airlines und alle anderen Fluggesellscluhen gleich, und alle weiteren Restriktionen verschwanden.

[29] Die Berechnung: Da 25.000 Vielfliegermeilen für einen Freiflug hin und zurück gesammelt werden müssen, bedeuten 1,2 Billionen Vielfliegermeilen 48 Millionen Freiflüge. Bei Ausnutzung der Kapazität von 500 Sitzen einer Boeing 747 erfordert das 96.000 Hin- und Rückflüge.

Ermessensspielraum haben, ihre Verpflichtungen auf ein tragbares Maß zu begrenzen.

Es stimmt, dass die Vielfliegerprogramme zwischen den Fluggesellschaften einen Wettbewerb um neue Mitglieder schaffen. Daher der Dreifachmeilenkrieg. Es lohnt sich, heute zu investieren, um Treue morgen zu schaffen, aber nur bis zu einem gewissen Punkt. Es ist nicht klug von einer Fluggesellschaft, zu aggressiv um neue Mitglieder zu werben. Sie sollte es vorziehen, dass andere Fluggesellschaften auch einige treue Kunden haben. Sonst haben die Konkurrenten wenig zu verlieren; sie haben dann guten Grund, die Preise zu senken, um Kunden anzulocken. Erinnern Sie sich an den »Glashauseffekt«, der im vorigen Kapitel im Abschnitt über die acht versteckten Kosten von Angebotserstellungen beschrieben wurde. Es ist wichtig, dass Konkurrenten bei einem Preiskrieg etwas zu verlieren haben.

Trotz ihrer Schönheitsfehler sind Vielfliegerprogramme ein Geniestreich. Sie sind ein beispielloser Weg, den gesamten Kuchen zu vergrößern und Kundentreue zu schaffen. Zwar mag der Wettbewerb um neue Mitglieder zeitweise unkontrolliert eskaliert sein, doch per Saldo war es ein Win-Win-Win-Spiel – für American Airlines, die anderen Fluggesellschaften und die Passagiere, um nicht noch einen weiteren Gewinner zu nennen, die Touristikbranche von Hawaii.

Vielfliegerprogramme haben auch Unternehmen in anderen Branchen geholfen, Kundentreue aufzubauen. Mietwagen- und Kreditkartegesellschaften, Hotels, Telefongesellschaften und Andere haben »*affinity programs*« mit den Fluggesellschaften vereinbart, die es ihnen erlauben, ihren Kunden Vielfliegermeilen gutzuschreiben. So gibt es eine Citibank-Kreditkarte mit American Airlines und die Karte der First Chicago Bank mit United Airlines. Für jeden Dollar, der den Karten belastet wird, gibt es eine Vielfliegermeile. Die Telefongesellschaft MCI schreibt für jeden Dollar Telefongebühren fünf Vielfliegermeilen bei Northwest Airlines gut. Steigen Sie bei Sprint ein, erhalten Sie für jeden Dollar fünf Meilen von TWA. Die Programmpartner zahlen den Fluggesellschaften eine Lizenzgebühr, etwa einen

Cent pro Meile. Diese Pfennigbeträge summieren sich derart, dass die Fluggesellschaften etwa zwei Milliarden Dollar jährlich an den Affinitätsprogrammen verdienen. Die Programme haben inzwischen einen solchen Umfang erreicht, dass jetzt jede zweite Vielfliegermeile am Boden verdient wird.

Sag Dankeschön. Die Programme lehren jedes Unternehmen eine wichtige Lektion: Es lohnt sich, den treuen Kunden Dankeschön zu sagen. Das ist ein wichtiger Schritt zum Aufbau einer Beziehung. Wir meinen, dass Danke sagen ein wesentlicher Teil der Schaffung von Mehrwert in einem Markt mit Wettbewerb ist.

Sagen Sie Dankeschön.
Schaffen Sie Kundentreue, indem Sie sie belohnen.

Affinitätsprogramme sind ein Weg, um sich bei Ihren Kunden zu bedanken. Aber vielleicht wollen Sie ja Ihr eigenes Treueprogramm schaffen. Hotelketten bieten ihren Stammgästen garantierte Zimmerreservierungen, kostenlose Zimmer-Upgrades und andere Vergünstigungen. Autovermieter, Eisenbahngesellschaften, Spielkasinos und andere haben alle ihre eigenen Programme. Wir meinen, jede Firma sollte ein Treueprogramm haben.

Natürlich gibt es bessere und schlechtere Arten der Stammkundenbelohnung. Unsere Erfahrungen bei der Zusammenarbeit mit Firmen zur Entwicklung von Treueprogrammen half uns, einige Richtlinien auszuarbeiten, wie man am wirksamsten Dankeschön sagt.

1. Sagen Sie Dankeschön mit Naturalien, nicht mit Geld. Die wirksamste Art, sich bei Kunden zu bedanken, ist nicht mit Bargeld, sondern mit Sachleistungen. Stellen Sie sich vor, eine Fluggesellschaft würde Reisenden für jede 40.000 mit ihr geflogene Meilen einen

Sparbrief über 500 Dollar versprechen.[30] Die Kunden würden dies mit genau dem Betrag bewerten, den die Fluggesellschaft dafür bezahlt hat. Es ist ein großes Dankeschön, aber ein teures – jeder Dollar Dank würde die Fluggesellschaft einen Dollar kosten. Ein viel kostenwirksameres Dankeschön ist die Vergabe von etwas, was die Kunden mit 500 Dollar bewerten, während es die Fluggesellschaft viel weniger kostet. Die Fluggesellschaften erreichen das, indem sie sonst leer bleibende Sitze zur Vergabe von Freiflügen benutzen.

Wenn Sie Ihr eigenes Produkt verwenden, um sich zu bedanken, ist es billig im Vergleich zu dem Wert, den es für den Kunden hat (andernfalls sollten Sie überhaupt nicht im Geschäft sein). Das ist besonders dann der Fall, wenn Sie Überkapazitäten haben. Selbst wenn Sie Ihr Produkt nicht verschenken, sondern es dem Kunden zu Selbstkosten oder mit einem beträchtlichen Rabatt verkaufen, ist das immer noch ein kostenwirksames Dankeschön mit einer Sachleistung, nicht mit Geld.[31] Sich in der richtigen Weise zu bedanken muss Sie nicht viel kosten.

In manchem Zusammenhang wird das Prinzip "Sachleistung statt Bargeld" sehr gut verstanden, in anderem Zusammenhang aber wieder vergessen. Zum Beispiel ersetzen Versicherungsgesellschaften Verluste manchmal mit Ware statt mit Barzahlung. Das ist kosteneffektiver. Mit ihrer Erfahrung und Stärke können Versicherungen beschädigte oder verlorene Waren oft mit geringeren Kosten ersetzen, als es der Kunde könnte. Für uns heißt das aber, dass Versicherungsgesellschaften ihren treuen Kunden auch beim Kauf neuer Produkte helfen sollten. Das wäre eine kosteneffiziente Art, Kundentreue zu belohnen. So sollten Autoversicherer ihren Kunden bei der Neuanschaffung von Autos behilflich sein, eine Strategie, zu der wir schon im vorigen Kapitel aus einem anderen Blickwinkel heraus kamen.

---

[30] National Car Rental bietet tatsächlich Sparbriefe als eine Auswahlmöglichkeit beim Bonusprogramm an.

[31] Es will natürlich niemand sein Produkt an Kunden verschenken, die den Wert niedriger ansetzen als seine Beschaffungskosten. In solchen Fällen ist es kostengünstiger, den Kunden Geld zu schenken.

Der gleiche Gedanke gilt in Beziehungen von Firma zu Firma. Vielleicht sind Sie in der Lage, einer Firma, die Ihr Kunde ist, zu günstigeren Preisen zu ihren Rohstoffe zu verhelfen. Sie bieten ihre größere Macht am Markt dazu auf, Ihrem Kunden zu helfen. Ob Ihre Kunden Verbraucher oder Firmen sind: Suchen Sie nach Wegen, mit Leistungen Dankeschön zu sagen.

2. Sparen Sie sich Ihr bestes Dankeschön für Ihre besten Kunden auf. Viele Unternehmen bieten die besten Angebote neuen Kunden. Damit zäumen sie aber das Pferd vom Schwanz auf. Sie sollten Ihre besten Kunden am besten behandeln.

Neue Kunden sind eine unbekannte Größe. Sie wissen nicht, wieviel sie Ihnen letztlich einbringen werden. Bei Ihren alten Kunden wissen Sie, was sie Ihnen eingebracht haben. Finden Sie heraus, wer Ihre wertvollsten Kunden sind, und verlieren Sie sie nie. Belohnen Sie diese Kunden, damit sie Ihnen treu bleiben. Das ist so wie daran zu denken, Blumen zu schicken, auch nachdem Sie aus einer Affäre eine Beziehung gemacht haben.

Die Mobiltelefongesellschaften könnten sich das zu Herzen nehmen. Es gibt so ausgedehnte Überkapazitäten in dieser Branche, dass sie gut dazu benutzt werden könnten, viel Kundentreue zu schaffen. So könnten die Netzbetreiber ihren besten Kunden kostenlose Wochenend- und Abendgespräche geben. Oder kostenlose eingehende Gespräche im Verhältnis zu den Gesprächseinheiten, die sie für ihre abgehenden Gespräche zu bezahlen haben.

Einige Mobiltelefongesellschaften gestehen kostenlose Wochenend- und Abendanrufe zu, aber nur ihren neuen Kunden. Andere bieten fantastische Rabatte für neue digitale Telefone, aber ebenfalls nur neuen Kunden. Das ist der falsche Ansatz. Es lädt Kunden geradezu ein, von Netz zu Netz zu springen, um in den Genuss der Förderungen zu kommen. Es untergräbt die Treue der Kunden statt sie aufzubauen.

Wieder sehen wir, dass Vielfliegerprogramme es richtig machen, besonders Gold- und Platinprogramme. Die besten Kunden werden am besten behandelt.

3. Sagen Sie in einer Weise Dankeschön, die Ihr Geschäft belebt. Oft geben Firmen potentiellen Kunden eine kostenlose Probe. Das ist eine gute Strategie, um Größenvorteile zu schaffen. Noch besser könnte es aber sein, treuen Kunden einen Gästepass zu geben und sie zu ermutigen, jemanden mitzubringen. Fitnesscenter tun das oft.

Sie können Stammkunden auch mit Produkten belohnen, die sie dazu ermuntern, selbst mehr Geschäft mit Ihnen abzuwickeln. Zum Beispiel könnten die Telefongesellschaften treue Kunden mit kostenloser oder wenigstens stark verbilligter Mailbox belohnen. Auf diese Weise bleibt kein Anruf unbeantwortet. So verliert die Telefongesellschaft kein Geschäft, weil niemand erreichbar war. Besser noch, jemand wird die Mailbox anrufen, um die hinterlassenen Nachrichten abzurufen, und vielleicht auch Anrufer zurückrufen oder weitere Nachrichten beim Anrufer hinterlassen. So wie dies das Problem der Nichtbeantwortung von Anrufen löst, kann das Problem besetzter Leitungen durch telefonisches »Anklopfen« gelöst werden. Mehr Anrufer kommen dann durch, und das vermehrt wiederum das Geschäft. Wir vermuten, dass die kostenlose Ausstattung treuer Kunden mit der Möglichkeit für Konferenzschaltungen die Nutzung des Telefons noch weiter anregen würde.[32]

4. Sagen Sie weder zu früh noch zu spät Dankeschön. Wenn Sie sich bereits bedanken, bevor Sie Zeit hatten, eine Beziehung aufzubauen, wirkt das eher wie ein Neukundenrabatt. Ähnlich bedeutet das Dankeschön auch nicht mehr viel, wenn Sie zu lange damit warten.

---

[32] Warum verschenken die Long-Distance-Telefongesellschaften die genannten Dienste nicht ihren treuen Kunden als Belohnung? Ein Problem dabei ist, dass diese Dienste technisch von den örtlichen Telefongesellschaften ausgeführt werden. Und diese erhalten eine Zugangsgebühr von den Long-Distance-Gesellschaften unabhängig davon, ob ein Gespräch geführt wird oder nicht. Dennoch könnten die Ferngesprächsgesellschaften diese Leistungen en gros aufkaufen und an ihre Kunden weitergeben. CR: In Amerika gibt es Telefongesellschaften, die ausschließlich lokale "Orts-" Gespräche abwickeln, und andere, die die Ferngespräche übernehmen. Die beiden Märkte waren lange Zeit rechtlich getrennt.

Mehrwerte

5. Kündigen Sie an, dass Sie sich bedanken werden. Ein weiteres klug gestaltetes Merkmal bei Vielfliegerprogrammen ist, dass dem Kunden gleich zu Beginn gesagt wird, was für ein großes Dankeschön er zu erwarten hat. Je mehr er fliegt, desto mehr wird er belohnt. Bei einigen anderen Programmen ist das Dankeschön eine Überraschung – eine willkommene, aber doch eine Überraschung. Einem von uns Autoren schickte American Express kürzlich eine Belohnung für zehnjährige Mitgliedschaft. Schön, aber unerwartet. Und wir wissen nicht, ob uns nach 15- oder 20-jähriger Mitgliedschaft ein weiteres Dankeschön erwartet.

Wenn Sie ein Dankeschön planen, sollten Sie es Ihren Kunden im voraus sagen, damit sie Ihnen treu bleiben. Sie müssen Ihre Kunden nicht so behandeln, als würden Sie ihnen eine Überraschungsparty zum Geburtstag veranstalten. Sonst könnten Sie der Überraschte sein, weil der Kunde an seinem Geburtstag nicht mehr da ist. Den Kunden im Voraus zu sagen, dass sie am Ende einer Strecke ein Geschenk erwartet, mindert die Freude nicht, sondern schafft noch Vorfreude.

6. Nehmen Sie in Kauf, dass Sie um Kundentreue konkurrieren müssen. Dankeschön zu sagen ist ein Weg, Ihre Kunden treu zu machen. Natürlich kann es sein, dass Sie dabei mit anderen Firmen konkurrieren müssen, die erreichen wollen, dass die gleichen Kunden ihnen treu sind.

Ein Weg zu konkurrieren ist, hohe Rabatte zu gewähren, um neue Kunden anzuwerben. Diese Strategie zwingt aber die Konkurrenten geradezu, das gleiche zu tun, und dann werden einige Ihrer Kunden Sie verlassen, um neue Kunden bei der Konkurrenz zu werden. Das Ergebnis ist dann wahrscheinlich keine Nettoveränderung Ihres Marktanteils, sondern ein teures Hin- und Herschieben von Kunden und ein Verlust an Kundentreue rundum.

Ein besserer Weg, um Kunden zu konkurrieren, ist die Schaffung eines attraktiveren Treueprogramms. Dann ist das Ergebnis des Konkurrierens um Kunden mehr, nicht weniger Loyalität. Aber übertreiben Sie auch dabei nicht. Das ist unser nächster Punkt.

7. Lassen Sie Ihre Konkurrenten auch treue Kunden haben. So wie Sie davon profitieren, Stammkunden zu haben, missgönnen Sie anderen die Gelegenheit dazu nicht. Das ist keine Frage des Anstands, sondern ergibt sich, wenn Sie in den Begriffen von Coopetition denken. Betrachten Sie die Alternative: Wenn Ihre Konkurrenten keine Stammkunden haben, haben sie auch keinerlei Anreiz, den Preis zu erhöhen. Im Gegenteil, da sie wenig zu verlieren haben, ist es wahrscheinlicher, dass sie versuchen, Ihnen Ihre Stammkunden durch Preisunterbietungen abzujagen. Es ist zu Ihrem Vorteil, wenn Ihre Konkurrenten ihre eigene Stammkundenbasis entwickeln. Wie wir schon sagten: Konkurrenten, die im Glashaus sitzen, werfen nicht mit Steinen.

8. Vergessen Sie das Dankeschön auch dann nicht, wenn Sie ein Monopol haben. Sie mögen heute ein Monopol haben, doch es besteht stets die Möglichkeit, dass morgen ein Konkurrent auftaucht oder Ihnen eine neue Technologie Konkurrenz macht. Wenn Sie treue Kunden haben, versetzt Sie das im Spiel von morgen in eine bessere Position. Es kann Andere sogar davon abschrecken, überhaupt ins Spiel einzutreten. Die beste Zeit Kundentreue zu schaffen, ist die, solange Sie ein Monopol haben. Sie müssen nicht um Kunden konkurrieren, es sind alles Ihre Kunden.

Die US-Kabelfernsehgesellschaften scheinen hierbei wirklich ihre Chancen verpasst zu haben. Sie sind in der Lage, ihren Stammkunden Premium-Dienste anzubieten, die wenig genutzt werden. Sehr wenige Kunden abonnieren alle drei Programme: HBO, Showtime und Cinemax. Sie hätten schon gern ein zweites oder drittes Zusatzprogramm, aber mit den Überschneidungen der Programme ist das oft nicht den hohen Preis wert. Also sollte die Kabelfernsehgesellschaft jemandem, der ein Jahr lang HBO abonniert hat, Cinemax für einen Dollar zusätzlich anbieten. Oder das Kabelfernsehunternehmen sollte Leuten, die zehn Filme gegen Einzelgebühr gesehen haben, eine Auswahl von Filmen anbieten, von denen sie einen umsonst sehen dürfen.

Warum wurden diese Chancen verpasst? Vielleicht durch eine typische Monopoleinstellung. Die Kabelsender sehen keine Notwendigkeit, Kundentreue zu schaffen. Ein großer Fehler. Ihre Märkte öffnen sich. Heute sehen sich die Kabelsender wachsender Konkurrenz durch Satelliten- und »drahtloses« Kabelfernsehen gegenüber.

Morgen werden sie wünschen, sie hätten heute mehr in Kundentreue investiert. Wie die lokalen Telefongesellschaften stehen sie auch vor der Deregulierung ihrer Branche und machen den gleichen Fehler: Sie versäumen, Kundenloyalität zu schaffen, solange sie noch das Spiel ganz für sich haben.

9. Sagen Sie nicht nur Kunden, sondern auch Lieferanten Dankeschön. Erinnern Sie sich an die Symmetrie des Wertenetzes: Jede Strategie gegenüber den Kunden hat ihr symmetrisches Gegenstück gegenüber den Lieferanten. Genauso wie Sie treue Kunden belohnen sollten, sollten Sie loyale Lieferanten belohnen.

Ist das wirklich notwendig? Sie sind Kunde Ihrer Lieferanten, warum brauchen Sie Treueprogramme für sie? Die Antwort lautet, dass die Programme in beide Richtungen gehen sollten. Sie wollen, dass Ihnen Ihre Lieferanten treu bleiben – deshalb muss es Treueprogramme für sie geben. Ihre Lieferanten wünschen, dass Sie ihnen treu bleiben, deshalb brauchen sie Treueprogramme für Sie und ihre anderen treuen Kunden.

Unternehmen erkennen den Wert des Dankeschöns an "Lieferanten", wenn es um ihre Mitarbeiter geht. Sie gewähren Mitarbeitern oft Gratisgeschenke ihrer eigenen Waren oder zumindest hohe Rabatte bei deren Kauf. Viele Firmen bieten ihren langjährigen Mitarbeitern Anerkennung, sogar Belohnungen. Sie sollten aber über Ihre Mitarbeiter hinausdenken und auch andere treue Lieferanten belohnen. Wenn Sie Ihren Mitarbeitern Rabatte auf Ihre Erzeugnisse gewähren, denken Sie darüber nach, diese Vergünstigung auf alle Ihre Lieferanten (und deren Mitarbeiter) auszudehnen. Oder Sie können Ihre Stärke dazu nutzen, einem Lieferanten zu besseren Einkaufspreisen für seine Rohstoffe zu verhelfen. Das sind nur zwei Wege, um Ihren Lieferanten Dankeschön zu sagen.

Jedes Unternehmen sollte ein Treueprogramm für seine Kunden und ein Treueprogramm für seine Lieferanten haben. Das ist der Weg, Treue oben und unten im Wertenetz zu schaffen.

> **Neun Tipps fürs Dankeschön**
> 1. Sagen Sie Dankeschön mit Sachleistungen, nicht mit Geld.
> 2. Sparen Sie sich Ihr bestes Dankeschön für Ihre besten Kunden auf.
> 3. Sagen Sie in einer Weise Dankeschön, die Ihr Geschäft anregt.
> 4. Sagen Sie weder zu früh noch zu spät Dankeschön.
> 5. Kündigen Sie an, dass Sie sich bedanken werden.
> 6. Nehmen Sie in Kauf, dass Sie um Kundentreue konkurrieren müssen.
> 7. Lassen Sie Ihre Konkurrenten auch treue Kunden haben.
> 8. Vergessen Sie das Dankeschön auch dann nicht, wenn Sie ein Monopol haben.
> 9. Sagen Sie nicht nur Kunden, sondern auch Lieferanten Dankeschön.

5.4. Nachahmung

Das AAdvantage-Programm von American Airlines ist unser Paradebeispiel dafür, wie man Kundentreue schafft. Wir haben gesehen, wie es funktionierte und wie es sogar dann noch funktionierte, als die anderen Fluggesellschaften es kopiert hatten. Heute hat praktisch jede US-Fluggesellschaft ein Vielfliegerprogramm. Dennoch bleiben die Programme eine wirksame Strategie zur Schaffung von Kundentreue.

Eine Strategie, die sogar noch wirksam bleibt, nachdem sie kopiert wurde? Das scheint jeglicher Lebenserfahrung zu widersprechen.

In der üblichen Wahrnehmung ist Nachahmung das Schreckgespenst jeglicher Geschäftsstrategie: Sie entwickeln eine Strategie. Sie funktioniert. Sie funktioniert so gut, dass jeder sie Ihnen nachmacht. Und dann funktioniert Ihre Strategie nicht mehr. Sie müssen sich wieder etwas Neues ausdenken.

Diese Ansicht findet man häufig in den Lehrbüchern über Geschäftsstrategien. Professor Sharon Oster von der Yale School of Management schreibt: »Wenn es jeder kann, können Sie damit kein Geld verdienen.«[33] Bruce Henderson, Gründer der Boston Consulting Group, vergleicht den Effekt der Nachahmung im Geschäftsleben mit dem biologischen Phänomen, das unter dem Namen Gause-Prinzip oder auch Konkurrenzausschlussprinzip bekannt ist: »Zwei Spezies, die in ihren Lebenserfordernissen gleich sind, können nicht koexistieren ... das ist im Geschäftsleben nicht anders als in der Natur.«[34]

In der Tat höhlt es Ihren Mehrwert aus, wenn jemand Ihr Produkt oder Ihr Verfahren eins zu eins kopiert. Wenn American Airlines um 10 Uhr von Los Angeles nach New York startet, verliert sie Mehrwert, wenn United Airlines einen Flug um 9 Uhr 55 anbietet. Damit ist American Airlines auf dieser Strecke zu dieser Zeit nicht mehr etwas Besonderes.

Manche Experten gehen in der Beurteilung der schädlichen Wirkungen von Nachahmung noch weiter. Sie behaupten, es könne keine

---

[33] Sharon Oster: Modern Competitive Analysis, 2. Auflage, S. 12 (Oxford University Press, New York 1994).

[34] Bruce Henderson: »The Origin of Strategy«, S. 3-4, in: Strategy: Seeking and Securing Competitive Advantage, herausgegeben von C. Montgomery und M. Porter (Harvard Business School Press, Boston 1991). Die biologische Beschreibung des Gause-Prinzips ist folgende: "Zwei Spezies mit identischen Anforderungen an die ökologische Nische können nicht zusammen am selben Ort und zur selben Zeit leben." E.R. Pianka, Evolutionary Ecology, 4th ed., Harper&Row: New York 1988, S. 221.

dauerhafte Formel zur Entwicklung erfolgreicher Geschäftsstrategien geben.[35] Denn wenn jemand eine solche Formel finden würde, würde sie wohl kaum lange geheim bleiben. Dann könnte und würde auch jede nach der Formel entwickelte Strategie kopiert werden. Keiner könnte mehr als nur vorübergehende Gewinne erzielen. Wenn das Argument zuträfe, hätte jedes Rezept fürs Geschäftsleben nur eine zeitlich begrenzte Gültigkeit.

Das Argument trifft aber nicht zu. Nehmen Sie die Vielfliegerprogramme: Jeder kann sie verwenden und damit Geld verdienen, und jeder kann immer weiter Geld damit verdienen. Die Gewinne sind nicht nur vorübergehend zu erzielen. Das gilt nicht nur für Vielfliegerprogramme. Es gibt andere Strategien wie Konkurrenzklauseln und Rabattprogramme, die ebenfalls weiter funktionieren, nachdem sie kopiert wurden. (Wir untersuchen diese Strategien im Kapitel über Regeln.) Worin liegt also der Fehler bei des vermeintlichen Erfahrungswissens über Nachahmung?

Gesunde Nachahmung

Nachahmung *ist* das Schreckgespenst der Geschäftsstrategien, sofern das Ziel die Sicherung eines Wettbewerbsvorteils ist – wenn man etwas besser machen will als Andere. Nachahmung heißt, dass jeder das Gleiche tun kann. Dann können Sie es nicht besser machen als Andere, weil die Anderen genau das tun, was Sie machen. Es ist fast eine Tautologie, dass Sie keinen Wettbewerbsvorteil aufrechterhalten können.

Nachahmung ist schädlich, wenn Sie in Gewinner-Verlierer-Kategorien denken. Sie entdecken eine Strategie, mit der Sie auf Kosten eines anderen gewinnen. Sie machen einen Schritt vorwärts, und

---

[35] John Kay: The Foundations of Corporate Success: How Business Strategies Add Value (Oxford University Press, New York 1993) und die Besprechung in *The Economist*, 17.4.1993, S. 65.

der Konkurrent macht einen Schritt rückwärts. Wenn der Konkurrent Sie nachahmen kann, macht er zwei Schritte nach vorn und Sie einen Schritt zurück. Hier ist die Nachahmung schädlich: Sie macht Ihren Anfangsgewinn zunichte.

Und selbst dann haben Sie noch Glück gehabt. Es kann viel schlimmer enden. Manchmal bedeutet ein Gewinner-Verlierer-Spiel zunächst einen Schritt vor für Sie und zwei Schritte zurück für ihn. Das klassische Beispiel dafür ist der Wettbewerb über den Preis. Sie wollen einem Konkurrenten durch niedrigere Preise Kunden abjagen. Wenn Sie das tun, gewinnen Sie weniger, als Ihr Konkurrent verliert, denn Sie gewinnen einen Kunden beim neuen, niedrigeren Preis, während Ihr Rivale einen Kunden mit dem alten, höheren Preis verliert. Sie machen einen Schritt vorwärts, Ihr Konkurrent zwei Schritte zurück. Sie liegen vorn, doch nur solange, bis Ihr Konkurrent seinerseits mit niedrigerem Preis einen Kunden von Ihnen abwirbt. Jetzt hat Ihr Konkurrent einen Schritt nach vorn getan, und Sie zwei Schritte zurück. Das Nettoergebnis ist je ein Schritt zurück für Sie und Ihren Konkurrenten. Die Preise sind niedriger und die Marktanteile wieder so wie vorher. So ist Nachahmung nicht nur schädlich, sondern tödlich:

Gewinner-Verlierer + Verlierer-Gewinner = Verlierer-Verlierer

Also ja, es stimmt: Gewinner-Verlierer-Strategien können durch Nachahmung böse nach hinten losgehen.

Der Fehler der vermeintlichen Lebenserfahrung liegt darin, dass sie die Möglichkeit von Gewinner-Gewinner-Strategien ignoriert, von Win-Win. Der Fehler überrascht nicht, wenn man die konventionelle Auffassung vom Geschäft als Krieg bedenkt. Bei Win-Win-Konstellationen ist Nachahmung aber gesund. Machen Sie einen Schritt nach vorn, geht es auch für Ihren Konkurrenten einen Schritt nach vorn. Wenn er sie nachahmt, macht Ihr Konkurrent einen weiteren Schritt nach vorn, und Sie mit ihm. Tatsächlich verstärkt Nachahmung die Gewinne:

Gewinner-Gewinner + Gewinner-Gewinner =
GEWINNER-GEWINNER

Sehen Sie sich nochmals die Vielfliegerprogramme an. American Airlines profitierte von AAdvantage. Das Programm gab ihnen zunächst Gelegenheit, den Konkurrenten einige Passagiere abzujagen. Bis dahin war es ein Gewinner-Verlierer-Spiel. Ein Schritt vorwärts für American Airlines und ein Schritt zurück für die Konkurrenz. Als AAdvantage kopiert wurde, verlor American Airlines seine Möglichkeit, Marktanteile zu gewinnen. Ein Schritt nach vorn für die imitierende Konkurrenz, ein Schritt zurück für American Airlines. Alles wieder beim alten.

Es gab aber ein Win-Win-Element bei der Einführung von AAdvantage. Mit mehr treuen Kunden war American Airlines nicht mehr in Versuchung, einen Preiskrieg zu beginnen, sondern konnte sogar die Preise etwas erhöhen. Das gab den anderen Fluggesellschaften etwas Spielraum, ebenfalls die Preise zu erhöhen. Neben der Gewinner-Verlierer-Komponente bei der Verschiebung der Marktanteile gab es ein Gewinner-Gewinner-Element für die Preissetzung.

Die Nachahmung von AAdvantage beseitigte die Gewinner-Verlierer-Komponente und verstärkte den Gewinner-Gewinner-Effekt. Wir haben schon gesehen, dass die Kunden treuer sind, wenn jede Fluggesellschaft ein Vielfliegerprogramm hat. Preissenkungen haben weniger Wirkung und Preiserhöhungen sind weniger riskant. Es gibt weniger Anreiz, über den Preis zu konkurrieren. Das Resultat ist größere Preisstabilität, vor allem im Markt für Geschäftsreisende.

Zusammenfassend: Nachahmungen von Win-Win-Strategien sind nicht schädlich, sondern gesund. Wenn Sie eine solche Strategie entdecken, brauchen Sie sie nicht geheimzuhalten. Es ist kein Problem, wenn sie weithin bekannt ist und kopiert wird. Es ist sogar gut. Je mehr Konkurrenten sich Ihre Strategie zu eigen machen, desto besser für Sie.

Deshalb untergraben wir auch nicht die Effektivität der Bonusprogramme, indem wir die Theorie dazu in diesem Buch veröffentlichen. Im Gegenteil, wir hoffen, dass das, was wir geschrieben haben, mehr Firmen dazu bewegt, Kundentreueprogramme zu entwickeln und in die Praxis umzusetzen – je mehr es tun, desto besser.

Schädliche Nachahmung

Nicht alles ist Win-Win. Sie müssen auch mit schädlicher Nachahmung rechnen. Was können Sie machen, wenn Gewinne nur vorübergehend sind? Sie müssen eine lange Kette vorübergehender Gewinne schaffen.

Der Trick dabei ist, immer schneller zu laufen. Sie machen ein besseres Produkt, andere kopieren es, doch da sind Sie schon wieder einen Schritt voraus. Sie haben Ihr Produkt nochmals verbessert.

Im Spiel geht es nicht darum, wie gut Ihr Produkt ist; sondern darum, wie schnell Sie es verbessern können. Es geht nicht darum, wo Sie sind; sondern darum, wie schnell Sie rennen. Nicht Stellung, sondern Geschwindigkeit. Sie stehen niemals still, sie sind ein bewegliches Ziel.[36]

Was passiert, wenn Andere Ihr Verbesserungsverfahren kopieren? Dann werden sie so gut wie Sie bei der Produktverbesserung? Was dann? Sie haben Ihr Verbesserungsverfahren bereits verbessert. Jetzt geht das Spiel nicht mehr darum, wie gut Ihre Produkte sind, nicht einmal darum, wie gut Sie sie verbessern können. Es geht darum, wie gut Sie Ihr Verbesserungsverfahren verbessern können. Es geht nicht darum, wo Sie sind, nicht einmal mehr darum, wie schnell Sie sich bewegen, sondern es geht darum, wie schnell Sie noch schneller wer-

---

[36] Richard D'Aveni: *Hypercompetition* (Free Press, New York 1994).

den können. Es geht nicht um Position oder Geschwindigkeit, es geht um Beschleunigung.[37]

Im Prinzip gibt es auch noch die Verbesserung der Verbesserung Ihres Verbesserungsverfahrens, und so weiter. Blanke Theorie? Nicht für Individual, Inc.

Was Individual, Inc. so individuell macht. Individual, Inc. bietet einen auf Hochtechnologie beruhenden Ausschnittsdienst, um bei der Bewältigung der Informationsflut zu helfen. Die Klienten teilen Individual, Inc. mit, an welchen Themen sie interessiert sind. Die Firma findet per Computerrecherche alle relevanten Artikel, stuft sie nach Wichtigkeit ein und sendet sie den Kunden per Fax, E-Mail oder wie immer gewünscht. Die Klienten erhalten die vollen Texte, Auszüge oder Artikelüberschriften – je nach Prioritätseinstufung. Das Ergebnis ist so, als bekäme jeder Kunde seine eigene individuelle Zeitung.

Das Problem von Individual, Inc. ist, wie es seinen Mehrwert erhält. Was hält andere Firmen davon ab, diese Dienstleistung zu kopieren? Zwar ist das unternehmenseigene "System zur Handhabung und den Abruf von Text" (*System for Manipulation and Retrieval of Text – SMART*) urheberrechtlich geschützt, das Grundkonzept jedoch nicht. Aber Individual, Inc. hat den nächsten Schritt getan. Sie bittet die Klienten regelmäßig, jede übermittelte Geschichte auf der Skala von »nicht relevant« über »etwas relevant« bis »sehr relevant« zu bewerten. Dieser »Relevanzrücklauf« wird in *SMART* eingegeben und so dazu verwendet, die Auswahl von Texten zu verbessern, die jedem Kunden geschickt werden. *SMART* lernt auch von dem, was die Klienten lesen, nicht nur von dem, was sie sagen. Jedesmal, wenn ein Klient zu einem Auszug oder einer Schlagzeile den vollen Text nachfordert, speichert *SMART* diese Tatsache und bringt das Profil des Benutzers damit auf den neusten Stand.

---

[37] David Collis: »Understanding Competitive Advantage: The Role of Positioning, Sustainability, and Capabilities«, Harvard Business School working paper, 1995.

Ein typischer Kunde mag am Anfang die Hälfte der übermittelten Berichte als sehr relevant einstufen. Individual, Inc. bringt diese Trefferquote innerhalb eines Monats auf 90 Prozent. Damit bekommen die Klienten nicht nur eine verbesserte Dienstleistung, sondern sie können auch den Grad der Verbesserung klar messen. Das prägt den Kunden ein, dass sie auf 50 Prozent zurückfallen würden, wenn sie zu einem anderen Ausschnittdienst wechseln würden.

Selbst wenn ein anderer Dienst sein eigenes Rechenverfahren hätte, würde es aller Wahrscheinlichkeit nach mehr als einen Monat dauern, bis er auf eine Trefferquote von 90 Prozent käme, denn Individual, Inc. hat nicht nur sein Produkt verbessert, sondern auch die Geschwindigkeit erhöht, mit der das Produkt verbessert wird. Individual, Inc. hat seine Fähigkeit verfeinert, die Rückläufe zu interpretieren. Mit Hilfe seiner Erfahrung konnte das Unternehmen die Parameter seines Rechenprozesses feinabstimmen; es lernt jetzt schneller über die Kunden als zu Beginn. Ein neuer Konkurrent könnte nicht so schnell lernen, bevor er nicht eben soviel Erfahrung angesammelt hat.

Indem es die Vorlieben der Kunden lernt und zusätzlich lernt, schneller zu lernen, bewahrt sich Individual, Inc. seinen Mehrwert.

Die Strategie von Individual, Inc. kann ebensogut von Buchhandlungen, Zeitschriften, Videotheken, sogar von Ehe- und Partnervermittlungen angewendet werden – von allen Unternehmen, bei denen es darauf ankommt, eine große Zahl von Optionen mit unterschiedlichen Kundenwünschen in Einklang zu bringen.

Amazon zeigt seinen Kunden, was andere Kunden mit ähnlichem Geschmack schon gekauft haben. Wenn eine klassische Buchhandlung einem Kunden ein Buch empfiehlt, ist das eine Gelegenheit, später festzustellen, warum das Buch gefiel oder nicht gefiel. Dann können die Empfehlungen von Buch zu Buch besser werden. Ein Konkurrenzgeschäft kann das gleiche Buch verkaufen, aber ohne das vom ersten Geschäft gesammelte Wissen. Das zweite Geschäft kann den guten Rat des ersten nicht kopieren, solange es nicht das gleiche

Wissen über den Kunden erworben hat. Und wenn der Kunde mit dem ersten Geschäft zufrieden ist, dürfte das konkurrierende Geschäft keine Chance dazu bekommen.

Die *Harvard Business Review* bittet ihre Leser, jeden Artikel zu bewerten. Den Rücklauf verwendet die Zeitschrift zur Verbesserung ihrer Artikelauswahl. Das Ergebnis ist eine Zeitschrift, die besser auf die Bedürfnisse ihrer Leser ausgerichtet ist, die deshalb zu treueren Lesern geworden sind. Auch wir wollen eine treue Leserschaft entwickeln, deshalb hoffen wir, dass Sie uns Ihre Kommentare zu diesem Buch zukommen lassen. (Unsere Internet-Adresse finden Sie am Ende des Vorworts.)

Rapide Produktverbesserung bewährt sich bei Individual, Inc. Sie kann sich bei Buchhandlungen und Zeitschriften bewähren. Sie funktioniert auf jeden Fall bei Intel, deren Strategie es ist, immer schon zum Chip der nächsten Generation zu springen, bevor die Konkurrenten damit fertig wurden, die gegenwärtige Generation zu klonen. Sie ist aber kein Allheilmittel. Bei manchen Produkten ist es schlicht unrealistisch zu meinen, man könne ununterbrochen mit neuen Verbesserungen aufwarten.

Nehmen Sie Seife. Da können Sie sich glücklich schätzen, wenn Sie einmal eine Innovation schaffen. Es gibt nicht sehr viele Wege, eine Seife zu verbessern. Das war ein echtes Problem für Minnetonka, ein kleines Unternehmen in Minnesota, das mit einer neuen Art von Seife auf den Markt kam.[38] Wie konnte Minnetonka verhindern, dass Procter & Gamble, Lever Brothers und andere große Konkurrenten die Idee kopierten?

Gewinne hochpumpen. Der Unternehmer Robert Taylor gründete 1964 mit 3000 Dollar seiner Ersparnisse die Firma Minnetonka. In den folgenden zwei Jahrzehnten verwandelte Taylor die Firma von

---

[38] Einige der Informationen zum folgenden Fall sind entnommen aus: Minnetonka Corporation: From Softsoap to Eternity (Harvard Business School Publishing, 9-795-163, 1995).

einem Nischenhersteller von Neuheiten in der Körperpflege zu einem innovativen Unternehmen und Spieler auf den Märkten für Seife, Zahnpasta und Duftwasser. Zu den weithin bekannten Markenartikeln von Minnetonka gehören die Flüssigseife Softsoap, die Zahnpasta Check-Up und die Calvin-Klein-Parfüme Obsession und Eternity. Taylor fürchtete sich nicht vor Experimenten. Während eines einzigen Frühlings warf Minnetonka einmal 78 neue Produkte auf den Markt. Das nennt sich »Spaghettiteststrategie«. Man wirft vieles an die Wand und schaut, was kleben bleibt. Tom Peters nennt dies die »Antistrategie-Strategie«: Analysieren Sie nicht lange, sondern probieren Sie aus, was funktioniert, und machen Sie mehr davon. Im Wesentlichen führte Taylor Markttests mit ganzen Serien von Produkten durch und hielt dabei nach einem Renner Ausschau, mit dem er in den Massenmarkt eintreten konnte. Und er fand einen.

Er brachte 1977 die »Unglaubliche Seifenmaschine« auf den Markt, eine Pumpflasche aus Kunststoff für flüssige Seife. Sie wurde schnell zum meistverkauften Produkt von Minnetonka. Minnetonka war auf einer heißen Spur. Die *Unglaubliche Seifenmaschine* konnte den Seifensud beseitigen, der quer durch die USA und rund um die Welt die Badezimmer besudelte. Das war die Gelegenheit zum Eintritt in den Massenmarkt für Seife.

Die *Unglaubliche Seifenmaschine* wurde in Softsoap umbenannt, und der Absatz begann vielversprechend. In Testmärkten erhielt Softsoap auf Anhieb Umsätze, die zwischen fünf und neun Prozent der Hartseifenumsätze ausmachten. Softsoap war bereit zur landesweiten Vermarktung, sodass 1980 eine Werbekampagne für sieben Millionen Dollar startete. Was das bedeutete, kann man daraus ersehen, dass Armour-Dial für die Dial-Seife, dem Marktführer, mit einem Budget von 8,5 Millionen Dollar warb.

Softsoap wiederholte die Testmarkterfolge landesweit und kam im ersten Jahr auf einen Absatz von 39 Millionen Dollar. Taylor glaubte, dass der Gesamtumsatz an Flüssigseife auf jährlich 400 Millionen Dollar steigen würde. Doch welchen Marktanteil würde er behalten können, sobald die führenden Stückseifehersteller mit eigenen Versionen von Softsoap herauskämen?

Die Gefahr der Nachahmung war in der Tat groß. Softsoap war keine patentierbare Innovation. Pumpen gibt es schon seit Archimedes. Der Markenname war gut, aber es gab andere, etabliertere Markennamen im Seifengeschäft. Der Name Ivory zum Beispiel blickte bereits auf eine hundertjährige Geschichte zurück.

Taylor hatte mit dem Problem der Nachahmung schon seine Erfahrungen. Er hatte versucht, Fruchtshampoos zu einem Massenprodukt zu machen. »Ich erinnere mich, wie Clairol unserem Shampoo den Garaus machte ... Wir erfinden das Konzept, und sie bringen es auf den Markt ... Als sie ihr Produkt in die Drogerien und Lebensmittelgeschäfte brachten, ging unser Artikel einfach ein.«[39] Wie könnte er irgendeinen Mehrwert aufrechterhalten, wenn erst Firmen wie Armour-Dial, Proctor & Gamble, Lever Brothers und Colgate-Palmolive mit ihren Markennamen und Vertriebsstärken ihre Muskeln spielen ließen?

Doch die Branchengroßen ließen Taylor eine kleine Gelegenheit: Sie warteten ab. Das Absatzpotential von Flüssigseife war noch nicht erwiesen, und die Großen zogen es vor, Softsoap als Versuchskaninchen freien Lauf zu lassen. Sowie sie aber sahen, dass Softsoap ein Erfolg war, beschlossen sie, ihre eigenen Markttests durchzuführen. Und erlebten eine Überraschung.

Ein wesentlicher Teil jedes Flüssigseifeprodukts ist die kleine Kunststoffpumpe, und Taylor stellte fest, dass es dafür nur zwei Lieferanten gab. Er setzte seine ganze Firma auf eine Karte und nahm mit einer Bestellung von 100 Millionen Pumpen die gesamte Produktionskapazität beider Lieferanten für ein Jahr in Anspruch. Selbst beim Preis von nur zwölf Cent pro Stück war das ein Zwölf-Millionen-Dollar-Auftrag – mehr als der gesamte Nettomarktwert von Minnetonka. Indem er die gesamte Produktion abfing, gewann Taylor weitere anderthalb bis zwei Jahre Zeit, Monopolist zu spielen. Minnetonka hatte etwas mehr Zeit gekauft, um Treue zur Marke Softsoap entstehen zu lassen und damit deren Mehrwert zu etablieren.

---

[39] »Softsoaping P&G«, *Forbes*, 18.2.1990, S. 91.

Als Procter & Gamble schließlich mit den Markttests einer Flüssigseife begann, wurde der Name »Rejoice« (freuet Euch) verwendet, um nicht den angesehenen Markennamen Ivory zu trüben. Die Ergebnisse fielen nicht ermutigend aus. So blieb Taylors Gelegenheitsfenster durch eine Mischung aus Glück und Verstand drei Jahre offen – erst 1983 führte Procter & Gamble eine Flüssigseife unter dem Namen Ivory ein, die rasch einen Anteil von 30 Prozent am Flüssigseifemarkt gewann. Ein weit abgeschlagener Dritter wurde die Flüssigseife Jergens von American Brands. Bis 1985 stieg der Umsatz von Flüssigseife in den USA auf 100 Millionen Dollar an. Softsoap blieb mit einem sehr respektablen Marktanteil von 36 Prozent in der Führungsposition. Colgate-Palmolive, die den Anschluss völlig verpasst hatte, holten erst zwei Jahre später auf, indem sie Softsoap für 61 Millionen Dollar aufkauften.

Es gab nichts, was Minnetonka hätte patentieren lassen können. Doch selbst ein Patent schützt nicht vollständig vor schädlicher Nachahmung. Sie müssen für den Tag vorausplanen, an dem Ihr Patent abläuft oder ein Konkurrent mit einer alternativen Lösung auftaucht. In der NutraSweet Holland-Sweetener-Geschichte im Kapitel über Spieler haben wir gesehen, wie NutraSweet die Zeit des Patentschutzes nutzte, um späterer Nachahmung vorzubeugen. Das Unternehmen investierte hohe Summen in die Pflege des Markenimages und in die eigene Lernkurve. Als das Patent auslief, konnte Holland Sweeter mit NutraSweets Produkt- und Kostenposition nicht gleichziehen. NutraSweet machte Holland Sweetener das Aufholen auch schwerer. Indem es den Markteintritt von Holland Sweetener in Europa aggressiv bekämpfte, bremste NutraSweet den Konkurrenten bei seiner Bewältigung der Lernkurve.

> **Mittel gegen schädliche Nachahmung**
> 1. Sammeln Sie Kundenbewertungen, um Ihr Produkt anzupassen. Dann können Ihre Konkurrenten Ihr Produkt nicht kopieren, weil ihnen diese Informationen fehlen.
> 2. Schaffen Sie Markenidentität.
> 3. Weiten Sie Ihre Produktion auf große Mengen aus, damit Sie sich schneller die Lernkurve herunterbewegen.
> 4. Konkurrieren Sie aggressiv um Mengenabsatz, damit Ihre Konkurrenten Ihnen auf der Lernkurve nicht folgen können.

Individual, Inc., Minnetonka und NutraSweet wurden deutlich von schädlicher Nachahmung bedroht und ergriffen wirksame Strategien, um ihren Mehrwert zu schützen. Manchmal ist die Bedrohung durch schädliche Nachahmung aber weniger offensichtlich. Dann kann es vorkommen, dass die Unternehmen versehentlich Strategien verfolgen, die sie verwundbarer machen. Wir geben dazu zwei Beispiele. Beim ersten wurden wir gebeten, die Identität der Spieler zu verbergen, daher sind diese Namen erfundenen.

Ausgeschachtelt. Eines Tages gelang Andy der Durchbruch. Jahrelang hatte seine Fabrik Polymatic, einer seinen Hauptkunden, mit Spezialschachteln für die Konsumgüter des Unternehmens beliefert. Die Art der Geschäftsabwicklung war aber ziemlich verrückt. Polymatic hatte vier Abteilungen, jede mit ihren eigenen Spezifikationen, und alle vier bestellten unabhängig voneinander. Das hatte zur Folge, dass Andy verschiedene Schachteln entwickeln und viele verschiedene Aufträge ausführen musste, was zu hohen Maschineneinrichtungskosten und kurzen Produktionsläufen führte.

Andy erkannte, dass er die Kosten senken konnte, wenn er den Prozess etwas umgestaltete. Zum einen konnte er sich auf Polymatics Marotten besser einstellen und vielleicht 20 Cent pro Quadratmeter sparen, indem er seine Produktionsabläufe verlängerte und größere

Lagerbestände hielt. Das war die kleine Nachricht. Die große Nachricht war, dass viel mehr gespart werden konnte, wenn auch Polymatic dazu zu bewegen war, manches ein wenig anders zu machen. Es gab tatsächlich keinen vernünftigen Grund für die große Vielfalt. Wenn die Abteilungen ihre Anforderungen aufeinander abstimmten, würde es zu keinerlei Qualitätsverlust kommen. Beim Status Quo bestellte jede Abteilung Material, wenn ihre Lagerbestände auf ein bestimmtes Niveau absanken. Alles wurde durch ein Computerprogramm gesteuert, das darauf ausgerichtet war, die Kosten von Polymatic zu minimieren, nicht die von Andy. Das Programm berücksichtigte nicht, dass Andy zu niedrigeren Preisen liefern konnte, wenn Polymatic größere Mengen bestellte und größere Lagerbestände hielt.

Wenn Polymatic die Spezifikationen standardisieren, die Bestellungen koordinieren und selber größere Lagerbestände halten würde, ermöglichte dies Andy bedeutend längere Produktionsläufe für weniger Schachtelarten. Selbst unter Berücksichtigung der zusätzlichen Lagerkosten von Polymatic schätzte Andy die Einsparungen auf einen Dollar je Quadratmeter. Das würde sich im Jahr auf mehrere hunderttausend Dollar summieren.

Das führte natürlich zu einem kleinen Dilemma. Er konnte selbst 20 Cent pro Quadratmeter in einer für Polymatic unsichtbaren Weise sparen. Um aber einen Dollar je Quadratmeter zu sparen, musste er die vier Abteilungen bei Polymatic dazu bewegen, zu standardisieren, zu koordinieren und die Lagerhaltung zu ändern. Dazu musste er Polymatic in seine Analyse einweihen und das Unternehmen auch an den Kostenersparnissen beteiligen.

Andy entschied sich für die große Kostensenkung. Er ging zu Polymatic, erklärte das Verfahren und schlug vor, sich die Ersparnis zu teilen. Er sagte sich, dies sei ein starker Anreiz für Polymatic, die eigenen Betriebsabläufe zu ändern. Polymatic würde den unerwarteten Zusatzgewinn zu schätzen wissen, was sie für die Verhandlungen über den Vertrag für das nächste Jahr wohlgesonnen machen würde. Es würde Goodwill schaffen und Andys partnerschaftliche Einstellung beweisen.

Nachahmung

Polymatic wusste Andys Initiative zu schätzen. Der bestehende Vertrag hatte noch eine Laufzeit von einem halben Jahr, und Polymatic freute sich über den halben Dollar pro Quadratmeter. Alles sah nach Win-Win aus.

Das erste Anzeichen für Ärger zeichnete sich vor der Vertragsverlängerung ab. Polymatic schrieb die Lieferung aus und erhielt vier neue Angebote. In der Vergangenheit hatte es nie mehr als einen weiteren Anbieter neben Andy gegeben. Andys Unternehmen war einzigartig dafür qualifiziert, alle verschiedenen Spezialverpackungen mit kurzen Produktionsläufen zu vernünftigen Kosten zu liefern. Obwohl diese Nischenproduktion von der Anlage der Nische her ineffizient war, war Andy ein effizienter Produzent für die Nische.

Was war anders geworden? Nach der Erklärung des Einkäufers von Polymatic hatte die Standardisierung der Spezifikationen mit der davon ermöglichten Verlängerung der Produktionsläufe dazu geführt, dass die großen Spieler am Verpackungsmarkt erstmals Interesse an dem Auftrag zeigten. Andy war sprachlos, als ihm Polymatic mitteilte, dass einer der größeren Produzenten einen Preis pro Quadratmeter geboten hatte, der zwei Dollar unter Andys ursprünglichem Vorjahrespreis lag. Der Einkäufer sagte, er wisse Andys Hilfe bei den Kostensenkungen zu schätzen, und wenn Andy bereit sei, zum Preis des Konkurrenten zu liefern, könne er das Geschäft behalten.

Andy blieb nichts anderes übrig. Er konnte den Schlag verkraften, denn der neue Preis ließ ihm noch eine Gewinnmarge, die es noch so gerade eben der Mühe wert machte, den Auftrag zu behalten. Doch er fragte sich, wie es möglich war, dass er einen Weg gefunden hatte, die Kosten um einen Dollar zu senken, und dafür einen Preisnachlass von zwei Dollar zugestehen musste.

Andy hatte versehentlich seinen eigenen Mehrwert vermindert. Es stimmt, dass er die Kosten für die Belieferung von Polymatic senkte, aber der neue Produktionsprozess konnte vollständig nachgeahmt werden. Andy hatte einen Weg gefunden, die Kosten der Belieferung von Polymatic um soviel zu senken, dass Unternehmen, die nicht auf Nischenproduktion eingerichtet waren, es nun profitabel fanden, in das Spiel einzutreten. Das Ergebnis war ein Riesengewinn für Polymatic und ein Verlust für Andy.

Was hätte Andy tun sollen? Vielleicht hätte er einen langfristigen Liefervertrag aushandeln sollen. Letztlich wäre das aber kein langfristiger Gewinn geworden. Das Entscheidende ist, dass Andy einen Mehrwert als ein Nischenproduzent hatte. Doch durch die Senkung der Kosten zur Produktion für Polymatic, wurde das, was Andy machte, viel leichter nachahmbar. Obwohl es im Interesse des Kunden lag, war es nicht in Andys Interesse, die Art zu ändern, wie der Kunde sein Geschäft abwickelte. Polymatic wäre vielleicht später selbst darauf gekommen, aber es war schädlich für Andy, es zu beschleunigen.

Andy fand heraus, was der Kunde brauchte, gab dieses Wissen preis und musste dann erleben, wie der Kunde das Wissen an die Konkurrenten weitergab. Andy sorgte für einen größeren Kuchen, den die Anderen essen konnten. Das ist ein Fehler, der selbst den feinsten Adressen unterläuft. Wir finden, dass genau dies der Fehler war, den IBM beim Eintritt in den Markt für PCs machte.

Viele Autoren haben über die Schwierigkeiten geschrieben, in die IBM in den späten 1980er und frühen 1990er Jahren geriet. Ganz besonders gingen sie darauf ein, wieso es IBM nicht gelang, die einst überragende Marktstellung bei Großrechnern in eine starke Position am PC-Markt zu übertragen. Einige Autoren weisen auf IBMs Bedenken hin, dass PCs den Markt für Großrechner verderben könnten. Andere meinen, IBM sei ein Musterbeispiel dafür, wie schwierig es für Großunternehmen ist, wirklich große Änderungen ihres Geschäfts vorzunehmen. Betrachten wir die IBM-Geschichte aber einmal aus dem Blickwinkel schädlicher Nachahmung.

Verlorene Rechenpower. Als IBM 1981 in den Markt für PCs eintrat, lag Apple vorn und IBM ging auf Aufholjagd. Geschwindigkeit war alles. Zu jener Zeit musste IBM eine Basis installierter IBM-PCs schaffen, und das schnell. IBM wollte in nur zwölf Monaten vom Design zum Markt kommen. Dazu warf das Unternehmen seine Tradition interner Entwicklung über Bord und ließ sich stattdessen von Intel den Chip und von Microsoft das Betriebssystem für den PC entwickeln. IBM erhielt viel Lob für diesen innovativen Schritt.[40] Der Vorteil der Outsourcing-Entscheidung für IBM war, dass der PC rasch entwickelt und am Markt angenommen wurde. Der größere Kuchen war schneller da. Der Nachteil war, dass der Kuchen mit Intel und Microsoft geteilt werden musste. Nehmen wir der Einfachheit halber einmal an, dass IBM, Intel und Microsoft je ein Drittel des größeren Kuchens bekommen konnten. Für IBM konnte dies durchaus mehr sein als ein viel größerer Anteil an einem wesentlich kleineren Kuchen, der entstanden wäre, wenn IBM alles im eigenen Haus entwickelt und hergestellt hätte. Intel und Microsoft waren mit der Teilhabe am großen Kuchen natürlich völlig zufrieden.

Outsourcing, der Bezug von Außen, war aber nur die eine Hälfte der IBM-Strategie für das PC-Geschäft. Die andere Hälfte war eine offene Rechnerarchitektur. Damit wollte IBM den Programmierern helfen, Anwendungsprogramme für den IBM-PC zu schreiben. Eine unbeabsichtigte Folge davon war jedoch, dass andere Spieler begannen, die IBM-Hardware zu kopieren. Sie lösten sehr schnell alle Inkompatibilitätsprobleme. So stiegen zunächst Osborne, Leading Edge und Hewlett-Packard, danach Compaq, Dell und Hunderte Anderer in das Hardwaregeschäft ein. Sie alle produzierten geklonte IBM-PCs mit Intel-Chips und Microsoft-Betriebssystem.

Damit waren Intel und Microsoft wichtiger als je zuvor geworden. Microsoft war nun ein Monopollieferant eines wesentlichen Teils zur Herstellung von IBM-kompatiblen PCs. Zwar wurde Intel gezwungen, Lizenzen für den ursprünglichen Chip 8086 zu vergeben, doch mit jeder weiteren Chip-Generation wurde auch Intel zunehmend zu einem Monopollieferanten. Je größer der Kuchen, desto besser für Intel und Microsoft. Die Folgen für IBM aber waren ganz andere. Ein Compaq-Computer war eine sehr anständige Alternative zu einem

---

[40] Hirotaka Takeuchi und Iikujiro Nonaka: The New Product Development Game, in *Harvard Business Review*, Januar/Februar 1986, S. 137-146.

IBM-PC. Da IBM nun nicht mehr der alleinige Hersteller für die Hardware war, hatte IBM nur noch einen drastisch beschnittenen Mehrwert.

Der wirkliche Fehler von IBM war, Fremdbezug und Offenlegung der Rechnerarchitektur gleichzeitig zu betreiben. Hätte IBM nur Intel und Microsoft ins Geschäft gebracht, aber nicht die Kontrolle über die Hardware aufgegeben, wäre das Unternehmen in einer starken Position geblieben. Hätte es die Kontrolle über den Chip und die Technologie des Betriebssystems für den PC behalten, wäre es trotz Klonens der Hardware ebenfalls in einer starken Position geblieben. Jede der beiden Vorgehensweisen einzeln hätte wirksam sein können, aber beide zusammen waren ein Beispiel dafür, wie zwei Richtigkeiten eine Unrichtigkeit ergeben.[41]

Selbst die Einbeziehung von Intel und Microsoft bei gleichzeitiger Offenlegung der Architektur wäre für IBM nicht so schlimm gewesen, wenn IBM die beiden Unternehmen für den Eintritt ins Spiel hätte zahlen lassen. IBM hätte Beteiligungen an Intel und Microsoft für den Eintritt ins IBM-Spiel verlangen können oder Lizenzgebühren für alle Verkäufe von Intel und Microsoft an andere PC-Hersteller. In der ersten Hälfte der 1980er Jahre hatte IBM genug Marktmacht, um das Spiel auf diese Weise zu gestalten. Das Unternehmen verpasste diese Gelegenheiten.

IBM sah 1987, dass dies ein Fehler war und versuchte, die Kontrolle mit der Einführung der PS/2-Serie von PCs zurückzugewinnen, deren Betriebssystem OS/2 gemeinsam mit Microsoft entwickelt worden

---

[41] Unsere Analyse der Fehler von IBM wurde angeregt von der aufschlussreichen Analyse in Neil B. Niman:»Lesson 3: Defending Yourself When Creating a Standard« in: *Standards: Strategic Lessons from the Computer Industry* (Manuskript, Whittemore School of Business, University of New Hampshire), vor allem S. 2-5. Niman fasst den Verlauf der Ereignisse wie folgt zusammen: »(IBM) pflegte sorgfältig die Kooperation, nur um zu entdecken, dass der Partner, zum gemeinsamen Tanzen gebracht, IBM allein ließ und Andere hofierte.«

war. Doch da war es schon zu spät. Microsoft brauchte IBM nicht, und mit Microsofts Einführung von *Windows* im Jahr 1990 wurden die Aussichten für eine Verbreitung des OS/2-Betriebssystems drastisch verschlechtert.

Wenn man einem anderen Unternehmen ein großes Stück vom Kuchen überlässt, dann ist es eine kluge Strategie, einen Anteil an diesem Unternehmen zu erwerben. Am Anfang des Spiels hatte IBM die finanziellen Mittel, um einen großen Anteil sowohl von Intel als auch von Microsoft zu kaufen. IBM erwarb 1982 einen Anteil von 20 Prozent an Intel und Optionen auf weitere zehn Prozent. Doch ironischerweise verkaufte IBM 1986 und 1987 dieses Vermögen für 625 Millionen Dollar. Zehn Jahre später wäre eine Beteiligung von 20 Prozent an Intel 18 Milliarden Dollar wert gewesen. Eine Gelegenheit, einen Anteil an Microsoft für weniger als 300 Millionen Dollar zu erwerben, hatte IBM Mitte 1986. Ende 1995 wäre diese Investition von 300 Millionen Dollar weitere 18 Milliarden Dollar wert gewesen.[42] Hätte IBM große Anteile an Intel und Microsoft erworben und behalten, würde heute vermutlich über IBM's andauernden Erfolg gesprochen anstatt über andauernden Misserfolg.

Unsere erste und unsere letzte Geschichte in diesem Kapitel sind extreme Gegensätze. Nintendo übte eine strenge Kontrolle über das Videospielgeschäft aus. Hätte Nintendo das Zusammenwirken seiner Hard- und Software offengelegt und nicht einen Sicherheitschip in die Geräte eingebaut, wäre der gesamte Kuchen vielleicht größer geworden. Vielleicht auch nicht. Es hätte auch eine Überflutung des Marktes mit minderwertigen Spielen eintreten können und dadurch ein

---

[42] Paul Carroll: *Big Blues: The Unmaking of IBM* (Verlag Crown, New York 1993), S. 119 u. 131. Bill Gates erörterte seine damalige Bereitschaft, 30 Prozent von Microsoft zu verkaufen, in einem Interview mit *Computer World*, 24,5.1993, S. 123. Natürlich hätte Microsoft 1996 vielleicht einen ganz anderen Wert gehabt, wenn IBM in den letzten zehn Jahren einen großen Anteil an Microsoft besessen hätte.

Marktzusammenbruch wie bei Atari. Wie auch immer, Nintendos Handlungen stellten sicher, dass der Mehrwert des Unternehmens gleich dem gesamten Kuchen war, unabhängig von dessen Größe, und dass die Mehrwerte von allen anderen Spielern klein blieben. Im Gegensatz dazu kosteten IBM die Kombination von Fremdbezug und Offenlegung die Kontrolle über das PC-Geschäft. Indem es die schnelle Verbreitung der IBM-PC-Plattform erleichterte, vergrößerte IBM den Kuchen. Mit der weitgehenden Zerstörung des eigenen Mehrwerts begrenzte IBM jedoch die eigene Fähigkeit, Anteile vom Kuchen abzubekommen.

Wiederum ist der Unterschied zwischen dem Mehrwert des Unternehmens und dem Mehrwert des Produkts entscheidend. So wie der Mehrwert von Sony viel kleiner ist als der Mehrwert von Fernsehgeräten und der Mehrwert von Nissan viel kleiner als der Mehrwert von Autos, so ist der Mehrwert von IBM heute viel kleiner als der Mehrwert von PCs. Es hätte nicht so kommen müssen.

5.5. Die Mehrwerte verändern

Wenn Sie wenig Konkurrenz haben, ist Ihr Mehrwert gesichert. Dann ist die strategische Frage, ob und wie die Mehrwerte der anderen Spieler im Spiel begrenzt werden können. Wie das gespielt wird, haben wir bei Nintendo gesehen. Nintendo setzte eine Himmelsspirale in Gang, die dem Unternehmen ein Monopol bei 8-Bit-Videospielen gab. Eine Zeitlang gab es keine ernsthafte Bedrohung durch Konkurrenten. Doch die anderen Spieler in Nintendos Wertenetz – Kunden, Lieferanten und Komplementäre – hatten immer noch Anspruch auf Anteile vom Kuchen. Nintendos Strategie begrenzte die Mehrwerte aller dieser anderen Spieler.

Meistens gibt es viel Konkurrenz. Dann besteht die Herausforderung nicht darin, den Mehrwert der anderen Spieler zu begrenzen, sondern für eigenen Mehrwert zu sorgen. Eigenen Mehrwert zu schaffen ist die harte Arbeit des Geschäftslebens. Man hält nach Wegen Ausschau, wie die Qualität mit geringen Zusatzkosten verbessert werden kann, wie es TWA mit der Comfort Class gemacht hat, oder wie die Kosten gesenkt werden können, ohne viel Qualität einzubüßen. Noch besser als diese intelligenten Strategien, Gewinne mit geringen Verlusten zu erzielen, ist es, Wege zu finden, wie Gewinne mit Gewinnen zu erzielen sind, also Zielgleichheiten zu finden – Gelegenheiten, die Qualität zu verbessern und gleichzeitig die Kosten zu senken.

Konkurrenten spielen das gleiche Spiel. Sie bemühen sich um ebenso intelligente Tauschgeschäfte und Zielgleichheiten. Diese Entwicklung droht, Ihren Mehrwert auszuhöhlen. Um ihn zu schützen, müssen Sie Beziehungen mit Ihren Kunden und Lieferanten schaffen. Ohne eine Kundenbeziehung verkaufen Sie eine austauschbare Massenware. Mit einer Beziehung sind Sie sicher, etwas Einzigartiges zu verkaufen – ein Teil des Produkts sind dann Sie selbst. Die Beziehung erhöht Ihren Mehrwert. Wenn Konkurrenz herrscht, ist die Kundenbeziehung oft der Schlüssel zum Geldverdienen.

Das AAdvantage-Vielfliegerprogramm ist das Musterbeispiel für den Aufbau einer Beziehung. Es schafft Kundentreue, indem es sie belohnt. Wir haben vorgeschlagen, dass jede Firma ein Treueprogramm haben sollte und haben neun Tipps gegeben, wie man seinen Kunden am wirkungsvollsten Dankeschön sagt.

Treueprogramme sind ein Beispiel für eine Strategie, die auch dann noch funktioniert, wenn sie kopiert wird. Entgegen dem Alltagsverstand kann Nachahmung manchmal nützlich und nicht schädlich sein, denn wenn Strategien eine Win-Win-Komponente haben, wird diese Komponente durch die Nachahmung verstärkt. Weitere Beispiele nützlicher Nachahmung folgen noch.

Mehrwert ist die Hauptquelle von Macht in einem Spiel, aber nicht die einzige. Regeln können die Machtverhältnisse zwischen Spielern ändern. Wie sie dies tun, ist das Thema des nächsten Kapitels.

6. Regeln

> Wenn die Spielregeln sich als ungeeignet zum Sieg erweisen, ändern die englischen Gentlemen die Regeln. *Harold Laski*[1]

Wenn wir von einer Änderung des Spiels sprechen, denken Viele zuerst an eine Änderung der Spielregeln. Wenn wir aber fragen, welche Regeln geändert werden sollten und wie man das erreichen könnte, dann wird es kompliziert. Schließlich sind die meisten im Geschäftsleben angewandten Regeln etablierte Gesetze und Gebräuche. Sie entwickelten sich, um sicherzustellen, dass Handelspraktiken fair sind, die Märkte funktionieren und Verträge eingehalten werden. Wer diese Regeln verletzt, riskiert Vertragsstrafen oder gar den Ausschluss vom Spiel.

Aber es gibt in der Tat *andere* Spielregeln, deren Änderung durchaus sinnvoll sein kann. Viele davon sind die, die man in Verträgen findet. Ihre Verträge mit Kunden und Lieferanten prägen Ihre Geschäftsbeziehungen mit diesen Spielern bis weit in die Zukunft. Eine einzige Klausel kann die Machtverhältnisse erheblich zu Ihren Gunsten oder

---

[1] Richard H. Rovere: *Senator Joe McCarthy*, S. 65 (Verlag Harcourt, Brace & World, New York 1959). Harold Laski (1893-1950) war ein umstrittener englischer Intellektueller, der die britische sozialistische Bewegung vom Ersten Weltkrieg an stark beeinflusste.

zu Ihren Ungunsten verschieben. Indem die Verträge Ihre Beziehungen mit Kunden und Lieferanten regeln, gestalten dieselben Verträge auch Ihre Beziehungen zu Ihren Konkurrenten. Um sicher zu sein, dass Sie in einem Spiel sind, in dem Sie Geld verdienen, müssen Sie dafür sorgen, dass Sie die richtigen Regeln in Ihren Verträgen haben.

Was all diese potenziell verhandelbaren Regeln gemeinsam haben, ist, dass es bei ihnen um »Details« geht. Im Vergleich zu Veränderungen der Spieler oder der Mehrwerte können die möglichen Regeländerungen wie Nebensächlichkeiten aussehen. Das macht es leicht, sie zu ignorieren:

> Ich möchte Gottes Gedanken kennen, der Rest sind Details. *Albert Einstein*

Man kann es aber auch anders sehen:

> Gott steckt in den Details. *Ludwig Mies van der Robe*

Wie wir in diesem Kapitel zeigen werden, können relativ kleine Änderungen der Geschäftsregeln enorme Änderungen der Ergebnisse bewirken. Mit anderen Worten: Wenn es um Geschäftsregeln geht, sind die Details alles.

Um zu zeigen, wie das funktioniert, sehen wir eine Reihe von Regeln an und betrachten und analysieren, wie jede von ihnen das Spiel beeinflusst. Wir brauchen ein wenig Phantasie um uns vorzustellen, wie sich das Spiel aus den Perspektiven aller Spieler darstellt und wie sie es spielen würden, wenn eine bestimmte Regel in Kraft ist. Mit einem besseren Verständnis der Konsequenzen der Regel können Sie dann entscheiden, ob Sie die Regel anwenden oder, wenn es eine bereits geltende Regel ist, ob Sie sie ändern wollen.

Es gibt weder einen Mechanismus noch einen Algorithmus zum Design von Regeln, sondern es ist ein kreativer Prozess. Sie können aber Ideen zu neuen Regeln von den verschiedensten Quellen bekommen. Eine Vorgehensweise ist, eine Regel zu finden, die in einem Zusammenhang funktioniert, und dann zu untersuchen, ob sie auch in einem anderen Zusammenhang funktionieren würde. Nehmen Sie eine Regel, die bei Ihren Kunden funktioniert, und schlagen Sie sie in den Verhandlungen mit Ihren Lieferanten vor. Oder nehmen Sie eine Regel, die von anderen Unternehmen erfolgreich angewendet wird, und wenden Sie sie auf Ihr eigenes Geschäft an. Die Sammlung von Regeln, die in diesem Kapitel erörtert werden, sollte Ihnen ebenfalls als nützliche Quelle für Ideen dienen.

6.1. Verträge mit Kunden

Sie und Ihre Kunden sind Partner bei der Wertschöpfung, doch dabei ist nicht alles Kooperation. Es gibt die unvermeidliche Schlacht um die Aufteilung des Kuchens. Wenn Ihre Kunden Sie zu Preiszugeständnissen drängen, ist das Konkurrenz, nicht Kooperation.

Im Kapitel über Spieler haben wir erörtert, wie Sie mehr Kunden ins Spiel bringen können, um die Machtverhältnisse zu Ihren Gunsten zu verändern. Es kann sich sogar lohnen, Personen oder Firmen für den Eintritt ins Spiel zu bezahlen, wie LIN Broadcasting es mit BellSouth getan hat. Im Kapitel über Mehrwerte haben wir gesehen, wie die Begrenzung des Angebots die Mehrwerte von Kunden begrenzt. Das ist ein Grund dafür, dass Nintendo und DeBeers so erfolgreich waren.

In diesem Abschnitt sehen wir uns an, wie Regeln dazu benutzt werden können, das Spiel mit Ihren Kunden zu verändern. Da Regeln die Machtverhältnisse ändern, können Sie sie dazu verwenden, Verhandlungen zu Ihren Gunsten umzugestalten. Natürlich werden Ihre Kunden ebenfalls versuchen, die Regeln zu verändern, um sich eine stärkere Position zu verschaffen. Die Schlacht um die Festlegung der Regeln ist die Schlacht vor der Schlacht. Auf die Frage, wessen Regeln gelten werden, kommen wir am Schluss dieses Kapitels zurück. Unser erstes Ziel ist, ein klares Verständnis dafür zu entwickeln, wie Regeln das Spiel verändern. Wir beginnen mit der »Kundenmeistbegünstigungsklausel«. Ihre Anwendung ist weit verbreitet, aber ihre volle Bedeutung wird meist nicht erkannt.

Kundenmeistbegünstigungsklauseln

Eine Kundenmeistbegünstigungsklausel (KMK) ist eine vertragliche Vereinbarung zwischen Firma und Kunde, die dem Kunden den günstigsten Preis garantiert, den die Firma bei irgendeinem anderen verlangt. Die KMK schließt aus, dass ein Unternehmen verschiedene Kunden in Verhandlungen unterschiedlich behandelt. Andere Namen für diese Regel sind *Meistbegünstigungsprinzip* und *Bestpreisgarantie*.[2]

Meistbegünstigungsklauseln sind in Verträgen zwischen Firmen weithin üblich. Wir haben sie bei so verschiedenen Produkten gesehen wie Aspartam und Aluminiumdosen, Kfz-Teile und optische Fasern bis hin zu Steuergeräten für Bauten. Oft mögen die Kunden diesen Preisversicherungsaspekt. Mit einer Meistbegünstigungsklausel hat der Kunde die Garantie, keine Kostennachteile gegenüber Konkurrenten zu erleiden, die vom gleichen Lieferanten beliefert werden. Das scheint ein gutes Geschäft für den Kunden zu sein, aber was bewirkt eine Meistbegünstigungsklausel für Sie? Um das herauszufinden, kehren wir zum Kartenspiel des Kapitels über Spieltheorie zurück.

Das Kartenspiel wird fortgesetzt. Adam und 26 seiner Studenten spielen wieder einmal ein Kartenspiel. Wie zuvor hat Adam 26 schwarze Karten und jeder Student eine rote Karte. Der Dekan bietet wieder jedem 100 Dollar, der ihm ein Paar aus einer schwarzen und einer roten Karte überreichen kann. Wiederum ist es ein Verhandlungsspiel zwischen Adam und den Studenten, wie in der ersten Version des Kartenspiels im Kapitel über Spieltheorie. Dieses Mal kommt jedoch ein neuer Aspekt hinzu. Vor Beginn des Spiels erklärt ein Student, Tarun, dass er zu einem Einstellungsgespräch gehen muss. Kein Problem. Adam verspricht ihm, dass er den besten Abschluss erhält, zu dem es mit einem der anderen Studenten kommt –

---

[2] Das Meistbegünstigungsprinzip zwischen Staaten (*most-favored-nation clause*), garantiert bestimmten Ländern die niedrigsten Einfuhrzölle, die für irgendein anderes Land angewendet werden.

Regeln

Adam gesteht Tarun eine Meistbegünstigungsklausel zu. Tarun rechnet sich aus, dass er demnach eines der beiden besten Geschäfte bekommen wird und dafür noch nicht einmal zu arbeiten braucht. Er geht zufrieden weg.

Wenn Tarun auch das bestmögliche Geschäft abschließen wird, so könnte es ihn doch überraschen, wie dieses Geschäft ausfällt. Denn seine Vereinbarung mit Tarun wird Adam zu einem viel härteren Verhandlungspartner für jeden der anderen Studenten machen. Werfen wir einen Blick auf die erste Verhandlung. Wenn der Student auf einen zusätzlichen Dollar drängt, wird Adam das ablehnen, weil ihn das nicht nur einen Dollar in diesem Geschäft, sondern auch noch einen Dollar im Geschäft mit Tarun kostet, dem er ja den gleichen Preis zugestehen muss. Und jede Konzession eines weiteren Dollars kostet Adam wieder zwei Dollar.[3] Die Verhandlung ist nicht mehr symmetrisch. Adam wird doppelt so stark drängen wie der Student, er wird ein mutigerer, aggressiverer Verhandlungspartner sein. Als Ergebnis ist zu erwarten, dass Adam mehr als die Hälfte der 100 Dollar bekommt.

Bei jedem der 25 Studenten, mit denen Adam verhandelt, ist es mehr oder weniger das gleiche Spiel. Obwohl Tarun nicht im Raum ist, ist seine Anwesenheit bei jeder Verhandlung spürbar. Alle Studenten werden ein schlechteres Geschäft machen –Tarun eingeschlossen. Wenn er zurückkommt, wird er ziemlich enttäuscht sein zu erfahren, wie das Kartenspiel ausgegangen ist.

---

[3] Hätte Adam später das gleiche Zugeständnis machen müssen, um in einer der folgenden Verhandlungen zu einem Geschäftsabschluss zu kommen, kostete es keine zwei Dollar. Doch zum Zeitpunkt der ersten Verhandlung weiß Adam nicht, was er später tun muss. Da Adam nie zurück kann, hat die Zustimmung zu einem neuen, ungünstigeren Preis zwei Kosten für ihn: Erstens muss er Tarun den gleichen Preis zugestehen; zweitens wird es für Adam in den späteren Verhandlungsrunden um so schwieriger, sich auf das ausstehende Geschäft mit Tarun zu berufen, je großzügiger er in früheren Runden war.

Kundenmeistbegünstigungsklauseln bewirken das Gegenteil dessen, was man intuitiv erwartet. Die natürliche Einschätzung ist, dass Kunden mit dem Schutz durch eine Meistbegünstigungsklausel besser fahren. Das würden sie auch – wenn die Meistbegünstigungsklausel nicht das Spiel verändern würde. Aber sie verändert es.

Wenn Sie dieses Ergebnis überrascht, dann sind Sie in guter Gesellschaft. Nicht selten hat sich der Kongress der USA dafür entschieden, Taruns Rolle zu spielen. Er hat die Verhandlungen Anderen überlassen und war mit dem besten Preis zufrieden, der ausgehandelt wurde. Schnitten Kongress und Regierung damit besser ab als Tarun im Kartenspiel? Finden wir es heraus.

Abgeordnetenbegünstigung. Eine der vielen Nebenvergünstigungen, die alle Mitglieder des Kongresses genießen, ist ihre Befugnis, die Regeln zu bestimmen. Die Anderen müssen sich an diese Spielregeln halten. Natürlich sind einige der Regeln, die den Herzen der Abgeordneten und Senatoren am nächsten sind, die Regeln über die Wahlkampfausgaben.

So rechneten sich die Kongressmitglieder 1971 aus, dass sie weniger Zeit zum Einsammeln von Wahlkampfspenden benötigen würden, wenn sie einen Weg fänden, die Wahlkampfkosten zu senken.[4] Besonders kostspielig sind Fernsehspots. Daher verabschiedete der Kongress den *Federal Election Campaign Act* (Bundeswahlkampfgesetz). Das Gesetz verpflichtet die Fernsehstationen dazu, Kandidaten für Wahlkampfspots Preise zu berechnen, die so niedrig sind wie der niedrigste Preis, den ein kommerzieller Kunde zahlen muss. Die Poli-

---

4 Ursprünglich verabschiedete der Kongress den *Communications Act* von 1934, der den Kandidaten »niedrigste Kosten per Einheit« (*lowest unit cost*, kurz LUC) von den Sendern garantierte. Das Gesetz wurde mit dem Bundeswahlkampfgesetz von 1971 geändert, das einige der ursprünglichen Bestimmungen änderte, die die Zeiten betrafen, in denen die Kandidaten »LUC-Werbung« kaufen können, ferner weitere Bestimmungen wie Vorrangigkeit von Werbespots.

tiker erzwangen sich damit praktisch eine Meistbegünstigungsklausel für den Kauf von Sendezeiten.

Das Gesetz hatte aber nicht ganz den gewünschten Effekt. Da die Sender wissen, dass die Politiker in Wahljahren in bedeutendem Umfang Sendezeiten kaufen, kämpfen sie darum, ihre niedrigsten Preise in diesen Zeiten so hoch wie möglich zu halten, um soviel wie möglich an der Wahlkampfwerbung zu verdienen. Wie verhält sich also eine Fernsehgesellschaft vor einer Wahlkampagne, wenn eine Firma, beispielsweise Procter & Gamble, mit ihr über den Preis für einen Werbespot verhandelt? Sie wird äußerst hart um den Preis verhandeln. Jedes Zugeständnis an Procter & Gamble, selbst wenn der Spot schlecht besetzte Sendezeiten füllen würde, ist für den Sender äußerst kostspielig, weil ein Rabatt an das Unternehmen auch sämtlichen Politikern gewährt werden müsste, die Wahlkampfspots kaufen. Dabei würde die Fernsehgesellschaft schließlich mehr Geld verlieren, als sie mit dem Zusatzgeschäft von Procter & Gamble verdienen könnte. Ergebnis: Procter & Gamble bekommt keinen Rabatt.

Ein Resultat des Gesetzes war denn auch, dass die Fernsehgesellschaften mehr verdienten als zuvor. Da die Politiker nun eine Meistbegünstigungsklausel hatten, schreckten die Sender vor Rabatten an alle anderen Kunden zurück. Für diese Kunden war das Gesetz wie eine versteckte Steuerbelastung. In der Tat könnten es die Politiker sogar geschafft haben, sich selbst zu besteuern. Obwohl Sie den besten Preis bekamen, führte die Meistbegünstigungsklausel dazu, dass alle anderen mehr bezahlen mussten als vorher. Dadurch könnte der beste Preis durchaus höher geworden sein als der, den die Politiker sonst zu zahlen gehabt hätten. Die Verabschiedung des Gesetzes könnte die Situation der Politiker verschlechtert haben.

Dies war nicht das einzige Mal, dass der Kongress auf diese Weise ein Eigentor geschossen hat. So reformierte er 1990 als Teil des *Omnibus Budget Reconciliation Act*, eines Haushaltsgesetzes, die Kostenerstattung bei *Medicaid*, dem staatlichen Gesundheitsprogramm für die über 65-jährigen. Auf der Suche nach Wegen, die Medikamentenpreise zu kontrollieren, ärgerte den Kongress die Tatsache, dass einigen der größeren *Health Maintenance Organizations*

(HMOs) niedrigere Preise zugestanden wurden als der Regierung. So änderte der Kongress das Spiel. Er legte gesetzlich neue Regeln dafür fest, wieviel Medicaid für Markenmedikamente zu zahlen hatte: 88 Prozent des durchschnittlichen Großhandelspreises oder den niedrigsten Preis, der im pharmazeutischen Einzelhandel gezahlt wurde, je nachdem, was weniger war.

Wie schnitt die Regierung im neuen Spiel ab? Nicht so gut wie erwartet. Sehen Sie sich das Spiel vom Standpunkt eines Pharmaherstellers an. Nach dem neuen Gesetz war es für keinen Produzenten mehr attraktiv, irgend jemand einen Preis anzubieten, der sich auf weniger als 88 Prozent des Durchschnittspreises belief, denn der gleiche Preis müsste dann auch der Regierung in Rechnung gestellt werden, und das würde sicher mehr kosten, als ein solches Zusatzgeschäft einbrächte.

Dale Kramer, Direktor für Medikamenteneinkauf von Kaiser Permanente, Amerikas größter HMO, beschrieb das Phänomen so: »In der Vergangenheit haben wir einem Hersteller (von Medikamenten) 90 Prozent unseres Geschäfts angeboten, etwa zehn Millionen Dollar Zusatzgeschäft, und bekamen dafür richtig gute Preise. Jetzt will keiner mehr die Medicaid-Untergrenze unterschreiten.«[5]

Das ist noch nicht alles. Da niemand einen Preis unterhalb von 88 Prozent des Durchschnittspreises bekommt, bleibt der Durchschnitt nicht stehen. Mit dem Verschwinden der Preise am unteren Ende steigt der Durchschnittspreis. Und jetzt bietet kein Pharmaproduzent mehr Preise unterhalb des neuen, höheren Durchschnitts – aus den gleichen Gründen wie zuvor. Also steigt der Durchschnittspreis wieder, und so geht es weiter. Es ist schwer zu sagen, wohin das schließlich führt, aber es ist möglich, dass 88 Prozent des endgültigen durchschnittlichen Marktpreises mehr sind als der ursprüngliche Durchschnittspreis.

---

[5] *Fortune*, 27.12.1993, S. 120.

Von der Regierung war es ganz vernünftig, darauf zu bestehen, nur 88 Prozent des durchschnittlichen Marktpreises zu zahlen. Der Fehler war, sich gleichzeitig eine Meistbegünstigungsklausel zuzuerkennen. Das gab den Medikamentenherstellern einen Anreiz zu Preissteigerungen, und schon ging der Durchschnitt nach oben. Die Regierung wurde durch die höheren Preise geschädigt, und so ging es allen anderen auch. Der Kongress hätte einen Weg finden sollen, den Herstellern einen Anreiz zu geben, niedrigere, nicht höhere Preise festzusetzen. Dann wäre der durchschnittliche Marktpreis gesunken, und die Regierung hätte ihre Ausgaben für Medikamente noch weiter senken können.

Professor Fiona Scott Morton von der Stanford Business School hat eine Schätzung darüber vorgenommen, wie sich die Regeländerungen von 1990 auf die Preise für Medikamente auswirkten.[6] Sie kam zu dem Schluss, dass die Preise für Markenmedikamente mit Patentschutz um neun Prozent stiegen, für Markenmedikamente mit ausgelaufenem Patentschutz um fünf Prozent. Sogar die Preise für Generika stiegen, obwohl sie von der Meistbegünstigungsklausel der Regierung gar nicht betroffen waren; sie stiegen im Fahrwasser der Preissteigerungen für Markenmedikamente um zwei Prozent.

Es mag die Regierung überrascht haben, wie das Spiel gespielt wurde, nicht aber die Pharmahersteller. Sie lagen von Anfang an richtig. Sie hatten eigentlich nichts dagegen, der Regierung den besten Preis zuzugestehen. Roy Vagelos, Vorstandsvorsitzender von Merck, erklärt das: »Unser Konzept des Bestpreises für Medicaid – jetzt in der Bundesgesetzgebung verankert – wurde von unserer seit langem verfolgten Politik unterstützt, Mengenrabatte zu vermeiden.«[7]

Indem er Meistbegünstigungsklauseln für sich beschloss, tat der Kongress den Fernsehsendern und den Medikamentenherstellern etwas

---

[6] Fiona Scott Morton: The Strategic Response by Pharmaceutical Firms to the Medicaid Most-Favored-Customer Rules. *RAND Journal of Economics*, vol. 28, no. 2, 1997.
[7] Fortune, 27. 12. 1993, S. 120.

Verträge mit Kunden

Gutes, den Inserenten und den HMOs dagegen etwas Schlechtes. Sich selbst tat er damit auch keinen großen Gefallen.

Eine Meistbegünstigungsklausel verändert das Spiel. Wenn Ihre Kunden eine solche Klausel haben, sind Sie selbst in einer besseren Lage, dem Drängen auf Preissenkungen standzuhalten. Es gibt ein gängiges Ritual in Verhandlungen mit Kunden über Preise. Sie sagen dem Kunden: »Ich würde Ihnen gern einen günstigeren Preis zugestehen, aber ich kann mir das nicht leisten.« Der Kunde antwortet: »Sie können es sich nicht leisten, mir einen niedrigeren Preis zu verweigern, denn sonst kaufe ich nicht von Ihnen.« Oft müssen Sie nachgeben. Wenn aber Ihre anderen Kunden eine Meistbegünstigungsklausel haben, wird Ihre Argumentation wesentlich überzeugender. Sie können darauf hinweisen, dass ein Preiszugeständnis an einen Kunden zwangsläufig zu einem Preiszugeständnis an Alle wird. Und das ist etwas, was Sie sich wirklich nicht leisten können. Sie können einfach nein sagen.

Eine Meistbegünstigungsklausel ist ein Beispiel für »strategische Selbstbindung«. Gewöhnlich wird angenommen, mehr Freiheit zu haben gehöre zu den Dingen, die immer gut sind. Das ist nicht so. Manchmal haben Sie mehr Macht, wenn Ihnen die Hände gebunden sind.

Die Strategie der Ausschaltung von Flexibilität wurde vom spanischen Konquistador Hernán Cortés bei seiner Ankunft in Mexiko angewendet. Seine Truppen standen einer zahlenmäßig gewaltigen Übermacht gegenüber. Aus Furcht vor einer Niederlage wollten Teile seiner Truppen den Rückzug antreten. Um die Entschlossenheit seiner Armee zu stärken, ließ Cortes seine Schiffe auf den Strand setzen und zerlegen.[8] Da die Option des Rückzugs ausgeschaltet worden war,

---

[8] Die traditionell überlieferte Geschichte, nach der Cortés die Schiffe verbrennen ließ, ist nachzulesen bei W. H. Prescott: *The History of the Conquest of Mexico*, Bd. 1, Kapitel 8 (Verlag Gibbings & Co., London [1843], 1896). Auf modernerer Forschung beruht Hugh Thomas: *Conquest: Montezuma, Cortés and the Fall of Old Mexico*, S. 222-224 (Verlag Simon and

kämpften sich die Soldaten von Cortés ins Inland vor. Als sie die aztekische Hauptstadt erreichten, war Montezuma zur kampflosen Kapitulation bereit. Obwohl die Strategie von Cortes seine Handlungsmöglichkeiten einschränkte, stärkte sie seine Position.

Dem Kunden eine Meistbegünstigungsklausel zu gewähren bewirkt das gleiche. Sie haben Ihre Handlungsmöglichkeiten eingeschränkt, weil Sie jetzt gezwungen sind, dem Kunden den besten Preis zu geben, den Sie irgendeinem anderen zugestehen. Diese strategische Inflexibilität ist genau das, was Sie wollen. Sie bindet Ihre Hände, wenn Sie verhandeln, sodass Sie sich gegenüber Ihren Kunden behaupten können.

Wenn eine Meistbegünstigungsklausel dem Verkäufer hilft, einen größeren Anteil vom Kuchen zu bekommen, warum lassen sich die Kunden dann darauf ein oder verlangen sogar eine? Ein Grund ist, dass einige Kunden die Wirkung der Klausel einfach nicht verstehen. Sie erkennen nicht, wie sie das Spiel verändert. Das überrascht kaum, denn die Wirkung einer Meistbegünstigungsklausel ist schwer durchschaubar, sogar kontraintuitiv. Ein weiterer Grund ist, dass einige Kunden sich als schlechte oder allenfalls durchschnittliche Verhandler begreifen. Sie schneiden besser ab, wenn sie den niedrigsten Preis akzeptieren, den bessere Verhandlungskünstler erreichen, selbst wenn die Meistbegünstigungsklausel zu insgesamt höheren Preisen führt. Und drittens führt sie nicht immer zu höheren Preisen. Es gibt immer die Möglichkeit, dass jemand sich als wirklich hartnäckiger Kunde erweist. Wenn er den Verkäufer zu sehr großzügigen Bedingungen zwingt, um zum Geschäftsabschluss zu kommen, muss der Verkäufer

---

Schuster, New York 1993). Thomas schreibt, dass die Legende von der Verbrennung der Schiffe aut einem Irrtum beruhe: In einem zeitgenössischen Dokument sei ein Hinweis auf das Aufbrechen (spanisch quebrando) der Schiffe falsch als ein Verbrennen (quémando) gelesen worden. Eine strategischere Analyse dieser Geschichte findet sich in Avinash Dixit und Barry Nalebuff: *Spieltheorie für Einsteiger* (Schäffer-Poeschel Verlag, Stuttgart 1995) und Richard Luecke: *Scuttle Your Ships Before Advancing* (Oxford University Press, New York 1994).

diese Konditionen auch allen anderen Kunden mit einer Meistbegünstigungsklausel zugestehen. Diese Kunden kommen dann zu Preiszugeständnissen, die sie allein und ohne die Klausel nicht hätten erreichen können.

Firmenkunden haben einen weiteren Grund dafür, eine Meistbegünstigungsklausel zu akzeptieren oder sogar zu wünschen. Ein Unternehmen wird oftmals am absoluten Preisniveau weniger interessiert sein als an seiner relativen Kostenposition gegenüber den Konkurrenten. Dann ist eine Meistbegünstigungsklausel sinnvoll. Sie ist praktisch eine Versicherungspolice, die dem Kunden Kostengleichheit mit jedem Konkurrenten garantiert, der beim gleichen Lieferanten kauft. Die Versicherungsprämie ist die wahrscheinliche Steigerung des gesamten Preisniveaus durch diese Klausel.

Einkäufer von Unternehmen sind oft die eifrigsten Anhänger der Meistbegünstigungsklauseln. Das Letzte, was ein Einkäufer will, ist, dass der Einkäufer eines Konkurrenten einen besseren Preis bekommt. Das sieht dann so aus, als ob er seine Aufgaben nicht erfüllt, und das ist ein guter Weg, um gefeuert zu werden. Eine Meistbegünstigungsklausel löst das Problem des Einkäufers. Vielleicht erkennt er nicht, dass die Klausel zu höheren Preisen führt, doch selbst wenn er es weiß, könnte es ihn wenig kümmern, solange sein Preis der beste am Markt ist. Was der beste Preis ist, nun, das ist Sache einer anderen Abteilung. Die Situation erinnert an den Vers des Kabarettisten Tom Lehrer:

>»Sind die Raketen einmal oben, wen kümmert's, wo sie runterhau'n, das ist meine Abteilung nicht«, sagt Wernher von Braun.

Wir haben untersucht, was Meistbegünstigungsklauseln für Lieferanten bewirken und warum Kunden das mitmachen. Das lässt einen weiteren Aspekt zur Erörterung offen: wie eine Meistbegünstigungsklausel, wenn sie einmal in Kraft ist, die Verhandlungsweise von Kunden verändert.

Meistbegünstigungsklauseln verringern den Anreiz, den Kunden zum Verhandeln haben. Wir haben gesehen, was geschah, als die Regierung sich eine Meistbegünstigungsklausel zubilligte und sich dann zurücklehnte, um Andere die Verhandlungen führen zu lassen. Die meisten Kunden, die eine Meistbegünstigungsklausel akzeptieren, spielen eine aktivere Rolle als die US-Regierung in unserem Beispiel. Sie nehmen die Gelegenheit wahr, selber zu verhandeln. Allerdings vertritt der typische Kunde mit einer Meistbegünstigungsklausel seine Interessen in Verhandlungen mit dem Verkäufer nicht so hartnäckig. Das macht Sinn. Er kann schließlich Andere etwas von der Schwerarbeit leisten lassen, ist er sich doch gewiss, dass er von jedem Preiszugeständnis profitiert, das die harten Verhandler dem Verkäufer abringen. Natürlich wird aber die harte Arbeit nie geleistet, wenn jeder sie einem anderen überlässt.

Dieser Abschwächungseffekt ist um so stärker, je mehr es dem Kunden vor allem um Kostengleichheit mit seinen Konkurrenten geht. Mit der Meistbegünstigungsklausel hat der Kunde die Garantie, dass niemand einen besseren Preis bekommen kann als er, selbst wenn er sich nur zurücklehnt und überhaupt nicht verhandelt. Sollte er sich anstrengen, um dem Lieferanten einen niedrigen Preis abzuhandeln, in der Hoffnung, so einen Kostenvorteil gegenüber seinen Konkurrenten zu gewinnen? Wohl nicht, denn wahrscheinlich haben auch die Konkurrenten eine Meistbegünstigungsklausel mit dem Verkäufer. Wenn er einen besseren Preis aushandelt, bekommt den jeder Andere auch. Er hätte viel Mühe aufgewendet und keinen Vorteil davon. Wozu also anstrengen?

Unter dem Strich zeigt sich, dass Meistbegünstigungsklauseln Verkäufer zu Tigern und Kunden zu Schmusekatzen machen. Wer wird Ihrer Meinung nach also den Löwenanteil des Kuchens gewinnen?

Was Meistbegünstigungsklauseln letzten Endes so wirksam bei der Veränderung des Spiels macht, ist die geschickte Art, in der sie den Verkäufer fast wie durch die Hintertür die Kontrolle übernehmen lässt. Indem Sie einem Kunden eine Meistbegünstigungsklausel geben, ändern Sie das Spiel für jeden anderen Kunden. Wenn Sie nämlich mit einem Kunden verhandeln, ist es nicht so wichtig, ob er eine Meistbegünstigungsklausel hat, sondern ob andere Kunden von Ihnen eine haben – das macht Sie zum Tiger. Dem Kunden mag das missfallen, aber er kann nichts dagegen machen. Er hat keine Kontrolle darüber, ob andere Kunden eine Meistbegünstigungsklausel haben oder nicht, seine Kontrolle beschränkt sich darauf, ob er eine hat. Wenn die anderen Kunden eine solche Klausel haben und ihn damit in eine schwächere Position versetzen, so kann er genauso gut ebenfalls diese Klausel akzeptieren und damit den Versicherungsschutz bekommen, den sie bietet. Wenn er es tut, verstärkt das den Anreiz für jeden anderen Kunden, wiederum eine Meistbegünstigungsklausel anzunehmen.

Trotz der großen Vorteile der Meistbegünstigungsklauseln sollten Verkäufer sie nicht als Allheilmittel betrachten. Ein Nachteil der Gewährung dieser Klauseln ist, dass es damit schwerer wird, Kunden bei der Stange zu halten. Nehmen wir an, ein Konkurrent versucht, Ihnen mit einem niedrigeren Preis einen Kunden abzujagen. Um den Kunden zu behalten, müssen Sie ihm wahrscheinlich den gleichen Preis zugestehen wie der Konkurrent. Das wird aber zum Präzedenzfall für Ihre anderen Kunden, die dann das gleiche Zugeständnis erwarten, und wenn sie Meistbegünstigungsklauseln haben, erwarten sie das Zugeständnis nicht nur, sondern sie erhalten es. In diesem Fall kann das Festhalten an Ihrem Kunden für Sie zu teuer sein. Sie müssen ihn ziehen lassen.

Das ist genau das, womit Ihr Rivale wohl rechnet. Wenn er weiß, dass Ihre Kunden Meistbegünstigungsklauseln haben, ist er um so mehr in Versuchung, ihnen nachzujagen. Wenn Ihr Unternehmen Kunden an Konkurrenten verliert, ist es unvorteilhaft, anderen Kunden eine Meistbegünstigungsklausel zuzugestehen.

Ein zweiter Nachteil ist, dass es teurer wird, mit einem niedrigeren Preis um Kunden von Konkurrenten zu werben. Sie müssen den gleichen Preis allen Ihren Kunden mit einer Meistbegünstigungsklausel zugestehen, und das ist der zusätzliche Kunde wahrscheinlich nicht wert.

Regeln

Natürlich ist es aus den beiden gleichen Gründen für Sie von Vorteil, wenn ein Rivale seinen Kunden Meistbegünstigungsklauseln einräumt, aber das liegt außerhalb Ihrer Kontrolle.

Kundenmeistbegünstigungsklauseln aus der Sicht des Verkäufers
Pro
1. Sie werden ein härterer Verhandler.
2. Ihre Kunden haben weniger Anreiz, hart zu verhandeln.
Kontra
1. Ein Konkurrent kann Ihnen leichter einen Kunden abwerben.
2. Sie haben es schwerer, einem Konkurrenten einen Kunden abzuwerben.

Kundenmeistbegünstigungsklauseln aus der Sicht des Kunden
Pro
1. Er profitiert von jedem besseren Preis, der später anderen Kunden geboten wird.
2. Kostennachteile gegenüber Konkurrenten bleiben ihm erspart.
3. Das Risiko, schlecht dazustehen, wenn andere Kunden zu einem besseren Abschluss kommen, wird ausgeschaltet.
Kontra
1. Wenn andere Kunden Meistbegünstigungsklauseln haben, ist es für ihn schwerer, zu einem besonders günstigen Abschluss zu kommen.

Wir haben gesehen, dass der Haupteffekt einer Meistbegünstigungsklausel auf die Käufer-Verkäufer-Beziehung eine Verlagerung von

Macht auf den Verkäufer ist. Wir haben auch gesehen, dass die Einräumung einer solchen Klausel nicht ohne Risiko ist: sie macht den Verkäufer verwundbarer gegenüber seinen Konkurrenten. Wenn Wilderei in Ihrem Kundenrevier Ihre Hauptsorge ist, sollten Sie sich nach einer anderen Regel umsehen, um das Spiel zu ändern.

Konkurrenzklauseln

Ein Konkurrent ist hinter einem von Ihren Kunden her. Was können Sie tun? Ein Mittel, es Ihrem Konkurrenten schwerer zu machen, Ihre Kunden abzuwerben, ist die Verwendung einer Konkurrenzklausel. Das ist eine vertragliche Vereinbarung zwischen Firma und Kunde, die der Firma die Option belässt, das Geschäft mit dem Kunden zu behalten, indem sie mit den von einem Konkurrenten gebotenen Konditionen gleichzieht, gewissermaßen ein Vorverkaufsrecht. Die Konkurrenzklausel zwingt Sie natürlich nicht dazu, tatsächlich mit dem Konkurrenten gleichzuziehen. Aber falls Sie es tun, belohnt Sie sie mit der Sicherheit des fortlaufenden Geschäfts mit dem Kunden.

Am häufigsten werden Konkurrenzklauseln von Rohstoffunternehmen eingesetzt. Um zu verstehen, was Konkurrenzklauseln bewirken, versetzen Sie sich in die Lage eines typischen Rohstoffproduzenten. Ihre Verhandlungsposition ist schwach, und Sie müssen sich regelmäßig die Preise herunterhandeln lassen. Das entbehrt nicht einer gewissen Ironie, denn Ihr Produkt ist für die Verwender unerlässlich. Aber Sie sind eben nicht der einzige Hersteller.

Einige Umstände begünstigen Sie aber. Der Transport Ihres Produkts ist teuer, was Ihnen einigen Mehrwert für Kunden verleiht, die nicht so weit von Ihnen entfernt sind wie von Ihren Konkurrenten. Auch Ihre Zuverlässigkeit, Ihre Reputation, Ihr Service und Ihre Technologie können Ihnen einigen Mehrwert geben. Dennoch ist Ihr Mehrwert im Verhältnis zum gesamten Kuchen klein. Das ist fast schon die Definition eines Rohstoffunternehmens, dessen Produkte eben noch "roh" sind, also noch austauschbar.[9] Die Frage ist, wie Sie Ihre Verhandlungsposition verbessern können.

Konkurrenzklauseln in Verträgen mit Ihren Kunden können Ihnen helfen, einen höheren Preis aufrechtzuerhalten. Normalerweise würde zwar ein erhöhter Preis Ihre Konkurrenten dazu verlocken, Sie zu unterbieten. Wenn Sie aber eine Konkurrenzklausel vereinbart haben, kann Ihr Konkurrent Ihnen einen Kunden nicht einfach durch Unterbietung Ihres Preises wegschnappen. Wenn er es versucht, können Sie auf seinen Preis heruntergehen und das Geschäft behalten. Das Hin und Her könnte theoretisch so lange weitergehen, bis der Preis auf die variablen Kosten gesunken ist, doch an diesem Punkt wäre es die Mühe des Konkurrenten nicht mehr wert, Ihnen den Kunden abspenstig zu machen. Der einzige Nutznießer wäre der Kunde, der einen größeren Anteil vom Kuchen erhielte.

Sie können die Stärke Ihrer Position erkennen, wenn Sie sich in die Lage Ihres Rivalen versetzen. Er geht bei jedem Versuch, Ihnen durch Preissenkung Geschäfte abzujagen, ein Risiko ein. Denken Sie an die acht versteckten Kosten der Angebotsunterbreitung. Wir formulieren sie nun so um, dass sie für Angebote eines Konkurrenten an einen Ihrer Kunden gelten.

---

[9] CR: Im Englischen bezeichnet das Wort *commodity* daher sowohl Rohstoffe als auch Massenware.

> **Acht versteckte Kosten der Angebotsabgabe aus der Sicht eines Konkurrenten**
>
> 1. Es ist unwahrscheinlich, dass er Erfolg hat – er kann seine Zeit besser nutzen.
> 2. Wenn er den Zuschlag erhält, ist der Preis oft so niedrig, dass er Verluste macht.
> 3. Sie können sich rächen – dann tauscht gute Kunden gegen schlechte Kunden ein.
> 4. Bietet er einen niedrigeren Preis, werden seine alten Kunden die gleiche Preissenkung verlangen.
> 5. Er schafft einen schlechten Präzedenzfall – künftige Kunden werden den niedrigeren Preis zum Maßstab nehmen.
> 6. Den niedrigeren Preis, den er einführte, werden Sie ebenfalls als Maßstab nehmen.
> 7. Es ist nicht nützlich für ihn, den Konkurrenten seiner Kunden zu niedrigeren Kosten zu verhelfen.
> 8. Er sollte Ihr Glashaus nicht einwerfen – solange Sie verwundbar sind, ist es weniger wahrscheinlich, dass Sie sich an seine Kunden heranmachen.

Trotz dieser Liste von Gründen, nicht Ihren Kunden nachzujagen, könnte es ein Konkurrent dennoch versuchen, in der Hoffnung, etwas zusätzliches Geschäft zu gewinnen. Wenn Sie aber Konkurrenzklauseln haben, ist diese Rechtfertigung viel schwächer. Dann hat der Versuch, Ihnen Kunden abspenstig zu machen, alle Nachteile und noch weniger Vorteile. Der Konkurrent ist dann besser beraten, wenn er sicherstellt, dass seine vorhandenen Kunden zufrieden sind.

Konkurrenzklauseln verändern das Spiel in einer Weise, die eindeutig ein Gewinn für Sie ist. Was Ihre Konkurrenten angeht, haben diese dann zwar weniger Chancen, Ihnen Marktanteile abzujagen, es gibt aber auch für sie – überraschenderweise – ein Win-Win-Element: Die höheren Preise, die Sie verlangen können, geben ein gutes Beispiel. Sie geben Ihren Konkurrenten etwas Spielraum zur Erhöhung ihrer Preise. Was noch wichtiger ist, auch Sie haben weniger Anreiz, hinter Kunden Ihrer Konkurrenten her zu sein, denn bei Ihren höheren Gewinnspannen haben Sie dabei zuviel zu verlieren. Hier haben wir wieder den Glashauseffekt.

Warum akzeptieren eigentlich die Kunden Konkurrenzklauseln? Vielleicht, weil es in ihrer Branche einfach üblich ist. Auch ohne formale Konkurrenzklausel ist es allgemein üblich, dass Kunden nicht den Lieferanten wechseln, ohne dem gegenwärtigen Lieferanten eine letzte Chance zu einem Angebot zu geben. Es kann auch sein, dass Einkäufer Ihrer Kunden kurzfrist-orientiert sind; für ein Preiszugeständnis heute nehmen sie dann eine schlechtere Verhandlungsposition morgen in Kauf. In anderen Fällen kann es sein, dass Kunden die Konsequenzen der Regel nicht vollständig verstehen.

Was auch immer die Gründe für die Hinnahme einer Konkurrenzklausel sein mögen, die Klausel bietet Kunden auch einige Vorteile. Da sie dem Lieferanten eine langfristige Geschäftsverbindung mit dem Kunden sichert, selbst wenn es keine langfristigen Lieferverträge mit ihm gibt, ist der Lieferant eher zu Aufwendungen und Anstrengungen für eine bessere Bedienung des Kunden und zum Austausch von Know-how und Ideen bereit. Diese partnerschaftliche Orientierung kann langfristig ein Gewinn für den Kunden sein.

Wenn Sie ein Verkäufer sind, denken Sie daran, dass eine Konkurrenzklausel zu verlangen ein Mittel sein kann, sich für den Eintritt ins Spiel bezahlen zu lassen. Wenn ein Kunde Sie um ein Angebot bittet, Sie aber nicht in Geld dafür bezahlt, verlangen Sie eine Konkurrenzklausel. Wenn einer Ihrer Kunden neue Angebote bei Ihren Konkurrenten eingeholt hat, sodass Sie ihm im Preis entgegenkommen müssen, bitten Sie ihn ebenfalls um eine Konkurrenzklausel im neuen Vertrag. Der Kunde dürfte dies angesichts Ihrer Preissenkung als eine kleine Konzession ansehen. Die Konkurrenzklausel macht dann aber das Raten bei Ihrer künftigen Preisgebung überflüssig. Sie brauchen nicht mehr vorsorglich den Preis zu senken, denn wenn ein Konkurrent Sie unterbietet, haben Sie jetzt die Chance, darauf zu reagieren.

Und, wie wir schon sagten, Andere haben jetzt weniger Anreiz, Sie zu unterbieten.

Gesunde Nachahmung. Durch Nachahmung wird eine Konkurrenzklausel keineswegs verwässert, ihre Wirkung wird sogar noch verstärkt. Ein einzelner Produzent profitiert schon allein davon, wenn er eine Konkurrenzklausel in seine Verträge mit Kunden aufnimmt. Es entsteht ein zusätzlicher Vorteil, wenn Konkurrenten ebenfalls Konkurrenzklauseln in deren Verträge aufnehmen. Ihre Konkurrenzklauseln erlauben es ihnen, die Preise ein wenig heraufzusetzen, sodass sie jetzt noch mehr zu verlieren haben, wenn sie einen Kampf um Marktanteile vom Zaun brechen. Je weiter sich Konkurrenzklauseln in einer Branche ausbreiten, desto geringer werden die Aussichten jedes einzelnen Produzenten, anderen Marktanteile abzunehmen. Nun, da sie noch mehr zu verlieren und gleichzeitig noch weniger zu gewinnen haben, verzichten die Produzenten darauf, Kunden von Konkurrenten abzuwerben. Jeder sitzt jetzt in einem fein ausgeschmückten Glashaus.

Ohne etwas wie Konkurrenzklauseln ist der Wettbewerb im Markt ein wenig wie im Wilden Westen. Ein Verkäufer kann kommen und versuchen, einem anderen einen Kunden wegzunehmen. In dem Spiel gibt es keinerlei Verpflichtungen oder Loyalität. Ein Kunde muss seinem bisherigen Lieferanten keinerlei Gelegenheit dazu geben, mit einem Konkurrenzangebot gleichzuziehen. Selbst wenn er ihm diese Chance gibt, sagt er ihm unter Umständen nicht, welchen Preis der alte Lieferant zu unterbieten hat. Das könnte dazu führen, dass er einen Preis anbietet, der niedriger ist, als notwendig gewesen wäre, um den Zuschlag zu erhalten.

Eine Konkurrenzklausel ändert das Spiel, indem sie Loyalitätsverpflichtungen festlegt. Ein Konkurrent kann noch immer ein Angebot unterbreiten, doch der bisherige Lieferant ist stets zuletzt am Zug. Der Kunde kann den Lieferanten nicht wechseln, ohne seinem bisherigen Lieferanten das Angebot der Konkurrenten mitzuteilen und ihm die Gelegenheit zu geben, damit gleichzuziehen. Zieht er gleich, so hat er die Garantie, den Kunden zu behalten. Da der Konkurrent weiß, dass der bisherige Lieferant bei gleichem Angebot zum Zuge kommt, hat er viel weniger Anreiz, überhaupt in das Spiel einzutreten. Deshalb versetzt eine Konkurrenzklausel einen Lieferanten in eine starke Position.

Wie Meistbegünstigungsklauseln sind auch Konkurrenzklauseln kein Allheilmittel für Lieferanten. Sie machen Sie verwundbar, wenn Sie einen Rivalen haben, dessen Hauptziel im Leben es zu sein scheint, Ihnen zu schaden, statt vor allem selbst gut abzuschneiden. Normalerweise muss ein Lieferant, der einen niedrigen Preis anbietet, auch bereit sein, zu diesem Preis zu liefern. Wenn Sie aber eine Konkurrenzklausel haben, kann ein Konkurrent ein Angebot zu niedrigen Preisen in der sicheren Erwartung unterbreiten, dass Sie den gleichen Preis anbieten, sodass der Konkurrent nicht zu seinem Angebot stehen muss. Er kann Ihre Gewinne schmälern, ohne selbst ein Risiko eingehen zu müssen. Wir glauben nicht, dass diese Strategie im eigenen Interesse Ihres Konkurrenten liegt; Sie können aber nicht voraussetzen, dass Ihr Konkurrent sein Eigeninteresse immer so sieht wie Sie.

> **Konkurrenzklauseln**
>
> Pro
> 1. Konkurrenten haben weniger Anreiz, Angebote zu unterbreiten.
> 2. Sie brauchen nicht mehr zu raten, zu welchen Preisen Ihre Konkurrenten anbieten, sondern kennen das Konkurrenzangebot, mit dem Sie gleichziehen müssen, um den Zuschlag zu erhalten.
> 3. Die Entscheidung, ob Sie einen Kunden behalten, liegt bei Ihnen.
>
> Kontra
> 1. Konkurrenten könnten zu Niedrigpreisen bieten, ohne liefern zu müssen.

Zur Konkurrenzklausel für Verkäufer gibt es ein Gegenstück für Käufer. Ein Käufer möchte gern eine Garantie haben, dass der Verkäufer ihn beliefert, sofern er den höchsten Preis bezahlt, der dem Verkäufer von einem anderen Kunden geboten wird. In diese Richtung angewandt wird die Regel ein Vorkaufsrecht genannt, die vom Ansatz her genau das gleiche ist wie eine Konkurrenzklausel. Beide geben einem Geschäftspartner das Recht, die letzte Entscheidung zu fällen. Nach dem, was wir gerade über die Konkurrenzklauseln gesehen haben, werden Sie nicht überrascht sein, dass ein Vorkaufsrecht den Käufer in eine starke Position versetzt.

Blockierte Bieter. Im Januar 1994 wurde die Fußballmannschaft Miami Dolphins für 138 Millionen Dollar an H. Wayne Huizenga verkauft, den Gründer von Blockbuster Video. Ein gutes Geschäft für Huizenga, die Mannschaft war fast geschenkt. Im Gegensatz dazu wurden die New England Patriots etwa zur gleichen Zeit für 160 Millionen Dollar verkauft. Der Preis für die Miami Dolphins war sogar niedriger als das, was die Nationale Fußball-Liga für die Lizenz zur Gründung einer Erweiterungsmannschaft verlangt – einer neuen Mannschaft ohne Leistungsgeschichte, ohne Trainer, ohne alles. Da-

Regeln

gegen hatten die Miami Dolphins sieben Meisterschaften gewonnen, was keine andere Mannschaft seit 1970 geschafft hatte, und ihr Trainer Don Shula war legendär.

Warum war der Preis so niedrig? Zum Teil war es ein Notverkauf. Die Mannschaft hatte unter ihrem langjährigen Besitzer, Joe Robbie, glänzend abgeschnitten, ging aber nach dessen Tod 1990 an seine neun Kinder. Streitigkeiten zwischen den Erben und eine Erbschaftssteuer von 30 Millionen Dollar erzwangen bald den Verkauf. Das erklärt aber noch nicht, warum die Käufer nicht Schlange standen.

Der Schlüssel zur Erklärung liegt in dem Vertrag, den die Robbie-Kinder zuvor mit Huizenga abgeschlossen hatten. Nach dem Tod ihres Vaters verkauften sie Huizenga einen Anteil von 15 Prozent an den Dolphins und gaben ihm das Vorkaufsrecht bei einem etwaigen Verkauf des Teams. So konnten die Erben die Dolphins nicht verkaufen, ohne Huizenga Gelegenheit zu geben, mit dem besten Angebot gleichzuziehen.

Versetzen Sie sich nun in die Lage eines angehenden Bieters. Sie investieren Zeit, Mühe und Geld, beschaffen das Kapital und beauftragen eine Investmentbank mit der Bewertung. Werden Sie in der Auktion gegen Huizenga gewinnen können? Wohl nicht. Wenn es für Sie sinnvoll ist, die Miami Dolphins für einen bestimmten Preis zu erwerben, dann ist es das auch für Huizenga. Und er hat das Recht, mit Ihrem Angebot gleichzuziehen und dann dafür das Team zu bekommen. Und das ist schon der bessere Fall. Der schlechtere ist, dass Huizenga Sie das Team kaufen lässt – wenn er mit Ihrem Angebot nicht gleichzieht, dann ist das ein starker Grund zur Annahme, dass Sie zuviel bezahlt haben.

Tatsächlich war die Lage jedes Bieters gegenüber Huizenga sogar noch schlechter. Huizenga war zu 50 Prozent Eigentümer des Stadiums, in dem die Dolphins spielten, und besaß außerdem noch die Baseballmannschaft Florida Marlins, die im gleichen Stadium spielte. Bei all diesen Synergien ist es schwer vorstellbar, dass der Erwerb der Dolphins für irgend jemand anders so wertvoll sein konnte wie für Huizenga. Und wer Huizenga überboten hätte, hätte mit ihm über die

Nutzung des Stadiums verhandeln müssen. Fazit: Angebote zum Erwerb der Dolphins waren für jeden außer für Huizenga vergebliche Liebesmüh.

So sahen sich denn auch nur wenige die Unterlagen über die Dolphins genau an, und es wurden nur zwei Angebote von außen abgegeben. Das eine war an so viele Bedingungen geknüpft, dass die Robbie-Kinder es ablehnten, ohne es Huizenga auch nur vorzulegen. Das andere belief sich auf 138 Millionen Dollar, sodass Huizenga die Dolphins für diesen Betrag erwerben konnte. Das Wall Street Journal zitierte die Ansicht eines Investmentbankers über das Geschäft: »Wenn Sie jemanden auf der Käuferseite die Kontrolle über das Verfahren übernehmen lassen, können Sie nicht erwarten, dass außenstehende Bieter viel Dampf machen.«[10]

Was hätten die Erben tun sollen? Sie hätten kein Vorkaufsrecht zugestehen sollen, zumindest nicht ohne sich dafür ordentlich bezahlen zu lassen. Selbst nachdem Huizenga das Vorkaufsrecht erhalten hatte, hätten sie viel besser abschneiden können, wie wir im Kapitel über Spieler gesehen haben. LIN Broadcasting war in einer sehr schwachen Position, nachdem Craig McCaw sein feindliches Übernahmeangebot abgegeben hatte. Deshalb bezahlte LIN 54 Millionen Dollar an Bell-South für die Teilnahme an der Auktion des Unternehmens. Für wesentlich weniger Geld hätten die Robbie-Kinder andere Interessenten dazu bewegen können und sollen, für die Dolphins zu bieten. Haben sie aber nicht.

6.2. Verträge mit Lieferanten

Sie und Ihre Lieferanten sind ebenso wie Sie und Ihre Kunden Partner bei der Wertschöpfung. Doch auch dabei ist nicht alles Kooperation.

---

[10] Wall Street Journal, 28. 1. 1994.

Wenn Ihre Lieferanten versuchen, die Preise zu erhöhen, ist das Konkurrenz.

Im Kapitel über Spieler haben wir darüber gesprochen, wie Sie mehr Lieferanten ins Spiel bringen können, um die Machtverhältnisse zu Ihren Gunsten zu verändern. Gainesville Regional Utility führte die Eisenbahn Norfolk Southern ein, um ein Gegengewicht zum bislang einzigen Lieferanten, der Eisenbahn CSX, zu bekommen. American Express gründete einen Einkaufsverbund, um mehr Krankenversicherungsangebote zu erhalten. Im Kapitel über Mehrwerte haben wir erwähnt, wie die Nationale Fußball-Liga die Anzahl der Mannschaften und die Mitgliederzahl jeder Mannschaft begrenzte, teilweise zur Begrenzung der Mehrwerte von Fußballspielern.

In diesem Abschnitt sehen wir uns an, wie Regeln benutzt werden können, um das Spiel mit Ihren Lieferanten zu ändern. Das Wertenetz legt nahe, dass es für jede Regel in den Beziehungen zu Kunden ein symmetrisches Gegenstück für die Beziehungen mit Lieferanten gibt. Bis jetzt haben wir uns mit zwei Regeln beschäftigt, die Kunden betreffen: der Kundenmeistbegünstigungsklausel und der Konkurrenzklausel. Beide können in der anderen Richtung verwendet werden.

Die der Kundenmeistbegünstigungsklausel analoge Regel garantiert einem Lieferanten, dass Sie ihm mindestens ebensoviel bezahlen wie irgendeinem anderen Lieferanten für die gleiche Leistung. Der passende Name für diese Regel ist Lieferantenmeistbegünstigungsklausel. Eine solche Klausel finden wir manchmal ausdrücklich oder stillschweigend in Verträgen über Vergütungen. Es klingt wie ein sehr großzügiges Angebot, jemandem garantiert soviel zu bezahlen wie einem anderen.[11] Tatsächlich ist der Haupteffekt einer Meistbegün-

---

[11] Das Problem ist, dass diese Verträge schwer durchzusetzen sind, wenn die Information nicht öffentlich ist. So wird zum Beispiel berichtet, dass Gordie Howe, einem der größten Hockeyspieler aller Zeiten, gesagt wurde, er habe das höchste Gehalt, das im Hockey gezahlt werde, er solle aber nicht darüber sprechen, um andere Spieler nicht neidisch zu machen. Erst später fand er heraus, dass er nur deshalb nicht darüber reden sollte, weil sein Gehalt eben nicht das höchste war.

stigungsklausel für Mitarbeiter, den Chef besser in die Lage zu versetzen, den Daumen auf alle Gehälter zu halten. Die Wirkung einer Lieferantenmeistbegünstigungsklausel entspricht der einer Kundenmeistbegünstigungsklausel.

Der Fall einer Konkurrenzklausel, dem Vor(ver)kaufsrecht, ist bei Lieferanten im Wesentlichen das gleiche wie bei Kunden: Die letzte Entscheidung liegt bei Ihnen. Der einzige Unterschied besteht darin, dass Sie dieses Mal das Recht zu kaufen statt das Recht zu verkaufen erhalten. Formell ist eine Konkurrenzklausel mit einem Lieferanten eine vertragliche Vereinbarung zwischen Firma und Lieferant, die den Lieferanten dazu verpflichtet, die Belieferung der Firma fortzusetzen, sofern die Firma den besten Preis zahlt, den eine andere Firma dem Lieferanten für seine Leistungen bietet. So wie Kunden typischerweise mehr zahlen, wenn sie eine Konkurrenzklausel zugestanden haben, erhalten Lieferanten typischerweise weniger, wenn sie eine Konkurrenzklausel eingeräumt haben.

In bestimmten Berufssportarten, besonders Basketball und Eishockey, vereinbaren die Mannschaftsbesitzer eine Konkurrenzklausel mit ihren Sportlern. Das garantiert ihnen, dass sie nicht auf einen wesentlichen Spieler verzichten müssen, indem sie mit einem Konkurrenzangebot für ihn gleichziehen. Andere Teameigentümer haben dadurch natürlich weniger Anreiz, Spielern überhaupt Abwerbungsangebote zu unterbreiten, da sie voraussehen, dass der gegenwärtige Besitzer vermutlich gleichziehen wird.[12] Der Effekt ist eine Verringerung des Wettbewerbs um Spieler.

Im Prinzip sollten Spiele mit Lieferanten Spielen mit Kunden genau entsprechen. In der Praxis sind aber die Regeln in diesen Spielen oft unterschiedlich. Meistbegünstigungs- und Konkurrenzklauseln sind mit Kunden viel üblicher als ihre Gegenstücke auf der Lieferanten-

---

[12] Die Begrenzung von Spitzengehältern in manchen dieser Sportarten schaffen zusätzliche Komplexität, die den Anreiz verändert, Preiskriege anzufangen.

seite. Unsere nächste Regel, den Mindestabnahmevertrag, gibt es in der Realität nur mit Lieferanten.

Mindestabnahmeverträge

Der Mindestabnahmevertrag strukturiert die Verhandlungen zwischen einer Firma und ihren Lieferanten. Mit dieser Art von Vertrag nehmen Sie dem Verkäufer entweder eine vereinbarte Menge seiner Waren ab, oder Sie zahlen eine Vertragsstrafe für die nicht abgenommenen Mengen. Für die Menge, die Sie nehmen, zahlen Sie dem Lieferanten einen bestimmten Preis, sagen wir 50 Euro je Tonne. Außerdem bezahlen Sie den Lieferanten bis zu einer vereinbarten Höchstmenge auch für Waren, die Sie nicht abgenommen haben. Natürlich ist der »Straf«preis niedriger, sagen wir 40 Euro je Tonne. Wenn die vereinbarte Abnahmemenge 1.000 Tonnen beträgt und Sie 900 Tonnen abnehmen, zahlen Sie 45.000 Euro für die 900 Tonnen und 4.000 Euro für die nicht verwendeten 100 Tonnen.

Mindestabnahmebestimmungen finden sich oft in Verträgen zur Abnahme von Rohstoffen, Strom und sogar bei Kabelsendern oder auch in gedeckelten Handy-Flatrates. Die Lieferanten in diesen Branchen haben hohe Fixkosten im Vergleich zu ihren variablen Kosten. In einigen Fällen ist es für die Lieferanten auch unmöglich, ihre Produkte zu lagern. Als Käufer sitzen Sie dann bei Verhandlungen über den Preis am sehr viel längeren Hebel. Um sich zu schützen, streben die Lieferanten Mindestabnahmebestimmungen an – je größer dabei die garantierten Abnahmemengen, desto besser aus deren Sicht. Natürlich sieht man sofort, dass sich die Abnehmer durch einen Mindestabnahmevertrag einem erheblichen Risiko aussetzen, sodass sie keine größeren Garantiemengen vereinbaren wollen, als die, die sie voraussichtlich benötigen. Daher liegen die Mindestabnahmemengen auch oft nahe am vorausgesagten Bedarf.

Ihre Zustimmung zu einem Mindestabnahmevertrag ist für Ihren Lieferanten sehr hilfreich. Er kann damit seine Produktion besser planen und gerät weniger in die Gefahr, Ihnen später ausgeliefert zu sein. Als

Gegenleistung für die erhaltene Sicherheit wird der Lieferant Ihnen voraussichtlich einen niedrigeren Preis zugestehen.

Das ist aber nicht der einzige Nutzen, den Sie aus einem Mindestabnahmevertrag mit Ihrem Lieferanten ziehen. Derartige Verträge können ein Spiel auch in einer anderen Hinsicht verändern. Sie können die Preisgebungsdynamik in Ihrer Branche beeinflussen, indem sie für Ihre Konkurrenten den Anreiz vermindern, Ihnen Kunden abzujagen. Wenn ein Konkurrent Ihnen einen Kunden abwirbt, riskiert er Vergeltung – das gehört zu den acht versteckten Kosten von Angebotsabgaben. Wenn Sie einen Mindestabnahmevertrag mit Ihrem Lieferanten haben, wird diese Vergeltung fast zur Gewissheit. Warum? Stellen Sie sich vor, Sie erwarten, dass Sie 1000 Tonnen eines Rohstoffs brauchen werden und haben einen Mindestabnahmevertrag über diese Menge. Wenn ein Konkurrent Ihnen einen Kunden abwirbt, brauchen Sie aber weniger von dem Rohstoff, sagen wir 100 Tonnen weniger. Da Sie für die 100 Tonnen bezahlen, obwohl Sie sie nicht brauchen, werden Sie sich sicher nach einem neuem Geschäft zum Ersatz für das verlorene umsehen. Ihre variablen Kosten dafür belaufen sich nur auf die 10 Euro pro Tonne Differenz zwischen Abnahme- und Nichtabnahmepreis. Bei diesem Kostenniveau können Sie es sich kaum leisten, keinen Ersatz für das verlorene Geschäft zu finden, und der Kundenstamm des Konkurrenten ist das natürliche Ziel für Ihr Werben um das neue Geschäft.

Mit einem Mindestabnahmevertrag haben Sie einen Teil Ihrer variablen Kosten in Fixkosten verwandelt. Wenn ein Konkurrent Ihnen einen Kunden abwirbt, zwingt Sie diese Kostensituation praktisch dazu, sich zu revanchieren und dem Rivalen auch einen Kunden abzunehmen. So haben Mindestabnahmeverträge einen Abschreckungseffekt. Clevere Konkurrenten erkennen, dass Vergeltung wahrscheinlich ist. Daher verzichten sie von vornherein darauf, sich an Ihre Kunden heranzumachen.

Mindestabnahmeverträge können helfen, Ihren Marktanteil zu stabilisieren. Das ist eine weitere gute Nachricht für Ihren Lieferanten. Wenn Sie nicht darum kämpfen müssen, Ihre Kunden zu behalten, verdienen Sie mehr Geld, und wenn Sie mehr Geld verdienen, kämpfen Sie mit Ihrem Lieferanten weniger um die Kosten.

Natürlich gibt es auch eine Fußangel. Es ist immer möglich, dass jemand Ihnen unbedacht Marktanteile abjagen will, obwohl Sie einen Mindestabnahmevertrag haben. Sie müssen dann zurückschlagen, und das könnte zu einer Folge von gegenseitigen Vergeltungsschlägen führen und in einen ausgewachsenen Preiskrieg ausarten. Dieser Krieg kann besonders brutal werden, weil ein bedeutender Teil Ihrer Kosten durch den Mindestabnahmevertrag bereits entstanden ist, es also Sunk-Costs sind. Der Abschreckungseffekt einer solchen Vereinbarung hat eine gewisse Ähnlichkeit mit der nuklearen Abschreckung: Man hofft, dass sie funktioniert, denn wenn nicht, dann sind die Kosten extrem hoch.

Mindestabnahmevertrag

Pro
1. Verringert das Risiko für Ihren Lieferanten, wofür Sie Preiszugeständnisse verlangen können.
2. Verringert den Anreiz für Ihre Konkurrenten, Ihnen Kunden abzujagen, da der Mindestabnahmevertrag nahezu garantiert, dass Sie sich revanchieren.

Kontra
1. Steigert die Intensität eines Preiskriegs, falls die Abschreckung versagt.

6.3. Regeln für Massenmärkte

Bis jetzt haben wir uns Regeln im B2B-Bereich angesehen, im Geschäftsverkehr von Firma zu Firma. Wenn Firmen miteinander umgehen, verhandeln Käufer und Verkäufer nicht nur über Preise, sondern auch über die Spielregeln. Zum Beispiel kann es sein, dass Sie eine

Konkurrenzklausel wünschen, der Kunde sich aber dagegen wehrt. Da Sie nicht die Macht haben, Regeln einseitig festzusetzen, ist es Verhandlungssache, welche Regeln gelten werden.

Bei den Konsumprodukten ist das anders. Da verhandeln die Verkäufer nicht, und deshalb können auch die Kunden nicht verhandeln. Als Verkäufer haben Sie die Macht, einseitig einige Spielregeln festzusetzen. Eine Regel ist, dass Sie den Preis des Produkts nennen, das Sie verkaufen. Wenn der Kunde Ihr Erzeugnis haben will, dann muss er diesen Preis zahlen. So ist es in Supermärkten, an Tankstellen, in Restaurants, Warenhäusern – praktisch in jeder Sparte des Einzelhandels.

Diese Konstellation wird gemeinhin als geradezu selbstverständlich vorausgesetzt. Dennoch ist es interessant zu fragen, warum es so ist. Auch hier ist unser Kartenspiel aufschlussreich.

Stellen Sie sich vor, dass Adam 100 Kartenspiele hat und das Spiel mit 2600 Studenten gleichzeitig spielt.[13] In Analogie zur allerersten Version des Kartenspiels ließe sich vermuten, dass Adam und die Studenten die 100 Dollar Preisgeld gleichmäßig aufteilen werden. Nichts hat sich wirklich verändert.

Oder doch? In Wahrheit ist es ein großer Unterschied, dass es nun ein Spiel mit einer sehr großen Anzahl von Teilnehmern ist. Denn kann sich Adam sehr überzeugend weigern, mit jedem Studenten einzeln zu verhandeln. Dazu ist nicht genug Zeit. Statt dessen kann er einen Preis nennen und von den Studenten verlangen, ihm dafür eine rote Karte zu verkaufen oder es zu lassen.

Die große Teilnehmerzahl verwandelt die Situation sehr effektiv in die Ultimatum-Version des Spiels. Wie wir im Kapitel über Spieltheorie gesehen haben, versetzt dies Adam in eine viel stärkere Position. Er kann den Preis festsetzen. Er kann zehn Dollar für eine rote Karte bieten und davon ausgehen, dass die Studenten sein Angebot

---

[13] Wir danken Professor Sushil Bikhchandani von der UCLA für den Vorschlag dieser Anwendung des Spiels.

annehmen. Sie werden es auch tun, weil sie wissen, dass sie keine Chance auf ein Gegenangebot haben.

Wenn Sie auf einem Massenmarkt verkaufen, können Sie sich, wie Adam, weigern zu verhandeln. Statt dessen setzten Sie den Preis fest. Welche weiteren Regeln würden Sie noch festsetzen wollen?

Auf den ersten Blick scheint es, als sei mit der Einführung einer Meistbegünstigungsklausel in einem Konsumgütermarkt nichts zu gewinnen. Wenn Sie die Macht haben, einen einheitlichen Preis für alle festzusetzen, kann es erst gar nicht dazu kommen, dass Kunden sich um einen besonderen Preis bemühen. Tatsächlich gibt es aber doch einen Grund, eine Meistbegünstigungsklausel zu erwägen. Wenn die Kunden auch nicht verhandeln können, so können sie doch den Kauf aufschieben. Genau das werden sie tun, wenn sie nicht überzeugt davon sind, dass Sie eisern an Ihrem Preis festhalten. Je mehr Kunden abwarten, desto mehr Druck werden Sie spüren, den Preis zu senken. Der Glaube der Kunden an eine Preissenkung wird zu einer sich selbst erfüllenden Prophezeiung. Wenn Sie eine Meistbegünstigungsklausel gewähren, kommen Sie aus dieser Falle heraus.

Januar-Verkäufe. Eine Variante einer Meistbegünstigungsklausel verwendete Chrysler 1990, um das Autoverkaufsspiel zu verändern. Viele Autokäufer verhielten sich in diesem Spiel so, dass sie auf Rabatte am Jahresende warteten. Durch dieses Warten sammelten sich bei den Autohändlern große Lagerbestände an, die dann die Hersteller gegen Ende des Jahres zu genau diesen Rabatten zwangen.

Chrysler wollte die Kunden davon überzeugen, dass sie durch Warten nichts gewinnen würden. Bloße Worte dieses Inhalts wären aber nicht glaubhaft gewesen. In ganzseitigen Anzeigen versprach Chrysler deshalb allen, die ein Auto im Januar kaufen würden, dass ihnen für jeden später im Jahr eingeräumten höheren Rabatt eine Rückzahlung in gleicher Höhe gewährt würde.

Chryslers Ankündigung hatte zwei Wirkungen. Die Kunden hatten keinen Anreiz mehr zu warten, sodass die Lagerbestände am Ende des Jahres kleiner und Rabatte am Jahresende überflüssig waren. Zweitens kam Chrysler jetzt auch weniger in Versuchung, am Jahresende Rabatte zu gewähren, um die Lagerbeständen abzuverkaufen, denn es würde zu teuer werden, jedem, der im Januar gekauft hatte, zurückzuzahlen, was er damals mehr bezahlt hatte.

Viele Einzelhandelsgeschäfte bieten Preisgarantien für 30 oder 60 Tage. Das Motiv dafür ist ähnlich wie für Chryslers Vorgehen. »Jeden Tag Niedrigpreise« ist eine andere Regel, die Einzelhändler anwenden, um Kunden davon zu überzeugen, dass es sich nicht lohnt, auf niedrigere Preise zu warten – und die den Geschäften gleichzeitig erspart, später zu einer Schlussverkaufsaktion gezwungen zu sein.

Wie steht es mit der Verwendung einer Konkurrenzklausel in einem Konsumgütermassenmarkt? Dafür gibt es ein Hindernis. Sie können eine Konkurrenzklausel anbieten, aber Sie können den Kunden nicht zwingen, bei Ihnen zu kaufen, wenn Sie auf den Preis eines Konkurrenten heruntergehen. In der Regel kommt es gar nicht zu einem schriftlichen Vertrag mit dem Kunden. Und selbst wenn, wird sich der Kunde nicht auf diese Weise binden lassen. Stellen Sie sich einen potentiellen Autoverkäufer vor, der sich vertraglich festlegt, bei Chrysler zu kaufen, wenn Chrysler mit jedem Preis für einen Ford gleichzieht. Nicht sehr plausibel. Warum sollte jemand einen solchen Vertrag unterzeichnen?

In einem Konsumgütermarkt können Sie also nicht jede Regel einführen, die Sie gern hätten. Sie können nur Regeln einführen, die *Ihr* Tun betreffen, nicht aber Regeln für das, was der Kunde macht. Wenn Sie also keine Konkurrenzklausel erreichen können, können Sie dann das praktisch gleiche Ergebnis erzielen, indem Sie einfach garantieren, mit dem besten Preis am Markt gleichziehen zu werden? Nicht ganz. Die Bestpreisgarantie, mit jedem Preis eines Konkurrenten gleichzuziehen, ist nicht das gleiche wie eine vereinbarte Konkurrenzklausel. Denn die Kunden brauchen Ihnen nicht die Gelegenheit zu geben, mit Konkurrenzpreisen gleichzuziehen.

Dennoch wenden einige Einzelhändler Bestpreisgarantien wirkungsvoll an. Die britische Einzelhandelskette John Lewis verwendet das Motto »Never Knowingly Undersold« (Nie unterboten, wenn wir davon wissen.) John Lewis senkt sofort den Preis, wenn entdeckt wird, dass die gleiche Ware bei einem Konkurrenten weniger kostet. Damit hat sich das Unternehmen den Ruf erworben, alles zum niedrigsten Preis anzubieten. Das Resultat ist eine sehr treue Stammkundschaft.[14]

Eine Bestpreisgarantie funktioniert nicht so gut, wenn Ihr Produkt ganz besondere Eigenschaften hat. Stellen Sie sich vor, Chrysler würde eine solche Garantie für das Modell Neon anbieten. Was wären dazu die vergleichbaren Modelle von Ford, General Motors, BMW, Toyota oder Hyundai? Auf welche Modelle mit welcher Ausstattung wäre die Garantie anwendbar? Wie immer Chrysler seine Garantie formulieren würde, der Autohersteller würde sich damit beträchtlichen Risiken aussetzen. Wenn aus irgendeinem Grund, bei den ausländischen Modellen zum Beispiel durch Änderung der Wechselkurse, der Preis eines Vergleichsmodells sinkt, könnte Chrysler gezwungen werden, mit einem Preis gleichzuziehen, zu dem das Modell Neon mit Verlust verkauft würde.

Wenn Sie keine Konkurrenzklausel vereinbaren können und es nicht immer praktikabel oder klug ist, eine Bestpreisgarantie zu geben, auf welche andere Art können Sie dann in einem Konsumgütermassenmarkt Kunden bei der Stange halten? Sie haben stets die Möglichkeit, Ihre Kunden glücklich zu machen, indem Sie ihnen einen niedrigen Preis in Rechnung stellen. Bei dieser Strategie stoßen Sie aber sofort auf zwei Probleme. Erstens verringern Sie damit Ihre Gewinne. Zweitens ist die Festsetzung eines niedrigen Preises sowohl eine offensive als auch eine defensive Maßnahme. Ihr niedriger Preis wirbt

---

[14] In den USA behaupten viele Elektronikmärkte, die gleiche Politik zu verfolgen, doch sie bieten keineswegs immer die gleichen Preise. Manchmal nutzen diese Geschäfte die ausgewuchtete Modellvielfalt und geben unwesentliche Produktunterschiede als Gründe dafür an, mit Preisen von anderen Geschäften nicht gleichzuziehen. Manche Geschäfte schließen auch die Preise bestimmter Arten von Einzelhändlern aus wie zum Beispiel "Price Clubs" [CR: das sind Geschäfte ähnlich unseren Buchclubs] oder Onlinekäufe.

Ihren Konkurrenten einige Kunden ab, und das zwingt Ihre Rivalen, ihrerseits die Preise zu senken, um ihren Kundenstamm zu halten. Damit sind Sie wieder da, wo Sie angefangen haben, nur dass die Preise und damit die Gewinne insgesamt niedriger sind.

Sie würden also Ihren eigenen Kunden gern einen niedrigen Preis berechnen, ohne gleichzeitig die Stammkundschaft Ihrer Konkurrenten zu bedrohen. Wenn Sie das könnten, müssten Ihre Konkurrenten nicht reagieren. Das wirkt wie eine ziemlich seltsame Idee. Angesichts der Regeln, die normalerweise für Geschäfte zwischen Firmen und Konsumenten gelten, klingt es sogar nach einer Unmöglichkeit. Und dennoch fand General Motors einen Weg zur Änderung der Regeln. Wie, das zeigt uns die Geschichte vom GM-Kartenprogramm.

General Motors neue Offensive. Stagnierende Nachfrage und Konkurrenz durch ausländische Autohersteller machten die frühen 1990er Jahre zu einer schwierigen Zeit für die Großen Drei der USA – General Motors, Ford und Chrysler. Mit etwa 4,5 Milliarden Dollar fuhr GM 1992 den größten Verlust der US-Firmengeschichte ein. Ein Teil der Lösung für GM war, bessere Autos herzustellen und sie effektiver zu produzieren. GM hoffte, dass die Saturn Corporation, eine Mitte der 80er Jahre gegründete selbständige Einheit zur Herstellung von Kleinwagen, als Katalysator von Verbesserungen im gesamten Konzern wirken würde. Ein anderes vielversprechendes Signal war ein Putsch im Aufsichtsrat, der von John Smale, einem GM-Direktor und pensionierten Vorstandsvorsitzenden von Procter & Gamble, angeführt wurde und zu einem weitgehenden Umbau des Managements führte.

Damit verblieb aber immer noch das Problem, wie Autos verkauft werden sollten. Um stagnierender Nachfrage und stärkerer Konkurrenz zu begegnen, griff jeder der Großen Drei in erheblichem Umfang auf Rückzahlungsangebote, Händlerrabatte, Jahresschlussrabatte und andere Anreizprogramme zurück.

Im September 1992 veränderte GM das Spiel. Unter dem Dach der MasterCard startete der Autoriese in Verbindung mit der Household Bank, einem der führenden Institute für Firmen-Kreditkarten, die

GM-Kreditkarte. Karteninhaber bekamen fünf Prozent ihrer mit der Kreditkarte getätigten Einkäufe zum Kauf oder Leasing eines GM-Pkw oder -Lkw gutgeschrieben. Sie waren vom Preis abzuziehen, *nachdem* der Kunde oder die Kundin das beste Geschäft mit einem Händler ausgehandelt hatte. Die Gutschriften konnten beträchtliche Beträge erreichen: Die Obergrenzen waren 500 Dollar pro Jahr und 3500 Dollar in sieben Jahren.

Robert Heller, Präsident und Chefmanager von Visa USA, blieb unbeeindruckt. Auf der Kreditkartenkonferenz der American Bankers Association 1992 scherzte er, es werde wohl nicht mehr lange dauern, bis nach AT&T und General Motors auch Pizzarestaurants eigene Kreditkarten herausgeben würden. Innerhalb eines Jahres hatte Heller seinen Posten verloren, und man sprach von der Möglichkeit einer McDonald's-Kreditkarte.

Eine massive Werbekampagne unterstützte den Start der GM-Karte. Dazu gehörten 30 Millionen Postwurfsendungen, die GM »gezielte Tonnage« nannte, sieben Millionen gezielte Telefonanrufe sowie intensive Werbung im Fernsehen und in Printmedien. GM gab 120 Millionen Dollar für die Kampagne aus. Das war zwar wenig im Vergleich zum gesamte Werbeaufwand des Unternehmens, aber beispiellos viel für den Start einer Kreditkarte.

Dieser Start wurde auch der erfolgreichste, den es jemals im Kreditkartengeschäft gab. Nach nur 28 Tagen gab es eine Million Kunden. Der bisherige Rekordhalter, die Universal Card von AT&T, hatte 78 Tage benötigt, um auf die Million zu kommen. In weniger als zwei Monaten war GM dagegen schon bei zwei Millionen, und die Salden beliefen sich auf insgesamt über 500 Millionen Dollar.[15] Nach Ablauf eines Jahres waren es fünf Millionen Konten mit Salden von 3,3 Mil-

---

[15] Im Februar 1993 brachte GM die Gold Card heraus, bei der das Jahreslimit auf 1000 Dollar und das Sieben-Jahres-Limit auf 7000 Dollar erhöht wurde.

liarden Dollar und nach einem weiteren Jahr neun Millionen Konten, und das Wachstum hat noch nicht aufgehört.[16]

Im ersten Jahr des Programms lösten 55.000 Karteninhaber ihr Guthaben ein, bis Ende Februar 1994 wurden es 123.000 mit Guthaben von insgesamt 40 Millionen Dollar (durchschnittlich 325 Dollar pro Auto). Hochrechnungen zufolge wird etwa jeder vierte Einzelverkauf eines GM-Fahrzeugs in Nordamerika an Karteninhaber erfolgen, wenn das Programm seinen Endzustand erreicht hat.

Gezielte Rabatte. Die GM-Kreditkarte ist offensichtlich ein großes Geschäft geworden, aber wie hat sie das Autoverkaufsspiel eigentlich verändert? Um die Wirkung zu erkennen, gehen wir ein einfaches Zahlenbeispiel dafür durch, wie diese Art von Rabattprogramm den Vorgang der Preisfestsetzung verändert. Nehmen wir an, ein Auto kostet sowohl bei GM als auch bei Ford am Anfang 20.000 Dollar. Da die Preise gleich sind, teilt sich der Markt nach der natürlichen Präferenz der potentiellen Kunden für GM oder Ford auf.

Nehmen wir nun an, GM findet einen Weg, seinem Kundenstamm einen Rabatt von 2.000 Dollar zu gewähren, während gleichzeitig der Listenpreis auf 21.000 Dollar erhöht wird. Damit hat GM letztlich zwei Preise eingeführt: 19.000 Dollar für seine Stammkunden und 21.000 Dollar für alle, die Ford vorziehen. Versetzen Sie sich in die Lage von Ford. Ford kann mit einer Preissenkung auf etwas unter 19.000 Dollar reagieren, um GM Kunden abzunehmen. Oder Ford kann den Preis auf bis zu 21.000 Dollar erhöhen, ohne Gefahr zu laufen, Stammkunden an GM zu verlieren. Die zweite Möglichkeit wird Ford wohl attraktiver finden. Wenn Ford den Preis auf 21.000 Dollar erhöht, gibt das GM etwas Raum zum Atmen. Jetzt kann GM seinen Preis auf bis zu 23.000 Dollar erhöhen, netto 21.000 Dollar für die Rabattkunden, ohne insgesamt Kunden zu verlieren. An diesem Punkt haben sich sowohl GM als auch Ford über ihren Status quo hinaus

---

[16] Daten von SMR Research Corp., Budd Lake, New Jersey. Vgl. auch »The Strategie Alliance That Produced the GM Card« in *Direct Marketing Magazine*, September 1993, S. 64.

verbessert. Ford könnte sogar nochmals den Preis erhöhen, dann noch einmal GM und so weiter.

Das Rabattprogramm erzeugt eine Preisgebungsdynamik, die sowohl GM als auch Ford Gewinne bringt. Wie weit könnte dieser Prozess gehen? Nur bis zu einem bestimmten Punkt. Erstens gibt es andere Kfz-Hersteller, die vielleicht nicht die Preise erhöhen, und von einem bestimmten Preis an könnten Stammkunden zu ihnen übergehen. Auf jeden Fall bleibt als Hauptgewinn für GM, dass Ford und andere Autohersteller weniger Anreiz haben, einen Preiskrieg zu beginnen.

Der Schlüssel zur Wirksamkeit des Rabattprogramms ist, dass die Rabatte auf Stammkunden abzielen. Das Programm funktioniert nur, wenn die Käufer, die Rabatte für GM-Fahrzeuge bekommen, vorwiegend ohnehin voraussichtlich GM-Fahrzeuge kaufen und nicht Autos anderer Hersteller. Eine große praktische Herausforderung bei der Verwirklichung eines solchen Programms ist also, so viele Ihrer voraussichtlichen Kunden wie möglich in den Genuss der Rabatte kommen zu lassen, ohne dass diese auch voraussichtlichen Kunden Ihrer Konkurrenten zukommen.

Die GM-Kreditkarte löste dieses Problem brillant. In der Erkenntnis, dass es schwer ist, alle voraussichtlichen Käufer von GM-Autos zu suchen und zu finden, drehte GM den Spieß um und bewirkte, dass sich diese Kunden bei GM meldeten. Diejenigen, die willens sind, mit Hilfe einer GM-Kreditkarte einen Rabatt anzusammeln, sind die, die vorhaben, ein GM-Auto zu kaufen. Wer vorhat, einen Ford zu kaufen, wird wohl kaum die GM-Karte benutzen. So hilft ein Kreditkartenprogramm, das Problem zu lösen, wie Rabatte zielsicher beim natürlichen Kundenstamm ankommen.

Gesunde Nachahmung II. Wenn die GM-Kreditkarte so gut war, wie es schien, dann war es ihr mit Sicherheit beschieden, kopiert zu werden. Das wurde sie auch. Im Februar 1993, fünf Monate nach der Einführung der GM-Karte, tat sich Ford mit dem größten Kreditkartenherausgeber unter den Banken zusammen, der Citibank, um unter dem Dach von MasterCard und Visa die Ford-Citibankkarte anzubieten. Das Programm gestattete, Rabatte von bis zu 700 Dollar jährlich und maximal 3.500 Dollar in fünf Jahren zur Anschaffung von Ford-Fahrzeugen anzusammeln.

Die Ford-Citibankkarte wurde als Mailing an die 30 Millionen Inhaber von Citibankkarten und an die Eigentümer von Fordfahrzeugen auf den Weg gebracht. Werbematerial und Kartenanträge wurden bei 5.000 Ford-Händlern ausgelegt. In den ersten neun Monaten von 1993 wurde die Ford-Citibankkarte außerdem für insgesamt 4,6 Millionen Dollar in den Medien beworben. Die Zahl der aktiven Inhaber von Ford-Citibankkarten wurde von Branchenanalysten im April 1994 recht unterschiedlich auf 1,3 Millionen bis 5 Millionen geschätzt. Etwa 20.000 Fordkunden nahmen im ersten Jahr des Programms Kartenrabatte in Anspruch.

Im Juni 1994 wurde die GM-Karte nochmals kopiert. Volkswagen führte mit MBNA, dem Marktführer für Firmenkreditkarten, ein Kreditkarten-Rabattprogramm ein. (Auffallend ist, dass Chrysler selbst 1996 noch kein Kreditkartenprogramm eingeführt hat.)

Fügt all diese Nachahmung dem GM-Programm einen Schaden zu? Nicht unbedingt. Wenn GM gehofft hatte, mit seinem Programm Marktanteile von Ford und Anderen zu gewinnen, dann war die Nachahmung in der Tat schädlich. Nachdem ihnen das Ford-Programm ein gutes Geschäft bietet, haben potenzielle Ford-Käufer sogar noch weniger Grund als zuvor, die GM-Kreditkarte zu beantragen.

Die Nachahmung hilft GM aber auch. Je mehr Karteninhaber es gibt, desto geringer wird die Versuchung für die Autohersteller, die Preise zu senken, denn Preissenkungen sind dann als Kundenlockmittel weniger wirksam. Wer Guthaben bei einem anderen Hersteller angesammelt hat, wird nicht so leicht wegen einer Preissenkung überlaufen. Und wenn jetzt ein Produzent die Preise erhöht, verliert er nicht so viele Kunden wie zuvor, denn seine eigenen Karteninhaber werden die Rabatte nicht verlieren wollen, die sie schon angespart haben. Die Automobilhersteller haben jetzt treuere Stammkundschaften. Insgesamt sind damit Preissenkungen weniger wirksam und Preiserhöhungen weniger riskant.[17] Das gilt nicht nur für die Produzenten mit Rabattprogrammen, sondern auch für die Hersteller ohne Rabattprogramme werden Preissenkungen weniger wirksam. Der Anreiz, über den Preis zu konkurrieren, wird also geringer. Das Ergebnis ist größere Preisstabilität. Es ist ein weiterer Fall gesunder Nachahmung.

Nachahmung hat eine weitere positive Wirkung: Sie lockt die Kunden aus der Reserve. Je mehr Hersteller Rabattprogramme einführen, desto wichtiger wird es für Autokäufer, sich schon lange vor dem Kauf für einen Anbieter zu entscheiden. Viele Autofahrer ohne besonders ausgeprägte Markentreue werden erkennen, dass sie finanzielle Nachteile erleiden, wenn sie sich nicht für eines der Rabattprogramme entscheiden. Selbst die preisbewussteren Autokäufer bekommen auf diese Weise einen Anreiz, sich festzulegen. Und je größer die Zahl der Kunden, die sich einem der Programme anschließen, desto größer die preisstabilisierende Wirkung in der Branche.

Es wird zu noch mehr Nachahmung kommen. Nach dem Erfolg ihrer Programme in den USA haben GM und Ford Kreditkartenprogramme in Kanada sowie in Großbritannien und Nordirland eingeführt, und Toyota hat ein solches Rabattprogramm in Japan gestartet.

Noch mehr Gewinner. Neben der Preisstabilisierung in der Autoindustrie hat das GM-Kartenprogramm viele weitere Vorteile. Jeden Monat fügt die Household Bank den Abrechnungen für ihre Karteninhaber Werbematerial von GM bei. Der Nutzen für GM geht weit über die Portoersparnis hinaus: Im Gegensatz zu anderen Werbesendungen können die Umschläge von der Household Bank nicht einfach ungeöffnet weggeworfen werden – sie enthalten Abrechnungen, die zu bezahlen sind. Und wenn der Inhalt aus den Umschlägen genommen wird, ist unübersehbar das Werbematerial von GM dabei.

---

[17] In der Sprache der Volkswirte reagiert die Nachfrage nach Autos weniger elastisch auf Preise, ist also weniger preisabhängig.

GM beteiligt die Household Bank auch an den Kosten der Rabattgewährung, eine übliche Praxis im Kreditkartengeschäft. Die Kartenemittenten zahlen für Boni wie die GM-Rabatte, die den Erwerb ihrer Karten attraktiver machen. Zum Beispiel zahlt die First Chicago Bank United Airlines etwa anderthalb Pfennig pro Vielfliegermeile, die ihre Karteninhaber ansammeln. Nach dem gleichen Prinzip zahlt die Household Bank GM etwa 20 Prozent der mit den Karten angesammelten Rabatte, auch wenn sie nicht ausgenutzt werden.

Was gut für General Motors ist, ist auch für die Household Bank gut. Die über acht Millionen Household-Kreditkarten, die als Ergebnis der GM-Werbekampagne ausgegeben wurden, katapultierten die Bank vom zehnten auf den fünften Rang unter den Kreditkarten-Emittenten. Und die Möglichkeit, Rabatte bei der Anschaffung eines GM-Autos zu verdienen, hat dazu beigetragen, den durchschnittlichen Jahresumsatz je Household-Kreditkarte auf 5.200 Dollar anwachsen zu lassen, das Zweieinhalbfache des Durchschnitts für alle US-Kreditkarten. Die GM-Karte ist die erste Kreditkarte, die von Inhabern mehrerer Karten aus der Brieftasche gezogen wird. Über 70 Prozent aller Forderungen auf der GM-Karte werden durch neue ersetzt, im Durchschnitt der Kreditkartenbranche sind es 66 Prozent. Die Abwanderungsquote und Rückstandsquote von GM-Karten sind niedriger als im Durchschnitt aller US-Kreditkarten. Die Abwanderungsquote ist geringer, weil es Zeit erfordert, mit den Umsätzen Rabattguthaben anzusammeln, und die Karteninhaber in dieser Zeit kaum zu einer anderen Kreditkarte übergehen. Und sogar die Rückstandsquote ist niedriger, weil der angesammelte Rabatt nicht genutzt werden kann, solange das Konto im Rückstand ist.

Die GM-Karte wirkt zusätzlich auch auf die Preisgebungsdynamik in der Kreditkartenbranche. Da Household Bank, Citibank und MBNA nun treuere Kunden haben, gibt es für alle Kreditkartengesellschaften jetzt weniger Anreiz, über die Preise miteinander zu konkurrieren. Neben der größeren Preisstabilität in der Autoindustrie haben wir also auch das Ergebnis größerer Preisstabilität in der Kreditkartenbranche.

Sind nun die Autokäufer Verlierer, weil Autoindustrie und Kreditkartenausgeber Gewinner sind? Nicht unbedingt. Obwohl sie mit höheren Preisen rechnen müssen, ist das noch nicht das ganze Bild. Gehen wir noch einmal zurück zu den Problemen, die die Kfz-Hersteller Anfang der 90er Jahre hatten. Wenn ein Autohersteller ein neues Modell entwickelt, Geld für die Umrüstung des Montagewerks ausgegeben und eine landesweite Werbekampagne gestartet hat, sind ihm hohe, »versunkene« Kosten entstanden. Wenn andere Hersteller mit ähnlichen Kosten auch neue Modelle entwickelt haben und dabei in der Branche einige Überkapazitäten entstanden sind, dann sind diese Überkapazitäten ein großes Problem. Die Preise werden auf die variablen Kosten herabgedrückt, die Hersteller verdienen ihre Investitionen nicht mehr zurück. Der Wettbewerb versenkt versunkene Kosten[18] – so tief, dass sie nicht mehr geborgen werden können. Dieses Problem betrifft die Hersteller ebenso wie ihre Kunden. Wenn die Produzenten heute keine Gewinne machen können, investieren sie nicht, und die Kunden bekommen morgen keine besseren und billigeren Autos. Langfristig können höhere Preise also zu einem Win-Win zwischen Autoherstellern und ihren Kunden führen.

Kartenlesung. Unter dem Strich, was war nun der Effekt des GM-Kreditkartenprogramms und seiner Nachahmungen? Das Schicksal der Autohersteller hängt von vielen Faktoren ab: von Konjunkturverlauf, Wechselkursen, ihrer Fähigkeit, die Nachfrage vorauszusehen und vielem anderen. So ist es schwer, den Effekt des Kreditkartenprogramms von all dem zu isolieren, was sonst noch vor sich gegangen ist. Offenbar helfen die Programme den Autoproduzenten aber, höhere Preise zu erzielen, indem kostspieligere traditionelle Anreizprogramme zurückgeschraubt werden können. Die Zeitschrift BusinessWeek bemerkte eine Abnahme der Rabattprogramme: »Nahezu alle Autohersteller – und vor allem die inländischen Großen Drei, die die Konsumenten in der vergangenen Rezession auf Rabatte fixierten

---

[18] Diese Formulierung verdanken wir unserem Kollegen Dan Raff.

Regeln für Massenmärkte

– sehen sich reich belohnt dafür, die Käufer von Rabattprogrammen und Subventionen bei Leasingabschlüssen zu entwöhnen.«[19]

Am 31. Januar 1995 berichtete GM, dass sein nordamerikanisches Kerngeschäft mit Autos erstmals seit 1989 wieder zurück in den schwarzen Zahlen war. BusinessWeek erklärte, wie es dazu kam: Das Kerngeschäft sei wieder auf fetteren Weidegründen gelandet, »indem es Flottenverkäufe an Autovermieter mit nur geringen Gewinnmargen verringerte und das reine Rabatt-Marketing zurückstutzte.«[20]

Die Geschichte des GM-Kreditkartenprogramms lehrt eine wichtige Lektion über Preisgebung und die Regeln, denen sie von Ihrem Standpunkt aus unterliegen sollte. Viele Geschäftsleute denken, die beste Strategie sei, den eigenen Kunden hohe Preise zu berechnen und den Kunden der Konkurrenten niedrige Preise anzubieten. Schließlich sind die eigenen Kunden doch zahlungswillig, während die Kunden der Konkurrenten durch niedrige Preise in Versuchung geführt werden müssen. Wie fällt der Vergleich dieser Strategie mit den Ergebnissen der GM-Kreditkarte aus?

Die Karte spricht in erster Linie diejenigen an, die vorhaben, ein GM-Auto zu kaufen. Voraussichtliche Ford-Käufer werden kaum eine GM Karte besitzen. Was geschieht also, wenn GM einige seiner anderen Anreizprogramme zurückschraubt, um die Kosten der mit Kreditkarten ausgenutzten Rabatte auszugleichen? Der effektive Preis eines GM-Autos – nach Abzug des auf Kreditkarte verdienten Rabatts – ist jetzt für loyale Ford-Kunden höher als für voraussichtliche GM-Autokäufer. GM begibt sich in eine Situation, in der es den Kunden der Konkurrenten höhere Preise berechnet als den eigenen. Das ist das Gegenteil dessen, was gewöhnlich für die beste Strategie gehalten wird.

---

[19] *BusinessWeek*, 1.8.1994, S. 28-29.
[20] *BusinessWeek*, 13.2.1995, S. 40.

GM macht es aber richtig! Durch seine Preiserhöhung für potenzielle Ford-Käufer hat GM Ford etwas Spielraum für Preiserhöhungen gegeben, was GM die Gelegenheit gab, die eigenen Preise etwas heraufzusetzen, was wiederum Ford ermöglichte, die Preise etwas anzuheben, und so weiter. Es ist die Win-Win-Dynamik, die wir bereits erörtert haben. Vergleichen Sie das mit dem, was geschieht, wenn Sie den Kunden des Konkurrenten niedrige Preise anbieten, um sie zu Ihnen zu locken: Sie zwingen den Konkurrenten dazu, seine Preise zu senken, was Sie der Gefahr aussetzt, Ihre Kunden an den Rivalen zu verlieren, sodass Sie nun auch die Preise für Ihre Kunden senken müssen. Sie und Ihr Konkurrent sind dann in einer schlechteren Lage als zu Beginn.

Das grundlegende Prinzip ist also: Behandeln Sie Ihre eigenen Kunden besser als die Ihrer Konkurrenten. In manchem Zusammenhang scheinen die Unternehmen das zu verstehen. Die Bemühungen, Produkte zu verbessern, zielen oft auf die Verbesserung ihrer Beziehungen zu den eigenen Kunden, nicht darauf, jemand anders Kunden abzujagen. Wenn es aber um die Preisgebung geht, machen es viele Firmen genau verkehrtherum. Sie jagen Kunden der Konkurrenten mit niedrigeren Preisen hinterher. Statt dessen sollten sie sich darauf konzentrieren, den eigenen Kunden die beste Behandlung zukommen zu lassen.

Um Preiskriege zu verhindern, sollten Sie bestrebt sein, Ihren eigenen Kunden niedrige Preise und den Kunden der Konkurrenten höhere Preise zu berechnen. Vielfliegerprogramme erreichen genau das. Der Preis eines Fluges von New York nach Chicago mit American Airlines ist derselbe, ob man Mitglied des AAdvantage-Programms ist oder nicht. Doch für die eigenen Mitglieder ist er wertvoller, weil er den Freiflug nach Hawaii näher bringt. Indem American Airlines seinen treuen Kunden mehr Wert zum gleichen Preis bietet, verlangt die Fluggesellschaft von ihnen letztlich einen niedrigeren Preis als von anderen. Wer hat den höheren Preis zu zahlen? Unter anderem alle treuen Kunden von United Airlines, denn sie werden AAdvantage-Meilen nicht so zu schätzen wissen wie die loyalen Kunden von American Airlines. Das bedeutet, dass United Airlines jetzt etwas Spiel-raum für Preiserhöhungen hat, ohne Passagiere zu verlieren, was American Airlines auch wieder etwas Spielraum für Preiserhöhungen gibt und so weiter. American und United Airlines erfreuen sich der gleichen Win-Win-Preisgebungsdynamik wie GM und Ford.

Es gibt eine deutliche Verbindung zwischen den Rabattprogrammen, wie dem GM-Kartenprogramm, und den Treueprogrammen wie AAdvantage, die wir im vorigen Kapitel erörtert haben. Das erstaunt nicht. Beide Programme sind Spielregeln – im Wesentlichen einseitige Verträge mit Kunden, die den Kunden Vergünstigungen gewähren. Auch die Art und Weise, in der sie die Preisgebungsdynamik der Branche beeinflussen, ist die gleiche. Es gibt aber einen wesentlichen Unterschied zwischen den beiden Programmarten. Ein Treueprogramm wie AAdvantage belohnt Kunden mit Sachleistungen statt mit Geld und vergrößert so den Kuchen. Im Gegensatz dazu belohnt die GM-Karte Kunden mit Dollars und vergrößert damit den Mehrwert von GM nicht.[21] Obwohl ein Programm besser ist, das mit Sachleistungen statt mit barer Münze belohnt, kann Geld immer noch recht gut wirken, wie wir am Beispiel der GM-Karte gesehen haben.

Es gibt keinen Grund, der dagegen spricht, dass andere Unternehmen dem Beispiel von GM folgen und die Regeln verändern, indem sie ihre eigenen Kreditkarten-Rabattprogramme einführen. Rabattprogramme sind besonders nützlich für Firmen, die selten gekaufte, hochpreisige Produkte verkaufen. Diese Unternehmen können Kunden nicht mit Sachleistungen belohnen. Banken können keine kostenlosen Darlehen vergeben, aber sie können Zins-Rabatte anbieten. Ähnlich können Immobilienmakler zwar keine Häuser verschenken, sie können aber verringerte Provisionen anbieten. In der Tat können alle Anbieter hochpreisiger Produkte darüber nachdenken, ein Rabattprogramm einzuführen.

---

[21] Sie spart allerdings Marketingkosten und verringert die Abwanderungsquote von Karten mit den damit verbundenen Kosten. Sie kann auch Konsumenten dazu bringen, sich schneller eine Kreditkarte zuzulegen, was den Mehrwert von GM erhöht.

Es gibt eine abschließende ironische Wendung in der Geschichte der GM-Kreditkarte. Es scheint, dass GM es aus den falschen Gründen richtig gemacht hat. In einem Interview erklärte Hank Weed, Geschäftsführer des GM-Kartenprogramms, die Kreditkarte sei dazu entwickelt worden, beim Ausbau von GM-Marktanteilen durch »Eroberung« potenzieller Käufer von Ford- und anderen Autos zu helfen.[22] Wir meinen, dass der Eroberungseffekt bestenfalls sehr klein war. Die GM-Karte musste für den Kundenstamm von GM stets attraktiver sein als für potenzielle Ford-Käufer. Das wurde sogar noch verstärkt, als Ford ein eigenes Kartenprogramm einführte, denn damit hatten voraussichtliche Ford-Käufer praktisch keinen Grund mehr, eine GM-Karte einzusetzen. Wie konnte GM zudem erwarten, dass sein Programm nicht nachgeahmt würde? Nichts an dem Programm war urheberrechtlich geschützt. Der wirkliche Effekt der GM-Karte scheint uns ein ganz anderer gewesen zu sein: die Verbesserung der Preisgebungsdynamik in der Automobilbanche. In dieser Hinsicht war das Programm ein überwältigender Erfolg.

Rabattprogramme

Pro
1. Es gestattet Ihnen, Ihren eigenen Kunden niedrige Preise zu berechnen, ohne an der Stammkundschaft Ihrer Konkurrenten zu rütteln.
2. Es ist ein Treue-Anreiz für Ihre Kunden – sogar für die besonders preisbewussten.

Kontra
1. Kundentreue mit Geld statt mit Sachwerten zu belohnen erhöht Ihren Mehrwert nicht.
2. Rabattprogramme wirken nur schwach für niedrigpreisige Produkte.

---

[22] Telefonisches Interview, 16.12.1994.

6.4. Regeln der Regierung

Die Regierung hat die Macht, viele Spielregeln zu bestimmen. Die Regierung macht Steuergesetze, Patentgesetze, Mindestlohngesetze, Umweltschutzgesetze und viele, viele andere Gesetze. Diese bilden die Rahmenbedingungen der Transaktionen zwischen den Spielern einer Wirtschaft.

Zusätzlich zur direkten Steuerung legt die Regierung die Regeln fest, nach denen andere Spieler Regeln festlegen können – die »Metaregeln«, wenn Sie so wollen. Das ist eine der Rollen der Kartellgesetze, die unter anderem bestimmte Arten von Verträgen für legal und andere für illegal erklären. Soweit wir wissen, steht keine der von uns erörterten Vertragsarten mit den Kartellgesetzen in Konflikt. Aber Gesetze werden verändert, und es gibt unterschiedliche Interpretationen, sodass wir empfehlen, professionelle Rechtsberatung in Anspruch zu nehmen, um besser zu verstehen, welche Verträge Sie verwenden können und welche besser nicht.

Meistbegünstigungsklauseln sind von den Kartellwächtern recht intensiv überprüft worden. Die Federal Trade Commission (FTC) der USA beanstandete die Verwendung von Meistbegünstigungsklauseln durch die Ethyl Corporation und Du Pont beim Verkauf von Benzinzusätzen auf Bleibasis. Der Vorwurf lautete, dass die Verwendung von Meistbegünstigungsklauseln eine sogenannte erleichternde Praxis war, die den Wettbewerb wesentlich einschränke und damit im Widerspruch zu Abschnitt 5 des FTC-Gesetzes stehe.[23]

---

[23] Eine interessante Diskussion des kartellrechtlichen Standpunkts in den USA gegenüber den sogenannten erleichternden Praktiken (besonders gegenüber einigen der von uns erörterten Regeln) findet sich bei Michael Weiner: »Distinguishing the Legitimate from the Unlawful«, *Antitrust*, Sommer 1993, S. 22-25.Vgl. auch die bahnbrechende Arbeit von Professor Steven Salop von der Georgetown University: "Practices That (Credibly) Facilitate Oligopoly Co-ordination" in *New Developments in the Analysis*

In der ersten Verhandlungsrunde entschied die FTC gegen Ethyl und Du Pont. Es war eine kontroverse Entscheidung, wobei der FTC-Vorsitzende James C. Miller III eine abweichende Meinung zum Urteil seiner FTC zu Protokoll gab: »(Dies sind) Praktiken, die die Käufer verlangen ... Die beanstandeten Praktiken ... reduzieren in vertretbarer Weise die Suchkosten der Käufer und erleichtern es ihnen, die preisweiteste unter den Raffinerien zu finden ... Aus diesen Gründen stimme ich nicht zu.«[24]

Der Fall wurde dem Berufungsgericht in New York zur Revision vorgelegt, das die Entscheidung der FTC 1984 verwarf.[25] Die Grundlage der Entscheidung des Berufungsgerichts war, dass die Verwendung der Meistbegünstigungsklausel in einer Zeit begann, als Ethyl der einzige Produzent der Benzinadditive war. Da es zu dieser Zeit keinen Wettbewerb gab, diente die Klausel offensichtlich anderen Zwecken als einer Beschränkung des Wettbewerbs zwischen Produzenten.

Diesen "anderen Zwecken" sind wir in diesem Kapitel schon begegnet. Da Meistbegünstigungsklauseln Macht vom Käufer auf den Verkäufer verlagern, ermöglichten sie Ethyl, mit den Kunden härter zu verhandeln. Das war so, als Ethyl ein Monopol hatte, und es blieb so, nachdem Konkurrenz bei den Benzinadditiven aufgekommen war. Und aus der Perspektive der Käufer sind die Meistbegünstigungsklauseln vorteilhaft, weil sie garantieren, dass den Käufern keine Kostennachteile gegenüber Konkurrenten entstehen.

---

of Market Structure. Herausgegeben von J. Stiglitz und G. Mathewson. MIT Press: Cambridge 1986.

[24] Federal Trade Commission Decisions, 1.1.-30.6.1983, Bd. 101, S. 657 u. 683.

[25] In einem erweiterten Sinn war dies eine reine Grundsatzentscheidung. Die fraglichen Produkte waren Treibstoffzusätze auf Bleibasis, die mit dem Ende des verbleiten Benzins ohnehin zum Aussterben verurteilt waren. Ende 1985 war die Ethyl Corporation nicht mehr in diesem Geschäft tätig, und Du Pont betrieb nur noch ein einziges Werk in New Jersey.

Selbst wenn es diese anderen Gründe zur Verwendung einer Meistbegünstigungsklausel nicht gegeben hätte, hätte die Argumentation der FTC auf schwachen Füßen gestanden. Einerseits sind Sie weniger in Versuchung, Kunden Ihrer Konkurrenten nachzujagen, wenn Ihre Kunden eine Meistbegünstigungsklausel haben. Soweit mag der Wettbewerb vermindert werden. Andererseits kann aber ein Konkurrent Ihnen dann eher einen Kunden mit einem Lockpreis abspenstig machen, denn Sie könnten sich genötigt sehen, den Kunden ziehen zu lassen, weil Sie allen anderen Kunden das gleiche Preiszugeständnis machen müssten. Insofern wird der Wettbewerb sogar intensiviert. Der Nettoeffekt ist nicht eindeutig vorherzusagen.

Die Verwendung einer Meistbegünstigungsklausel ist einfach Teil eines Vertrags zwischen Käufer und Verkäufer, eines von vielen Elementen einer Verhandlung mit vielen Facetten. Während eine Meistbegünstigungsklausel mit einem Käufer den Preis beeinflussen kann, den ein *anderer* Käufer zahlt, beeinflusst eine Konkurrenzklausel mit einem Käufer nur den Preis, den *dieser* Käufer zahlt. Sie können sich eine Konkurrenzklausel als eine Finanz-Option vorstellen: Beim Kauf einer Aktienoption zahlen Investoren heute Geld für das Recht, Aktien morgen zu einem festen Preis zu erwerben. Eine Konkurrenzklausel ist eine Option, die dem Verkäufer das Recht gibt, morgen etwas zu verkaufen, indem er mit dem besten Preis gleichzieht, der dem Käufer geboten wird. Diese Option hat, wie eine Aktienoption, einen direkten Wert und kann sogar noch wertvoller sein, wenn ihre Existenz den Preis von morgen anhebt. In Voraussicht dieser Wirkung kann natürlich ein Käufer, der einer Konkurrenzklausel zustimmt, als Gegenleistung für die Gewährung der Option einen niedrigeren Preis heute erwarten.

Eine Rechtfertigung für die Verwendung einer Konkurrenzklausel kommt von der Gesetzgebung selbst. Das Robinson-Patman-Gesetz verbietet den Unternehmen, Preisdiskriminierung zu betreiben. Nach dem Gesetz sollen Firmen ihre Produkte an alle gewerblichen Kunden zum gleichen Preis verkaufen.[26] Es gibt aber eine wichtige Ausnahme. Eine automatisch gültige Rechtfertigung gegen den Vorwurf der Preisdiskriminierung ist, dass der Preis als Antwort auf ein konkurrierendes Angebot gesenkt worden sei. »Nichts, was hierin enthalten ist, soll einen Verkäufer daran hindern, den so erzeugten Anscheinsbeweis zu widerlegen, indem er zeigt, dass sein niedrigerer Preis ... guten Glaubens verlangt wurde, um mit dem gleich niedrigeren Preis eines Konkurrenten gleichzuziehen ...«[27] Eine Konkurrenzklausel ist ein Mittel, um sich selbst vor der Anklage der Preisdiskriminierung zu schützen.

Unserer Kenntnis nach hat es keine kartellrechtlichen Klagen gegen Mindestabnahmeverträge oder Rabattprogramme gegeben. Was Mindestabnahmeverträge angeht, so bieten die direkten wirtschaftlichen Vorteile für die Lieferanten – bessere Planung und Verhinderung von Produktionsunterbrechungen – durchschlagende Rechtfertigungen für die Verwendung dieser Regel. Auch bei Rabattprogrammen bieten die direkten wirtschaftlichen Vorteile für die Verkäufer eine Rechtfertigung für den Einsatz dieser Regel: der Kreditkartenemittent übernimmt einen Teil der Kosten, und der gemeinsame Postversand verringert die Kosten der Kommunikation mit den Kunden.

Die Antikartellgesetze in den USA können ein wenig wie ein Irrgarten sein. Wie sie angewendet werden, ist eine ganz andere Sache als die Logik, die hinter ihnen steckt. Die FTC scheint in ihrer Tätigkeit immer noch von einem Modell auszugehen, das eher relevant war für ein längst vergangenes Zeitalter rauchender Schornsteine. Sie neigt dazu, alle Praktiken in Zweifel zu ziehen, die den Firmen erlauben, Preise oberhalb der variablen Kosten aufrechtzuerhalten. Diese Haltung wird

---

[26] Unternehmen dürfen zum Beispiel Mengenrabatte nur in dem Umfang gewähren, in dem es für sie billiger ist, Großkunden zu beliefern. Das Gesetz ist verbraucherfeindlich und wurde zum Schutz von Tante-Emma-Läden vor den großen Supermärkten eingerichtet.
[27] Section 2(b) des Clayton Act, 38 Stat. 730 (1914), geändert: 15 USCA. sections 12-27 (1977).

den neuen wirtschaftlichen Bedingungen einer wissensbasierten Wirtschaft aber nicht gerecht.

Pharmazeutika, Software, Flugzeugtriebwerke und andere wissensbasierte Produkte passen nicht in die traditionellen wirtschaftwissenschaftlichen Modelle. Den Herstellern aller dieser Erzeugnisse ist gemeinsam, dass sie im Vergleich zu den variablen Kosten der Produktion immense Vorab-Investitionen für Forschung und Entwicklung aufbringen müssen. Wenn Firmen nicht dafür sorgen dürfen, dass die Preise über den variablen Kosten bleiben, können sie ihre Investitionen nicht zurückverdienen. Regeln sind eine Strategie, die Unternehmen dazu verwenden können, um die Preise über den variablen Kosten zu halten und damit ihre Vorabinvestitionen wieder hereinzubringen. Wir sind nicht davon überzeugt, dass die gegenwärtige US-Antikartellgesetzgebung diese Perspektive richtig einschätzt.

6.5. Die Regeln ändern

So wie die Rollenbesetzung der Spieler und die Mehrwerte der Spieler wichtige Elemente eines Spiels sind, sind es auch die Regeln. Sowohl die Bedeutung der Regeln als auch die Möglichkeiten zu ihrer Änderung werden oft unterschätzt.

Zu oft wird einfach naiv angenommen, »Regeln sind Regeln.« Sie werden dann behandelt, als wären sie in Stein gemeißelt, dabei ist ziemlich wenig dahinter. Herb Cohen, ein Meister im Verhandeln und Autor von *You Can Negotiate Anything*, erzählt, wie er eines Tages am Empfang seines Hotels kurz vor der Auscheckzeit von 13 Uhr auf eine lange Schlange stieß. Statt sich anzustellen, rief er an und ließ sich seine Auscheckzeit auf 14 Uhr verlängern. Dann ging er weg und trank gemütlich einen Kaffee. Als er zurückkam, war die Schlange verschwunden. Cohen will mit dieser Geschichte zeigen, dass man nicht einfach blind Regeln folgen soll.

Die Freiheit, Regeln zu verändern, ist ein zweischneidiges Schwert. Folgen Sie nicht blind den Regeln anderer Leute, aber rechnen Sie auch nicht damit, dass andere blind *Ihren* Regeln folgen. So wie Sie Regeln ändern oder neue einführen können, können das die Anderen auch.

> **Regeln lassen sich ändern.**
> Aber denken Sie daran: Auch Andere können die Regeln ändern; setzen Sie nicht voraus, dass Ihre Regeln gelten werden.

Das ist ein guter Grund dafür, es mit den Regeln nicht zu weit zu treiben. Wenn Sie zum Beispiel denken, eine Konkurrenzklausel gebe Ihnen die Freiheit, die Preise ständig zu erhöhen, denken Sie besser noch einmal nach. Wenn ein Konkurrent mit einem niedrigeren Preis an einen Ihrer Kunden herantritt, ist Ihr Kunde zwar vertraglich verpflichtet, Ihnen die Gelegenheit zu geben, mit diesem Preis gleichzuziehen. Wenn Ihre Preise aber so hoch waren, dass der Konkurrent Sie deutlich unterbieten konnte, wird Ihr Kunde sehr wahrscheinlich ein ziemlich ärgerlicher Kunde sein. Er wird merken, wieviel er die ganze Zeit zuviel bezahlt hat. Als Folge könnte er entscheiden, sich nicht mehr an die Regeln zu halten und vertragswidrig zum Konkurrenten gehen, ohne Ihnen die Chance zu geben, mit dem Angebot gleichzuziehen. Oder er gibt Ihnen die Chance, wechselt aber dennoch. Was wollen Sie dagegen tun? Sie können den Kunden verklagen, aber das ist meist eine schlechte Idee, und es ist sicher keine gute Werbung für Sie, wenn bekannt wird, wie es überhaupt erst zu der Situation kam.

Ein weiterer Grund dafür, dass Ihre Spielregel gekippt wird, könnte sein, dass Sie Macht einbüßen oder jemand anders Macht gewinnt. Bevor Nintendo auf der Bühne erschien, war es die Regel im Spielwarengeschäft, dass die Einzelhändler ihre Aufträge im Januar oder Februar erteilten, die Produkte im Sommer erhielten und dann bis zum Dezember mit der Bezahlung warteten. Nintendo änderte diese Regel. Das Unternehmen verlangte von den Einzelhändlern Aufträge, Warenabnahme und Bezahlung in rascher Folge. Fs konnte die Regeln neu bestimmen, weil es, wie wir im Kapitel über Mehrwerte gesehen haben, einen großen Mehrwert hatte.

Die Regeln ändern

Maurice Saatchi wurde 1994 aus der Geschäftsführung der Werbeagentur Saatchi & Saatchi gedrängt, die er mit seinem Bruder zusammen gegründet hatte. Er reagierte darauf mit der Gründung seiner eigenen neuen Werbeagentur, M&C Saatchi. Er nahm einige Mitarbeiter von Saatchi & Saatchi, die für den Kunden British Airways gearbeitet hatten, mit in die neue Firma. British Airways musste sich entscheiden, ob sie bei der alten Firma bleiben wollten, die sich inzwischen Cordiant nannte, oder zu M&C Saatchi wechselte.

Cordiant sah sich nun einem neuen Konkurrenten gegenüber und hatte, was noch schlimmer war, einige seiner besten Mitarbeiter an diesen neuen Konkurrenten verloren. Doch Cordiant hatte eine Regel, die Schutz zu gewähren schien. Da die zu M&C Saatchi gewechselten Mitarbeiter eine Wettbewerberbsausschlussklausel in ihren Arbeitsverträgen hatten, konnten sie nichts unternehmen, um das Geschäft mit British Airways von Cordiant wegzunehmen.

Bei der Verhandlung mit British Airways konnte Maurice Saatchi also keinen dieser Mitarbeiter mitnehmen. Statt dessen setzte er lebensgroße, farbig gedruckte Pappfiguren seiner ausgeschlossenen Kollegen rund um den Tisch und erklärte den Vertretern von British Airways, dass er diese Leute brauchen würde, um die beste Arbeit für British Airways zu leisten. Er schlug vor, dass British Airways Druck auf Cordiant ausüben solle, die Wettbewerbsklausel aufzuheben.

Cordiant geriet in eine Position, in der die Agentur nicht gewinnen konnte. Nein zu sagen würde British Airways nicht gerade erfreuen. Und British Airways war Kunde von Cordiant, und dazu noch einer von Jumbogröße. Die Bitte eines Kunden auszuschlagen ist nicht gerade ein Rezept dafür, das Geschäft mit ihm zu behalten. Ja zu sagen würde aber die neue Agentur Saatchi zu einem mächtigeren Mitbewerber um das Geschäft mit British Airways machen. So oder so war das Geschäft in Gefahr.

In diesem Spiel hatte British Airways die eigentliche Machtposition. Maurice Saatchi setzte den Hebel dieser Stärke an und bewirkte die Regeländerung. Er erreichte die Freigabe seiner Mitarbeiter zur Arbeit für British Airways. Und er bekam den Werbeetat der Fluggesellschaft.

Selbst wenn eine Regel fest etabliert erscheint, müssen Sie stets daran denken, dass sie neu verhandelt werden könnte. Wenn Sie eine Regel nicht unter Kontrolle haben, ist es riskant, Ihre Strategie darauf aufzubauen.

Auf dem Markt gilt: Wer die Macht hat, macht die Regeln. Ein Straight Flush, eine Straße in einer Farbe, ist beim Poker fast unschlagbar. Doch wie hieß es im Wilden Westen: »Eine Smith & Wesson schlägt jeden Straight Flush.«

7. Taktiken

> Wahrnehmung ist Realität. *Bischof Berkeley*

Spiele im Geschäftsleben werden im Nebel gespielt – vielleicht nicht in von Clauscwitz' Nebel des Krieges, aber doch in einem Nebel. Deshalb sind Spielwahrnehmungen ein Grundelement eines jeden Spiels.

Ob sie nun richtig sind oder nicht, es sind die Wahrnehmungen der Welt, die das Verhalten bestimmen. Mike Marn, Management-Berater bei McKinsey, erinnert sich an ein schlagendes Beispiel: »Einmal brach ein Preiskrieg unter den Herstellern industrieller Elektroprodukte aus, als eine Fachzeitschrift versehentlich das gesamte Marktvolumen um 15 Prozent überhöhte. Die vier Hauptproduzenten dachten alle, sie hätten Marktanteile verloren und senkten die Preise, um zurückzuerobern, was sie in Wirklichkeit nie verloren hatten.«[1]

Die Wahrnehmungen der Konkurrenten zu steuern und zu beeinflussen, ist ein wesentlicher Teil aller Geschäftsstrategien. Ein Beispiel dafür ist das Vorgehen von Rupert Murdochs *New York Post,* mit dem sie auf raffinierte Weise einen Preiskrieg mit dem Konkurrenten *Daily News* abwandte, indem die Zeitung die Wahrnehmung schuf, eben

---

[1] *Fortune*, 13.6.1994, S. 38. Vgl. auch R. Garda und M. Marn: »Price Wars« in *McKinsey Quarterly*, Nr. 3, 1993, S. 87-100.

diesen Preiskrieg vorzubereiten. Wir werden in Kürze sehen, wie das genau vor sich ging.

Manchmal sind es Kunden oder Lieferanten, nicht Konkurrenten, die überzeugt werden müssen. Wie kann Federal Express Kunden von seiner Zuverlässigkeit restlos überzeugen? Wie kann ein Bewerber auf einen Arbeitsplatz den Arbeitgeber davon überzeugen, dass es kein Fehler sein wird, ihm eine Chance zu geben? Wie kann ein Autor einen Verleger davon überzeugen, dass er ein großartiges Buch schreiben wird – und es auch noch rechtzeitig abliefern wird?[2] Die Notwendigkeit zu überzeugen besteht auf beiden Seiten. Wie kann ein Arbeitgeber den Kandidaten davon überzeugen, dass er ihm wertvolle Fortbildung und Erfahrungen bieten wird? Wie kann ein Verleger den Autor davon überzeugen, dass er das Buch erfolgreich vermarkten wird? Das sind einige der Fragen, die wir in diesem Kapitel beantworten werden.

Wahrnehmungen spielen eine zentrale Rolle in Verhandlungen. Käufer und Verkäufer haben unterschiedliche Ansichten über den Kuchen: Verkäufer stellen das, was sie anzubieten haben, als wertvoll dar, während Käufer skeptisch bleiben. Vielleicht sind das ehrliche Einschätzungen, vielleicht sind es aber auch Verhandlungstaktiken. Wie können Käufer und Verkäufer zu einer Übereinkunft kommen? Was sollten sie einander sagen? Was sollten sie einander nicht sagen? Sollten sie versuchen, Unterschiede in den Auffassungen zu beseitigen, bevor sie versuchen, eine Einigung zu erzielen? Wir beantworten auch diese Fragen und schlagen einige neue Verhandlungsmethoden vor.

---

[2] Es könnte sogar unmöglich sein, einen Verlag davon zu überzeugen, dass er das Manuskript pünktlich bekommt. Das liegt daran, dass Autoren fast unweigerlich unterschätzen, wie lange es dauert, ein Buch zu schreiben. Wenn sie den Zeitbedarf realistisch sähen, würden sie nie zusagen, es zu schreiben. (Während wir dies schreiben, ist unser Buch einen Monat überfällig. Eigentlich zwei Monate, aber wer zählt schon?)

Die Vorherrschaft der Wahrnehmungen ist allgemeingültig. Alles ist Wahrnehmungssache, sogar Wahrnehmungen selbst. Um die Breite des Themas widerzuspiegeln, gibt dieses Kapitel Beispiele aus den verschiedensten Lebensbereichen – geschäftlichen, persönlichen und alltäglichen.

Ändern Sie die Wahrnehmungen der Spieler, und Sie ändern das Spiel. Die Wahrnehmungen zu ändern ist die Aufgabe der Taktik. Mit Taktiken meinen wir Handlungen, die Spieler ausführen, um bewusst die Wahrnehmungen anderer Spieler zu beeinflussen. Einige Taktiken sind darauf ausgelegt, den Nebel zu beseitigen, andere dazu, den Nebel zu erhalten, und wieder andere dazu, neuen Nebel zu bilden.

7.1 Den Nebel beseitigen

Manche sagen, die Welt sei wie ein Dschungel – oder ein Zoo. Wie dem auch sei, wir können den einen oder anderen Trick von den Tieren lernen. Deshalb beginnen wir mit einem Beispiel aus der Welt der Tiere, bevor wir uns der Geschäftswelt zuwenden.

Das Pfauenrad. Eines der Rätsel der Evolution ist, warum die Männchen mancher Vogelarten wie der Paradiesvögel oder der Pfauen mit so übertriebenen Schwanzfedern ausgestattet sind. Wenn es um das *survival of the fittest,* dem Überleben der Tüchtigsten, gehen soll, dann scheinen übertrieben lange Schwanzfedern wenig hilfreich zu sein. Auf den ersten Blick scheinen die Schwänze eine große Last zu sein, denn sie sind schwer, verfangen sich in Büschen und locken Raubtiere an. Doch Charles Darwin hatte eine Erklärung für diese Extravaganzen. Richard Dawkins, Biologie-Professor an der Universität Oxford und Autor des Buches *Das egoistische Gen,* gibt die Erklärung Darwins wie folgt wieder: "Die Pfauenhennen folgten einer einfachen Regel: Sieh dir alle Pfauenhähne an und entscheide dich für den mit dem längsten Schwanz. Jede Henne, die von dieser Regel abwich, wurde bestraft, *obwohl* die Schwänze schon so lang geworden waren, dass sie die Hähne, die sie besaßen, tatsächlich behinderten. Das lag daran, dass eine Henne, die keine Söhne mit langen Schwänzen hervorbrachte, wenig Chancen hatte, dass einer ihrer Söhne als attraktiv angesehen würde. Wie eine Mode bei Damenkleidern oder beim US-Autodesign kam der Trend zu längeren Schwänzen in Schwung und entwickelte seine eigene Triebkraft."[3]

Wenn es um den Schwanz eines Pfaus geht, ist also nicht nur das schön, was gefällt. Vielmehr ist das schön, was eine Pfauenhenne als schön aus Sicht der anderen Pfauenhennen wahrnimmt. Attraktivität ist eine sich selbst erfüllende Wahrnehmung. Wenn die anderen Pfauenhennen lange Schwänze als attraktiv auffassen, hat sozusagen keine Henne eine andere Wahl, als zu Pfauenhähnen mit langen Schwänzen hingezogen zu werden. Auf diese Weise werden ihre männlichen Nachkommen attraktiv für die nächste Generation von Pfauhennen. Wahrnehmung ist alles.

Die Essenz der Erklärung Darwins ist, dass eine einmal geschaffene Mode sich selbst erhält. Für Darwin ist es zufällig, dass der Schwanz des Pfaus so übertrieben geworden ist. Doch Zoologieprofessor Amotz Zahavi von der Universität Tel Aviv hat eine Erklärung dafür, warum lange Schwänze die Mode sind: Sie demonstrieren glaubwürdig überlegene Stärke. Ein Pfau mit einem langen Schwanz sagt Pfauenhennen ohne jede Unsicherheit, dass er ein Pfauenhahn in bester körperlicher Verfassung ist. Dawkins beschreibt die Auffassung von Zahavi: "(Zahavi) sagt, dass die Schwänze von Paradiesvögeln und Pfauen ..., die stets paradox erschienen, weil sie ihre Besitzer zu behindern scheinen, sich genau deshalb entwickeln, *weil* sie Behinderungen sind. Ein männlicher Vogel mit einem langen und beschwerlichen Schwanz zeigt den weiblichen Vögeln, dass er ein so starker Muskelprotz ist, dass er *trotz* seines Schwanzes überleben kann.[4]

---

[3] Richard Dawkins: *The Selfish Gene*, S. 171 (Oxford University Press, New York 1976). Deutsch: Das egoistische Gen, Spektrum Akademischer Verlag.

[4] Ebd., S. 172.

Der Schwanz ist die Art des Pfaus, nicht nur zu sprechen, sondern zu handeln. Ein starker Pfau kann es sich eher leisten, mit dem großen Schwanz Raubtiere anzulocken. Er ist auch besser in der Lage, das Futter zu sammeln, das er für die Extrakalorien zum Herumtragen seines langen Schwanzes braucht.

Der Schwanz eines Pfaus ist ein sichtbares Merkmal, das starke Pfauen von prahlenden Angebern unterscheidet. Indem sie beweisen, dass sie diejenigen sind, die die Erwartungen auch wirklich erfüllen können, üben sie auch eine hohe Anziehungskraft auf Hennen aus.

Die Glaubwürdigkeitsprüfung bestehen

Im Geschäftsleben entsprechen dem Pfauenschwanz die teuren Werbeauftritte, die die Wahrnehmungen der Anderen darüber beeinflussen sollen, was Sie sind oder was Sie voraussichtlich tun werden. Rupert Murdoch, Verleger der *New York Post*, weiß besser als jeder andere, wie man gute Auftritte bewerkstelligt.

Papiertiger. Im Sommer 1994 halbierte Murdochs *New York Post* den Endverkaufspreis im Stadtteil Staten Island bei einem Markttest von 50 auf 25 Cent. Der Versuch erwies sich als sehr erfolgreich. Der Hauptkonkurrent *Daily News* reagierte darauf mit der Erhöhung seines Preises von 40 auf 50 Cent, was unter diesen Umständen außerordentlich merkwürdig erschien. Wie die *New York Times* kommentierte, schien die *Daily News* die *New York Post* geradezu herauszufordern, ihre Preissenkung auf das gesamte Stadtgebiet New Yorks auszudehnen.[5]

Was vor sich ging, war aber mehr, als die *New York Times* erkannte. Vor der Preissenkung auf 25 Cent hatte die *New York Post* ihren Preis im gesamten Stadtgebiet von 40 auf 50 Cent erhöht. Die *Daily News*

---

5 *New York Times*, 4. 7. 1994, S. 39.

Taktiken

war opportunistisch bei 40 Cent geblieben. Dadurch verlor die *New York Post* Abonnenten und mit der sinkenden Auflage auch Anzeigenkunden. Während es für die *Post* so nicht weitergehen konnte, sah die *News* keinerlei Problem, oder tat zumindest so. Ein bequemer Nebel. Bei der *News* schien man zu denken, dass die *Post* es bei der Preisdifferenz von zehn Cent belassen würde – dass es ihr an Entschlossenheit fehlen würde, dem opportunistischen Verhalten der *News* zu begegnen.

Die *Post* brauchte eine Demonstration der Stärke, die der *News* zeigen würde, dass sie die finanzielle Stärke besaß, um, wenn nötig, als Revanche einen Preiskrieg zu führen. Die glaubwürdigste Demonstration wäre gewesen, tatsächlich einen Preiskrieg zu beginnen, aber das wäre selbstzerstörerisch gewesen. Das Ziel war daher, die News zu überzeugen, ohne die Kosten eines ausgewachsenen Krieges zu verursachen.

Was also tat die *New York Post*? Sie demonstrierte Stärke, indem sie nur auf Staten Island den Preis auf 25 Cent senkte. Der Absatz stieg an, und die *News* entdeckte, dass ihre Leser bereit waren, die Zeitung zu wechseln, um 15 Cent zu sparen. Es wurde klar, dass eine Ausweitung der Preissenkung der *Post* auf ganz New York verheerende Konsequenzen für die *News* haben würde.

Es wurde auch klar, dass die *Post* die Entschlossenheit besaß, genau das zu tun. Die *Post* konnte ganz offensichtlich auch den begrenzten Verlust verkraften, den ihr die Preishalbierung auf Staten Island trotz der dortigen Absatzsteigerung brachte. Aber die Demonstration auf Staten Island zeigte mehr. Es gibt stets das Risiko, dass eine Preissenkung, selbst eine regional begrenzte, unabsichtlich eine Serie von gegenseitigen Vergeltungsreaktionen auslöst, die zu einem ausgewachsenen Preiskrieg führt. Die Demonstration der *Post* auf Staten Island zeigte, dass die Zeitung willens und fähig war, dieses Risiko einzugehen. Die *Post* spielte ein "Brinkmanship-Spiel", ein Spiel mit dem Feuer. Sie zeigte den Mut zum Kampf.

Wenn sie noch irgendeinen verbliebenen Zweifel an der Entschlossenheit der *Post* hatte, brauchte die *News* nur nach London zu blicken, wo sich gerade so ein gegenseitiges In-die-Knie-zwingen zwischen Murdochs *Times* und Conrad Blacks *Daily Telegraph* ereignet hatte. Im September 1993 hatte die *Times* ihren Preis von 45 auf 30 Pence gesenkt und den *Telegraph* dazu gezwungen, sich diesem Schritt anzuschließen. Die Gewinne des *Daily Telegraph* stürzten ab.[6]

Die Preissenkung der *Post* auf Staten Island war kein Bluff. Der Nebel in New York lüftete sich, und die *News* sah klar. Deshalb erhöhte sie ihren Preis von 40 auf 50 Cent.

Nur die *New York Times* blieb im Nebel. Murdoch hatte nie eine Preissenkung auf 25 Cent in ganz New York beabsichtigt. Er hätte niemals erwartet, dass die *News* bei ihrem Preis von 40 Cent geblieben wäre, wenn er überall auf 25 Cent heruntergegangen wäre. Der Testlauf auf Staten Island war einfach eine Taktik, die *News* zur Preiserhöhung zu bewegen. Bei gleichem Preis würde die *Post* keine Abonnenten mehr verlieren, und beide Zeitungen würden höhere Gewinne erzielen als bei einem Preis von 25 oder 40 Cent. Die *Post* tat den ersten Schritt mit ihrer Preiserhöhung auf 50 Cent, und als die News versuchte, habgierig zu sein und bei 40 Cent zu bleiben, ließ Murdoch ihr ein Licht aufgehen. Mit ihrer Preiserhöhung wollte die *Daily News* Murdoch keineswegs herausfordern, sondern sie bewahrte sich (und Murdoch) vor einem Preiskrieg.

Die Lektion dieser Geschichte lautet, dass Glaubwürdigkeit nicht umsonst zu haben ist. Sie müssen Ihr Geld in das stecken, wovon Sie reden, den Worten Handlungen folgen lassen. Murdoch gab Geld dafür aus, auf Staten Island zu zeigen, worum es ging und wozu er bereit war, und er riskierte noch mehr Geld, denn es gab die Gefahr der Eskalation. Er zeigte, dass er es ernst meinte.

Die gleiche Logik gilt, wenn Sie Kunden und Lieferanten davon überzeugen wollen, dass Sie wirklich das sind, was Sie von sich behaupten. Die Taktik besteht darin, eine Show zu machen, die nur dann einen Sinn ergibt, wenn Sie wirklich den schwarzen Gürtel haben; eine Show, die kein Schauspieler an Ihrer Stelle spielen könnte oder

---

[6] *Financial Times*, 23.8.1995.

wollte. Das ist der Grund, weshalb diese Show eine Bedeutung hat, und deshalb gelingt es ihr, Wahrnehmungen zu ändern.

Ein Orden an Ihrer Brust. So wie Pfauenhähne und Pfauenhennen sich in Paarungsritualen ergehen, tun es auch angehende Arbeitgeber und Arbeitnehmer. Nur dass hierbei das Ritual aus Bewerbungsmappen, Einstellungsgesprächen, Rückrufen, Referenzen und dergleichen besteht. Die Arbeitgeber versuchen, die Fähigkeiten eines Kandidaten auszuloten, und die Kandidaten versuchen, die Arbeitgeber von ihren Fähigkeiten zu überzeugen.

Wenn Sie sich bewerben, sind gute Schul- und Hochschulzeugnisse hübsche Orden auf Ihrer Brust. Denn sie zeigen, dass Sie in Schule und Hochschule viel gelernt haben und damit für die Stelle gut geeignet sind. Aber das ist nur eine Sichtweise. Es gibt eine zynischere Interpretation von Ausbildung: All die bescheinigten Qualifikationen sind weniger ein Orden auf der Brust, für den man etwas geleistet hat, sondern vielmehr der Schwanz eines Pfaus.

Akademische Titel helfen Arbeitgebern, durch den Nebel zu sehen, indem sie ihnen helfen zu beurteilen, wie fähig Sie wirklich sind. Sie sind aber nicht deswegen fähig, *weil* Sie ausgebildet sind. Was Sie an der Universität tatsächlich gelernt haben, ist am wenigsten entscheidend. Wichtiger ist, dass es an der Universität nicht leicht war; Sie hatten abstruse akademische Aufgaben zu bewältigen. Durch die Universitätsausbildung durchzukommen, ist eine Show Ihrer intellektuellen Stärke.

Diese Auffassung von Ausbildung geht auf Michael Spence zurück, der Dekan der Stanford Graduate School of Business war. Sie könnten daraus schließen, dass es diese Managementschule den Studenten nicht gerade leicht macht. Und so ist es auch. *Snapshots from Hell* (Bilder aus der Hölle) ist der Titel des Buches, das Peter Robinson,

Absolvent der Stanford Graduate School of Business, über seine Erfahrungen im ersten Jahr seines MBA-Studiums schrieb.[7]

Das Stanford-Studium ist auch nicht gerade billig. Die Studiengebühren belaufen sich auf über 20.000 Dollar im Jahr, und der Verdienstausfall ist sogar noch größer. Diese hohen Kosten der Business School senden ein weiteres überzeugendes Signal an künftige Arbeitgeber: Viele *sagen*, dass sie entschlossen sind, Karriere zu machen, aber eine Business School zu besuchen, ist ein Weg, dies auch zu beweisen. Die Investition lohnt sich nur, wenn Sie entschlossen sind, sie zurückzuverdienen.

Zeit und Geld zum Erwerb eines akademischen Grades aufzuwenden ist ein Weg, ein Signal an potenzielle Arbeitgeber zu senden. Die Art der Vergütung, die Sie zu akzeptieren bereit sind, ist ein anderer Weg. In der Schlussphase eines Einstellungsgesprächs für eine Stelle in einer amerikanischen Investmentbank wird der Kandidat gewöhnlich gefragt, wieviel von seinem Gehalt er garantiert und wieviel er leistungsbezogen haben möchte. Wer sich für ein hohes Grundgehalt gegenüber möglichen höheren Bonuszahlungen ausspricht, sendet ein negatives Signal. Bestenfalls ist der Kandidat risikoscheu, im schlechteren Fall hat er wenig Vertrauen in seine eigenen Fähigkeiten. Beides ist vom Standpunkt der Investmentbank aus ein Minuspunkt.

Der Kandidat, der eine Kombination aus niedrigem Grundgehalt und hohem Bonus wählt, zeigt, dass er bereit ist, Geld auf sich selbst zu setzen. Er signalisiert, dass er auf seine Fähigkeit vertraut, für die Investmentbank Geld zu verdienen und dadurch auch selbst mehr Geld verdienen zu können. Das will die Bank hören.

Es gibt einen weiteren Grund dafür, dass die stärker bonusabhängige Bezahlung für die Bank attraktiver ist. Sie verringert das finanzielle Risiko der Einstellung, unabhängig von den Fähigkeiten des Bewer-

---

7 Peter Robinson: *Snapshots from Hell: The Making of an MBA* (Warner Books, New York 1994).

bers. Wenn der Angestellte nicht das leistet, was von ihm erwartet wurde, muss die Investmentbank nur das Grundgehalt zahlen, nicht mehr. Und wenn er einen riesigen Bonus verdient – umso besser, denn das bedeutet, dass er eine Menge Geld für die Bank verdient hat. Und der Bonus ist ein gutes Mittel, um einen leistungsstarken Mitarbeiter zu belohnen und zu halten.

Natürlich scheuten wir uns nicht, unsere Theorien an uns selbst zu erproben und dachten deshalb an diese Analyse der Entlohnungsstrukturen, als wir nach einem Verlag für dieses Buch suchten. Sollten wir uns auf den Vorschuss konzentrieren oder versuchen, eine großzügigere Beteiligung am Umsatz zu erreichen? Der Vorschuss an den Autor ist eine garantierte Bezahlung für ein Manuskript, wogegen die Umsatzbeteiligung der erfolgsabhängige Bonus ist. Die Umsatzbeteiligung liegt meist bei 15 Prozent vom Umsatz, wodurch es in den Verhandlungen zwischen Autor und Verlag meist nur um die Höhe des Vorschusses geht.[8]

Wir dachten, es konnte eine gute Idee sein, es etwas anders zu machen. Wir könnten auf einen Vorschuss ganz verzichten und dafür eine höhere als die übliche Umsatzbeteiligung verlangen. Das würde ein Signal an die Verlage sein, dass wir uns des Potentials dieses Buches sehr sicher sind. Für uns wäre es gleichzeitig eine Gelegenheit, höhere Verdienste aus diesem Buch zu bekommen, als mit Vorschuss und 15 Prozent zu erreichen sind. Durch Übernahme eines größeren Anteils am Risiko würden wir weniger verdienen, wenn das Buch ein Misserfolg würde, aber mehr, wenn es in Erfolg wird.

Es gab aber noch eine andere Überlegung. So wichtig es war, unsere Zuversicht und unseren Optimismus an den Verlag zu kommunizieren, so wichtig war es, dass der Verlag uns sein Engagement für das Buch kommuniziert. Wir mussten wissen, wie stark der Verlag wirk-

---

[8] Die Standardbeteiligung am Umsatz beträgt 10 Prozent an den ersten 5.000 verkauften Exemplaren, 12,5 Prozent an den nächsten 5.000 und 15 Prozent an allen weiteren verkauften Exemplaren.

lich vorhatte, sich bei der Ausstattung und dem Marketing für das Buch einzusetzen.

Die Vereinbarung, nur eine Umsatzbeteiligung zu zahlen, nimmt dem Verlag einen guten Teil des Risikos ab. Stimmt er so einem Vertrag zu, so sagt er wenig über sein eigenes Engagement. Dagegen demonstriert ein Verlag, der einen hohen Vorschuss zahlt, Vertrauen in das Buch. Und wenn es um den Verkauf eines Buches geht, kann Vertrauen eine sich selbst erfüllende Prophezeiung sein.

Ein Vorschuss zeigt nicht nur das Vertrauen des Verlags, er verändert auch die Anreize für den Verlag. Wenn der Verlag einem Autor eine Vergütung von 30 Prozent vom Umsatz gewährt, aber keinen Vorschuss, wird der Anreiz zur Vermarktung des Buches um 30 Prozent verwässert. Selbst die Standardvergütung von 15 Prozent vermindert den Anreiz des Verlags. Wenn er aber einen Vorschuss zahlt, behält er 100 Prozent der Einnahmen, bis der Vorschuss verdient ist. So hat der Verlag den richtigen Anreiz, in die Vermarktung des Buches zu investieren.

Es gibt noch einen weiteren Grund, warum ein hoher Vorschuss für Autoren gut ist. Bei einer reinen Umsatzbeteiligung des Autors hat hängt an dem Projekt wenig persönliche Glaubwürdigkeit des verantwortlichen Lektors. Wenn er dagegen einen hohen Vorschuss gezahlt hat, um die Rechte eines Buchs zu erwerben, dann liegt es in seinem eigenen Interesse, dafür zu sorgen, dass der Verlag das Buch aggressiv vermarktet. Dann sind die Erfolgsaussichten des Buches größer, und der Lektor muss weniger befürchten, dass sein Urteil in Zweifel gezogen wird. Ein hoher Vorschuss ist letztlich eine Verpflichtung des Verlags gegenüber dem Autor, dass ein Erfolg des Buches nicht aus Mangel an verlegerischem Bemühen ausbleiben wird. Deshalb entschieden wir uns als Autoren schließlich doch für eine Konzentration auf den Vorschuss.

Ähnliche Erwägungen ergeben sich bei Gehaltsverhandlungen zwischen Bewerbern und Arbeitgebern. Wenn ein Bewerber einem hohen Bonusanteil an seiner Bezahlung zustimmt, mag er damit sein Selbstvertrauen demonstrieren, aber dafür geht der einstellende Manager auch kein großes Risiko ein. Wenn sich der Manager dagegen auf ein hohes Grundgehalt einlässt, demonstriert er damit sein wirkliches Engagement. Da sein Urteil nun verstärkt auf dem Prüfstand steht, hat der Einsteller ein Interesse daran, dass mit dem neuen Mitarbeiter alles gut geht. Weil dessen Erfolg oder Misserfolg auf ihn zurückfällt, wird er dabei behilflich sein, dass der Neuling die erforderlichen Erfahrungen gewinnt und Gelegenheiten zur Bewährung erhält, er wird ihm später eventuell sogar zur Beförderung verhelfen. Der Einsteller wird zum Schutzengel des Eingestellten.[9]

Die Erkenntnis aus diesen Überlegungen ist, dass auf sich selbst zu wetten ein sichtbares Zeichen für Ihr Selbstvertrauen ist. Wenn Sie also können, was verlangt wird, wetten Sie auf sich mit echtem Geld.

Federal Express muss zahlen. Federal Express macht nicht viele Fehler. Der private Zustelldienst beliefert seinem Versprechen gemäß »Die Welt pünktlich«. Fast immer.

In den seltenen Fällen, in denen FedEx eine Sendung nicht wie versprochen zustellt, zahlt es seinen Kunden die entrichteten Gebühren zurück. Diese Garantie ist aber nicht viel wert, wenn man die Gründe bedenkt, aus denen Sendungen per FedEx verschickt werden. Oft entschädigt die Rückzahlung nicht im entferntesten für die Folgen einer verspäteten Zustellung. Eine echte Garantie wäre es, wenn FedEx bereit wäre, einige hundert Dollar zu zahlen, wenn eine Sendung nicht rechtzeitig ankommt.[10]

---

[9] Deshalb will niemand gern von einem Ausschuss eingestellt werden.. Wenn kein Einzelner für eine Einstellung verantwortlich ist, ist es für die neue Kraft schwer, einen Schutzengel zu finden.

[10] Das lässt die Frage offen, wem die Entschädigung zu zahlen wäre, dem Absender oder dem Empfänger. Manchmal verursacht die Unpünktlichkeit einer Sendung dem Empfänger besonders große Kosten, manchmal dem Absender. Nun könnte die Notwendigkeit, sich zu einigen, den Ärger bei

Fast immer stellt FedEx Pakete in den versprochenen Fristen zu, die Kosten einer großzügigeren Garantie wären also gering. Die wirklichen Kosten entstehen FedEx dadurch, dass es keine großzügige Garantie gibt. Es ist eine verpasste Gelegenheit, die Überlegenheit der FedEx-Dienste gegenüber dem Eilzustelldienst der amerikanischen Post zu beweisen.

Wir können dazu einmal eine aufschlussreiche Berechnung anstellen. Nehmen wir an, die Post schafft die pünktliche Expresszustellung bei 99 Prozent der Sendungen, während FedEx eine Erfolgsquote von 99,9 Prozent hat. So ausgedrückt, erscheint der Leistungsunterschied nicht so groß, weniger als ein Prozent. Drehen Sie es aber um und sehen Sie sich die Misserfolge statt der Erfolge an. Eine Erfolgsquote von 99 Prozent ist eine Misserfolgsquote von einem Prozent, während eine Erfolgsquote von 99,9 Prozent nur eine Misserfolgsquote von 0,1 Prozent bedeutet. FedEx ist zehn mal so gut wie die Post bei der Vermeidung von Zustellfehlern.

Wenn FedEx eine Zahlung von 200 Dollar bei verspäteter Zustellung bieten würde, kostete das durchschnittlich 20 Cent pro Sendung – die 200 Dollar multipliziert mit 0,001. Die Post würde die gleiche Garantie das Zehnfache kosten, zwei Dollar pro Sendung. Zur Zeit berechnet FedEx 13 Dollar für die Zustellung innerhalb von 24 Stunden, die Post 10,75 Dollar. Würde FedEx die 200-Dollar-Garantie bieten, so könnte es sich die Post nicht leisten, das gleiche zu tun. Sie könnte die zwei Dollar Mehrkosten vermutlich nicht verkraften. Würde sie aber versuchen, die Extrakosten auf die Kunden abzuwälzen, so würde die Portoerhöhung den Preisvorteil gegenüber FedEx auf 25 Cent schrumpfen lassen – und der Preisvorsprung ist der einzige Vorteil, den die Post zu bieten hat.

Was ist die richtige Höhe für die Garantie? Sollte FedEx es bei 200 Dollar belassen? Eine Sorge ist, dass bei einer zu hohen Garantiesumme einige Leute Sabotage verüben könnten, weil sie lieber das

---

einer solchen Panne noch vergrößern. Warum also nicht einfach jeder der beiden Parteien je 100 Dollar zahlen?

Garantiegeld als die Sendung haben wollen. Es ist sogar vorstellbar, dass FedEx-Fahrer dem Risiko der Körperverletzung ausgesetzt würden. Daher sollte FedEx die Garantiesumme hoch genug festsetzen, um Aufmerksamkeit zu erzielen und ein ehrliches Bemühen glaubhaft zu machen, Betroffene für Unpünktlichkeit zu entschädigen, aber nicht so hoch, dass Begehrlichkeit nach unpünktlicher Zustellung geweckt wird.

Wenn Sie erstklassigen Service bieten, sollten Sie auch eine erstklassige Garantie dafür geben. Denn das ist eine Möglichkeit, die dem Kunden die Spitzenqualität Ihrer Leistungen glaubhaft kommuniziert. Da es Konkurrenten mit schlechterem Service schwerfällt, mit Ihrer Garantie gleichzuziehen, hilft Ihnen diese Vorgehensweise dabei, sich sichtbar von der Konkurrenz abzusetzen. Ohne diese Garantie lassen Sie sich eine Chance entgehen, den Kunden zu zeigen, wieviel besser Ihr Service wirklich ist.

Garantien haben eine Reihe weiterer Vorteile.[11] Sie sind ein wirksames Mittel, Ihre Firma auf erstklassigen Service festzulegen. Mit der Garantie müssen Sie Ihre Zusagen einhalten oder zahlen. Garantieprogramme sorgen auch für Frühalarm, wenn es Pannen im System gibt. Denn statt sich die Mühe zu machen, Ihnen mitzuteilen, dass sie unzufrieden sind, werden die meisten Kunden den Ärger nur in sich hineinschlucken, schlecht über Sie sprechen oder sich einfach nicht mehr blicken lassen. Ersatz für schlechten Service gibt Kunden einen Anreiz, Ihnen mitzuteilen, was schiefgeht. Das heißt, Sie bekommen die Chance, Probleme zu lösen, sowie sie auftauchen, und Sie lernen, wie Sie es das nächste Mal besser machen können. Sie bekommen auch die Gelegenheit, sich beim Kunden zu entschuldigen und zu zeigen, dass Sie es ehrlich meinen, indem Sie eine Entschädigung leisten. Wenn Sie einen Fehler gemacht haben und Ihr Kunde sauer

---

[11] Vgl. zum Beispiel Christopher Hurt: "The Power of Unconditional Service Guarantees« in Harvard Business Review, Juli/August 1988, S. 54-62.

auf Sie ist, dann laufen Sie Gefahr, einen Kunden zu verlieren. Durch Garantien erfahren Sie, wann Sie sich zu entschuldigen haben.

Besonders bei der Einführung eines neuen Produkts ist es wichtig, Ihre Kunden davon zu überzeugen, dass sie eine gute Qualität bekommen. Ein Mittel dafür ist es, eine Garantie zu bieten. Ein anderes Mittel sind niedrige Einführungspreise oder kostenlose Proben, denn beide machen es für die Kunden billiger, das Produkt zu probieren und festzustellen, ob sie es mögen. Sie signalisieren damit auch Ihr Vertrauen, dass den Kunden Ihr neues Produkt so gut genug gefallen wird, dass sie es später auch zum normalen Preis kaufen werden.

Ein anderer Weg, Ihr Vertrauen in Ihr Produkt zu signalisieren, sind hohe Aufwendungen für Werbung. Die schwierige Aufgabe bei der Werbung ist natürlich, den Nebel vor den Augen der Kunden zu lüften und glaubwürdig zu werden. Sie müssen nicht nur gelesen, gehört und gesehen werden, sondern es muss Ihnen auch geglaubt werden. Mit dem Start des neuen Sensor-Rasiersystems 1990 fand Gillette einen Weg, beides zu erreichen.[12] Der Gillette Sensor und seine beiden Nachfolger, Mach3 und Fusion, waren technologische Durchbrüche, das Problem für Gillette war jedoch, die Verbraucher davon auch zu überzeugen. Warum sollten sie die Behauptungen von Gillette glauben?

Um den Nebel zu beseitigen, startete das Unternehmen jeweils großangelegte Werbekampagnen. Zum Einen stellten die Anzeigen den technischen Fortschritt der neuen Rasiersysteme heraus. Wichtiger war jedoch, dass es eine Art von Werbung war, die die Verbraucher denken ließ: »Die geben wirklich eine Menge Geld aus, um dieses Produkt auf den Weg zu bringen. Sie müssen absolut überzeugt davon

---

[12] Einzelheiten in: Gillette's Launch of the Sensor, Harvard Business School Publishing, 9-792-028, 1991. Eine gleichartige Situation lag anschließend bei den neuartigen Rasiersystemen Mach3 und Fusion vor. Weitere Informationen zu den technischen Besonderheiten dieser Systeme und den Vorteilen für die eigene Rasur befinden sich in Christian Rieck: Männersache Rasieren, Eschborn 2008.

sein, einen Renner entwickelt zu haben. Ich sollte den Rasierer mal probieren.« Die Verbraucher hatten recht. Gillette gab 100 Millionen Dollar für die Einführungskampagne des Gillette Sensors aus. Das hätte das Unternehmen nie getan, wenn es nicht davon überzeugt gewesen wäre, dass die Konsumenten andere Rasierapparate und Klingen nicht weiter kaufen würden, wenn sie den Sensor einmal probiert hatten. Auch Gillette hatte recht. Die Leute mochten den Sensor, und Gillettes Absatz von Rasierapparaten stieg weltweit um 70 Prozent.

Wenn Banken, Unternehmensberatungen und andere Dienstleister Filialen eröffnen, geben sie oft viel Geld für auffallend üppige Büroausstattungen aus. Universitätsabsolventen tragen oft teure Kleidung, wenn sie zu Einstellungsgesprächen gehen. In all diesen Fällen signalisieren die großen Ausgaben Zuversicht. Man stürzt sich nicht in diese Kosten, wenn man nicht überzeugt ist, dass die eigenen Leistungen für die Anderen wirklich wertvoll sind und sie sie letztlich auch nachfragen werden. Ob hohe Werbeausgaben, üppige Büroausstattungen oder teure Kleidung – weit sichtbares Verbrennen von Geld ist eine Demonstration Ihres Glaubens an Ihr Produkt.

Bei der Glaubwürdigkeitsprüfung durchgefallen

Ob beabsichtigt oder nicht: Was immer Sie tun, sendet ein Signal an Andere. Aus dem gleichen Grund sendet alles, was Sie nicht tun, ebenfalls ein Signal. In der Geschichte »Silberfeuer« wird Sherlock Holmes gerufen, um das Verschwinden eines Pferdes, des Favoriten für das Rennen um den Wessex-Pokal, einige Tage vor dem Rennen zu untersuchen. Es muss offenbar jemand in den Stall geschlichen sein und das Pferd entführt haben. Aber wer? Und wie konnte er von dem Hund unbemerkt bleiben, der den Stall bewachte?

> *Inspektor Gregory*: Gibt es noch Irgendetwas, worauf Sie mich aufmerksam machen wollen?
>
> *Sherlock Holmes*: Ja, auf den merkwürdigen Vorfall mit dem Hund während der Nacht.

Inspektor Gregory: Der Hund hat während der Nacht doch nichts getan.

Sherlock Holmes: Genau das war der merkwürdige Vorfall.[13]

Holmes schloss, dass der Hund den Einbrecher gekannt haben musste. Tatsächlich war der Dieb der Trainer des Pferdes. Wie Sherlock Holmes können Sie ebensoviel aus dem lernen, was nicht geschieht, wie aus dem, was geschieht. Sie müssen lernen, darauf zu hören, was Sie nicht gehört haben.

Der Hund, der nicht bellte. Ein großes Industrieunternehmen suchte nach einem Standort für eine Wiederaufbereitungsanlage für toxische Abfälle. Es fasste eine Stadt im Mittleren Westen der USA ins Auge und warb bei den Einwohnern für das Projekt. Das Unternehmen gab drei Versprechen ab: Es würde dringend benötigte Arbeitsplätze schaffen; es würde in die Verbesserung der dortigen Schulen investieren; und es würde eine Fabrik bauen, die absolut sicher ist.

Die Bürger waren trotzdem nicht überzeugt. Was, wenn es am Ende doch eine Gesundheitsgefährdung gibt? Das wäre eine weitere Plage für eine ohnehin schon gebeutelte Stadt. Die Immobilienpreise würden noch weiter fallen, sodass es noch schwerer würde, die Stadt zu verlassen. Schon die reine Vermutung, es könnte eine Gesundheitsgefährdung geben, war ein Problem. Um an der Spitze der erwarteten Abwanderbewegung zu sein, würden die Bewohner ihre Häuser vielleicht sofort zum Verkauf anbieten, und dies würde eine Abwärtsspirale der Immobilienpreise auslösen. Das Risiko fallender Immobilienwerte in der Zukunft könnte einen Werteverfall heute beschleunigen.

Es gab eine Lösung. Wenn das Versprechen des Unternehmens zutraf, gab es kaum eine Gefahr stürzender Immobilienpreise. Es sollte sogar

---

[13] Arthur Conan Doyle: *The Complete Sherlock Holmes Short Stories*, S. 326-327. Verlag John Murray, London 1928.

das Gegenteil der Fall sein. Mit mehr Beschäftigungsmöglichkeiten und besseren Schulen würden die Immobilienwerte fast sicher steigen. Daher war die naheliegende Antwort des Unternehmens, die Bewohner gegen einen Verfall der Immobilienpreise durch mögliche Entschädigungen abzusichern. Es hätte die damaligen Werte ohne Berücksichtigung der vorgeschlagenen Fabrik von unabhängigen Gutachtern schätzen lassen können und dann garantieren, dass sie jedes Haus in fünf Jahren zu diesem Preis kaufen würde.

Fünf Jahre würden reichen, um jede Unsicherheit in der Sicherheitsfrage auszuräumen. In dieser Zeit würden die versprochenen Vorteile aus erhöhter Beschäftigung und Investitionen in Schulen sichtbar werden. Die Bürger würden ihre Immobilienwerte steigen, nicht fallen sehen. Keiner würde das Angebot des Unternehmens annehmen, ihn zum früher festgestellten Wert auszukaufen, sodass diese Garantie die Firma nichts kosten würde.

Das Unternehmen lehnte diese Vorgehensweise aber ab. Seine Antwort hinter verschlossenen Türen war: »Das können wir nicht machen. Es würde uns ein Vermögen kosten. Jeder würde unser Angebot annehmen.« An diesem Punkt wurde ganz klar, warum das Unternehmen ein Problem mit seiner Glaubwürdigkeit hatte. Seine Ablehnung der gewünschten Garantie sprach Bände. Wie kann jemand Andere überzeugen, der nicht auf sich selbst zu wetten bereit ist?

Die folgenden Merksätze fassen zusammen, wie Sie Glaubwürdigkeit erreichen und bei Anderen erkennen können.

> **Der Glaubwürdigkeitstest**
>
> 1. Wenn Sie leisten können, was Sie sagen, müssen Sie Ihr Geld in das stecken, wovon Sie reden:
>   - Akzeptieren Sie einen Vertrag zur Bezahlung nach Leistung
>   - Bieten Sie eine Garantie,
>   - Bieten Sie kostenlose Proben
>   - Investieren Sie Geld in Werbung.
>
> 2. Was Sie nicht tun, sendet auch ein Signal aus.
>
> 3. Fordern Sie Andere auf, deren Glaubwürdigkeit zu demonstrieren:
>   - Schlagen Sie einen Vertrag über Bezahlung nach Leistung vor
>   - Verlangen Sie eine Garantie
>   - Bitten Sie um eine kostenlose Probe.

7.2 Den Nebel aufrechterhalten

Wenn Sie Ihre Zielgruppen von Ihrer Glaubwürdigkeit überzeugt haben, was kommt als Nächstes? Die nächste Aufgabe ist, dafür zu sorgen, dass diese Wahrnehmung erhalten bleibt. Sie haben jetzt mehr zu verlieren als zu gewinnen, wenn neue Informationen aufkommen, die zu einer Änderung der Überzeugung von Ihrer Leistungsfähigkeit führen könnten.

Informationen verbergen

Wir haben schon ein wenig gesehen, warum jemandem daran gelegen sein könnte, einen Nebel zu erhalten. Ein Lektor will keinen Zweifel an seinem Urteil aufkommen lassen. Wenn er seinen Verlag dazu überreden kann, genug für Werbung für ein Buch auszugeben, kann das Buch gar kein Misserfolg werden und dem Lektor kann es nicht angelastet werden, dass er die Rechte dafür erwarb. Niemand erfährt, ob das Buch ohne die große Werbekampagne ein Erfolg oder ein Flop geworden wäre. Personaleinsteller haben ähnliche Anreize für den Erfolg der Personen ihrer Wahl, sie wollen ebenfalls keinen Zweifel an ihrem Urteil aufkommen lassen.

Jedesmal, wenn Sie zu einem Projekt ja sagen, werden Sie danach beurteilt, wie gut es gelingt. Sie werden auch beurteilt, wenn Sie nein sagen, aber nur, wenn jemand anders ja sagt.

E. T. und der falsche Außerirdische. In Hollywood sind Chefs von Filmgesellschaften für ihre Erfolge bekannt. Beispielsweise ist Jeff Katzenberg berühmt, weil er *Die Schöne und das Biest, Aladdin, Der König der Löwen* und andere Disney-Hits auf den Weg gebracht hat. Robert Newmyer und Jeff Silver haben sich mit der Produktion von Überraschungserfolgen wie *Sex, Lügen und Videos* und *The Santa Clause* einen Ruf erworben.

Schwerer zu messen ist es, wie viele gute Projekte ein Filmmagnat abgelehnt hat. Was waren die versäumten Gelegenheiten? Meistens bleibt das im Verborgenen. Doch Hollywood-Mogul Frank Price, der so viele große Erfolge hatte, wird ewig als derjenige bekannt sein, der *E.T.* für 100.000 Dollar abgab. Als damaliger Präsident von Columbia Pictures besaß Price die Rechte sowohl für *E.T.* als auch für *Starman*. Seine Ansicht war, dass es in einem Jahr nicht Raum für zwei Filme über Außerirdische gäbe. Price hatte recht. Aber er entschied sich für *Starman* und verkaufte die Rechte für E.T. an Universal. *Starman* brachte 29 Millionen Dollar in die Kinokassen, E.T. 400 Millionen Dollar.[14]

---

[14] Es gab einen kleinen Silberrstreif am Horizont. Wenn eine Filmgesellschaft sich von einem Filmprojekt trennt und die Rechte verkauft, verkauft sie gewöhnlich das Drehbuch zum Preis, den sie selbst bezahlt hat plus

Der Misserfolg von *Starman* war nicht das Problem. Keiner hat nur Volltreffer. Das Problem war die verblüffende verpasste Gelegenheit mit *E.T.* Wenn *E.T.* nie gedreht worden wäre, hätte es niemand gemerkt. Das Urteilsvermögen von Price galt als gut, er hätte also nichts zu beweisen brauchen. Aber das astronomische Ausmaß des Erfolgs von *E.T.* bewies, dass Price sich für den falschen Außerirdischen entschieden hatte.

Wenn Sie ein Projekt ablehnen, haben Sie allen Grund zu hoffen, dass es niemals wieder ans Tageslicht kommt. Zugegeben, wenn jemand anders es aufgreift und damit scheitert, ist Ihre Entscheidung gerechtfertigt worden, aber auf diese Weise ist selten Anerkennung zu gewinnen. Wahrscheinlich wurde Ihre Entscheidung ohnehin im Zweifelsfall für richtig gehalten. Wenn aber ein Anderer das Projekt aufgreift und einen Erfolg daraus macht, wird dadurch Ihre Urteilsfähigkeit widerlegt. Sobald Sie etwas nicht riskieren, haben Sie wenig zu gewinnen und viel zu verlieren, wenn Andere herausfinden, ob sich das Risiko gelohnt hätte. Es ist besser für Sie, wenn der Nebel erhalten bleibt.

Der Herde folgen. Aus Furcht, Fehler nachgewiesen zu bekommen, laufen Menschen in Herden. Die Szenen sind bekannt. Erst kaufen alle Pensionsfonds IBM-Aktien, dann verkaufen sie sie wieder.[15] Erst haben wir eine Fusionswelle, weil jede Firma sich darum reißt, ein Mischkonzern zu werden. Dann bricht die Welle zusammen, und jedes Unternehmen stößt unverbundene Geschäftszweige wieder ab, weil Konzentration aufs Kerngeschäft die neue Welle ist.

Volkswirtschaftliche Voraussagen fallen erstaunlich ähnlich aus und sind meistens ebenso erstaunlich falsch. Ein Grund ist, dass jeweils die gleichen historischen Daten und ähnliche Modelle verwendet

---

Zinsen und behält ein Recht auf fünf Prozent der Nettogewinne. Bei E.T. waren diese fünf Prozent vermutlich mehr als die Gesamtgewinne von Starman.

[15] David Scharfstein und Jeremy Stein: Herd Behavior and Investment. *American Economic Review*, Juni 1990, S. 465-79.

werden. Ein anderer Grund ist, dass die Voraussager fürchten, sich zu weit vorzuwagen und dann nachweislich falsch gelegen zu haben. John Kay, Professor an der London Business School und führender Strategieexperte, erklärt das Phänomen so: "Selbst wenn ihnen nachgewiesen wird, dass sie falsch vorausgesagt haben, sehen es die Experten als wichtig an, rückschauend den Konsens zu wahren. Zum Beispiel halten es die Banken als Glaubensbekenntnis aufrecht, dass das Ausmaß der letzten Rezession [in Großbritannien] und das Ausmaß des Immobilienmarkt-Crashs nicht vorausgesagt werden konnten. Wenn es hätte vorausgesagt werden können, wären die Verantwortlichen für die Kreditexzesse der 80er Jahre grober Fahrlässigkeit schuldig und nicht hilflose Opfer der Ereignisse ... Es ist oft wichtiger, aus dem richtigen Grund unrecht zu haben, als recht zu haben.[16]

Wenn Sie der Herde folgen, haben Sie mit der Herde Erfolg oder Misserfolg. Der Nebel bleibt erhalten. Sie werden nie herausragen, wenn Sie recht haben, aber Sie laufen auch weniger Gefahr, in der Luft zerrissen zu werden, wenn Sie unrecht haben. Wenn sich herausstellt, dass Sie eine schlechte Entscheidung getroffen haben, können Sie sagen: »Wer konnte das wissen? Sehen Sie all die anderen, die genauso entschieden haben. Damals dachte jeder, es sei das Beste, was man tun könne.« Mit etwas Glück wird niemand Ihr Urteilsvermögen in Frage stellen.

Der Wunsch, den Nebel zu erhalten, kann Verhaltensweisen verursachen, die sonst nur schwer zu erklären wären. Als Professoren ist uns aufgefallen, dass einige Studenten sich gerade dann nicht auf eine Prüfung vorbereiten, wenn sie in der größten Gefahr sind durchzufallen. Natürlich macht das ihr Durchfallen noch wahrscheinlicher, aber jetzt können sie ihren Misserfolg als bloße Folge schlechter Vorbereitung erklären. Sie vermeiden damit, in sich zu gehen. Aus dem gleichen Grund setzen sich Leute unmöglich zu erreichende Ziele. Wenn es nicht klappt, brauchen sie nicht an ihren Fähigkeiten zu zweifeln. Alle bleiben im Nebel, sogar sie selbst.

---

[16] Cracks in the Crystal Ball, *Financial Times*, 30.9.1995, S. 19.

Selbst wenn die Chancen 90 Prozent stehen, dass beim Lüften des Nebel etwas Gutes zum Vorschein käme, könnte die Wahrscheinlichkeit von 10 Prozent, dass etwas wirklich Schlimmes ans Tageslicht kommt, ein zu großes Risiko zu sein, um es auf sich zu nehmen. Das war der Standpunkt, den die Versicherungsgesellschaft Continental Corporation einnahm, als sie in finanziellen Schwierigkeiten steckte.

CNA Insurance hatte ein Angebot zum Kauf von Continental gemacht, das ein vorheriges Angebot von Investment Partners erheblich überbot. CNA stellte die Bedingung, die Buchführung intensiv überprüfen zu dürfen. Wenn dabei keine wesentlichen Probleme auftauchten, käme das Geschäft zustande, sonst würde das Angebot ganz zurückgezogen. Trotz des attraktiven Preises lehnte der Vorstand von Continental das Angebot von CNA wie folgt ab:

> Am 17. November 1994 trat der Vorstand zusammen und prüfte ausführlich den Vorschlag von CNA ... und verschiedene Risiken, die das Ersuchen mit sich bringt, die Buchführung intensiv zu überprüfen, darunter die potentiellen negativen Effekte einer möglichen Entscheidung von CNA (nach einer solchen Prüfung), kein Angebot zu unterbreiten, auf die Ansichten von Markt und Ratingagenturen über das Unternehmen und auf die Bereitschaft von Investment Partners zur Fortführung des Verfahrens. Der Vorstand hat das Angebot von CNA aus Sorge über solche negativen Effekte nicht angenommen.[17]

Der Vorstand war nicht bereit, das kleine Risiko auf sich zu nehmen, dass CNA nach der Überprüfung der Bücher nein sagen würde. Er fürchtete, jeder würde zu dem Schluss kommen, CNA hätte sehr schlechte Neuigkeiten entdeckt. Investment Partners und eventuelle weitere Bieter in den Startlöchern würden dadurch abgeschreckt. Ratingagenturen könnten Continental niedriger einstufen, Kunden das Vertrauen verlieren und zu anderen Versicherungen übergehen. Eine Katastrophe.

---

[17] Proxy Straetement to Shareholders, the Continental Corporation, 29.5.1995.

Mit der Ablehnung der Bedingung von CNA erhöhte Continental die Wahrscheinlichkeit, dass der Deal platzen würde. Continental wollte auf diese Weise einen für sie wichtigen Nebel erhalten. Am Ende ließ CNA seine Forderung nach gründlicher Überprüfung der Geschäftsbücher fallen, und das Geschäft kam zustande. Continental hatte Glück. CNA hatte auch Glück, da nachher keine Probleme aufgedeckt wurden.

> **Informationen verbergen**
>
> Nachdem sie einen guten Eindruck gemacht haben, versuchen viele, ihn zu erhalten, indem sie
> - Projekte begraben, die sie abgelehnt haben
> - der Herde folgen
> - Gründe zum Scheitern schaffen

Verhandlungstaktiken

Die typische Verhandlung findet in einem Nebel statt. Es gibt dabei die Tendenz, sich im Nebel zu verirren, so dass die Verhandlungen auf Grund laufen. Ein Fehler besteht darin, in dem zu übertreiben, was man wirklich braucht, hart daran festzuhalten und damit das Geschäft zu zerstören. Ein anderer Fehler ist der Versuch, die eigene Position zu stärken, indem etwas offenbart wird, was besser verborgen geblieben wäre. Ein dritter Fehler ist, Konsens zu erzwingen, wenn die Erhaltung von unterschiedlichen Meinungen zur Gestaltung eines Geschäftsabschlusses in Wirklichkeit besser gewesen wäre. In diesem Abschnitt werden wir uns diese drei Fallen ansehen und einige Auswege vorschlagen.

Die treue Hand. Verhandlungen sind voller Bluffs und Täuschungen. Es werden extreme Forderungen gestellt, um das anschließende Hin und Her zu den eigenen Gunsten zu beeinflussen. Wenn Sie in diesem Hickhack offenbaren, was Sie wirklich brauchen, kann es passieren, dass diese Information gegen Sie verwendet wird. Es gibt einen starken Anreiz, hart aufzutreten. Wenn aber jeder hart auftritt, wird es viel schwerer, Vereinbarungen zu gestalten. Die Verhandlungen geraten in eine Sackgasse, und es kommt nicht zum Geschäftsabschluss, obwohl jeder davon profitiert hätte.

Sehen wir uns das Problem ein wenig genauer an. Sie haben etwas zu verkaufen und sprechen mit einem potentiellen Käufer. Ihr absoluter Mindestpreis ist 100 Euro. Bei weniger wäre es besser, andere Käufer zu suchen. In einem Versuch, realistisch und fair zu sein, nennen Sie als Preis 120 Euro. Der Käufer lehnt ab. Schlimmer noch, er weiß, dass Ihr Mindestpreis weniger als 120 Euro ist. Alle seine Gegenangebote werden unter 120 Euro liegen, und Sie werden das Geschäft womöglich zu einem Preis von nur knapp über den für Sie minimalen 100 Euro abschließen müssen. Das sieht nicht sehr realistisch oder fair aus.

Wenn Sie das nächste Mal in dieser Situation sind, entschließen Sie sich, wesentlich mehr als 100 Euro zu verlangen. Sie fordern 180 Euro, und der Käufer antwortet mit einem Gegenangebot von 140 Euro. Sie bleiben hart und hoffen, mehr zu bekommen. Tatsächlich sind 150 Euro die Obergrenze des Käufers, denn das Angebot von 140 Euro war ohne verhandlungstechnische Hintergedanken unterbreitet worden. Er kann Ihren Preis nicht bezahlen. Indem Sie sich geweigert haben nachzugeben, haben Sie das Geschäft gänzlich zerstört.

Wenig zu verlangen, bringt Ihnen wenig ein, und auf viel zu beharren, bringt Ihnen vielleicht gar nichts. Kein Weg ist immer richtig.

Das Problem sind nicht die Spieler, sondern das Spiel. Robert Gertner, Professor an der University of Chicago Business School, und Geoffrey Miller, Professor an der New York University Law School, haben ein besseres Spiel entwickelt. Sie haben sich einige geniale Regeln ausgedacht, die den Spielern ermöglichen, sich vernünftig zu verhalten, ohne dass ihnen jemand anders den Kuchen wegisst. Sie nennen ihre Verhandlungsmethode nach dem Begriff für Einigung (settlement) und dem juristischen Ausdruck für Treuhänder (escrow) *settlement escrow*, also »Einigungs-Treuhänder«.[18]

So funktioniert der Einigungs-Treuhänder: Käufer und Verkäufer einigen sich, einen neutralen dritten Spieler als Vermittler ins Spiel zu bringen. Unter vier Augen sagen Verkäufer und Käufer dem Vermittler, zu welchem Preis sie verkaufen beziehungsweise kaufen würden. Wenn der gebotene Preis des Käufers über der Forderung des Verkäufers liegt, rechnet der Vermittler den mittleren Preis aus, und die Transaktion wird zu diesem Preis abgeschlossen. Bietet der Käufer weniger, als der Verkäufer fordert, teilt der Vermittler den beiden Parteien nicht mit, welchen Preis die Gegenseite genannt hat, sondern nur, dass die Preise »sich nicht überlappen«.[19] Keine Seite erfährt den Preis des Anderen, und beide können daher unbeeinflusst weiterverhandeln.

Kehren wir zu unserem Beispiel zurück. Für Sie als Verkäufer ist es nun viel ungefährlicher, 120 Euro zu fordern. Wenn der Käufer mehr bietet, wird der Handel zum mittleren Preis abgeschlossen. Bietet der Käufer also 160 Euro, hat er Ihnen 140 Euro zu zahlen, mehr als Sie wollten. Und obwohl der Käufer jetzt auch weiß, dass Sie nur 120 Euro gefordert hatten, und sich vielleicht ärgert, dem Vermittler keinen niedrigeren Preis genannt zu haben, so kann er doch nichts mehr unternehmen. Das Spiel ist aus – so sind die Regeln. Sie sind als Verkäufer geschützt.

Wenn aber der Käufer dem Vermittler einen Preis unter 120 Euro nennt, sagen wir 110 Euro? Dann kommt das Geschäft noch nicht zustande. Sie und der Käufer müssen nun einen anderen Weg suchen, um zu einer Einigung zu kommen. Doch mit Ihrer realistischen Ausgangsforderung haben Sie Ihre Position in den kommenden Verhandlungen nicht aufs Spiel gesetzt. Der Vermittler hat nur wissen lassen,

---

[18] Robert H. Gertner und Geoffrey P. Miller: Settlement Escrows, *Journal of Legal Studies*, Bd. 24 (Januar 1995), S. 87-122.
[19] Der Vermittler könnte leicht durch ein einfaches Computerprogramm ersetzt werden.

dass die Preise sich nicht überlappt haben. Der Käufer weiß, dass Sie mehr als 110 Euro verlangt haben, aber das ist alles, was er weiß. Er weiß nicht, ob sie nun viel oder nur wenig mehr gefordert haben. Da er diese Information nicht hat, muss er sich mit Ihnen im Nebel auseinandersetzen. Sie bleiben wiederum geschützt.

Der Einigungs-Treuhänder lässt Sie hinter einem Dunstschleier verhandeln. Gewöhnlich legen Sie Ihre Karten offen auf den Tisch, wenn Sie eine Forderung stellen. Vergleichshinterlegungen erhalten den Nebel aufrecht. Sie können (dem Vermittler) sagen, was Sie wirklich haben müssen, ohne viel an Information preiszugeben. Wenn die Verhandlungspartner sich sicher genug fühlen, um realistische Forderungen zu stellen, ist es viel wahrscheinlicher, dass sie eine Lösung erreichen bzw. dass sie sich schneller einigen. Die Chance ist viel großer, dass ein mögliches Geschäft von beiderseitigem Nutzen auch wirklich abgeschlossen wird.

Gertner und Miller dachten sich den Einigungs-Treuhänder als Hilfe bei vorgerichtlichen Vergleichsverhandlungen aus. Jemand könnte bereit sein, 100.000 Euro für einen außergerichtlichen Vergleich zu zahlen, aber nicht wollen, dass die Gegenpartei das erfährt, außer wenn sie zur sofortigen Beilegung des Streits auf dieser Basis bereit ist. Wenn nicht, könnte die Kenntnis davon, dass der Gegner 100.000 Euro zu zahlen bereit ist, den Ausschlag dafür geben, vor Gericht zu gehen und zu versuchen, mehr herauszuholen, statt weiter zu verhandeln. Die mögliche Lösung ist, dass beide Seiten im voraus zustimmen, das Mittel des Einigungs-Treuhänders zu verwenden.

Einigungs-Treuhänder haben ihren Wert nicht nur in der juristischen Arena, sondern die Idee könnte in einer Vielzahl von Situationen greifen. Sie sind bereit, viel für die Dienste eines Arbeitnehmers, ein Stück Land oder ein Patent zu zahlen, aber Sie wollen sich nicht in die Karten schauen lassen. Der Arbeitnehmer ist bereit, für ein relativ bescheidenes Gehalt zu arbeiten, der Landbesitzer will unbedingt verkaufen und der Erfinder ist ganz scharf auf die kommerzielle Nutzung seiner Idee, aber auch diese drei wollen sich nicht in die Karten sehen lassen. In all diesen Fällen würde die Verwendung einer Vergleichshinterlegung einen Dunstschleier über den Verhandlungen lassen, der beiden Seiten ermöglicht, ohne taktische Tricks zu verhandeln.

In einer Verhandlung ist das, was Sie und Andere wissen, nicht das einzige, was zählt. Wissen Sie, was die Anderen wissen? Wissen die Anderen, was Sie wissen? Wissen die Anderen, wieviel Sie darüber wissen, was die Anderen wissen? Wenn Sie etwas wissen, das die Anderen wissen, hat das ganz andere Konsequenzen, als wenn die Anderen wissen, dass Sie es wissen.

Die Katze im Sack. Etwas Unangenehmes geht ihm durch den Kopf. Er hat den Verdacht, dass seine Frau weiß, was ihm durch den Kopf geht. Aber weiß sie auch, dass er den Verdacht hat, dass sie es weiß? Er glaubt, sie konnte es wissen, aber er ist sich nicht sicher. Noch ist es ungewiss, und es könnte das Beste sein, es dabei zu belassen. Manche Gedanken bleiben besser unausgesprochen.

Alles verändert sich, wenn er ausspricht, was er denkt. Dann weiß sie mit Sicherheit, was er gedacht hat, auch dass er wusste, dass sie wahrscheinlich wusste, was er dachte. Sie wusste all das sogar wirklich. Der Nebel ist gelüftet, die Wahrheit kann nicht mehr verborgen werden. Die sprichwörtliche Katze ist aus dem Sack. Und das ist ein Problem, denn es gibt keinen einfachen Weg, um eine Katze wieder in den Sack zu bekommen.

In einem Ehestreit kann die Katze im Sack die Drohung mit einer Scheidung sein. In Ihrem Hinterkopf mag der Gedanke an Scheidung sein, wenn die Ehe nicht gut läuft. Sie mögen glauben, dass Ihr Partner den Verdacht hat, dass Sie das denken. Sie könnten sogar denken, dass Ihr Partner spürt, dass Sie glauben, er oder sie hegt diesen Verdacht. Dennoch ist es besser, den Gedanken an Scheidung nicht auszusprechen. Wie ernst auch die Probleme zwischen Ihnen sein mögen, es gibt die Chance, Lösungen zu suchen und zu finden, wenn Sie beide den ernsthaften Versuch dazu unternehmen. Wenn aber die Scheidungsdrohung erst einmal deutlich ausgesprochen wurde, wird es sehr viel schwerer, diesen Versuch mit innerem Engagement zu unternehmen. Jegliche Zweifel darüber, was Sie erwägen, sind beseitigt. Sie haben gerade bekannt, dass Sie ein Leben jenseits Ihrer Ehe in Betracht ziehen. Wie kann Ihr Partner noch engagiert bei dem Versuch bleiben, die Beziehung wieder zum Funktionieren zu bringen, wenn sie oder er weiß, dass Sie schon einen Fuß aus der Tür gesetzt haben?

Wenn Sie mit einer Scheidung drohen, falls bestimmte Bedingungen nicht erfüllt werden, riskieren Sie, die Antwort zu erhalten: »Ah, du möchtest also eine Scheidung! Hier hast Du sie.« Sie wollen aber keine Scheidung, sondern eine Ehe mit einigen Änderungen. Doch dann es ist zu spät. Einmal ausgesprochen, kann die Androhung der Scheidung sich selbst wahrmachen. Sie bleibt besser im Verborgenen.

Wir haben am Anfang dieses Buches die Frage gestellt: »Wenn Geschäft weder Krieg noch Frieden ist, was ist es dann?« Unsere Antwort war, dass es Krieg *und* Frieden ist. Doch ein Teilnehmer an einem unserer Seminare antwortete: »Es ist Ehe.« Das war sehr treffend gesagt. Es gibt Elemente von Konkurrenz und Kooperation in jeder Beziehung, ob sie nun geschäftlich oder persönlich ist. Und unsere Erfahrungen in einem der beiden Bereiche lassen uns den Anderen besser verstehen. In geschäftlichen wie in ehelichen Beziehungen bleiben manche Gedanken besser unausgesprochen.

Zu geschäftlichen Beziehungen gehören sowohl Versprechungen als auch Drohungen. Einige der Drohungen bleiben jedoch besser unausgesprochen. Wir haben miterlebt, wie ein vom schleppenden Gang der Verhandlungen über die Vertragsverlängerung frustrierter Lieferant drohte, den Kunden nicht mehr zu beliefern, wenn er die geforderten Lieferbedingungen nicht akzeptierte. Kurzfristig gab der Kunde nach, weil ihm nichts anderes übrig blieb. Aber das Porzellan war zerschlagen. Der Käufer, der nun gesehen hatte, dass es dem Lieferanten nichts ausmachen würde, ihm Schaden zuzufügen, konnte die Geschäftsverbindung auf lange Sicht nicht fortsetzen. Er sah sich nach einem anderen Lieferanten um und – um nie mehr in einer derartig verwundbare Situation zu kommen – auch nach einem Resevelieferanten. Sobald er konnte, beendete er die Geschäftsbeziehung mit seinem alten Lieferanten.

Was hätte der alte Lieferant tun sollen? Er hätte den Kunden selbst zu der Einsicht kommen lassen sollen, was geschehen könnte, wenn die Verhandlungen in eine Sackgasse gerieten. Wenn der Käufer weiter bei seiner Verschleppungstaktik blieb, hätte der Lieferant die Hinzuziehung eines Vermittlers vorschlagen können. Ein geschickter Vermittler weiß, dass ein Teil seiner Aufgabe darin besteht, jede Seite die Konsequenzen einer Nichteinigung erkennen zu lassen. Ein guter Vermittler hätte dem Käufer zu der Einsicht gebracht, dass der Lieferant ihn im Regen stehen lassen könnte, wenn er zu stark drängen würde. Dem Käufer musste diese Möglichkeit klar werden, aber als der Lieferant die Drohung aussprach, den Käufer im Regen stehen zu lassen, ließ er die Katze aus dem Sack, und das war der Anfang vom Ende der Geschäftsbeziehung. Es wäre viel besser gewesen, wenn ein Unparteiischer dem Käufer zu einem kurzen Blick in den Sack verholfen hätte, und er dadurch hätte sehen können, dass eine schwarze Katze darin war. Das hätte sehr wohl alles sein können, was notwendig war, um den Käufer von seiner Verschleppungstaktik abzubringen.

Lieferant und Käufer brauchten den Nebel über dem, was bei einem Scheitern der Verhandlungen passieren könnte – nicht unbedingt einen dichten Nebel, aber wenigstens einen Dunstschleier. Die Einschaltung eines Vermittlers hätte die Erhaltung eines für beide Seiten bequemen Dunstes bewirken können.

Wenn unerfahrene Verhandler vom schleppenden Gang einer Diskussion frustriert werden, fangen sie oft an, deutlichere Drohungen auszusprechen. Das ist ein Fehler. Wenn Sie nicht sicher sind, ob Sie Ihre Zunge im Zaum halten können, überlegen Sie, ob Sie nicht einen Vermittler einschalten sollten.

Bei Verhandlungen geht es darum, zu einer Einigung zu kommen. Das heißt aber nicht, dass jeder zur gleichen Sicht der Dinge kommen müsste. Meinungsverschiedenheiten können es sogar erleichtern, sich zu einigen. Die folgende anonymisierte Geschichte über die Aushandlung einer Gebühr zwischen einer Investmentbank und einem Klienten zeigt, wie das funktioniert.

Uneinig geeint. Der Klient war eine Firma, deren Besitzer sie verkaufen wollten. Die Investmentbank hatte einen potentiellen Käufer gefunden. Bis jetzt hatte die Bank ohne Vertrag Vorarbeit geleistet, nun war es an der Zeit, eine Gebührenvereinbarung zu unterzeichnen. Die Investmentbank schlug eine Gebühr von einem Prozent vor. Der Klient war der Ansicht, dass das Unternehmen für 500 Millionen Dollar verkauft würde, und hielt eine Gebühr von 5 Millionen Dollar für völlig überzogen. Er schlug 0,625 Prozent vor, was in seinen Augen immerhin noch einem Betrag von 3,125 Millionen Dollar entsprach. Die Investmentbanker glaubten aber, der Preis würde näher bei 250 Millionen Dollar liegen. Bei dem Vorschlag des Klienten hätte die Gebühr dann statt der angestrebten 2,5 Millionen Dollar nur annähernd 1,6 Millionen Dollar betragen. Am Ende würde eine der beiden Seiten hinsichtlich des Firmenwertes richtiger liegen als die andere. Doch jetzt gab es erst einmal einen Nebel.

Natürlich dachte die Investmentbank, dass sie es am besten wusste. Sie hätte versuchen können, den Klienten davon zu überzeugen, dass eine Bewertung des Unternehmens mit 500 Millionen Dollar unrealistisch und damit die Befürchtung, 5 Millionen Dollar zahlen zu müssen, unbegründet war. Das Problem bei dieser Vorgehensweise war aber, dass der Klient von einer niedrigen Bewertung nichts hören wollte. Hätte die Bank auf ihrer Schätzung beharrt, hätte es leicht sein können, dass der Kunde auf die Dienste der Investmentbank ganz verzichtet – und dann hätte es für die Bank gar keine Gebühr mehr gegeben.

Der Optimismus des Klienten und der Pessimismus der Investmentbanker schufen aber eine Gelegenheit zur Einigung statt zum Streit. So einigten sich die beiden Parteien auf die 0,625 Prozent, jedoch mindestens 2,5 Millionen Dollar. Auf diese Weise kam der Klient auf den erstrebten Prozentsatz und betrachtete das garantierte Minimum als irrelevant, würde es doch erst bei einem Verkaufspreis der Firma von unter 400 Millionen Dollar greifen, und der Klient erwartete ja einen noch um 100 Millionen Dollar höheren Verkaufspreis. Und da die Investmentbank bei ihrem ursprünglichen Vorschlag mit einer Gebühr von 2,5 Millionen Dollar gerechnet hatte, konnte sie jetzt, nachdem ihr dieser Betrag garantiert wurde, dem vom Kunden vorgeschlagenen niedrigeren Prozentsatz zu stimmen.

Die Verhandlung über Gebühren in reinen Prozentsätzen, ist stets ein Spiel, bei dem der Gewinn der einen Partei der Verlust der anderen ist. Bei einer Reduzierung von einem auf 0,625 Prozent hätte der Klient gewonnen und die Bank verloren. Mit dem Mindestbetrag von 2,5 Millionen Dollar wurden beide Seiten zu Gewinnern – aber nur, weil sie unterschiedliche Auffassungen vom Firmenwert hatten.

Die Verhandlungen zwischen der zu verkaufenden Firma und ihrer beratenden Investmentbank waren erst ein Warmlaufen für die richtigen Verhandlungen zwischen der Firma und ihrem endgültigen Käufer. Auch bei diesen Verhandlungen erwiesen sich unterschiedliche Auffassungen als gegenseitig vorteilhaft.

Die Firmeneigentümer dachten, das Unternehmen werde weiter um jährlich zehn Prozent wachsen, und rechtfertigten damit ihren geforderten Preis von 500 Millionen Dollar. Der Käufer sah aber Nullwachstum voraus und bot deshalb nur 250 Millionen Dollar.[20] Er hätte versuchen können, die Eigentümer davon zu überzeugen, dass ihre Wachstumserwartungen unrealistisch waren, aber das wäre ein Fehler gewesen. Statt dessen nutzte er den Unterschied in den Erwartungen, um eine Vereinbarung zu konstruieren.

Der Käufer bot eine Mischung aus sofortiger Barzahlung und späteren Zahlungen an, die sieh am künftigen Wachstum orientierten. Bei Nullwachstum würde der Gesamtpreis niedrig werden; wenn sich das

---

[20] Bei einer Abzinsung von 20 Prozent sollte das Kurs-Gewinn-Verhältnis eines um jährlich 10 Prozent wachsenden Unternehmens doppelt so hoch sein wie das einer Firma mit Nullwachstum. Daher die unterschiedlichen Preisvorstellungen.

zehnprozentige Wachstum dagegen fortsetzte, würde der Verkäufer insgesamt die geforderte halbe Milliarde Dollar erhalten. Der Vorzug des aufrechterhaltenen Nebels war, dass jede Seite mit der Vereinbarung aus ihrer Sicht zufrieden sein konnte. Der Käufer glaubte, wenig zahlen zu müssen, während der Verkäufer erwartete, viel zu bekommen.[21]

Verhandlungen im Nebel

Fehler
1. Offenlegung des Minimums, das Sie brauchen. Sie riskieren dabei, genau das zu bekommen und nicht mehr. Hartnäckigkeit ist keine Lösung, sondern kann dazu führen, dass die Verhandlungen sich festfahren.
2. Offene Drohungen. Selbst wenn eine Drohung schon implizit ist, verändert es die Auffassungen, wenn sie ausgesprochen wird. Es gibt dann kein Zurück mehr.
3. Versuche, Meinungsverschiedenheiten zwischen Ihnen und der anderen Seite beizulegen. Das ist schwer, und der Versuch könnte schädlich sein.

Lösungen
1. Wenden Sie die Methode des Einigungs-Treuhänders an, um Verhandlungen ohne Hinterlist führen zu können.
2. Schalten Sie einen Vermittler ein, um der anderen Seite die Konsequenzen einer Nichteinigung zu demonstrieren.
3. Machen Sie sich klar, worüber Sie mit der anderen Seite übereinstimmen müssen und worüber nicht; nutzen Sie unterschiedliche Ansichten, um vom Win-Win-Typ zu schaffen.

---

[21] Ein Problem bei diesen Vereinbarungen ist allerdings, dass sie dem Verkäufer ein großes Maß an Risiko und Illiquidität aufbürden und ihn zudem von den Auswirkungen der Managemententscheidungen der neuen Eigentümer auf das Wachstum der Firma abhängig machen. Das schränkt diese Situationen ein, in denen sie genutzt werden können.

7.3. Den Nebel aufrühren

> Wenn Sie nicht überzeugen können, verwirren Sie. *Harry Truman*

Einfachheit ist eine Tugend – manchmal. Bei anderen Gelegenheiten müssen Sie die Dinge kompliziert machen, manchmal sogar unvorhersehbar. Sie müssen einen Nebel aufwirbeln. Ein einfaches Spiel ist schnell durchschaubar, und Sie wollen nicht immer, dass Andere Ihre Handlungen durchschauen.

Im Poker werden Sie nicht viel gewinnen, wenn Sie nur bei einem guten Blatt mitgehen. Denn dann werden Ihre Mitspieler nach kurzer Zeit durchschauen, was Sie tun. Es gibt dann keinen Nebel mehr. Ihre Mitspieler werden wissen, dass Sie ein gutes Blatt haben, wenn Sie mitgehen, und deshalb aussteigen. Das gibt Ihnen die Gelegenheit, zu bluffen und häufiger einen kleinen Pot zu gewinnen. Sie können mit einer schwachen Hand erhöhen und die Mitspieler dazu verleiten auszusteigen, aber Sie wollen beim Bluffen nicht erwischt werden. Oder vielleicht doch? Professor Tom Schelling, ein führender Spieltheoretiker, hat darauf hingewiesen, dass der Gewinn noch größer werden kann, wenn man blufft und sich dabei erwischen lässt. Denn jetzt haben Sie wirklich einen Nebel aufgerührt. Wenn Sie bei hohen Einsätzen mit einer schlechten Hand erwischt worden sind, dann werden Ihre Mitspieler viel eher bereit sein, Sie in Zukunft herauszufordern, wenn Sie, diesmal von den Mitspielern unvermutet, mit einem wirklich guten Blatt höher gehen.

Wenn Andere verstehen, was Sie tun, kann können sich ihre Ergebnisse selbst zerstören. Daher muss das Finanzamt seine Prüfformel geheim halten. Wenn alle wüssten, was eine Prüfung auslöst, könnten Steuerhinterzieher leichter vermeiden, entdeckt zu werden. Die Geheimhaltung des Prüfungsschemas macht es zu einem wirksameren Mittel. Die gleiche Logik steckt hinter dem Zufallsprinzip, nach dem Firmen Drogentests bei Arbeitnehmern oder eine unangekündigte Revision der Buchführung durchführen. Unvorhersagbarkeit ist Voraussetzung der Wirksamkeit.

An der Wall Street verdienen einige Leute ihren Lebensunterhalt mit der Erzeugung von Komplexität. Sie nehmen ein einfaches Finanzinstrument wie eine Hypothek und teilen sie in etwa ein halbes Dutzend exotische Komponenten auf, die alle einzeln gehandelt werden können. Durch Verwandlung eines Markts in ein halbes Dutzend Märkte vergrößern die Wertpapierhändler ihren Handlungs- und Handelsspielraum erheblich. Weil die einzelnen Komponenten unabhängig voneinander gehandelt werden, können ihre Preise leicht durcheinander geraten. Falls dann die Komponenten zusammengenommen am Markt unterbewertet sind, können die Händler alle Einzelteile aufkaufen, sie wieder zu der ursprünglichen Hypothek zusammensetzen und mit Gewinn verkaufen.[22] Steve Ross, Professor für Finance an der Yale School of Management, hat eine anschauliche Erklärung dafür, wieso Händler Komplexität bevorzugen: »Nicht jeder ist sich darüber klar, dass Fruchtfleisch, Kerne, Schale und Saft zusammengesetzt werden können, um eine Orange zu basteln.«

Komplexität schaffen

Komplexe Preisgestaltungen erzeugen einen Nebel, der den wahren Preis verschleiert. Verkäufern ist das manchmal durchaus recht. Das Nintendo-Unterhaltungssystem kam zum Preis von 100 Dollar heraus. Das klingt schön billig. Doch die Eltern merkten bald, dass der Kauf des Geräts war nur der Anfang war. Danach kamen die Spielkassetten. Im Durchschnitt kaufte jede Familie acht oder neun Kassetten für je 50 bis 60 Dollar zum Gerät dazu. Die Kosten summierten sich damit auf 500 bis 640 Dollar. Wenn sich die Eltern am Anfang darüber stärker im Klaren gewesen wären, hätten manche von ihnen den Nintendo-Geräten auf den Wunschzetteln ihrer Kinder sicherlich besser widerstanden.

---

[22] Oder, falls alle Komponenten zusammengenommen überbewertet sind, können sie diese Transaktion in der anderen Richtung ausführen.

Windows 95 gab sein Debüt für 85 Dollar. Ein Schnäppchen? Ja, aber kein so gutes, wie es aussieht. Die Käufer bemerkten bald versteckte Kosten. Um Windows 95 sinnvoll zu nutzen, brauchten sie einen größeren Speicher für 360 Dollar, eine größere Festplatte für 200 Dollar und einen schnelleren Mikroprozessor für 300 Dollar anschaffen. Die Kosten der Software waren die sprichwörtliche Spitze des Eisbergs; 90 Prozent der Kosten von insgesamt 945 Dollar waren versteckt.

Käufer ärgern sich besonders, wenn die Preise als Reaktion auf einen sprunghaften Anstieg der Nachfrage stark erhöht werden. Deshalb versuchen die Verkäufer manchmal, solche Preiserhöhungen in einem Nebel zu verschleiern. In Universitätsstädten werden Hotelzimmer immer an den Wochenenden knapp, an denen die Abschlussfeiern stattfinden. Anstatt die Preise zu erhöhen, geben manche Hotels Zimmer nur für mindestens vier Nächte ab. Die Eltern, die zu der Abschlussfeier ihres Kindes anreisen, möchten vielleicht nur einmal übernachten, aber sie müssen drei zusätzliche Nächte zu bezahlen. Der Effekt unterscheidet sich nicht von einer Preissteigerung um 300 Prozent, aber die Betroffenen sehen das offensichtlich nicht so, vielleicht, weil sie die Möglichkeit bekommen, die drei zusätzlichen Nächte zu bleiben. Die Teilnehmer an der Konferenz »Telccom-'95« in Genf erlebten einen Extremfall dieser Praxis. Auf eine Flut von Zimmerreservierungen hin bot ein ideal gelegenes Hotel – nennen wir es Hotel Noah – Zimmer zu dem vermeintlich günstigen Preis von 350 Dollar pro Nacht. Mindestreservierungsdauer: 40 Nächte. Unglaublich! Ein geschickter Verhandler berichtete: »Ich schaffte es, sie auf 26 Nächte herunterzuhandeln.«[23] Nicht schlecht, aber die Konferenz dauerte nur zehn Tage.

Man sollte denken, dass Hotels mit dieser Methode nicht viel Nebel erzeugen können. Schließlich sind das allenfalls sehr spärlich versteckte Preissteigerungen. Dennoch kann auch schon ganz wenig Nebel viel besser sein, als so zu handeln, dass es Alle klar sehen können. Nach den Verwüstungen durch den Wirbelsturm Andrew 1992 erhöhte Georgia Pacific seine Holzpreise in Florida drastisch. Das Un-

---

[23] *Wall Street Journal*, 6.10.1995, S. B9C.

ternehmen erschien als jemand, der vom Unglück Anderer profitieren wollte. Als Ergebnis fand sich Georgia-Pacific in einem selbst erzeugten Wirbelsturm wieder. Es gab eine enorme öffentliche Kritik, sogar eine Ermittlung der Generalstaatsanwaltschaft von Florida. Das Unternehmen hätte besser daran getan, die Preise nur ein wenig zu erhöhen und als Gegenleistung langfristige Lieferverträge abgeschlossen hätte – nach dem Motte: »Ich beliefere Sie in schlechten Zeiten, wenn Sie dafür bei mir auch in guten Zeiten kaufen.« Das wäre eine weniger unverhüllte Machtanwendung gewesen.

Meistens dienen komplexe Preisgestaltungen dazu, hohe Preise zu tarnen. Manchmal machen es die Anbieter aber auch kompliziert, um zu verheimlichen, wie wenig sie eigentlich verlangen. Sie sind bereit, ihr Produkt zu einem Schnäppchenpreis zu verkaufen, wollen den niedrigen Preis aber verheimlichen, um den Eindruck einer minderwertigen Qualität zu vermeiden.

Bei Erscheinen lag Microsoft's Präsentationssoftware *Powerpoint* weit abgeschlagen hinter Harvard Graphics. Selbst als Microsoft sein Produkt so weit verbessert hatte, dass es mehr konnte als die Konkurrenz, wollten die meisten Anwender immer noch nicht wechseln. Um den Absatz zu steigern, hätte Microsoft den Preis senken können, aber die Anwender hätten dadurch den Eindruck gewinnen können, dass ein Billig-Programm keinesfalls besser sein könnte als Harvard Graphics für 290 Dollar. Daher ließ Microsoft den Listenpreis für Powerpoint mit 339 Dollar hoch, gab das Programm aber bei Microsoft Office zu den viel beliebteren Programmen Word und Excel mit dazu. Da sie nun ein 339-Dollar-Programm mit dazu bekamen, wollen es alle einmal ausprobieren. Heute ist Powerpoint der klare Marktführer bei Präsentationssoftware.

Komplexe Preisgestaltungen machen es schwerer, Preise zu vergleichen. Das ist nicht nur ein Problem für die Käufer, sondern auch für solche Anbieter, die neu in einen Markt eintreten wollen. Wenn die Käufer den Endpreis nicht selbst ausrechnen können, wie können sie dann entscheiden, ob es sich lohnt zu wechseln? Sie können es nicht, also lassen sie es meistens bleiben.

Taktiken

Der richtige Anruf. Was zahlen Sie für eine Minute Ferngespräch? Sie wissen es nicht genau? Das dachten wir uns. Für die meisten Menschen ist es unmöglich, sich durch die zahllosen verschiedenen Gebühren durchzufinden, die ihnen berechnet werden. Es gibt unterschiedliche Tarife für tags, nachts, Wochenende, Inlandsferngespräche, internationale Gespräche, Roaming, vermittelte Gespräche, Handyverbindungen und so weiter. Ein dichter Nebel.

In Japan gibt es noch einen Komplexitätsgrad mehr als in Amerika, denn dort berechnen die Telefongesellschaften auch Ortsgespräche. Dieser Preisnebel ist ein Problem für DDI (Dai Ni Den Den Inc., auch »Zweite Telegrafen- und Telefongesellschaft« genannt), in dem Versuch, Marktanteile gegenüber der Nummer 1 zu gewinnen, der NTT (Nippon Telegraph and Telephone). Bei manchen Gesprächen ist NTT billiger, bei anderen DDI. Aber welche ist insgesamt billiger? Das hängt von den Telefoniergewohnheiten des Kunden ab, und die sind schwer vorherzusagen. Damit gibt es für die Kunden keinen zwingenden Grund, von NTT zu DDI zu wechseln. Wenn man weiß, dass ein Gespräch mit DDI billiger ist, dann kann man mit einer vierstelligen Vorwahl Gespräche über DDT leiten, aber das ist ein ziemlicher Aufwand.

DDI bat einen Weg gefunden, dieses Problem zu lösen. In Zusammenarbeit mit einem der DDI-Hauptaktionäre, Kyocera, haben sie einen Chip entwickelt, der ins Telefon eingebaut werden kann. Auf dem Chip sind die Preise gespeichert, die DDI und NTT berechnen. Der Chip leitet den Anruf automatisch über den billigeren Anbieter.[124] Bei jeder Preisänderung sendet DDI die neuen Informationen über die Telefonleitungen an die Chips in den Telefonen. Jetzt müssen die Kunden sich nicht mehr durch den Nebel tasten – der Chip besorgt den Preisvergleich für sie, und DDI ist sicher, das Geschäft zu machen, wenn der eigene Tarif niedriger ist.

---

[24] JT (Japan Telecom) und TWJ (Teleway Japan) können auch an diesen Dienst angeschlossen werden.

Die »Chip-Telefone« sind wesentliche Komplemente für das Geschäft von DDI. Und so wie die Chip-Telefone den Wert des Serviceangebots von DDI erhöhen, steigern die niedrigeren Preise für DDI-Telefonate den Wert der Chip-Telefone. Deshalb produzieren Elektronikunternehmen wie Matsushita und Sanyo gern die Chip-Telefone. Es ist ein überzeugendes Verkaufsargument, dass sich diese Telefone mit Einsparungen aus Telefongebühren mehr als bezahlt machen. Daher unterstützen Matsushita und Sanyo DDI dabei, diese Telefone zu verbreiten.

Komplexe Preissysteme haben ihre Kosten. Die Kunden könnten bei dem Versuch, den Nebel zu durchschauen, verwirrt und frustriert werden, und das schadet ihrer Wahrnehmung des Produkts. Die Einführung von Ertragsmanagementsystemen zur Festlegung der Flugpreise in den 1980er Jahren führte zu einer riesigen Anzahl verschiedener Flugpreise am Markt. Anfang der 90er Jahre war die Komplexität vollends außer Kontrolle geraten: Allein American Airlines hatte annähernd eine halbe Million verschiedener Preise. Ein bürokratischer Albtraum. Die Computer kamen vielleicht noch mit, aber die Menschen nicht, weder Fluggäste noch in Reisebüros.

Hochnebel. Im April 1992 versuchte American Airlines mit seiner »Value Pricing«-Kampagne, den Nebel zu lichten. Bob Crandall, Vorstandsvorsitzender von American Airlines, erklärte die Initiative so: »Bei unserem erfolglosen Gewinnstreben haben wir unsere Preisgebung so komplex gemacht, dass unsere Kunden sie weder verstehen noch für fair halten. ... Durch eine neue Vorgehensweise, die Einfachheit und Gerechtigkeit und Wert betont, hoffen wir, das Vertrauen unserer Kunden wieder zurückzugewinnen ... Wir nennen das Value Pricing.«[25]

---

[25] Weitere Informationen zur Value Pricing Kampagne von American Airlines finden sich in *American Airlines' Value Pricing, Cases (A) and (B)* Harvard Business School Publishing 9-594-001 und 9-594-019. Fall (A) ist die Quelle des Crandall-Zitats.

Das "Wertpreissystem" brachte tatsächlich eine enorme Vereinfachung der Tarifstruktur. Ab der Einführung gab es nur noch vier Preisarten: Erste Klasse, reguläre Touristenklasse und zwei verbilligte Tarife. Die anderen Fluggesellschaften reagierten positiv: 48 Stunden nach American Airlines arbeitete United Airlines seine eigenen Vereinfachungen für Flugpreise ein. Die Fluggesellschaften Alaska, America West, Continental, Delta, Northwest und USAir folgten eben falls schnell dem Vorbild von American Airlines und gingen zu vereinfachten Tarifsystemen über. Ein Sprecher von Alaska Airlines rief aus: »Wenn wir eine große Fluggesellschaft wären, hätten wir es selber gemacht. Es ist eine tolle Sache.«[26]

Die Nachahmung des Value Pricing war gut. Je mehr Fluggesellschaften es American Airlines nachmachten, desto übersichtlicher wurde die gesamte Tarifstruktur. Das führte zu weniger Ärger bei Reisenden und Reisebüros, und das war gut für die Fluggesellschaften. Value Pricing änderte das Spiel noch in einer anderen Weise. Als das Preisspiel im Nebel stattfand, gab es für jede Fluggesellschaft die Versuchung, mit heimlichen Preissenkungen auf Kundenjagd zu gehen. Jede Fluggesellschaft konnte hoffen, die Preise zu senken und damit Marktanteile abzunehmen, bevor die Konkurrenten entdeckten, was vor sich ging, und darauf reagieren konnten. Mit dem Value Pricing wurde das Spiel wesentlich transparenter. Die Chancen heimlicher Preissenkungen hatten abgenommen, und die Versuchung, es zu probieren, war dadurch ebenfalls geringer geworden. Vereinfachte Preise bedeuteten auch stabilere Preise – ein klarer Vorteil für die Fluggesellschaften.

Nur TWA war der Spielverderber. Es betrachtete die Preisvereinfachung als eine Gelegenheit zu Preissenkungen, um damit den Anderen Marktanteile abzunehmen. Offensichtlich rechnete TWA damit, dass American Airlines kaum reagieren konnte, da es nur noch mit vier Preisen spielen konnte. So verkündete TWA nur drei Tage nach der Ankündigung von American Airlines Preise, die um 10 bis 20 Prozent

---

[26] »AMR's Bid for Simpler Fares Takes Off«, *Wall Street Journal*, 9.4.1992, S. B1.

unter denen von American Airlines lagen. Daraufhin zogen America West, Continental und USAir mit den Preissenkungen von TWA gleich, sodass sich American Airlines genötigt sah, ebenfalls die Preise durchgehend zu senken.

In den folgenden Monaten verlor die Preisvereinfachung an Fahrt, und mehr und mehr Fluggesellschaften kamen mit Rabatten und Sonderpreisen heraus, sodass das Value Pricing seine klaren Konturen verlor. Northwest Airlines führte zum Beispiel einen Sondertarif für Familienreisen ein. Das Programm »Erwachsene fliegen gratis« bot Freiflüge für Erwachsene an, die Kinder begleiteten.

Im September 1992 räumte American Airlines ein, dass das Value Pricing in eine Sackgasse geraten war und entschloss sich, zum vorhergehenden Stand zurückzukehren. Weshalb war das Value Pricing gescheitert? Weil die Fluggesellschaften, die in finanziellen Schwierigkeiten steckten, vor allem TWA und Northwest Airlines, dringend kurzfristig an Geld kommen mussten und nicht der Versuchung widerstehen konnten, die Preise zu senken. Sie konnten nicht auf die langfristigen Gewinne warten, die das Value Pricing versprach. Ein weiterer Grund war, dass Bob Crandall in seiner Zeit als Chef von American Airlines nicht gerade die Beliebtheitswettbewerbe der Branche gewonnen hat. Die Idee des Value Pricing konnte noch so gut sein, es mussten einige einfach dagegen sein, weil sie das Kind von Bob Crandall war. Das war eine Verlierer-Verlierer-Einstellung, die bei der Erklärung hilft, wie es die US-Fluggesellschaften fertigbrachten, in jenem Jahr Verluste von fast fünf Milliarden Dollar einzufahren.

Taktiken

Komplexe Preissysteme
1. Sie verbergen hohe Preise.
2. Sie verbergen heimliches Unterbieten der Konkurrenten.
3. Sie verbergen auch niedrige Preise und bewahren damit das Qualitätsimage.
4. Sie behindern Preisvergleiche.

Aber:
1. Sie erhöhen die Verwaltungskosten.
2. Sie können Kunden verwirren und frustrieren.
3. Sie ermutigen zum heimlichen Unterbieten seitens der Konkurrenten.

Meinungen bilden

Viele Spiele werden letztlich von der öffentlichen Meinung als höchster Instanz entschieden. Dort sind Wahrnehmungen nicht nur Teil des Spiels, sondern sie *sind* das Spiel. In diesem Abschnitt sehen wir uns an, wie man dieses Spiel am besten spielt und wie besser nicht.

CBS holt sich ein blaues Auge. In den letzten Wochen der Präsidentschaft von George Bush senior überstimmte der Kongress zum ersten und einzigen Male während der Regierungszeit des Präsidenten dessen Veto und brachte damit das Kabelfernsehen-Verbraucherschutzgesetz von 1992 durch. Das Kabelfernsehen war 1984 teilweise dereguliert worden, und seitdem waren die Preise dreimal so stark gestiegen wie die durchschnittliche Inflationsrate. Das Gesetz von 1992 sollte das Kabelfernsehen reregulieren. Es enthielt auch eine zunächst wenig beachtete Vorschrift, die den 1152 kommerziellen Sendern gestattete, zwischen »Einspeisungszwang« und »Zustimmung zur Einspeisung« zu wählen.

Die Sender, die den Einspeisungszwang wählten, erhielten einen garantierten Kabelkanal, mussten ihre Programme aber von den Kabelbetreibern umsonst senden lassen. Sender, die sich für die Zustimmung zur Einspeisung entschieden, gaben das Recht auf automatische Einspeisung auf, konnten aber eine Gebühr für ihre Programme aushandeln. Wenn keine Einigung über die Gebühr erzielt wurde, konnte der Sender die Zustimmung zur Übertragung seiner Programme verweigern, und der Kabelbetreiber durfte sie dann nicht senden. Die meisten Sender der Netze ABC, CBS, NBC und Fox entschieden sich für das Zustimmungskonzept.

Die Sender hatten Lobbyarbeit betrieben, damit die Möglichkeit zur Einspeisungszustimmung in das Gesetz von 1992 aufgenommen wurde. Als das Gesetz verabschiedet wurde, waren sie mehr als glücklich. CBS-Chef Larry Tisch verkündete stolz, für die Fernsehsender bestehe das Potenzial, »eine Milliarde Dollar jährlicher Lizenzgebühren aus den Kabeln zu ziehen«.[27]

Die Kabelbetreiber unter Führung von Tele-Communications, Inc. (TCI) und Time Warner Cable erklärten, dass sie unter keinen Umständen für die Übertragungsrechte zahlen würden. Sie seien auch nicht bereit, solche Kosten auf die Verbraucher abzuwälzen.[28] »Wir werden uns jeden Vorschlag anhören, der Mehrwert für den Kunden schafft. Wir sind aber nicht bereit, ein Nullsummenspiel der Wohlfahrtsverschiebung von unseren Konsumenten auf den CBS-Chef Larry Tisch zu spielen«, war die Antwort des TCI-Vorstands John Malone.[29]

---

[27] *South Florida Business Journal*, 7.5. 1993. Berichte, dass Tisch diesen Anspruch erhoben hat, waren weit verbreitet, obwohl es schwer ist, eine Originalquelle dafür zu finden.

[28] Das Gesetz verbot den Kabelunternehmen, ihre Gebühren bei einer Einspeisungszustimmung zu erhöhen. Dieses Verbot galt jedoch nur für ein Jahr.

[29] *Broadcasting and Cable*, 17.5.1993.

Um die Position der Kabelbetreiber der Öffentlichkeit vorzustellen, heuerte Time Warner Cable die Kommunikationsstrategen Shepardson Stern und Kaminsky an. Lenny Stern erklärte uns, wie er einigen Nebel aufwirbelte. Seine Marktforschung ergab, dass die Verbraucher geradezu allergisch reagierten, wenn sie von Tischs Eine-Milliarde-Dollar-Prahlerei hörten. Sie erwarteten, dass sie diejenigen sein würden, die diese Milliarde zu zahlen haben. Nach ihrer Einschätzung der Kosten befragt, befürchtete ein typischer Konsument, er würde 15 Dollar monatlich mehr an Kabelgebühren zahlen. Das Ganze wurde als extrem unfair angesehen: Warum sollten Kabelkunden für etwas zahlen, was ihre Nachbarn gratis aus der Luft bekamen?

Es ging nicht mehr darum, ob die Schätzungen der Kunden richtig oder falsch waren und ob Zahlungen an die Sender fair oder unfair waren. Wie immer ging es in dem Spiel allein um die Wahrnehmung. Indem er die Milliarde ohne weitere Erklärung in den Raum gestellt hatte, ließ Tisch der Phantasie freien Lauf, sich die Situation beliebig auszumalen. Time Warner Cable und Stern ergriffen die Gelegenheit, den Konflikt in einem Licht darzustellen, das die Kabelgesellschaften gut aussehen ließ: Wenn sich die Sender durchsetzen, müssen die Konsumenten zahlen. Mit Hilfe einer Anzeigenkampagne entfachten sie einen riesigen Sturm des Protests.

Tisch hätte besser daran getan, die Situation anders darzustellen. Die Sorge der Konsumenten, dass die Kabelgebühren um monatlich 15 Dollar steigen würden, war völlig unbegründet. Es gab 60 Millionen Haushalte mit Kabel. Auf den Kabelabonnenten umgerechnet betrug Tischs Milliarde gerade einmal 35 Cent monatlich für jeden der vier Sender. Das ist die Zahl, die Tisch hätte herausstreichen sollen. Was die Fairness angeht, hätte Tisch auf die reinen Kabelsender, wie CNN und ESPN, hinweisen können, die von den Kabelbetreibern monatlich 10 bis 40 Cent je Abonnent verlangten, je nachdem, wie beliebt der Sender war. CBS, der viel beliebter war als jeder der reinen Kabelsender, wäre bei 35 Cent je Monat geradezu ein Schnäppchen.

Tisch hatte den Spieß sogar umdrehen können. Bis dahin verschenkten die vier Gesellschaften ihre Programme an die Kabelbetreiber, die dann ihren Kunden monatlich 75 Cent je Sender abnahmen. Tisch hätte die Kabelbetreiber öffentlich auffordern können: »Ich werde Ihnen die CBS-Programme weiter umsonst geben, wenn Sie die Rechnungen an Ihre Kunden um monatlich 75 Cent senken.« Wenn die Kabelbetreiber diese Aufforderung zurückgewiesen hätten – und wir vermuten, dass sie das getan hätten – dann hätte Tisch argumentieren können, es sei unfair, wenn CBS keinen Anteil an diesen 75 Cent erhält.

CBS und die anderen Fernsehgesellschaften versuchten, einige dieser Argumente in die öffentliche Diskussion einzubringen, aber zu halbherzig und zu spät. Den Kabelunternehmen war es bereits gelungen, die Fernsehsender als die bösen Buben hinzustellen. Als es zu den Verhandlungen über die Gebühren zwischen Kabelbetreibern und Fernsehgesellschaften kam, waren die Sender in einer schwachen Position. Sie wären von der Öffentlichkeit für einen etwaigen Zusammenbruch der Verhandlungen verantwortlich gemacht worden.

Am Ende gaben alle vier Sender die Zustimmung für eine gebührenfreie Übertragung ihrer Programme, wenn auch drei von ihnen es fertigbrachten, eine Art Trostpreis zu bekommen. Fox spielte seine Karten früh aus und schnitt am besten ab. Im Juni 1993 gaben TCI und Fox ihre Vereinbarung bekannt: Fox gab die Einspeisungszustimmung, und TCI verpflichtete sich zu einer Zahlung von 25 Cent je Abonnent für ein neues, noch nicht näher definiertes Kabelprogramm. ABC und NBC bekamen ähnliche, wenn auch weniger »großzügige« Verträge mit den Kabelbetreibern. Alle drei wurden für die Schaffung eines neuen Kabelkanals bezahlt.[30] CBS hielt am längsten durch – und bekam gar nichts, außer vielleicht ein blaues Auge: "Nachdem sie sowohl Zahlungen als auch einen CBS-Kabelkanal abgelehnt hat, verstehen wir nicht, was die Kabelindustrie eigentlich will, außer

---

[30] ABC gehörte damals Capital Cities, denen auch der Kabelsender ESPN gehörte. ABC erhielt 12 Cent pro Abonnent für die Gründung eines ESPN-Ablegers, ESPN2. NBC besaß den Kabelsender CNBC und nutzte diese Position zur Gründung von »America's Talking«, einem neuen Kabelsender nur für Gesprächssendungen (*New York Times*, 26.8.1993, S. D18).

Taktiken

unserer bedingungslosen Kapitulation." (Larry Tisch, CBS-Vorstand)[31]

27.000 Jahre oder 24 Tage? Im Oktober 1994 fand Thomas Nicely, Professor für Mathematik am Lynchburg, College, Virginia, einen Fehler, wenn Intels Pentium Divisionen durchführte. Intel wusste von dem Fehler schon seit Sommer 1994, hatte aber ausgerechnet, dass ein Fehler nur bei jeder neunmilliardsten Rechnung auftreten würde. Der Durchschnittsbenutzer hätte demnach 27.000 Jahre warten müssen, um auf ein Problem zu stoßen. Daher hielt Intel es nicht für nötig, die Anwender zu beunruhigen.

Nachdem Nicely aber eine Nachricht ins Internet gesetzt hatte, waren die Anwender beunruhigt. Erstens wurden sie von der Vorstellung aufgeschreckt, dass ein Computer tatsächlich einen Rechenfehler machen konnte. Zweitens waren sie noch mehr beunruhigt, dass Intel von dem Fehler zwar gewusst, es ihnen aber nicht gesagt hatte. Intel war der Ansicht, dass die Menschen überreagierten und bot an, den Chip nach fallweiser Prüfung auszutauschen.

Die Stimmung wandelte sich gerade zugunsten von Intel, als IBM Anfang Dezember, ausgerechnet zu Beginn der Weihnachtssaison, überraschend verkündete, dass der Fehler im Pentium viel ernster war als von Intel zugegeben. Nach den Berechnungen von IBM könnte ein Benutzer von Spreadsheet-Programmen nicht alle 27.000 Jahre, sondern alle 24 Tage auf das Problem stoßen. Zum Schutz seiner Kunden stellte IBM die Auslieferungen seiner mit Pentium ausgestatteten Computer ein.

In den folgenden Wochen und Monaten gab es eine große Diskussion darüber, wer recht hatte, Intel oder IBM.[32] IBM hatte eine erhebliche

---

[31] *New York Times,* 28.9. 1993, S.D1.
[32] Eine nachttägliche Analyse, wer recht und wer unrecht hatte, veröffentlichte das *PC Magazine* (7.2. 1995, S. 2) unter dem Titel »Intel or IBM: Who Do You Trust?«

Unsicherheit geschaffen, die Intel nicht auflösen konnte. Eine Woche nach der Ankündigung von IBM änderte Intel seine Position und kündigte an, dass alle Chips ohne jegliche Prüfung zurückgegeben werden könnten.

Auf den ersten Blick sah IBM wie der gute Samariter aus, der den Kunden zu ihrem Recht verhalf. Das war aber nicht die ganze Geschichte. Denn IBM pushte noch stark seine 486er Computer; Pentium-Computer machten nur weniger als fünf Prozent des Umsatzes aus. Im Gegensatz dazu bewarben die meisten konkurrierenden Hardwarehersteller – Acer, AST, Dell, Gateway, Packard Bell und andere – aggressiv den Absatz von Pentium-Geräten. Es nutze IBM, wenn die versunsicherten Kunden lieber auf Nummer sicher gingen und sich für den 486 entschieden. Außerdem arbeitete IBM an dem *PowerPC*-Chip, einem Konkurrenten zu Intels Prozessoren. IBM dürfte nicht sehr viel dagegen gehabt haben, wenn Intels Reputation ein wenig gelitten hat.

Aber IBM waren einige eigene Rechenfehler unterlaufen. Der Versuch, einen Nebel aufzurühren, schlug auf IBM zurück. Zynische Beobachter fragten sich, ob die Ankündigung von IBM nicht doch ein wenig eigennützig gewesen sei. Und sowie Intel seine Rücknahmepolitik verbessert hatte, strömten die Kunden wieder zurück zu den Geräten mit Pentiumchip, sodass IBM auf großen Lagern der nun doch nicht mehr so begehrenswerten 486-Computer sitzen blieb. Und IBM war in einer schlechten Position, um auf den wieder an Fahrt gewinnenden Pentium-Zug aufzuspringen.

7.4. Ist SMaRT schon alles?

Sie können das Spiel ändern, indem Sie die Wahrnehmungen der Spieler ändern. Das ist das Gebiet der Taktik. In gewissem Sinne ist alles Taktik. Alles, was Sie tun, und alles, was Sie unterlassen, sendet ein Signal aus. Diese Signale bestimmen die Wahrnehmungen Anderer über das Spiel. Und was die Menschen in ihrer Gesamtheit für das

Taktiken

Spiel halten, *ist* das Spiel. Sie müssen die Wahrnehmungen berücksichtigen, um zu wissen, in welchem Spiel Sie wirklich sind, und um zu verstehen, wie Sie es ändern.

Wir haben jetzt vier Hebel der Strategie betrachtet: Spieler, Mehrwerte, Regeln und, in diesem Kapitel, Taktiken. Ist das alles? Ist SMaRT schon die ganze Strategie?

Im Prinzip ja. Grundsätzlich gibt es nur ein Spiel. Jeder der Spieler steht mit jedem anderen direkt oder indirekt in Wechselwirkung, um die verschiedenen eigenen Ziele zu verfolgen. Alles ist letztlich mit allem verbunden. Das Spiel, das alle diese gegenseitigen Beziehungen einschließt, mag gigantisch groß sein, aber theoretisch gesprochen ist das das Spiel. Und alle Spieler, Mehrwerte, Regeln und Wahrnehmungen zusammen würden dieses – etwas geheimnisvolle – gigantische Spiel beschreiben. Wenn es möglich wäre, die gesamte Komplexität dieses einen gigantischen Spiels in den Griff zu bekommen, dann wäre SMaRT ein kompletter Satz aller strategischen Hebel.

Die Realität der Praxis ist natürlich anders. Der menschliche Geist teilt die Spiele, um sie zu beherrschen. Menschen schaffen Begrenzungen, stecken in Schubladen und fügen gedachte Trennwände ein. Und sie wissen, dass jeder Andere es genauso macht. Jeder verhält sich so, als gäbe es viele Spiele, die mehr oder weniger unabhängig voneinander ablaufen.

Das liefert uns einen weiteren Hebel zur Veränderung von Spielen, einen Hebel, der letztlich genauso wichtig ist wie jeder von denen, die wir uns bis jetzt angesehen haben: Sie können die *Grenzen* des Spiels verschieben, seinen Spiel-Raum. Das ist das Thema unseres nächsten Kapitels.

8. Spiel-Raum

> Kein Mensch ist eine Insel, ganz
> für sich selbst; jeder Mensch ist ein
> Teil des Kontinents, ein Teil des
> Ganzen. *John Donne, Devotions*

Kein Spiel ist eine Insel. Dennoch ziehen die Menschen Grenzen und unterteilen die Welt in viele einzelne Spiele. Man tappt schnell in die Falle, diese einzelnen Spiele getrennt voneinander zu untersuchen – so, als ob es gar kein größeres Spiel gäbe. Das Problem ist, dass gedankliche Begrenzungen keine echten Grenzen sind – es *gibt* keine echten Grenzen. Jedes Spiel ist mit anderen Spielen verknüpft: Ein Spiel an dem einem Ort beeinflusst Spiele anderswo, und ein Spiel heute beeinflusst die Spiele morgen. Selbst die bloße Erwartung eines Spiels morgen beeinflusst das Spiel heute.

Die Beziehungen und Verbindungen zwischen Spielen zu verstehen, auszunutzen und zu ändern, ist unser fünfter und letzter strategischer Hebel. Der erste Schritt besteht darin, die Verbindungen zwischen Spielen zu erkennen. Es gibt diese Verbindungen. Auch wenn man sie nicht sieht, kann man über sie ins Stolpern geraten, wie wir im Spieltheorie-Kapitel bei Epsons Eintritt in den Laserdruckermarkt gesehen haben. Aber wenn Sie die Verbindungen erkennen, können Sie sie zu Ihrem Vorteil nutzen. Verbindungen zwischen Spielen sind nicht in Stein gemeißelt: Sie können neue schaffen oder bestehende durchtrennen. Indem Sie dies tun, ändern Sie den Spiel-Raum des Spiels.

8.1. Verbindungen zwischen Spielen

Welche Arten von Verbindungen zwischen Spielen gibt es? Glücklicherweise kennen wir die Antwort schon. Wir haben ja schon gesagt, dass es in Wirklichkeit nur ein »großes« Spiel gibt, das sich über Raum und Zeit und durch alle Generationen erstreckt. Zwei beliebige Spiele, auch wenn sie als eigenständige Spiele erscheinen, sind in Wirklichkeit nur Teile dieses einen großen Spiels. Per Definition ist dieses hypothetische große Spiel ein Spiel ohne Grenzen, ohne festgelegten Spiel-Raum. SMaRT – Spieler, Mehrwerte, Regeln und Taktiken – beschreibt die Elemente dieses hypothetischen großen Spiels.

Da SMaRT das Ganze beschreibt, muss es insbesondere beschreiben, wie die Teile des Ganzen zusammenhängen, das heißt, die Verbindungen zwischen jedem beliebigen Paar von Spielen beschreiben, weil diese ja nichts anderes als Teile des einen großen Spiels sind. SMaRT, **S**trategien, **M**ehrwerte, **R**egeln und **T**aktiken ist demnach die Klassifizierungsmethode für Verbindungen zwischen Spielen.

Beginnen wir mit den **S**pielern. Jedesmal, wenn ein Spieler in Ihrem Spiel ist, der auch in einem anderen Spiel mitspielt, sind die beiden Spiele potentiell miteinander verbunden.[1] Dieser gemeinsame Spieler kann irgendeiner aus Ihrem Wertenetz sein – jeder Ihrer Kunden, Lieferanten, Konkurrenten oder Komplementäre. Es könnten natürlich auch Sie selbst sein. Die Existenz eines gemeinsamen Spielers führt aber lediglich zu der *Möglichkeit* einer relevanten Verbindung zwischen zwei Spielen. Um festzustellen, ob die beiden Spiele tatsächlich miteinander verbunden sind – und wenn ja, wie –, müssen Sie durch den Rest von SMaRT gehen.

---

[1] Selbst wenn zwei Spiele keinen gemeinsamen Spieler haben, können sie durch eine Kette verbunden sein. Wenn die Spiele A und B einen gemeinsamen Spieler haben und die Spiele B und C einen anderen gemeinsamen Spieler, so sind auch die Spiele A und C durch Spieler verbunden.

Verbindungen zwischen Spielen

Verbindungen durch Mehrwerte können entstehen, wenn Ihre Kunden oder Lieferanten in mehr als einem Markt spielen. Bei der Erörterung von Komplementen im Kapitel über Coopetition ging es ausschließlich um diese Art von Verbindung. Zum Beispiel sind die Spiele von Intel und Microsoft verbunden. Zum einen haben sie die gleichen Kunden; zum Anderen steigern sie auch gegenseitig ihre Mehrwerte. Autos werden auf Kredit gekauft, und deshalb sind die Spiele des Autokaufs und der Kreditvergabe ebenfalls verbunden. Ford erkannte diese Verbindung und entschied sich deshalb für den Eintritt ins Kreditspiel. Ford Motor Credit steigert den Mehrwert von Ford im Spiel des Autoverkaufs. Die andere Seite dieser Medaille ist aber, wenn Sie durch den Eintritt in ein anderes Spiel sich selbst Konkurrenz machen, statt sich zu ergänzen. Dann verringern Sie Ihren Mehrwert im ursprünglichen Spiel, statt ihn zu vergrößern. Diese Frage der Kannibalisierung ist die Verbindung über den Mehrwert, auf die wir uns in diesem Kapitel konzentrieren werden, wenn wir die Nachspiele zu den Geschichten von Nintendo und Softsoap erzählen.

Regeln legen Spielern Beschränkungen bei dem auf, was sie tun können, und diese Beschränkungen verbinden, was sonst getrennte Spiele wären. Wir sind auf diesen Effekt schon im Kapitel über Regeln gestoßen: Eine Kundenmeistbegünstigungsklausel hindert einen Verkäufer daran, zwei andernfalls voneinander unabhängige Verhandlungen als getrennte Spiele zu behandeln. In diesem Kapitel beginnen wir wiederum mit den Geschäftsbeziehungen zwischen Firmen, wenn wir uns ansehen, wie Spiele durch die Wahl von Vertragsdauern miteinander verbunden werden. Dann wenden wir uns einer Regel für Rabatte zu, die Spiele in Massenmärkten miteinander verbindet.

Schließlich können zwei Spiele auch nur einfach deswegen miteinander verbunden sein, weil jemand sie für verbunden hält. Daher können Taktiken, indem sie Wahrnehmungen ändern, die Verbindungen zwischen Spielen ändern. Zum Beispiel sind Drohungen und die Schaffung von Präzedenzfällen Taktiken, die funktionieren, weil sie Verbindungen quer über die Spiele hinweg herstellen. Wir werden einige Beispiele für diese Taktiken analysieren und dabei wieder beim ersten

Fallbeispiel dieses Buches ankommen, dem Spiel zwischen NutraSweet und Holland Sweetener.

Wie diese Klassifizierung von Verbindungen nahelegt, hätten wir jede Geschichte aus diesem Kapitel schon vorher in diesem Buch erzählen können. Aber in der Praxis ist es sehr nützlich, sich den separaten Hebel des **S**piel-Raums vorzustellen. Es ist zu kompliziert, alles als ein großes Spiel zu durchdenken. Daher dieses Kapitel. Die Fälle, die wir uns hierfür aufgespart haben, betonen die Strategien zur Verbindung von Spielen, die nicht auf natürliche Weise verbunden sind, oder zur Trennung von Spielen, die natürlicherweise verbunden wären. In jedem dieser Fälle setzen wir als gegeben voraus, dass die Spiele einen oder mehrere Spieler gemeinsam haben.

8.2 Spielverbindungen durch Mehrwerte

Neue Unternehmen in einer Branche sind vielen Nachteilen ausgesetzt. Sie haben noch keine bewährten Produkte, kein Markenrenommee, keine Stammkunden, wenig Produktionserfahrung und keine langfristigen Lieferantenbeziehungen. Wenn Sie sich als Neuling in einem Markt frontal mit einem etablierten Konkurrenten anlegen, werden Sie sehr wahrscheinlich verlieren. Es gibt wenig, was Sie tun können, ohne dass Ihr Konkurrent es genauso gut kann, wenn nicht gar besser. In einem Satz: Sie haben nur einen geringen Mehrwert.

Aber Sie brauchen sich gar nicht frontal anzulegen. Statt dessen könnten Sie die Verbindungen ausnutzen, die es zwischen Ihrem neuen Geschäft und dem des Konkurrenten gibt. Sie tun etwas, womit Ihr Konkurrent nicht einfach gleichziehen kann, ohne sein bestehendes Geschäft zu schädigen. Sie schaffen ein Dilemma für den Konkurrenten. Er möchte – und könnte – Sie vertreiben, aber er tut es nicht. Denn wenn er es täte, würde er seinen Mehrwert in dem Spiel vermindern, das er bereits spielt, und diese Kosten wären zu hoch. So lässt der Konkurrent sie wenigstens zunächst einmal gewähren.

Judo spielen

> Ich mag den Gedanken nicht, dass ein Unternehmen eine ganze Branche monopolisiert. *Hayao Nakayama, Präsident von Sega Enterprises*[2]

Die japanische Kunst des Judos lehrt, wie man das Gewicht des Gegners gegen ihn verwendet, wie man seine Stärke in eine Schwäche verwandelt. Im Geschäftsleben nutzt die Judo-Strategie die Verbindungen zwischen verschiedenen Spielen aus, um aus der Stärke eines etablierten Konkurrenten ein Handicap zu machen. Judo erklärt, wie Sega es fertigbrachte, den Giganten der Videospiele, Nintendo, zu Fall zu bringen.[3]

Super Sonic. Im Kapitel über Mehrwerte endete die Nintendo-Geschichte mit einer Aktienmarktbewertung des Unternehmens, die höher war als von Sony oder Nissan, und mit einem Super-Mario, der bekannter war als Mickymaus. Das war 1990. Drei Jahre später war Super Mario bei amerikanischen Kindern immer noch beliebter als Mickymaus. Aber inzwischen gab es ein noch beliebteres Kinderidol: Sonic the Hedgehog.[4] Konnte Sonic einfach aus dem Nichts heraus entstehen?

Sonic the Hedgehog ("der Igel") war die Spielfigur von Sega, eines konkurrierenden Herstellers von Videospielen. Sega konnte zwar nur einen Fuß in die Tür des 8-Bit-Spiele-Marktes bekommen, gab aber nicht auf. Statt dessen entwickelten sie ein schnelleres, leistungsfähigeres 16-Bit-System. Nintendo brauchte zwei Jahre, um mit einem

---

2 »The Charge of the Hedgehog«, *Forbes*, 2.9.1991, S. 42.
3 Einige der Informationen zum folgenden Fall sind entnommen aus: Power Play (B): Sega in 16-Bit Video Games (Harvard Business School Publishing, 9-795-103, 1995).
4 Nach einer Umfrage von »Q« aus dem Jahr 1993.

eigenen 16-Bit-System zu reagieren, doch da hatte sich Sega mit dem Igel Sonic schon eine ziemlich bedeutende und sichere Marktposition verschafft.

War es nur Glück für Sega, dass es so eine lange, konkurrenzfreie Zeit gab, in der sich das Unternehmen im Markt für 16-Bit-Spiele etablieren konnte? War Nintendo einfach am Steuer eingeschlafen? Die Antwort ist trickreicher, und an dieser Stelle taucht die Verbindung zwischen verschiedenen Spielen auf. Die Märkte für das neue 16-Bit-Spiel und das alte 8-Bit-Spiel waren eng miteinander verbunden. Als Sega das 16-Bit-Spiel einführte, hatten Nintendos Lizenzen für das 8-Bit-Spiel den Höhepunkt ihres Wertes erreicht. Das gab Sega eine Judo-Gelegenheit, Nintendos Stärke gegen sich selbst einzusetzen.

Die Anfänge: Service Games. Der Name Sega klingt zwar urjapanisch, ist aber eigentlich eine Abkürzung für die englische Bezeichnung Service Games, wobei sich "Service" auf den Militärdienst bezog: Das Unternehmen wurde 1951 von zwei ehemaligen Angehörigen der US-Streitkräfte in Tokio gegründet, um Spielhallenspiele und Musikautomaten an amerikanische Militärbasen in Japan zu liefern. Einige Jahre später begann ein anderer ehemaliger Angehöriger der US-Streitkräfte in Japan, David Rosen, Computerspielgeräte nach Japan zu importieren. Die zwei Unternehmen fusionierten 1965 und wurden zu Sega Enterprises. Bald danach führte Sega ein »Torpedospiel« namens Periscope ein, das in Japan ein großer Erfolg wurde. Sega brachte Periscope in die USA, wo es das erste Spielhallenspiel wurde, das mit 25-Cent-Münzen statt mit Zehn-Cent-Münzen gespielt wurde. Segas Erfolg lenkte die Aufmerksamkeit des Mischkonzerns Gulf+Western auf sich, der die Firma 1969 aufkaufte.

Sega nutzte seine Kenntnisse über das Geschäft mit Spielhallenspielen zum Einstieg in den Markt für Heimvideospiele und führte 1983 das 8 Bit-System SG-1000 ein. Es konnte sich aber nie richtig durchsetzen und wurde in Japan und den USA nur weniger als zwei Millionen Mal verkauft. Sega konnte Nintendos Himmelsspirale nicht durchbrechen. Gulf+Western verlor das Interesse an Sega und veräußerte es 1984 in einem Management-Buyout. Der Mitbegründer David Rosen und der Präsident von Sega in Japan, Hayao Nakayama, sowie das japanische Softwarehaus CSK taten sich zusammen, um Sega für 38 Millionen Dollar zu kaufen.

Neubeginn mit Genesis. Im Oktober 1988 führte die wiedergeborene Firma Sega ihr 16-Bit-Videospielsystem Mega Drive in Japan ein. Es basierte auf Segas Spielhallengeräten und kostete 21.000 Yen (damals knapp 165 Dollar oder 300 Mark). Es hatte viele Vorteile gegenüber den 8-Bit-Systemen, darunter besseren Klang, mehr Farbabstufungen und die Fähigkeit, Bilder in mehreren Ebenen darzustellen.

Sega setzte etliche seiner Spielhallenspiele für das Mega-Drive um, hatte aber Schwierigkeiten, Softwarefirmen für die Entwicklung von Spielen unter Vertrag zu nehmen. Im ersten Jahr nach der Einführung des Mega Drive kam Sega nur auf einen Absatz von 200.000 Geräten.

Unter dem neuen Namen Genesis kam Segas 16-Bit-System im Jahr 1989 auf den amerikanischen Markt, wo es zu einem Preis von 190 Dollar verkauft wurde, bei 40 bis 70 Dollar für die Spiele. Einige der Sega-Spiele wurden Verkaufsschlager, aber keines schlug so ein wie Nintendos Super Mario. Eines der Spiele, das auf Segas Spielhallengeräten aufbauende »Mutierte Biest« (Altered Beast), erlangte wegen seinen gewalttätigen Inhalts eine traurige Berühmtheit. Der Popstar Michael Jackson half Sega, das Spiel »Moonwalker« zu entwickeln, in dem Jackson seine Tanzfähigkeiten dazu verwendet, seine Angreifer zu bezwingen. Sega baute auch alternative Vertriebskanäle auf, indem es über die Softwareeinzelhändler Electronics Boutique, Babbages und Software ETC verkaufte. Dennoch kam der Absatz nur langsam voran.

Mit Sega fing es an, deutlich aufwärts zu gehen, als Nakayama zur Leitung der US-Geschäfte Tom Kalinske, vormals bei Matchbox, einstellte. Kalinske wurde schnell klar: »Wir müssen den Preis von Sega Genesis um 50 Dollar senken. Wir müssen unsere beste Software – Sonic the Hedgehog – dazugeben und in aller Welt werben, dass wir besser sind als die Anderen.«[5] Im Juni 1991 begann der Ver-

---

5 »Games Companies Play«, *Forbes*, 25.10.1993, S. 68.

kauf des Komplettpakets von Genesis und Sonic für zusammen 150 Dollar. Unter dem Werbeslogan »Genesis does what Nintendon't« (»Genesis macht und TendoNicht«), wurde Genesis das Gerät, das man einfach haben musste. Die Verkäufe schossen in die Höhe, und die Softwareentwickler stürzten in Scharen auf die Entwicklung von Spielen für das System.

Super-Nintendo. Nintendo hatte seit den späten 80er Jahren eine 16-Bit-Konsole entwickelt, hatte es aber nicht sehr eilig, es auf den Markt zu bringen. Bevor Sega auftrat, war Nintendo zufrieden damit, seine Kundenbasis für das 8-Bit-System immer weiter auszubauen und damit auch die Kundenbasis für seine künftigen 16-Bit-Geräte auszubauen. Nintendos Überlegung war, dass ein 8-Bit-System heute ihr zukünftiges 16-Bit-System ergänzt, dass sie also durch einfaches Abwarten ihr 8-Bit-System heute und ihr 16-Bit-System in der Zukunft verkaufen können, anstatt nur eines 16-Bit-Systems heute. Wie Bill White, Nintendos PR-Direktor in den USA, erklärte: »Wir gehen davon aus, dass wir das 8-Bit-System noch nicht ausgereizt haben.«[6]

Wenn Nintendo zu schnell in das 16-Bit-Spiel eingestiegen wäre, hätte sogar die Gefahr bestanden, dass die Softwarehäuser und die Einzelhändler den 8-Bit-Markt komplett aufgeben. Die Softwarehäuser hätten sich den 16-Bit Spielen zuwenden können und weniger 8-Bit-Titel entwickelt. Die Einzelhändler hätten den 8-Bit-Spielen weniger Regalraum geben können und die Spiele, die noch geführt würden, mit Rabatt verkaufen müssen. Der 8-Bit-Markt war Nintendos Cash-Cow. Warum das Risiko eingehen, sie zu schlachten?

Nachdem Sega sein 16-Bit-System am Markt eingeführt hatte, hätten diese Argumente in einem anderen Licht erscheinen können. Dennoch sah Nintendo keinen Grund zur Eile – die Käufer würden schon auf Nintendos 16-Bit-System warten. Ein Jahr nachdem Sega das Mega Drive eingeführt hatte, versuchte Nintendo, die japanischen Konsumenten bei der Stange zu halten und gab Ende 1989 eine Vorankündi-

---

[6] »Nintendo's Show of Strength«, *Dealerscope Merchandising*, Februar 1991, S. 15.

gung seines 16-Bit-Systems Super Famicom heraus. Die Belieferung des japanischen Marktes erfolgte etwa ein Jahr später. Gleichzeitig wurde das 16-Bit-Spiel Super Mario World herausgegeben, das Nintendos Spitzendesigner, Sigeru Miyamoto, entwickelt hatte. Innerhalb von fünf Monaten überholten die Verkäufe des 32.000 Yen teuren Geräts (damals knapp 400 Mark) die konkurrierenden 16-Bit-Systeme. Nintendos Präsident Hiroshi Yamauchi, der vom Erfolg von Super Famicom nicht überrascht war, wiederholte seine Ansicht: »Was am Ende zählt, sind die Spiele.«[7]

Nintendo hatte es auch nicht sehr eilig, in den USA in das 16-Bit-Spiel einzusteigen. Nach dem japanischen Muster brachte Nintendo sein 16-Bit-System auch dort erst zwei Jahre nach dem Debüt von Genesis auf den Markt. Das in Super Nintendo Entertainment System, kurz Super NES, umbenannte Gerät wurde für 200 Dollar angeboten, die Spiele für 50 bis 80 Dollar.

Die 16-Bit-Schlacht. Als Nintendo endlich in den 16-Bit-Markt einstieg, wurde der Wettbewerb zwischen Sega und Nintendo ziemlich scharf. Sie konkurrierten über Preissenkungen, gaben kostenlose Software dazu und lieferten sich ein Wettrennen über die Anzahl lieferbarer Spiele. Ende 1991 gab es 125 Titel für Genesis und nur 25 für Super NES. Nintendo behauptete, fast zwei Millionen Super-NES-Geräte verkauft zu haben. Sega dagegen behauptete, maximal eine Million käme der Wahrheit wohl näher, denn in Wahrheit seien es die Genesis-Konsolen, von denen mehr als zwei Millionen verkauft worden seien. Im Mai 1992 senkte Nintendo den Preis von Super NES auf 150 Dollar, um mit Sega gleichzuziehen. Nintendo behauptete, einen Marktanteil von 60 Prozent erreicht zu haben, während Sega stolz 63 Prozent Marktanteil verkündete. Im gleichen Monat verschärfte sich der Wettbewerb noch weiter, als beide Unternehmen abgespeckte Versionen ihrer 16-Bit-Geräte für weniger als 100 Dollar auf den Markt brachten.

---

7 President's Message im Jahresbericht 1991 von Nintendo Co., Ltd.

Die Schlacht um den 16-Bit-Markt hinauszuzögern war ein guter Grund für Nintendo, es mit dem Eintritt ins Spiel nicht so eilig zu haben. Sowie Nintendo auf den fahrenden Zug sprang, gab es Konkurrenz, und damit mussten die 16-Bit-Preise sinken. Das ließ den 8-Bit-Kuchen schrumpfen und mit ihm den Mehrwert von Nintendo im 8-Bit-Spiel. Die Preise für 8-Bit-Kassetten sanken um 20 Dollar, und nur 75 neue 8-Bit-Spieltitel kamen 1991 heraus, weniger als halb soviel wie in den Vorjahren. Der 8-Bit-Kuchen war zwar noch nicht weg, aber halb aufgegessen.[8]

Solange Nintendo Sega den 16-Bit-Markt allein überließ, blieben die 16 Bit-Preise hoch. Diese hohen Preise federten die Wirkung ab, den die neue Technik auf den Mehrwert der alten ausübte. Indem Nintendo Sega zunächst aus dem Weg blieb, nahm das Unternehmen einen wohlüberlegten Tausch vor: Durch Preisgabe eines Stücks vom 16-Bit-Kuchen verlängerte es die Essbarkeit des 8-Bit-Kuchens. Nintendos Entscheidung war angesichts der Verbindungen zwischen den 8-Bit- und den 16-Bit-Spielen durchaus vernünftig.

Dennoch war es eine Gratwanderung. Durch die Verzögerung gewährte Nintendo Sega ein vorübergehendes Monopol auf dem 16-Bit-Videospielmarkt, und Sega schaffte fast so etwas wie eine Himmelsspirale in Gang zu setzen. Es dauerte bis September 1994 – drei Jahre Aufholjagd –, bevor Nintendo Sega im 16-Bit-Spiel überrunden konnte.

Professor Dorothy Leonard-Barton von der Harvard Business School erläutert, dass sich die Kernkompetenzen eines Unternehmens innerhalb einer Technologie-Generation in »Kernverhärtungen« verwandeln können, wenn es um die nächste technologische Generation

---

[8] Zum neuen ermäßigten Preisniveau wurde das ursprüngliche 8-Bit NES in »My First Nintendo« umbenannt und als Einsteiger-System vertrieben.

geht.[9] Das ist ein Grund dafür, dass etablierten Spielern der Übergang zu einer neuen Technologie oftmals schwerfällt, und deshalb ein technologischer Wandel oftmals Herausforderern die Chance bietet, etablierte Unternehmen aus dem Feld zu schlagen. Die Geschichte, weshalb Sega eine so lange Zeit blieb, ist allerdings eine andere. Nintendo hatte die neue 16-Bit-Technologie, entschloss sich aber bewusst, den Eintritt in das 16-Bit-Spiel hinauszuzögern.

Viele haben Nintendo für dieses Zögern kritisiert. Die Kritiker sagten, dass die späte Einführung der Technik verständlich gewesen wäre, wenn noch niemand anders ein 16-Bit-System gehabt hätte, doch sobald Sega mit Genesis am Markt war, hätte Nintendo mit der Einführung des eigenen 16-Bit-Systems sofort aufschließen sollen. Durch das Zögern habe Nintendo Haus und Hof verschenkt – an einen Igel. Nintendo habe den Grundsatz außer acht gelassen, dass es besser ist, selber zu essen, als essen zu lassen. Lieber sich selber kannibalisieren, als sich bei lebendigem Leib fressen zu lassen.

Unserer Meinung nach war die Entscheidung zu warten nicht offensichtlich falsch. Nintendo stand vor dem klassischen Dilemma, auf das die meisten erfolgreichen Firmen früher oder später stoßen: Sie haben ein großartiges Produkt entwickelt und dominieren einen Markt; aber dann kommt ein Herausforderer mit einer neuen und besseren Technik. Solange der Herausforderer ein Monopol bei der neuen Technik hat, hat er einen Anreiz, einen hohen Preis zu nehmen. Das verlangsamt die Geschwindigkeit, mit der sich die neue Technik verbreitet – was gut für Sie ist, denn es verlängert die Lebensdauer Ihres Produkts. In dem Moment, in dem auch Sie auf die neuen Technik umschwenken, zwingen Sie den Herausforderer zu einem Frontalangriff. Der Preis für die neue Technik wird sinken und mit ihm der Mehrwert Ihrer alten Technik.[10] Epson hat diese Lektion am Druk-

---

[9] Dorothy Leonard-Barton: Wellsprings of Knowledge: Building and Sustaining the Sources of Innovation (Harvard Business School Press, 1995).

[10] Die Entscheidung, keinen Wettbewerb in dem Markt für das neue Produkt zu schaffen, ist das Spiegelbild der Strategie von Ford Motor Credit, Wettbewerb in einem Markt für Komplemente zu schaffen.

kermarkt auf unangenehme Weise gelernt. Nintendo war vorsichtiger. Wenn Sie auch nicht ewig damit warten können, den Übergang zur neuen Technik zu vollziehen, so heißt das nicht, dass Sie sofort in die Schlacht gehen müssen.

Im Fall der Videospiele machte Sega Nintendos 8-Bit-Stärke zu einer 16-Bit-Schwäche. Das gelang nur deshalb, weil Sega den 8-Bit-Markt nicht deutlich verkleinerte. Hätte Sega den Preis für sein 16-Bit-System so niedrig angesetzt, dass eine Konkurrenz zu den 8-Bit Videospielen entstanden wäre, hätte Nintendo vor keinem Dilemma gestanden. Nintendo hätte nichts zu verlieren gehabt, indem es sofort in das 16-Bit-Spiel einsteigt. Die Judostrategie baut auf der Überlegung auf, dass ein Herausforderer nichts zu gewinnen hat, wenn der Verteidiger nichts zu verlieren hat.

Der Fall von Sega und Nintendo um den Markt für 16-Bit-Videospiele zeigt, wie ein Herausforderer sich ein Gelegenheitsfenster schaffen kann, indem er die Stärke des etablierten Konkurrenten in eine Schwäche verwandelt. Selbst wenn das nicht möglich sein sollte, kann ein Herausforderer immer noch versuchen, die Judostrategie anzuwenden, um wenigstens den Vorteil des Konkurrenten zu neutralisieren.

Furcht vor Misserfolg. Im Kapitel über Mehrwerte haben wir die Geschichte des Unternehmers Robert Taylor und seiner neuen Flüssigseife Softsoap erzählt. Taylors Problem war, wie er Unternehmen wie Procter & Gamble und Lever Brothers daran hindern konnte, seine Idee zu kopieren. Seine Stunde kam, als die Großen der Branche erst einmal abwarteten.[11] Warum taten sie das? Anfangs war der Erfolg von Softsoap keineswegs sicher. Obwohl Flüssigseife bequem ist und die Seifenpfützen der Hartseifen vermeidet, war sie keine technische Revolution. Die Seifenpfützen waren kein wirklich zwingender Grund für die Käufer, von Stück- auf Flüssigseife zu wechseln.

---

[11] Einige Informationen zum folgenden Fall stammen aus: Minnetonka Corporation: From Softsoap to Eternity (Harvard Business School Publishing, 9-795-163, 1995).

Spielverbindungen durch Mehrwerte

Wegen der Unsicherheit über die Erfolgsaussichten des Flüssigseifenkonzepts war es durchaus sinnvoll für die Branchenführer, sich zurückzulehnen, erst einmal Geld zu sparen und zu hoffen, dass Taylor scheiterte. Sofort auf der Welle der Flüssigseife mitzuschwimmen würde nur einer Produktkategorie zur Bestätigung verhelfen, die wenig Vorteile für die Verteidiger versprach. Flüssigseife würde kaum den Markt für Seife vergrößern, sondern ihr Erfolg würde fast vollständig zu Lasten der Hartseifen gehen.[12]

Die Branchengroßen nahmen offenbar an, dass sie erst einmal abwarten konnten, ob Taylor ihnen überhaupt Marktanteile abnahm, ehe sie sich mit dem Problem auseinandersetzen mussten. Erst bei einem Erfolg Taylors wäre es besser, sich mit eigener Flüssigseife selbst zu kannibalisieren als es Taylor tun zu lassen. Das ist wieder das Prinzip des Lieber-selber-essens als essen lassen. Die Branchenführer waren sich sicher, auf jeden Fall so lange warten zu können und dann immer noch stark genug zu sein, verlorene Marktanteile zurückzuerobern. Schließlich verfügten sie über die besseren Vertriebsnetze und starke Markennamen. Daher lehnten sie sich entspannt zurück und beobachteten, was kam.

Nachdem Taylor seinen Erfolg mit Softsoap auf landesweiten Testmärkten wiederholt hatte, fanden die Großen, es sei Zeit für eigene Tests. Da erst entdeckten sie den Engpass an Pumpen – zur Erinnerung: Taylor hatte 100 Millionen Pumpen bestellt und damit die Lieferkapazität eines Jahres aller Hersteller blockiert.

Nachdem die Großen diese Hürde überwunden hatten, standen sie vor einer weiteren schweren Entscheidung: Sollten sie ihre Markennamen für Stückseife für die neuen Flüssigseifeprodukte verwenden? Sollte zum Beispiel Procter & Gamble eine Flüssigseife unter dem Marken-

---

[12] Vielleicht wären einige der Flüssigseifepumpen in Küchen oder andere Räume gestellt worden, in denen es bisher noch keine Seife gab. Aber im Badezimmer würde Flüssigseife die Stückseife jedenfalls ersetzen. Wenn Flüssigseife also nicht zu 100 Prozent eine Verdrängung von Stückseife wäre, dann vielleicht zu 99,44 Prozent.

namen seines Flaggschiffs Ivory verkaufen oder lieber unter einem neuen Namen? Der Name Ivory steigerte die Erfolgschancen gewaltig, er stellte aber auch eine viel engere Verbindung zwischen den Spielen der Flüssigseife und der Stückseife her. Wenn die Flüssigseife unter dem Namen Ivory ein Misserfolg würde, hätte dies das außerordentlich profitable Geschäft mit der Stückseife geschädigt.

Procter & Gamble hatte gute Gründe, über eine engere Verbindung zwischen den beiden Spielen besorgt zu sein. Zunächst einmal war Flüssigseife eigentlich gar keine Seife. Sie war ein Produkt auf Detergensbasis, also ein chemisch ganz anderes Erzeugnis. Die Verbraucher hatten eine sehr konservative Einstellung zu Seife und waren Stückseifen auf Detergensbasis zuvor stets ablehnend begegnet.[13] Zweitens wurde Flüssigseife traditionell nur in gewerblichen Einrichtungen verwendet, wo sie aus hygienischen Gründen notwendig war. Konnte man für Flüssigseife ein anderes, gehobeneres Image entwickeln, wie es zur Akzeptanz bei den Käufern nötig war? Wenn viele Konsumenten die Zusammensetzung einer Flüssigseife Ivory nicht gemocht hätten, oder wenn sie das Produkt mit schmutzigen gewerblichen Waschräumen assoziiert hätten, dann wäre der wertvolle Markenname Ivory von Procter & Gamble gleich mit beschmutzt worden.

Die Unsicherheiten, von denen die Flüssigseife umgeben war, neutralisierten vorübergehend die Vorteile der großen Spieler. Da sie die hohen Mehrwerte ihrer Markennamen nicht gefährden wollten, entschieden sie sich, das Flüssigseifespiel getrennt vom Stückseifespiel zu spielen. Sie traten in den Flüssigseifemarkt ein, ohne die Markennamen ihrer Stückseifen zu verwenden. Procter & Gamble testete eine Flüssigseife unter dem Namen Rejoice. Die Tests wurden ein Fehlschlag, sodass Procter & Gamble eine Entscheidung weiter hinausschob. Armour-Dial riskierte auch nicht, seinen Markennamen Dial für sein Flüssigseifeprodukt zu benutzen, sondern nannte es Liqua 4, was mehr nach einem Abflussreinigungsmittel klang. Auch Liqua 4

---

[13] Nur eine der wichtigen Seifenmarken, Zest von Procter & Gamble, wurde auf Detergensbasis hergestellt.

fiel am Markt durch. Zweifellos hätte der Name Dial mehr Erfolg gebracht. Nach drei Jahren kam Procter & Gamble dann doch mit Flüssigseife unter dem Namen Ivory auf den Markt, setzte sehr aggressive Preise, machte aufwendige Promotions und Rabattangebote, und das alles zusätzlich zu dem eingeführten Markennamen. Immerhin wurde Liquid Ivory ein Erfolg und eroberte 30 Prozent Marktanteil.

All diese Verzögerungen bei den Branchenführern ließen für Taylor das Fenster der Gelegenheit weit und lange genug offen, um bei den Kunden eine dauerhafte Markenloyalität zu Softsoap zu entwickeln. Selbst nach der Einführung von Liquid Ivory behauptete Softsoap ihre führende Position.

Die Geschichte von Softsoap zeigt, dass Sie, was vielleicht paradox klingt, größere Erfolgschancen haben, wenn Ihr Produkt genug Aussieht auf Misserfolg hat. Haben die Konkurrenten viel zu verlieren, wenn sie sich mit voller Kraft für ein Produkt einsetzen, das durchfallen könnte, dann halten sie sich wahrscheinlich erst einmal zurück. Ein Misserfolg beschädigt den Mehrwert ihrer anderen Produkte, vor allem wenn das neue Produkt in irgendeiner Weise mit den eingeführten klar in Verbindung gebracht wird. Aus diesem Grund könnten die Konkurrenten die Verwendung ihrer angesehenen Markennamen vermeiden. Sie scheuen die zu enge Verbindung zwischen bewährten und riskanten Spielen, bleiben also vorsichtig, solange der Markterfolg des neuen Produkts sich noch nicht eingestellt hat. Diese Unsicherheit neutralisiert das, was andernfalls bedeutende Vorteile der etablierten Spieler gewesen wären.

Unsicherheit kann der Freund des Herausforderers sein. Nicht zuviel Unsicherheit, aber auch nicht zuwenig. Der Trick besteht darin, maßvolle Unsicherheit auf seiner Seite zu haben, gerade genug, um die etablierten Konkurrenten zu veranlassen, zurückhaltend zu sein, vorsichtig zu spielen und die Spiele auseinanderzuhalten.

Spiel-Raum

Um unsere beiden Geschichten über Sega und Softsoap zusammenzufassen: Beide Herausforderer haben Judostrategien benutzt, um ein Fenster der Gelegenheit zu schaffen. Sega profitierte von Nintendos Zögern, den Markt für seine eigenen 8-Bit-Videospiele zu zerstören, und Taylor profitierte mit seiner Softsoap davon, dass Procter & Gamble lange Zeit nicht wagte, seinen Markennamen Ivory aufs Spiel zu setzen.

Judo-Strategien

Wie kann ein Herausforderer der Stärke etablierter Anbieter begegnen?

Die Strategien

1. Der Herausforderer bietet ein überlegenes Produkt teuer genug an, um den Absatz der alteingeführten Produkte nicht sehr zu schmälern.
2. Der Herausforderer setzt auf ein noch nicht bewährtes Produkt; eines, das eine gewisse Chance des Scheiterns hat.

Warum die Strategien funktionieren

1. Der etablierte Anbieter scheut sich, den Herausforderer nachzuahmen, denn das würde einen Preiskrieg auslösen und den Markt für die seine eingeführten Produkte beeinträchtigen.
2. Falls der etablierte Anbieter den Herausforderer kopiert, will er eventuelle seine etablierten Markennamen nicht für die Imitationsprodukte verwenden, damit dieser Name im Falle des Scheiterns keinen Schaden nimmt.

In beiden Fällen steht der etablierte Anbieter vor einem Dilemma.

Das Alte vertreibt das Neue?

Die Geschichte der 16-Bit-Videospiele ist ein klassisches Beispiel dafür, wie etablierte Spieler die Einführung einer neuen Produktgeneration hinauszögern, um die Entstehung von Konkurrenz zur alten Produktgeneration zu verhindern. Selbst wenn sie sich endlich dazu entschließen, die neue Generation an den Markt zu bringen, sind sie immer noch gehandikapt. Denn so wie das Neue mit dem Alten konkurriert, konkurriert das Alte auch mit dem Neuen. Das alte Produkt verschwindet nicht einfach. Wenn Sie also ein neues Produkt herausbringen, liegt die Kunst darin, den Mehrwertverlust zu vermeiden, der aus der Konkurrenz mit Ihrem alten Produkt entsteht. Um Ihren Mehrwert zu schützen, müssen Sie alles tun, was Sie können, um die Verbindungen zwischen den Spielen von gestern und denen von heute zu durchtrennen.

Ändere oder stirb. Es ist zwar kaum zu glauben, aber einige Universitäts-Lehrbücher werden jedes Jahr auf den neusten Stand gebracht. Natürlich veralten Lehrbücher und müssen überarbeitet werden, aber vermutlich nicht ganz so oft. Warum erstellen die Verlage so häufige Neuauflagen ihrer Lehrbücher?

Dahinter steckt, dass ein gebrauchtes Lehrbuch ein außerordentlich guter Ersatz für ein neues ist, vor allem, wenn das neue 50 Dollar oder mehr kostet. Ehemalige Studenten wären gern bereit, einige ihrer vielen 50-Dollar-Investitionen zurückzuverdienen, indem sie ihre alten Bücher an die nächste Studenten-Kohorte verkauften, die ebenfalls gern weniger als 50 Dollar pro Lehrbuch ausgeben würden. Studenten gewännen, Verlage verlören.

Das diesjährige Spiel des Lehrbuchverkaufs ist verbunden mit dem des letzten Jahres. Die neuen Lehrbücher des vergangenen Jahres werden zu den gebrauchten dieses Jahres und höhlen den Mehrwert der diesjährigen neuen Bücher aus. Um die Nachfrage nach neuen Lehrbüchern aufrechtzuerhalten, müssen die Verlage sich einen Weg ausdenken, gebrauchte Lehrbücher aus dem Markt zu verdrängen. Sie wollen die Verbindung zwischen dem vorjährigen und dem diesjährigen Spiel durchtrennen.

Die Strategie der Verlage ist, ständig überarbeitete Neuauflagen herauszubringen. Die Dozenten ziehen es vor, die neuesten Fassungen der Lehrbücher für ihre Lehrveranstaltungen zu verwenden, was alle früheren Fassungen zu altem Eisen werden lässt. Die neuen Studenten haben daher allen Anreiz, das neue Buch zu kaufen, sodass der große Bestand an Altbüchern einen geringeren Einfluss auf den Mehrwert der neuen Ausgaben hat.

Häufiges Überarbeiten funktioniert, ist aber kostspielig. Dabei gibt es viele andere Strategien, die die Verlage ausprobieren könnten. Sie könnten Lehrbücher nicht nur verkaufen, sondern auch vermieten, beispielsweise ein Kaufpreis von 60 Dollar und eine Vermietung für 30 Dollar. Dann würden Studenten ein Lehrbuch nur kaufen, wenn sie es behalten wollen, und das Wiederverkaufsproblem wäre gelöst. In der Zukunft wird elektronisches Publizieren den Verlagen noch mehr Kontrolle über ihr Material geben. Sie werden in der Lage sein, die Bücher zu »vermieten«, indem sie während der Dauer des Semesters Zugang zum entsprechenden Netz bieten. Das lässt häufige Überarbeitungen nicht etwa zu einer Sache der Vergangenheit werden. Im Gegenteil, die Verlage können elektronische Bücher fast kontinuierlich überarbeiten lassen, aber sie werden es dann nur aus inhaltlichen Gründen tun.[14]

Verleger sind nicht die einzigen, die das Überarbeitungs-Spiel spielen. Softwarehersteller sind wahre Meister darin. Ebenso Modedesigner, Schallplattenfirmen, Parfumhersteller, Lebensmittelzeitschriften und Autohersteller. Aussehen, Klang, Duft, Geschmack und Gefühl des neuen Jahres machen die des letzten Jahres zum Schnee von gestern. Die Leute müssen immer wieder kaufen, damit sie Schritt halten können.

---

[14] Die elektronischen Verleger können sehr wohl die Autoren selbst sein.

Spielverbindungen durch Mehrwerte

Sie können es mit der Veraltungsstrategie aber auch übertreiben. Um zu sehen wie, kehren wir noch einmel zur Geschichte der 16-Bit-Videospiele zurück. Nintendos Ingenieure hatten zu entscheiden, ob sie ihr 16-Bit-System so produzieren sollten, dass damit auch Nintendos 8-Bit-Spiele gespielt werden konnten. Sie entschieden sich gegen diese Rückwärtskompatibilität. Ein Grund dafür war, die Kosten der neuen Hardware so niedrig wie möglich zu halten.[15] Es gab aber noch einen anderen Grund, der gegen die Kompatibilität sprach. Wenn die 8-Bit-Spiele auf den 16-Bit-Geräten funktioniert hätten, hätte das den Mehrwert der neuen 16-Bit-Spiele vermindert. Die Rückwärtsinkompatibilität ließ all die 8-Bit-Spiele veralten, die die Kinder vielleicht schon hatten oder sich von Freunden ausleihen konnten. So wie die Verlage Studenten dazu nötigen, die neuesten Ausgaben der Lehrbücher zu kaufen, nötigte Nintendo seine 16-Bit-Kunden, neue Software anzuschaffen.

Vielleicht wollte Nintendo hier aber auch ein wenig zu clever sein. Denn es hatte die 16-Bit-Technik ja nicht für sich allein. Nintendo befand sich im Rennen um den Aufbau einer 16-Bit-Kundenbasis hinter Sega, hatte aber den potentiellen Vorteil auf seiner Seite, praktisch Monopolist auf dem 8-Bit Markt zu sein, sodass es Unmengen von Nintendos 8-Bit-Spielen gab. Rückwärtskompatibilität wäre also gegenüber Sega ein sehr starkes Verkaufsargument gewesen. Ein Branchenanalyst schrieb: »Nintendo geht "zurück auf Los", wenn es sein 16-Bit-System einführt ... und muss auf Augenhöhe mit Sega konkurrieren.«[16] Das wäre nicht so gewesen, wenn Nintendo sein 16-Bit-System rückwärtskompatibel gemacht hätte. Durch die Inkompatibilität des 16-Bit Systems mit den 8-Bit-Spielen hat Nintendo bei dem 16-Bit-Duel unnötigerweise eine Waffengleichheit geschaffen.

---

[15] Sega bot einen Adapter für 40 Dollar an, mit dem man die alten 8-Bit-Spiele auf der Genesis-Konsole spielen konnte. Es war nicht ohne Ironie, dass Sega derjenige war, der Rückwärtskompatibilität entwickelte, wo doch Segas 8-Bit-System nie eine wesentliche Verbreitung gefunden hatte.

[16] Gary Jacobson, Analyst bei Kidder, Peabody, zitiert in: »Nintendo Cools Off«, *Advertising Age*, 10.12.1990, S. 20.

8.3. Spielverbindungen durch Regeln

Regeln sind ein direkter Hebel zur Veränderung des Spiel-Raums. Wir betrachten in diesem Abschnitt zwei Beispiele – eines, das für Geschäfte zwischen Firmen anwendbar ist, und eines, das für Verbraucher-Massenmärkte relevant ist.

Bei Geschäften zwischen Firmen können Sie den Spiel-Raum des Spiels durch die Laufzeit der Verträge, die Sie mit Ihren Kunden und Lieferanten schließen, vergrößern oder verkleinern. Verträge mit einjähriger Laufzeit schaffen Serien von Einjahresspielen, während ein Vertrag für fünf Jahre fünf Einjahresspiele in ein Fünfjahresspiel verwandelt. Wenn Sie Möglichkeit hierfür haben, dann können Sie die Länge eines Spiels bestimmen, das Sie – und andere – spielen.

Der lange und der kurze Hebel. Zwei Lieferanten reißen sich um das Geschäft mit Ihnen – Ihr jetziger Lieferant und ein Herausforderer. Die beiden gleichen einander wie ein Ei dem anderen, und jeder von beiden kann Ihnen alles liefern, was Sie brauchen. So hat keiner von beiden viel Mehrwert, wenn überhaupt einen; Sie haben alles in Ihrer Hand. Was stellen Sie mit Ihrer Macht an?

Fangen Sie damit an, einige Regeln für das Spiel festzulegen. Wollen Sie lieber ein Spiel, in dem die Lieferenten jährlich konkurrieren oder stehen Sie besser da, wenn es einen Wettbewerb um längerfristige Verträge gibt?

Wenn Sie kurzfristige Verträge abschließen, werden Sie von den Ergebnissen vermutlich enttäuscht sein. Wenn Lieferanten viele kleine Spiele spielen, konkurrieren sie vermutlich nicht so aggressiv miteinander. Der Hauptgewinn ist schließlich nur ein Einjahresvertrag – nicht genug, um den Herausforderer in die Versuchung zu bringen, ein so aggressives Angebot zu unterbreiten, das es Rückwirkungen an anderer Stelle hat. Denken Sie an die acht versteckten Kosten der Angebotsabgabe: Es ist recht wahrscheinlich, dass die Rollen des jetzigen Lieferanten und seines Herausforderers anderswo vertauscht sind, und der Herausforderer wird deshalb Ihren jetzigen Lieferanten nicht zu sehr reizen wollen – eines kleinen Preises wegen, den zu gewinnen er ohnehin keine allzu große Chance hat. Zudem wäre für den gegenwärtigen Lieferanten der Verlust des Auftrags keine Katastrophe. Es gibt immer wieder eine Chance im nächsten Jahr oder andere Gelegenheiten in diesem. Wer von den beiden auch immer Ihren Vertrag bekommt, der andere kann mit einem vergleichbaren anderswo rechnen. Ihr Spiel ist nicht so groß, als dass es auf Biegen oder Brechen gespielt werden müsste. In diesem Umfeld können sich Lieferanten auf ein »Leben und leben lassen« einrichten.

Diese impliziten Verbindungen zwischen den Spielen bringen Ihnen nichts. Sie wollen, dass Ihre Lieferanten die Verhandlungen so führen, als wäre es das einzige Spiel weit und breit. Sie wollen, dass die Lieferanten Ihr Spiel mit vollem Einsatz spielen, ohne Rücksicht auf Kollateralschäden in anderen Spielen, bei denen sie noch dabei sind.

Dieses Ziel können Sie erreichen, indem Sie den Spiel-Raum vergrößern. Je länger die Laufzeit des Vertrags, den Sie anbieten, desto mehr werden die Lieferanten das Spiel als einen Ein-für-allemal-Wettstreit behandeln. Der Vertrag ist jetzt ein ausreichend großer Preis, um den Herausforderer zu aggressiverem Bieten zu veranlassen, ohne Rücksicht auf die Konsequenzen anderswo. Und Ihr jetziger Lieferant wird den Verlust des Vertrags als einen mittleren Weltuntergang betrachten. Die nächste Gelegenheit kommt erst im Jenseits.

Es gibt noch einen weiteren Grund dafür, langfristige Verträge anzubieten, wenn Sie in einer starken Position sind. Nächstes Jahr haben Ihre Lieferanten vielleicht einen höheren Mehrwert als jetzt. Sie sollten also Ihre Schäfchen ins Trockene bringen, solange Sie in der starken Position sind. Mit einem längerfristigen Vertrag ist es so, als hätten Sie Verhandlungen kommender Jahre schon heute abgeschlossen. Das schützt Sie vor späteren Änderungen der Machtverhältnisse.

Wir wissen aus Erfahrung, wie wirksam es ist, auf langfristige Verträge überzugehen. Wir haben auf der anderen Seite des Tisches gesessen und gesehen, wie diese Strategie gegen unsere Klienten eingesetzt wurde: Sie fühlten sich genötigt, viel aggressivere Preise anzubieten als sonst. Sie mochten die Regeln nicht, aber es stand nicht in ihrer Macht, sie zu ändern.

Wenn Sie »auf der kurzen Seite des Marktes« sind (das ist die, auf der die Knappheit besteht), dann lassen Sie Ihre Kunden oder Lieferanten um langfristige Verträge konkurrieren. Umgekehrt verlangen Sie kurzfristige Verträge, wenn Sie auf der langen Marktseite sind. Natürlich werden Sie eher Ihren Willen durchsetzen können, wenn Sie auf der kurzen Seite sind – denn dann haben Sie mehr Mehrwert.

Zum Abschluss ein Wort der Warnung. Langfristige Verträge sind schwerer zu formulieren, weil man dabei mehr Möglichkeiten zu berücksichtigen sind. Aus diesem Grund bleiben langfristige Verträge zwangsläufig unvollständig, was es wahrscheinlicher macht, dass Ihr Vertragspartner später nachverhandeln will.

Langfristige Verträge

Wenn Ihre Verhandlungsposition stark genug ist, nutzen Sie sie dazu, von Ihren Lieferanten (oder Kunden) zu verlangen, um langfristige Verträge mit Ihnen zu konkurrieren.
Pro
1. Da sie nur eine Chance haben, werden Lieferanten (oder Kunden) stärker miteinander konkurrieren.
2. Sie haben die Macht – jetzt ist die Zeit, sie zu nutzen und zu sichern.
Kontra
1. Langfristige Verträge sind schwer zu formulieren und ihre Erfüllung schwer durchzusetzen.

Nach diesem Beispiel, wie Regeln im Verhältnis zwischen Firmen Spiele verbinden können, wenden wir uns nun einem Beispiel über Verbrauchermassenmärkte zu. Sehen wir uns eine erstaunlich wirkungsvolle Methode der Preissetzung an: den *Paketpreis* oder auch *Preisbündelung*. Preisbündelung verbindet das Spiel des Verkaufs eines Produkts mit dem Spiel des Verkaufs eines anderen. Wir sehen uns gleich einen echten Fall an, allerdings mit etwas vereinfachten Daten, um die recht raffinierte Theorie zu erklären, die hinter der Preisbündelung steckt.

Preisbündel. Zu den Filmen von Warner Bros. gehören *Auf der Flucht* und *Free Willy*. Bei beiden Filmen geht es um Geflohene, ansonsten haben die beiden Filme aber nichts miteinander zu tun. Einen der beiden Filme gesehen zu haben, macht es nicht notwendigerweise wahrscheinlicher oder unwahrscheinlicher, auch den anderen sehen zu wollen. Weder konkurrieren die beiden Filme miteinander, noch ergänzen sie sich. Außer dem Fluchtthema ist nur der Name Warner Bros. beiden Filmen gemeinsam. Und doch gibt es einen Grund dafür, den Verkauf der beiden Filme zu verbinden.

Nach der den Kinos vorbehaltenen Premierenlaufzeit war es für Warner Bros. an der Zeit, die beiden Filme auf dem Massenmarkt für Videofilme anzubieten. Welche Preise sollte das Unternehmen verlangen? Nehmen wir an, eine Befragung von 400 regelmäßigen Käufern von Videofilmen hätte folgende vier gleich große Marktsegmente ergeben:

- 100 Befragte würden 20 Dollar für *Auf der Flucht* bezahlen, hatten aber kein Interesse an *Free Willy*.

- Bei 100 anderen war es genau umgekehrt: Sie würden 20 Dollar für *Free Willy* bezahlen, waren aber nicht an *Auf der Flucht* interessiert.

- 100 Befragte würden beide Filme für je 20 Dollar kaufen.

- Die letzten 100 sagten, sie mögen beide Filme, waren aber nicht so begeistert. Sie würden irgend etwas zwischen 15 und 20 Dollar für jeden der Filme zahlen, sagen wir also zur Vereinfachung 17,50 Dollar für jeden.

Die Kosten für eine Filmkopie belaufen sich für Warner Bros. auf etwa fünf Dollar; die Hälfte davon entfällt auf die Herstellung von

Kassette und Verpackung, die andere Hälfte auf Werbung und Versand.

Auf der Grundlage dieser Informationen entschied sich Warner Bros. für einen Einzelhandelspreis von 19,95 Dollar für jeden Film, oder netto 10,95 Dollar und 9 Dollar Spanne für den Handel. Aus der obigen Umfrage ergibt sich, dass Warner Bros. 400 Kopien zu je 19,95 Dollar verkaufen kann, je 200 von beiden Filmen. Um auch an die vierte Gruppe verkaufen zu können, müsste Warner Bros, den Preis auf 17,50 Dollar senken. Das würde bei unveränderten 9 Dollar je Kassette für den Handel zusätzliche 200 mal (17,50 - 9,00 - 5,00) Dollar = 700 Dollar Gewinn einbringen. Gleichzeitig gingen aber 400 mal 2,45 Dollar = 980 Dollar Gewinn verloren, die von den ersten drei Gruppen von Käufern ohne die Preissenkung mehr bezahlt worden wären. Das wäre also zusammengenommen ein Verlust von 280 Dollar. Daher entschied sich Warner Bros., beim Einzelhandelspreis von 19,95 Dollar bleiben, bei dem die vierte Kundengruppe keinen der beiden Filme kauft.

Das ist ein Verlust – sowohl für diese Kunden als auch für Warner Bros. Aber es gibt einen Weg, an diese vierte Gruppe zu verkaufen, ohne Geld bei den anderen Gruppen zu verlieren.

Um das zu erreichen, hat die Filmgesellschaft die beiden Spiele über eine Preissetzungsregel verbunden: Wer *Auf der Flucht* kauft, bekommt einen Gutschein von fünf Dollar zum Kauf von *Free Willy*. Sie hätte auch den Käufern von *Free Willy* einen Gutschein von fünf Dollar zum Kauf von *Auf der Flucht* schenken können. Eigentlich lautet das Angebot: "Kaufen Sie *Auf der Flucht* und *Free Willy*, dann erhalten Sie auf den Gesamtpreis einen Rabatt von fünf Dollar."[17]

Dieser Rabatt hat keine Auswirkung auf die Geschäfte mit den ersten beiden Gruppen. Sie kaufen immer noch einen der beiden Filme für

---

[17] 20th Century Fox bietet beim Kauf von *FernGully* fünf Dollar Rabatt zum Kauf von *Star Wars* an, Warner Bros, beim Kauf von *Batman Forever* fünf Dollar zum Kauf eines Fuji-Films oder drei Dollar zum Erwerb eines beliebigen MGM/UA James-Bond-Films.

19,95 Dollar, nicht aber beide. Die dritten Gruppe bekommt einen Preisnachlass: Sie wollten ohnehin schon beide Filme kaufen und sparen jetzt 5 Dollar. Das kostet Warner Bros. hundert mal 5 Dollar, also 500 Dollar. Der Vorteil für die Filmgesellschaft ist aber, dass nun die vierte Gruppe das Paketangebot annimmt. Vom Paketpreis von 35 Dollar behält der Einzelhändler 18 Dollar, nach Abzug der zehn Dollar Kosten von den restlichen 17 Dollar verbleibt Warner Bros. ein Gewinn von sieben Dollar mal hundert neue Verkäufe, also 700 Dollar. 500 Dollar aufzugeben, um 700 Dollar zu gewinnen, ist die richtige Entscheidung.

Während je 2,50 Dollar Preisermäßigung für beide Filme einzeln einen Verlust von 280 Dollar ergeben hätte, bringt die Paketlösung, also der Preisnachlass von fünf Dollar für beide Filme zusammen, einen Zusatzgewinn von 200 Dollar. Das klingt fast wie Zauberei. Aber die Erklärung ist, dass die Filmgesellschaft mit dem Rabatt auf beide Filme zusammen die gleiche Nachfragesteigerung erzielt wie mit einem Preisnachlass für jeden Film einzeln, dabei aber nur weniger Kunden den Rabatt gewähren muss. Der Vorteil des Preisnachlasses ist der gleiche, aber die Kosten sind fast halbiert.

In diesem Beispiel gehörten die beiden Filme der gleichen Filmgesellschaft. Die Preissetzungsregel würde aber genauso gut funktionieren, wenn es Filme verschiedener Hersteller wären. Da die kombinierten Gewinne für die beiden Videofilme zusammen höher wären, gäbe es auch immer einen Weg, die Kosten des Rabatts so aufzuteilen, dass beide Gesellschaften Gewinner bleiben.

Diese Prinzip ist allgemeingültig. Es ist keine Verbindung zwischen den Produkten oder den Unternehmen nötig, die sie verkaufen. Wir sind etwa auf folgende Beispiele für Preisbündel über ganz verschiedene Branchen hinweg gestoßen:

> Kaufen Sie eine Rubbermaid Frühstücksdose, und Sie bekommen Vlasic Essiggurken 20 Cent billiger.

> Eröffnen Sie ein Konto bei der Fleet Bank, und Sie bekommen ein Delta-Ticket 100 Dollar billiger.

Kaufen Sie bei Stop & Shop und sparen Sie 50 bis 100 Dollar beim Flugtickets von Northwest Airlines.

Schließen Sie einen Handy-Vertrag bei SNET ab und bekommen Sie die Mitgliedschaft bei der American Automobile Association (AAA) umsonst.

Kaufen Sie ein Computer-Notebook »AST bravo«, und Sie bekommen einen kostenlosen Skiurlaub in Vail (Colorado) dazu.

Treten Sie in den National Car Rental's Emerald Club ein, und Sie bekommen dafür die Diners-Club-Carte 75 Dollar billiger.

Die Anwendbarkeit von Paketrabatten reicht viel weiter, als Sie sich vorstellen können. Nehmen Sie wahllos zwei ganz unterschiedliche Produkte – Sie können darauf wetten, dass mit ihnen mehr Geld zu verdienen ist, wenn Sie sie zusammen mit einem Paketpreis anbieten. Paketrabatte grenzen wirklich an Zauberei. Sie sind zwar nicht gerade selten, aber auch nicht übermäßig verbreitet. Diese Strategie hat noch ein ungeheures ungenutztes Potential.

Gewinne durch Paketpreise

Steigern Sie den Umsatz durch Paketrabatte, durch die Sie Ihre Gewinne weniger vermindern, als Sie durch den Mehr-Umsatz erhöhen.

Zwei Warnungen sind nötig. Paketrabatte sind am wenigsten wirksam, wenn die Käufer des einen Produkts voraussichtlich auch Käufer des anderen Produkts sind. Stellen Sie sich vor, wir hätten im Film-Beispiel *Krieg der Sterne Episode IV* und *Episode V* genommen statt *Free Willy* und *Auf der Flucht*. In solchen Fällen kaufen die meisten Kunden ohnehin entweder beide Filme oder keiner von beiden. Ein Paketpreis wirkt dann eher wie eine ganz normale Preisermäßigung ohne weitere Besonderheit.

Die zweite Falle ist, dass man auf die Möglichkeit des Weiterverkaufs achten muss. Wenn ein Markt für die Coupons oder für die Einzelteile des Pakets entsteht, hat der Verkäufer seine Fähigkeit zur Paketpreisgebung verloren; jedes Produkt hat dann letztlich wieder einen einzelnen Preis. Wenn der Couponwert klein ist, ist auch die Gefahr der Bildung eines Sekundärmarktes gering; bei hohen Preisnachlässen, ist die Gefahr aber beträchtlich. Allerdings gibt es einige Wege, diese Falle zu umgehen. Eintrittskartenblöcke für ganze Veranstaltungsserien werden oft verbilligt verkauft. Einige Veranstalter geben in diesen Fällen aber nur eine einzige Karte für die gesamte Saison statt eines Blocks aus Einzelkarten. Wer nun versucht, ein Einzelticket weiterzuverkaufen, läuft Gefahr, die Dauerkarte für die gesamte Saison nicht wiederzubekommen.

8.4. Spielverbindungen durch Taktiken

Zwei Spiele sind verbunden, wenn auch nur einer der Spieler sie für verbunden *hält*. Die zwei Spiele werden zu einem größeren Spiel, wenn einer der Spieler glaubt, dass das, was in einem Spiel geschieht, davon abhängt, was in dem anderen passiert. Wenn Taktiken diese Wahrnehmungen einer Verbindung erzeugen oder zerstören, verschieben sie die Begrenzungen des Spiels.

Drohungen und Versprechungen sind die klassischen Beispiele für die Erzeugung einer wahrgenommenen Verbindung. Sie sollen Andere dazu zu bringen, etwas *wegen* der angekündigten Reaktion zu tun oder zu lassen. Die Anderen tun etwas wegen ihrer Wahrnehmung über das, was Sie an anderer Stelle tun werden. Einen Präzedenzfall zu schaffen ist eine weitere Taktik, um Verbindungen zwischen verschiedenen Spielen herzustellen. Sie machen heute einen Zug in einem Spiel, um Andere davon zu überzeugen, dass Sie morgen in einem ähnlichen Spiel den gleichen Zug machen würden.

Sie können eine Verbindung einseitig herstellen. Sie brauchen dafür die anderen Spieler nur davon zu überzeugen, dass Sie zwei Spiele als miteinander verbunden ansehen und dass Sie sie als verbunden behandeln werden. Um die Konsequenzen daraus zu verstehen, müssen die anderen Spieler die Spiele ebenfalls als verbunden behandeln.

Spielverbindungen zu schaffen ist eine alte Idee: Einer bringt ein neues Thema ins Spiel, der andere will es außen vor halten. In Handelsabkommen werden Verknüpfungen oft explizit gemacht. Welche Fragen sollen zusammen erörtert werden? Reis- und Rindfleischimporte, Meistbegünstigungsstatus eines Landes, Menschenrechte, Militärhilfe, Urheberrechtsschutz, Fischereirechte. Die Verbindungen können sehr eng oder sehr lose sein: mit unverhohlenen Drohungen oder Versprechen ganz bestimmter Handlungen oder auch nur mit der vagen Andeutung einer allgemeinen Politik.

Der Hauptzutat für Spielverknüpfungen ist *Abhängigkeit*: Ein anderer Spieler muss glauben, dass das, was Sie in einem Spiel tun werden, von dem abhängt, was in einem anderen Spiel passiert. Oder Sie glauben, dass er das glaubt. Oder er glaubt, Sie glauben, dass er das glaubt. Im ganzen Spiel geht es um Wahrnehmungen.

Auf der Leitung. Im Kapitel über Taktik haben wir schon einen Blick auf die Verhandlungen zwischen den Fernsehgesellschaften und den Kabelbetreibern über die Programmeinspeisung geworfen. Die meisten Gesellschaften – besonders CBS – zogen den Kürzeren. Sehen wir uns hier einmal das Spiel in Südtexas an, wo die Verhandlungen ein wenig anders ausgingen.

Anders als die Sender im ersten Beispiel ließen sich die Stationen in der Stadt Corpus Christi nicht als die bösen Buben hinstellen. Sie waren dort diejenigen, die Einfluss auf die öffentlichen Meinung nahmen. Mike McKinnon, der Gründer und Besitzer von KIII, dem lokalen Sender von ABC in Corpus Christi, benutzte seinen Sender, um die folgende Ankündigung zu senden: »Wenn Kabel-TCI Ihre Grundgebühren um 60 Cent je Abonnent senkt, werden wir ihnen die Genehmigung geben, unsere gesamte Programmpalette kostenlos einzuspeisen. Und Kostenlos heißt kostenlos.«[18] TCI, der regionale Kabelprovider, berechnete den Abonnenten eine Grundgebühr von 10,23 Dollar pro Monat, das sind 60 Cent pro Sender. Dennoch war TCI nicht bereit, den Sendern irgendetwas für ihre Programme zu bezahlen. Wenn aber KIII nicht bezahlt wurde, dann sollte auch TCI nicht bezahlt werden.

In Texas wird Vieles ein wenig anders gemacht als anderswo. In den meisten Orten der USA werden Fernsehsender oft gekauft und verkauft, aber die drei Sender der ABC-, CBS- und NBC-Programme waren noch im Besitz ihrer ursprünglichen Gründer. Der CBS-Sender KZTV war 1956 von dem nunmehr 88jährigen Vann Kennedy gegründet worden und der NBC-Sender KRIS im gleichen Jahr von T. Frank Smith Jr. Die drei Gründer, McKinnon, Kennedy und Smith, hatten eine lange gemeinsame Zeit. TCI konnte versuchen zu teilen und zu herrschen, doch die drei Eigentümer McKinnon, Kennedy und Smith hielten sich gegenseitig die Stange. Sie wussten sehr wohl, dass die beiden anderen klein beigeben müssten und nichts für ihre Programme bekommen würden, wenn einer allein einen Vertrag mit TCI machte. Aber wenn alle drei durchhielten, dann musste TCI am Ende für die Programme zahlen.

Als der Schlusstermin für die Verhandlungen ablief, ohne dass eine Einigung erzielt wurde, schalteten alle drei Sender die Kabelübertragung ab. Die Zuschauer waren entrüstet, dass ihr Kabelbetreiber keines der drei Programme mehr sendete. TCI versuchte, sie mit der Verteilung von 40.000 Umschaltern zu beschwichtigen, mit denen zwischen Empfang per Kabel und über Antenne umgeschaltet werden konnte, aber dieses Trostpflaster war keine wirkliche Lösung.

Die TCI-Kunden blieben unzufrieden, und TCI war nicht ganz ohne Konkurrenz. Omnivision, ein lokaler »drahtloser Kabelprovider«[19], hatte für die Einspeisung aller drei Sender bezahlt. Die drei Stationen

---

[18] *Corpus Christi Caller Times*, 8.10.1993.

[19] CR: Gemeint ist eine drahtlose Breitbandverbindung, die meist in Gebieten angewandt wird, in denen eine Verkabelung nicht wirtschaftlich ist.

waren nicht mehr im TCI-Kabelnetz, aber sie waren über Omnivision zu empfangen. Als Resultat begann eine Abwanderung von TCI zu Omnivision – schon in den ersten zwei Wochen waren es über 2000 Kunden.

TCI entschied sich für den offenen Kampf. Die Gelegenheit dazu ergab sich im ganz in der Nähe gelegenen texanischen Beaumont, wo der KIII-Besitzer McKinnon ebenfalls einen Sender besaß, den ABC-Sender KBMT. Die CBS- und NBC-Sender in Beaumont hatten ihre Zustimmung zur kostenlosen Einspeisung bereits erteilt, sodass sich McKinnon gezwungen sah, ebenfalls eine Zustimmung zur kostenlosen Einspeisung zu geben, denn er konnte es sich nicht leisten, als einziger der drei aus dem Kabel zu bleiben. Er erlebte aber eine Überraschung: TCI lehnte sogar die kostenlose Übertragung ab.

TCI verband das Spiel in Corpus Christi mit dem in Beaumont: Wenn McKinnon KBMT wieder ins Kabel bekommen wolle, musste er auch seinen Sender KIII wieder ans Netz lassen. McKinnon erklärte:»Wir waren zur Zustimmung in Beaumont bereit, aber [der TCI-Vizepräsident Robert] Thompson sagte auf einer Pressekonferenz, dass sie KBMT als Faustpfand für Corpus Christi nehmen würden.«[20] Ein Sprecher von TCI bestätigte, dass es in der Tat darum ging, McKinnon aus der Phalanx der drei Sender herauszubrechen, die in Corpus Christi der kostenlosen Kabeleinspeisung ihrer Programme nicht zustimmen wollten; »Wenn er [McKinnon] in Beaumont durchkommt, bekommt er auch überall sonst, alles was er will.«[21]

McKinnon war in einem Dilemma. In Corpus Christi nicht mehr über Kabel gesendet zu werden war ein Problem, aber dort wurden die Programme von CBS und NBC auch nicht in das TCI-Kabelnetz eingespeist, sodass er wenigstens keine Zuschauer an sie verlor. Aber in Beaumont war er der einzige ohne Kabelübertragung, und seine Zuschauer wechselten zu den konkurrierenden Programmen.

---

[20] *Communications Daily*, 13.10.1993.
[21] Ebd.

Kennedy und Smith, die in Corpus Christi mit McKinnon an einem Strang zogen, erkannten aber die Taktik von TCI und wussten, dass McKinnons Problem auch ihr Problem war. Es lag nicht in ihrem Interesse, dass McKinnon in Beaumont in der Klemme war. Wenn es TCI gelang, McKinnon zur Kapitulation in Corpus Christi zu bewegen, dann wäre ihre Verhandlungsposition empfindlich geschwächt. Daher schafften sie zusammen mit McKinnon ihre eigene Spielverbindung. Sie lehnten es ab, über irgendwelche Vorschläge von TCI in Corpus Christi zu verhandeln, solange McKinnon Sender in Beaumont nicht wieder am Kabelnetz war. »Sie halten [KBMT in Beaumont] als Geisel. Wir können nicht viel machen, bis der Sender wie der am Netz ist«, kommentierte Smith.[22] Die Taktik hatte Erfolg: Das Programm von McKinnons Sender KBMT wurde wieder in das Kabelnetz eingespeist, und die Verbindung zwischen den Spielen von Beaumont und Corpus Christi war wieder getrennt.

Obwohl TCI nun akzeptierte, dass es den drei Sendern in Corpus Christi etwas für ihre Programme zu zahlen hatte, waren sie besorgt, einen Präzedenzfall zu schaffen. Der Kabelbetreiber wollte keinesfalls den Eindruck aufkommen lassen, er könnte auch anderswo zu Zahlungen für die Einspeisung bereit sein. Es wollte keinesfalls eine Verknüpfung zukünftiger Verhandlungen mit dem Spiel in Corpus Christi.

Smith machte aber einen kreativen Vorschlag: »Es ist mir völlig egal, wer das Geld bekommt, aber wenn sie mein [KRIS-] Programm im Kabel haben wollen, so müssen sie jemanden dafür bezahlen.«[23] Dieser Jemand entpuppte sich schließlich als der Campus der Texas A&M University in Corpus Christi, dem TCI einen nicht bekanntgegebenen Betrag für Stipendien spendete. Als Gegenleistung gaben die drei Sender TCI die Zustimmung zur Einspeisung ihrer Programme in das örtliche Kabelnetz.[24] Diese indirekte Art der Zahlung in Corpus

---

[22] *Corpus Christi Caller Times*, 19.10.1993.
[23] *Corpus Christi Caller Times*, 17.11. 1993.
[24] *Television Digest*, 22.11.1993.

Christi bewahrte immerhin einige Unsicherheit darüber, ob TCI anderorts für Einspeisungszustimmungen tatsächlich bereit wäre, etwas zu bezahlen.

Einige Spiele sind auf fast natürliche Weise miteinander verbunden, sollten aber besser unverbunden bleiben. Der folgende mit geänderten Namen wiedergegebene Fall zeigt, dass es manchmal besser ist, den Spiel-Raum eines Spiels nicht auszuweiten.

Die tapfere Schneiderin. Melanie, die Geschäftsführerin eines großen Textilherstellers, war angenehm überrascht, als einer ihrer größeren Kunden sie anrief und um eine Erhöhung der für das laufende Jahr vereinbarten Menge bat. Im Januar hatte Melanie mit dem Kunden vereinbart, ihn das Jahr über zu einem festen Preis zu beliefern. Als Gegenleistung für die Preisgarantie hatte der Kunde im Vertrag zugesagt, ausschließlich von Melanie zu beziehen.

Es war eine gute Nachricht, dass das Geschäft des Kunden so gut ging, dass er absehen konnte, bis zum Jahresende mehr als die vereinbarte Warenmenge zu benötigen. Die schlechte Nachricht war, dass der Kunde für die zusätzliche Menge einen Rabatt von zehn Prozent haben wollte. Melanie bat um Bedenkzeit.

Ihr Finanzchef war entschieden gegen den Rabatt. Der Kunde hatte einem Preis zugestimmt und wollte sich nun aus seiner Zusage herausstehlen. Den Rabatt zu gewähren würde nicht nur bedeuten, bei diesem Geschäft Geld zu verschenken, sondern es wäre auch einen schlechtes Beispiel für die Zukunft. Der Kunde könnte den Eindruck gewinnen, auch alle zukünftigen Verträge nachverhandeln zu können. Schlimmer noch, der niedrigere Preis könnte zu einer neuen Ausgangsbasis für künftige Vertragsverhandlungen werden.

Statt einfach Geld zu verschenken, wollte der Finanzchef den Rabatt mit einer Vertragsverlängerung verbinden. Der Kunde würde Melanie zwar ohnehin nahelegen, dass der Rabatt ihn für eine Vertragsverlängerung am Jahresende günstig stimmen werde, aber warum solle man die Dinge dem Zufall überlassen? So schlug der Finanzchef vor, dem Rabatt zuzustimmen, aber zum Ausgleich gleichzeitig auf eine sofortige Vertragsverlängerung für ein weiteres Jahr zu bestehen.

Melanie hielt dies dagegen für eine sehr gefährliche Taktik. Beim normalen Gang der Dinge hätte sie den Vertrag für das nächste Jahr nicht vor November ins Gespräch gebracht, und jetzt war es erst Juli, sodass der Vertrag noch eine Laufzeit von mehr als fünf Monaten hatte. Schon heute das Gespräch über den nächsten Vertrag zu beginnen war das letzte, was sie wollte.

Melanie wusste, dass November die richtige Zeit zur Aushandlung eines neuen Vertrags war. So spät im Jahr ist es schwer für den Kunden, einen anderen Lieferanten zu finden, der im Januar mit den Lieferungen beginnen konnte. Wenn Melanie aber schon so früh über den Vertrag für das nächste Jahr verhandelte, hätte der Kunde mehrere Monate, um einen anderen geeigneten Lieferanten zu finden. Deshalb hielt sie es für klüger, die Verhandlungen über den Rabatt und den nächsten Vertrag so weit wie möglich auseinanderzuhalten.

Sie hatte noch einen anderen Grund dafür, die beiden Spiele getrennt zu halten. Völlig unabhängig davon, ob es geschickt war, den nächsten Vertrag schon jetzt ins Spiel bringen, war sie besorgt, dass der Kunde ihr eine Verknüpfung der beiden Spiele übelnehmen könnte.

Der Finanzchef sah die Argumente Melanies ein, hielt aber dagegen, dass ein Nachgeben den Eindruck erwecken würde, das Unternehmen lasse einfach alles mit sich machen. Doch Melanie sah das anders. Sie hatte gar nichts dagegen, wenn der Kunde glaubt, mit ihr leichtes Spiel zu haben. Wenn erst einmal der November da ist, würde der Kunde dann wahrscheinlich etwas selbstsicherer als sonst in die Verhandlungen über den neuen Vertrag gehen und möglicherweise schlechter vorbereitet sein.

Melanie rief den Kunden zurück und wiederholte, dass der gegenwärtige Vertrag ihn dazu verpflichtete, alle Ware von ihr zu beziehen, und zwar zum ausgemachten festen Preis. Dies einmal gesagt, sei sie aber froh, dass sein Geschäft so gut ging, und wolle ihm behilflich sein. Welchen Rabatt er denn wirklich brauche? Der Kunde sagte sieben Prozent, und zu diesem Rabatt wurde das Zusatzgeschäft abgeschlossen.

Wie sich herausstellte, führte der Kunde die Verhandlungen am Jahresende dennoch sehr hart. Sie zogen sich bis weit in den Dezember hinein. Schließlich drohte er, sich einen neuen Lieferanten zu suchen, wenn Melanie seine Bedingungen nicht annehme. Daraufhin bat sie den Kunden höflich, sich einmal zu überlegen, wie er dann im nächsten Monat beliefert werden wolle. Der Kunde wusste natürlich, dass er zu diesem späten Zeitpunkt keine Alternative zu Melanie mehr finden konnte. Sein Bluff war aufgeflogen. Melanie brachte den Kunden dazu, einen neuen Vertrag mit Bedingungen zu unterzeichnen, mit denen beide Seiten leben konnten. Der Basispreis würde der gleiche bleiben wie jener im ablaufenden Jahr, und Mengen, die über die im letzten Jahr abgenommenen hin ausgingen, würden mit Rabatten belohnt.

Mit der folgenden letzten Fallstudie in diesem Buch schließt sich ein Kreis. Wir haben unsere Untersuchung der SMaRTS mit der Geschichte von Holland Sweeteners Eintritt in den US-Markt für Aspartam begonnen, nachdem NutraSweets Patent abgelaufen war. Wir haben gesehen, wie Holland Sweetener Pepsi Cola und Coca Cola half, Hunderte von Millionen Dollar zu sparen, ohne viel dafür als Gegenleistung zu bekommen. Das war das Endspiel. Jetzt schauen wir uns das Eröffnungsspiel an, das in Europa ausgetragen wurde.[25]

Süße Versuchung. NutraSweets europäisches Patent lief 1987 aus, fünf Jahre, bevor das amerikanische Patent endete. Obwohl der europäische Markt für Aspartam klein und für sich genommen nicht von

---

[25] Einige dieser Informationen entstammen der Fallserie *Bitter Competition: The Holland Sweetener Company versus NutraSweet* (Harvard Business School Publishing, 9-794-079 bis 794-085, 1993).

Spielverbindungen durch Taktiken

besonderem Wert war, stellte das Spiel in Europa die Weichen für das spätere Geschehen in den USA.

Holland Sweetener trat mit einem kleinen Werk mit einer Jahreskapazität von 500 Tonnen in den europäischen Markt ein. Es gab ein Judoelement in der Strategie von Holland Sweetener. NutraSweet, der etablierte Spieler in Europa, beherrschte den Markt. Den Preis drastisch zu senken, um den Herausforderer abzuwehren, hätte Nutra-Sweet wesentlich mehr Schaden zugefügt als einige Marktanteile zu verlieren. Dennoch senkte NutraSweet den Preis nach dem Markteintritt von Holland Sweetener aggressiv und löste einen Preiskrieg aus. Anfang 1990 war der Aspartam-Preis von 70 Dollar pro Pfund auf 22 bis 30 Dollar gefallen, sodass Holland Sweetener Geld verlor.

Was hatte NutraSweet vor? Auf den ersten Blick schienen die drastischen Preissenkungen wirtschaftlich nicht sinnvoll zu sein. Mit den Schleuderpreisen gab NutraSweet 80 Prozent seiner Gewinnmarge auf. Das Unternehmen hätte besser abgeschnitten, wenn es nach der Devise »leben und leben lassen« verfahren wäre und etwas Marktanteil abgegeben hätte.

Den europäischen Markt allein zu betrachten ist aber eine zu starke Einengung des Spiel-Raums. NutraSweet blickte schon vorausschauend auf die Zeit, wenn der US-Patentschutz auslief. Holland Sweeteners Produktionskapazität von 500 Tonnen reichte gerade für fünf Prozent der Weltnachfrage. Das war keine große Bedrohung. Die Bedrohung war, dass Holland Sweetener in Versuchung geraten könnte, die Kapazität auszuweiten, wenn sie mit dem ersten Werk erst einmal Geld verdienten. Deshalb versuchte NutraSweet, den Angreifer schon im Keim zu ersticken.

Durch den erbarmungslosen Konkurrenzkampf in Europa ließ Nutra-Sweet den Konkurrenten keine Gewinne machen und hinderte ihn so daran, durch Kapazitätserweiterungen auch Fortschritte auf der Lernkurve und auf der Kostendegressionskurve zu machen. Wichtiger noch, NutraSweets aggressive Reaktion auf das Werk von Holland Sweetener statuierte ein Exempel. Die Taktik war, den Eindruck zu erwecken, dass jeder andere Versuch, in den Aspartammarkt einzu-

Spiel-Raum

steigen, auf die gleiche feindselige Reaktion stoßen würde. Der Preiskrieg mit Holland Sweetener sollte eine Warnung an jeden sein, der auch nur in Erwägung zog, nach 1992 in den US-Markt für Aspartam einzusteigen. NutraSweet hoffte zweifellos auch, dass Holland Sweetener zu denen gehören würde, bei denen diese Botschaft ankam.

Eine Botschaft ging hinaus, aber wie war sie zu lesen? Vielleicht bluffte NutraSweet ja auch nur. Die Tatsache, auf dem kleinen europäischen Markt einen Preiskrieg zu führen, legte NutraSweet ja keineswegs darauf fest, es in den USA auch zu tun. Der Grund für den Kampf in Europa bestand darin, den Eintritt in den amerikanischen Markt abzuschrecken. Wenn die Abschreckung aber nicht wirkte und sich dennoch jemand auf den amerikanischen Markt wagte, gab es keine Begründung mehr für einen zweiten Preiskrieg. Denn danach gab es ja keine weiteren Märkte mehr zu schützen.

Wenn Holland Sweetener sich in die Lage von NutraSweet versetzt hätte, hätten sie sich ausrechnen können, dass NutraSweet bei einem Preiskrieg in den USA wenig zu gewinnen gehabt hätte. Sie hätten sogar ziemlich viel zu verlieren gehabt. Wegen seiner zehnfachen Größe gegenüber dem europäischen Markt war der amerikanische Markt viel zu einträglich, um die Gewinne einem Preiskrieg zum Opfer fallen zu lassen.

Nach dieser Logik hätte Holland Sweetener den Preiskrieg in Europa getrost ignorieren können, die Kapazitäten ausbauen und in den US-Markt eintreten können. Folgt man dieser Logik aber noch einen Schritt weiter, dann stellt sich die Frage, warum NutraSweet den Kampf in Europa überhaupt erst begonnen hat. Vielleicht war NutraSweet doch nicht so kühl und berechnend? Vielleicht würden sie trotz dieser Logik einen Preiskrieg in den USA beginnen? Oder NutraSweet *war* zwar kühl und berechnend, wollte aber Holland Sweetener Glauben machen, es nicht zu sein.

Bluff oder nicht, NutraSweets Taktik funktionierte. Der Preiskrieg in Europa machte es Holland Sweetener schwer, eine Kapazitätsausweitung zu rechtfertigen. Das Unternehmen machte Verluste in Europa und sah die Aussichten in den USA nicht mehr so rosig wie zuvor.

Spielverbindungen durch Taktiken

Daher schob es die Erweiterungspläne hinaus, und als der US-Markt sich Ende 1992 öffnete, konnte Holland Sweetener dort nur eine begrenzte Präsenz zeigen.[26] Zwar konnten Coca Cola und Pepsi Cola sogar Holland Sweeteners eingeschränkte Präsenz dazu nutzen, niedrigere Preise mit NutraSweet auszuhandeln, aber diese Preise hätten noch niedriger ausfallen können, wenn Holland Sweetener ein glaubwürdigerer Spieler gewesen wäre. Mit seiner kleinen Produktionskapazität hätte das Unternehmen den gesamten Bedarf der beiden Getränkehersteller gar nicht decken können. Das begrenzte das Ausmaß, in dem sie Holland Sweetener als Druckmittel gegen NutraSweet einsetzen konnten.

Die kleine Fabrik von Holland Sweetener konnte nicht zu einer Judostrategie verwendet werden. Im Gegenteil, durch den kleinen Start bot Holland Sweetener dem großen Konkurrenten einen Anreiz, einen Preiskrieg in Europa anzufangen. Vielleicht war der Krieg ja wirklich nur Schattenfechterei, aber schon die kleine Chance, dass der Bluff funktionieren konnte, war für NutraSweet Anreiz genug. Die Kosten des Preiskriegs auf dem kleinen europäischen Markt waren unbedeutend gegenüber dem Vorteil, Konkurrenz auf dem US-Markt abzuschrecken oder auch nur zu verzögern. NutraSweet hatte jeden Anreiz, etwas Furcht und Unsicherheit zu verbreiten – in der Hoffnung, Holland Sweetener davon abzuhalten, die Produktionskapazitäten auszubauen.

Wenn Sie mit nur einer geringen Kapazität in einen Markt eintreten, gehen Sie das Risiko ein, dass der Verteidiger versucht, Sie unsanft aus dem Spiel zu drängen. Hier sollten Sie die »Sumostrategie« in Betracht ziehen. Wenn Sie große Pläne haben, starten Sie auch groß. Bauen Sie von Anfang an eine große Fabrik. Dann gerät der Konkur-

---

[26] Die Anlagen mit einer zusätzlichen Jahreskapazität von 1500 Tonnen, die Holland Sweetener schließlich baute, gingen erst in der zweiten Jahreshälfte von 1993 in Betrieb, ein Jahr nach der Öffnung des US-Marktes. Siehe auch den Epilog zur Holland-Sweetener-Geschichte in dem Kapitel über Spieler.

rent nicht in Versuchung, aggressiv zu reagieren, um Sie von einer späteren Expansion abzuhalten.

8.5. Das noch größere Spiel

Die wichtigste Lektion dieses Kapitels ist, dass jedes Spiel in einem größeren Zusammenhang steht. Daher ist es bei jedem Spiel möglich, seine Grenzen zu erweitern oder einfach nur zu verschieben. Selbst wenn ein Spieler den Spiel-Raum eines Spiels zu verengen scheint, liegt es nur an dessen Macht in einem größeren Spiel, das ihm dieses Manöver ermöglicht. Auch wenn Sie zu wissen glauben, welches Spiel Sie spielen, ist dieses Spiel unweigerlich Teil eines noch größeren Spiels. Das ist eine gute Nachricht zum Ende.

> Es gibt immer ein noch größeres Spiel.

9. Bereit zum Wandel

Sie haben jetzt alle Werkzeuge, die Sie benötigen, um die Spieltheorie auf das Geschäftsleben anzuwenden. Aber, natürlich, ist das erst der Anfang. Was kommt als Nächstes? Die Spieltheorie ist ein Werkzeug, das Bestandteil Ihres Denkens werden sollte. Plato hat gesagt, das unverstandene Leben sei nicht wert, gelebt zu werden. Im Geschäftsleben konnten Sie sagen: Das unverstandene Spiel ist es nicht wert, gespielt zu werden.

Wenn Sie beginnen, das, was Sie tun, aus der Perspektive der Spieltheorie zu betrachten, werden Sie viele Eigenschaften Ihres Geschäfts nicht mehr als selbstverständlich voraussetzen. Sie werden erkennen, dass Sie das Spiel, in dem Sie sich befinden, nicht einfach akzeptieren müssen. Das ist eine außerordentlich befreiende Erkenntnis. Sie erlaubt Ihnen, über die Beschränkungen Ihrer gegenwärtigen Situation hinauszusehen und macht Sie frei für die Suche nach dem wahren Gewinn, der sich aus einer Änderung des Spiels ergeben kann.

Wahrscheinlich werden Sie einige Möglichkeiten nahezu auf der Stelle finden, wie Sie das Spiel zu Ihren Gunsten verändern können. Nehmen Sie diese Änderungen vor und Sie werden sehen, dass sich die Anwendung Spieltheorie mehr als lohnt. Aber damit sind Sie noch nicht zu Ende.

Das Spiel zu ändern ist nichts, was man einmal tut und dann zur Seite legt. Es ist ein fortlaufender Prozess. Egal wie gut Sie Ihre Chancen schon genutzt haben, es wird neue geben, die Sie am besten nutzen, indem Sie das Spiel erneut ändern. Egal wie sicher Ihre Position auch sein mag, es wird neue Herausforderungen geben, denen Sie am besten begegnen, indem Sie das Spiel weiter ändern.

Denn auch andere Spieler werden versuchen, das Spiel zu ändern. Manche dieser Änderungen werden zu Ihren Gunsten auswirken, andere nicht. Möglicherweise müssen Sie auf diese Veränderungen des Spiels mit weiteren Spieländerungen reagieren. Das Spiel der Spielveränderungen hat kein Ende.

9.1 Eine Checkliste für den Wandel

Um Ihnen zu helfen, Spiele möglichst effektiv zu ändern, haben wir eine Liste von Fragen zur Selbstdiagnose zusammengestellt. Diese nach dem SMaRTS-Modell geordnete Fragenliste fasst die Grundideen dieses Buches zusammen.

Fragen zu den Spielern

- Haben Sie das Wertenetz Ihres Unternehmens aufgezeichnet und sichergestellt, dass die Liste der Spieler auch wirklich vollständig ist?

- Wo haben Sie Möglichkeiten zur Kooperation und wo stehen Sie in Konkurrenz zu Ihren Kunden und Lieferanten sowie zu Ihren Konkurrenten und Komplementären?

- Möchten Sie die Liste der teilnehmenden Spieler ändern? Vor allem, welche Spieler möchten Sie neu ins Spiel bringen?

- Wer gewinnt und wer verliert, wenn *Sie* ins Spiel eintreten?

Fragen zum Mehrwert

- Was ist Ihr Mehrwert?

Eine Checkliste für den Wandel

- Wie können Sie Ihren Mehrwert steigern? Besonders: Können Sie die Loyalität Ihrer Kunden und Lieferanten erhöhen?
- Was sind die Mehrwerte der anderen Spieler in diesem Spiel? Liegt es in Ihrem Interesse, deren Mehrwerte zu begrenzen?

Fragen zu den Regeln

- Welche Regeln sind gut, welche sind schlecht für Sie?
- Welche neuen Regeln wünschen Sie sich? Vor allem, welche Art von Verträgen möchten Sie mit Ihren Kunden und Lieferanten vereinbaren?
- Liegt es in Ihrer Macht, diese Regeln aufzustellen? Hat jemand anders die Macht, sie umzustoßen?

Fragen zu den Taktiken

- Wie nehmen andere Spieler das Spiel wahr? Wie wirken diese Wahrnehmungen auf den Ablauf des Spiels?
- Welche Wahrnehmungen möchten Sie beibehalten, welche verändern?
- Sollte das Spiel lieber transparent oder undurchsichtig sein?

Fragen zum Spiel-Raum

- Was ist der derzeitige Spiel-Raum? Wollen Sie ihn verändern?
- Möchten Sie das jetzige Spiel mit anderen Spielen verbinden?
- Möchten Sie das jetzige Spiel von anderen Spielen abtrennen?

Je mehr Sie sich diese Fragen stellen – nicht nur gelegentlich, sondern diszipliniert und systematisch – desto mehr Möglichkeiten werden Sie finden, Ihr Spiel zu verbessern. Es ist wichtig, methodisch darüber nachzudenken, wie man das Spiel ändern kann. Das ist die große Stärke der spieltheoretischen Vorgehensweise: Sie hilft Ihnen, das ganze Spiel zu erfassen.

Was Sie nicht sehen, können Sie nicht ändern. Indem die Spieltheorie alle Spieler und alle Wechselwirkungen identifiziert, erweitert Sie Ihr Repertoire an Strategien zur Änderung des Spiels. Gleichzeitig hilft sie Ihnen, jede identifizierte Veränderungsmöglichkeit umfassender und damit zuverlässiger zu bewerten. Die Spieltheorie zeigt Ihnen, wie Sie sich in die Perspektiven der anderen Spieler hineindenken, um zu verstehen, wie sie auf Ihre neuen Strategien reagieren werden. Aus dieser umfassenderen Sicht schaffen Sie für sich eine wirkungsvolle und zuverlässige Menge an Handlungsmöglichkeiten.

9.2. Das noch vollständigere Gesamtbild

Unser Ziel mit diesem Buch war es, ein vollständigeres Bild von Geschäftsbeziehungen zu zeichnen. Coopetition liegt schon länger in der Luft, und wir wollen diesen Wandel beschleunigen, weg von der reinen Konkurrenz, der das Denken des Geschäftslebens so lange bestimmt hat. Besonders wollen wir der kampfbetonten Einstellung etwas entgegensetzen, die viele Spieler davon abhält, den gemeinsamen Kuchen zu vergrößern.

Ein "besseres Spiel" zu (er)finden, muss nicht zulasten anderer Spieler erfolgen. Diese Sichtweise erleichtert es ganz erheblich, die besten Strategien zu finden, seien sie nun im Geiste der Kooperation oder der Konkurrenz. Wir haben einige Fälle behandelt, in denen es die beste Strategie war, Andere zu besiegen, und das Resultat war das von Gewinner und Verlierer. Manchmal ist das die Lösung. Aber wir sollten nicht von Anfang an voraussetzen, dass dies die einzige Lösung ist.

Sehr oft führt die beste Strategie zu vielen Gewinnern. Wir haben in diesem Buch viele Situationen gesehen, in denen es Firmen gelungen ist, ein größeres Stück Kuchen abzubekommen, indem sie den gesamten Kuchen vergrößert haben. Nach Möglichkeiten zu suchen, wie man den Kuchen vergrößert – und ein Auge darauf zu halten, wie man ihn auch essen kann –, hilft dabei, einerseits eine wohlwollendere Einstellung zu den anderen Spielern zu entwickeln und andererseits wach genug zu bleiben, um seine eigenen Interessen zu verteidigen.

Das Geschäftsleben ist Kooperation, wenn es um das Backen des Kuchens geht, und es ist Konkurrenz, wenn es an die Aufteilung geht. Diese Dualität gibt Geschäftsbeziehungen etwas Paradoxes. Zu lernen, wie man mit dieser Dualität umgeht, ist der Schlüssel zum Erfolg.

Wir wünschen uns, dass dieses Buch das Spiel des Geschäftslebens ändert. Wir hoffen, dass unsere Vorschläge für einen größeren Kuchen das Geschäftsleben profitabler und persönlich befriedigender zugleich macht. Wir hoffen, dass unsere Vorschläge für die Änderung des Spiels das Geschäftsleben dynamisch und zukunftsorientiert werden lässt. Indem wir den Status quo in Frage stellen, öffnen wir den Blick dafür, dass man es anders machen kann – und zwar besser. Wie, das ist unsere Aufgabe für Sie.

Stichwort- und Personenverzeichnis

Fettgedruckte Seitenzahlen kennzeichnen Kapitelanfänge; kursive Seitenzahlen verweisen auf Definitionen.

Zusammengesetzte Begriffe sind bevorzugt in ihrer natürlichen Form eingeordnet, zum Beispiel *fixe Kosten* anstatt *Kosten, fixe*.

3
32-Bit 154
3DO 154

8
8-Bit / 16-Bit Videospiele 341

A
AAdvantage frequent-flyer program 199
Adam Smith 179
Allozentrismus **101**
Amazon 58
AMD 161
American Airlines 326
American Express 149
Anfangsverluste 146
Angebot
   bezahlen lassen 135
Angebotsabgabe 132
   versteckte Kosten 136
Angebotsbegrenzung 185
Antikartellgesetze 283
Antiquitätengeschäfte 62
AOL 146
Aspartam 114, 370
   Entdeckung 115
Atari 168
Aumann, Robert 24
Autobahn 34
Autoindustrie
   Anfänge 34
Autoren 289
Autoversicherungen 35
Avis 147

B
Baby-Bells *127*
Bankautomaten 60
Banken 35
Beinfreiheit 187

Stichwortverzeichnis

BellSouth 127
Betamax-Videorecorder 37
Bluffen 321
bonusabhängige Bezahlung 296
Broadway 63
Buch schreiben 289
Buchclubs 267
Buchhändler 59
Buchmanuskript 289
Bündelpreise 359

C
CBS 330
Checkliste 376
Chip-Telefone 326
Chrysler 147, 265
Citibank 60
Club Med 193
Coca-Cola Light 114
Comfort Class 187
Coopetition **33**
    Wortherkunft 23
Corrections Corporation of
    America 195
Cortés 244
Cozzi, Bob 187
Crandall, Bob 326
CSX 121
Cyclamat 115

D
Dankeschön 207
Darwin, Darwin 290
Dawkins, Richard 290
DeBeers 180
Diamantenknappheit 179
Doppelrollen **55**
Drehbuchautor 93

Druckermarkt 96

E
E. T. 307
Einkaufsverbund 149
Einstein, Albert 236
Eisenbahngesellschaft 121
Elektronikmärkte 267
Epson 96
Erstanwender neuer Produkte 146
Expresssendung 299

F
F-16 164
F-22 46
Famicom 169
FDA 115
Federal Communications
    Commission 24
Federal Express 299
Filmgesellschaft 307
Filmstudio 93
Fixkosten 46, 197, 261
Fluggesellschaften 198
    vereinfachtes Preissystem 326
    Verluste 22
Flüssigseife 222
Fußballmannschaft
    Verkauf einer 256
Fußballmannschaften 77

G
Gage 93
Gebrauchtwagenmarkt 36
Gefängnis 195
Gehalt 296
Gemeinkosten 46
Georgia-Pacific 324

381

Stichwortverzeichnis

Geschäftskleidung 21
Giftpille 127
GM-Kreditkarte 269
Goddard, Stephen 163
Good Miles 34
Grove, Andy 38
Guide Michelin 36

H
Handy-Flatrates 261
Harnischfeger 143
Harsanyi, John 24
Hawkins, Trip 154
Herde 308
Hewlett-Packard 96
Himmelsspirale 170
HMO 149
Hochschulzeugnisse 295
Holland Sweetener 116, 370
Hollywood 307
holzverarbeitende Betriebe 143
Hotel 323
Huizenga, Wayne 256
Hund 304

I
IBM 161, 229, 231
IBM-PCs
    Markteintritt 229
Intel 38, 161
Investmentbank 296, 318
Irrationalität 98
ISDN 39
Ivory
    Flüssigseife 225

J
Januar-Verkäufe 265

Judo **341**
Judo-Strategien 352

K
Kabeleinspeisung 329
    in Texas 365
Kabelfernsehen 329
Kartellgesetze 280, 283
    variable Kosten und Preise 283
Kartellgesetzgebung 131
Kartenspiel
    gleich viele rote wie schwarze Karten 75
    mit Meistbegünstigungsklausel 238
    Ultimatum-Version 87
Kernkompetenzen 346
Kernverhärtungen 346
Kfz-Finanzierungen 35
Kohlenlieferant 120
Komplement *43*
Komplementär *41, 43*
    Lieferantenseite *45*
Komplemente **33**
Konkurrent *43*
    Lieferantenseite *45*
Konkurrenzklauseln **250**
Krankenversicherung 149
Krawatte 21
Krebserregung 115
Kreditkarte 269
Kuchenteilung 90
Kundenmeistbegünstigungsklauseln **238**
Kurs-Gewinn-Verhältnis 319
Kyocera 325

Stichwortverzeichnis

L
La Centrale des Particuliers 36
langfristige Verträge 162
Laserdrucker 96
Lehrbücher 353
Lieferantenverträge 358
LIN 127
Luftfahrtbranche 22

M
MacBain 36
Manuskriptabgabe 289
Marilyn Monroe 84
Massenmärkte 263
MasterCard 268
Matrixdrucker 96
McCaw 126
Medicaid 241
Medikamenteneinkauf 242
Mehrwert **79**, *80*, **167**
Mehrwerte 106
Miami Dolphins 256
Michelin-Führer 36
Mickymaus 174
Microsoft
    Firmenwert 1986 232
Mietwagenfirmen 147
Mindestabnahmeverträge 261
Minnetonka 222
Mobiltelefon 126
Monopol
    Mehrwert eines 168
Monsanto 114
Morgenstern, Oskar 25
Murdoch, Rupert 292

N
Nachahmung 214
Mittel gegen 226
Nash, John 24
National 148
Neuauflagen 353
Neumann, John von 25
Nintendo
    Kartellklage 177
    Machtbegrenzung der anderen Spieler 174
    Marktwert 167
    Wortbedeutung 169
Nintendo Entertainment System 169
Nissan 167
Nobelpreis 24
Noorda, Ray 23
Norfolk Southern 121
Notsituation ausnutzen 323
Nullsummengesellschaft 26
Nullsummenspiel 26, 98
NutraSweet 370

O
Orden 295
Ortsgespräche 325
OS/2 231
Outsourcing 230

P
Paketpreis 358
Paranoide 38
Pentium
    Rechenfehler 333
Pepsi Light 114
Pfau 290
Poker 321
POPs 126
Portalkräne 143

383

Stichwortverzeichnis

Post 299
Powerpoint 324
Preisbündelung 358
Preisgarantien 266
Preiskrieg 143
   Luftfahrtbranche 22
   zwischen Zeitungen 292
Procter & Gamble 225
ProShare 39
PS/2 231

R
Rabattprogramme 279
Rationalität 98
Regeln 85, 106, **235**
   der Regierung 280
   festlegen gegenüber
      Lieferanten 356
Regisseur 93
Reifen 35
Rohstoffunternehmen 250

S
Saatchi & Saatchi 286
Saatmeilen 34
Schachteln 226
Scheidung 315
Schelling, Thomas 24
Schienen 163
Schiffe verbrennen 244
Sega 341
Seifenmaschine 223
Selten, Reinhard 24
settlement escrow 313
Shapiro, Bob 114
Sherlock Holmes 303
SMaRTS 30, 106, **109**
Smith, Adam 179

Softsoap 223
Sonic the Hedgehog 341
Sony 167
Spence, Michael 295
Spiderman 174
Spiel
   verändern **111**
Spieler 106, **113**
Spiel-Raum 107, **337**
Spieltheorie **24**, **73**
   Einführungsbücher 73
   Geschichte 25
   Vorläufer 25
Spielwahrnehmungen **89**
Staat 65
Stadtwerk 120
Starman 307
Steuern 65
Strafgefangene 195
Straßenbahn 163
Straßenbau 34
Sumostrategie 373
Süßstoff 114

T
Taktiken 107, **288**
Taxifahrt 104
Taylor, Robert 222
Telefon
   Kostenchip 325
Telefongesellschaften 39, 325
Terminologie 29
Texas-Shoot-Out 89
Textilhersteller 368
Theater 63
Thrifty 147
Tintenstrahldrucker 96
Tisch, Larry 330

Touristenklasse 187
Toys 'R' Us 64
Treibstoffzusätze 281
Treueprogramm 198
   Nachahmer 201
Treuhänder 313

U
U-Boote 25
Ultimatumspiel 87
UMTS 25
Universität 50
   Wertenetz 49
Unternehmensauskauf 89
Unternehmensverkauf 318

V
Value Pricing 326
variable Kosten 261
   Kartellgesetze 283
variables Gehalt 296
Verlag 354
Verlagsvertrag 297
Versicherungen
   Eigenkapitalunterlegung 183
versunkene Kosten 275
Vertragsgestaltung
   bei Unternehmensverkauf 318
Vertreter
   irrationaler 100
VHS 37
Vidal, Gore 21
Videokonferenzen 39
Videospiele 154, 168
Vielfliegerprogramm 198
Vorabkosten 47
Vorschuss 297
Vorverkaufsrecht 250

W
Wahrnehmung 99
Wasser
   Wert des 179
Wertenetz **41**
   Symmetrien **47**
Wiederaufbereitungsanlage 304
Windows 232
Wirbelsturm 323
Wissensgesellschaft 47

Z
Zeitungsverlage 292
Zeugnis 295
Zweitbezugslizenz
   langfristige 162
Zweitbezugsquellenlizenz 161

Spieltheorie – eine Einführung

Von Christian Rieck

Möchten Sie noch mehr über Spieltheorie wissen? Dann ist dieses Buch das Richtige für Sie.

In seiner ersten Auflage von 1992 war es eines der ersten Spieltheorie-Lehrbücher in deutscher Sprache und ist inzwischen, in der 7. Auflage, auch eines der am weitesten verbreiteten. Es beschreibt die Grundideen der Spieltheorie auf anschauliche Weise und erklärt auch jeweils die Hintergründe zu den einzelnen Konzepten.

Dabei fängt es ganz einfach an, geht anschließend aber auch zu den komplizierten Konzepten und erklärt sogar die mathematischen Schreibweisen (die zum Verständnis des Buches aber nicht notwendig sind). In jedem Fall geht das Buch von Beispielen aus, um die ursprünglich rein mathematischen Konzepte anschaulich darzustellen. Ziel des Buches ist es, den Leser in die Lage zu versetzen, spieltheoretisch zu denken und andere spieltheoretische Texte zu verstehen.

Es ist ein Lehrbuch, das an vielen Universitäten eingesetzt wird und teilweise auch in der Oberstufe an Schulen. Dabei ist es aber alles andere als trocken geschrieben und eignet sich für jeden, der sich ohne großen Aufwand in das Gebiet der Spieltheorie einarbeiten will, ohne sich mit dem reinen Kratzen an der Oberfläche zu begnügen.

Christian Rieck ist Professor für International Finance und Schüler des Nobelpreisträgers für Spieltheorie Reinhard Selten. Er ist Autor mehrerer Bücher und beriet zahlreiche international tätige Unternehmen.

25,- Euro für 388 spannende Seiten
ISBN 978-3-924043-91-9

Mehr dazu unter
www.spieltheorie.de